↑ 2013 年 12 月 12 日，出席北京市新闻出版局讲座和中国网活动
↑ 2015 年 9 月 12 日，在贵州省金沙县调研

↑ 2016 年 2 月 18 日，在国家图书馆录制《提案故事》
↑ 2016 年 3 月 8 日，做客新华网两会访谈

↑ 2017 年 8 月 25 日，在广东省深圳市龙岗天誉实验学校考察
↑ 2019 年 3 月 2 日，做客人民网强国论坛

↑ 2021 年 3 月 26 日，在人民文学出版社成立 70 周年座谈会上，与冯骥才等交流

↑ 2022 年 7 月 20 日，带队在湖南省株洲市楻木岭中学开展"双减"专题调研

「珍藏版」

朱永新教育作品

嬗变与建构

——中国当代教育思想的传承与超越

朱永新 · 著

漓江出版社

· 桂林 ·

图书在版编目（CIP）数据

嬗变与建构：中国当代教育思想的传承与超越 / 朱永新著 . -- 桂林：漓江出版社，2024. 8. -- ISBN 978-7-5407-9880-2

Ⅰ . G40-092.7

中国国家版本馆 CIP 数据核字第 202411J991 号

SHANBIAN YU JIANGOU
——ZHONGGUO DANGDAI JIAOYU SIXIANG DE CHUANCHENG YU CHAOYUE

嬗变与建构——中国当代教育思想的传承与超越

朱永新　著

出 版 人　刘迪才
总 策 划　李国富
策划统筹　文龙玉
责任编辑　章勤璐
助理编辑　陈思涵
书籍设计　石绍康
营销编辑　俞方远
责任监印　黄菲菲

出版发行　漓江出版社有限公司
社址　广西桂林市南环路 22 号
邮编　541002
发行电话　010-85891290　0773-2582200
邮购热线　0773-2582200
网址　www.lijiangbooks.com
微信公众号　lijiangpress

印制　天津嘉恒印务有限公司
开本　710 mm × 1000 mm　1/16
印张　23
字数　396 千字
版次　2024 年 8 月第 1 版
印次　2024 年 8 月第 1 次印刷
书号　ISBN 978-7-5407-9880-2
定价　98.00 元

总　序

　　朱永新教授的作品集出版在即，他要我写一篇序，大概是因为他看到我对教育也很关注，又不时地发表点看法的缘故吧，或者因为他和我都是马叙伦、周建人、叶圣陶、雷洁琼等民进前辈的后来人——我们是中国民主促进会的成员。不管他是怎么想的，我出于对他学术成就的敬佩，也出于对比我年轻些的学者的喜爱和对教育事业的兴趣，便答应了，尽管我不是这个领域的专家。不过这样也好，以一个时时关心业内情况的外行人眼光说说对这套作品集和作者的看法，或许能更冷静些，更客观些。

　　我曾经说过，中国的教育人人可得而道之。因为教育问题太复杂，中国的教育问题尤甚。且不说中国以一个发展中国家不强的实力在办着世界上最大的教育，单是中国处于转型期，城乡、东西部间严重的不平衡和几个时代思想观念的相互摩擦、激荡，就可以说是当今世界绝无仅有的了。随着教育普及率的提高，对教育发表评论的人当然也越来越多，多到几乎家家户户都会时常议论。这样就给有关教育的研究提出了许多也许在别的国家并不突出的问题。我认为其中有两个问题最为要紧：一个是教育的问题牵一发而动全身，既不能就教育论教育，更不能只论教育的某一部分而不顾及其他，要区别于人们日常的谈论；另一个是教育学如何走出狭小的教育理论圈子，让更多的人理解、评论、实践，也在更大范围内检验自己的理论是否能为群众所接受，以免专家和社会难以搭界。朱永新教授的这套作品集，恰好在这两个问题上都给了我很大的欣慰。

　　在这套作品集中，他从国际国内、政治经济、文化社会、古往今来的广阔视野来考察、思索中国的教育问题；他的论述几乎遍及受教育者所经历的整个教育过程；大到教育的理念、原则，小到课程的改革、课外的活动，他都认真思考，系统调查，认真实验，随时提升到理论层面；与教育学密切关联的心理学，在研究中国教育的同时展开的对国外教育的认识和分析，也是他涉及的范围。

朱永新教授并不是一位"纯"学者，虽然教育理论研究永远是他进行多头工作时在脑子里盘旋的核心。他集教师、官员和研究者三种角色于一身，随着自己孩子的出生和成长，他又多了一个家长的身份。这就使他不可能只观察研究教育体系中的某一段或某一方面，而必须做全方位、多角度、分层次的研究。他是中国民主促进会中央委员会副主席，作为同事，我见过他极度疲劳时的状况，心里曾经想过，这是天将降大任于是人的考验，还是他"命"当如此，不得不然？其实，这正是给他提供了他人很难得到的绝好的研究环境和条件：时时转换角色，就需要时时转换思维的角度和方法，宏观与微观自然而然地结合，积以时日，于是造就了他独特的研究方法和风格。

我们对任何事物的研究，如果只有理性的驱动，而没有基于对事物深刻认识所生发出来的极大热情，换言之，没有最博大的挚爱，是难以创造性地把事情做得出色的。朱永新教授对教育进行研究的特点之一就是全身心地投入。身，有那三种角色和一种身份，自然占据了他所有的时间和精力；心，是不可见的，但贯穿在他所有工作、表现在他所有论著中的鲜明爱心，则是最好的证明。

他说"教育是一首诗"。他常用诗一般的语言讴歌教育，表达他的教育思想：

教育是一首诗 / 诗的名字叫热爱 / 在每个孩子的瞳孔里 / 有一颗母亲的心

教育是一首诗 / 诗的名字叫未来 / 在传承文明的长河里 / 有一条破浪的船

如果是纯理性的，没有充沛的、不可抑制的感情，怎么能迸发出诗的情思？但他不是浪漫派。他本来已经够忙的了，却又率先自费开通了教育在线网站，开通了教育博客和微博，成了四面八方奋斗在教育改革前沿的众多网民的朋友。每天，当他拖着疲乏的脚步回到家后，还要逐篇浏览网站上的帖子和来信，并且要一一回应。有人说，这是自找苦吃。但他认为，这是"诗性伴理想同行"，是"享受与幸福"。他曾经工作生活在被颂为"人间天堂"的苏州，那里早已普及了十二年义务教育，现在正朝着普及大学教育的目标前进，但这位曾经主持全市文教工作的副市长，却心系西部，为如何缩小东西部教育的差距苦苦思索，不断地呼吁……他何以能够长期如此？我想，最大的动力就是那伟大的爱。

情与理的无缝衔接，正是和把从事教育工作及理论研究单纯当作职业的最大区别，而且是他不断获得佳绩、不断前进的要素。

教育是人类社会得以延续发展的根本保障。人之所以为人，区别于其他动物，从某种意义上讲，就是因为通过不同渠道，接受了不同程度和内容的教育。就一个国家而言，教育则是保障发展壮大的基础性工程。这些，都已经成为人们的共识。但是，教育又是极其复杂庞大的体系，需要大批教育理论专家、管理专家。身在其中者固然自得其乐，但是，在局外人看来，教育理论的研究是枯燥的、艰难的，有许多的教育学著作也确实强化了人们的这种感觉；管理工作给人的印象则是繁杂的、细碎的。这种感觉和印象往往是理论工作者、管理工作者和广大的教育参与者（包括家长、学生和旁观者）之间产生隔膜的原因之一。社会需要集理论研究和管理于一身，而且能把自己对教育的挚爱传达出去的学者，与人们一起共享徜徉在教育海洋里的愉快和幸福。但是，现在这样的学者太少了。是我们对像教育理论这样的人文社会科学的所谓"学问"产生了误解，以为只有用特定的行业语言，包括成堆成堆的术语和需要读者反复琢磨才能弄清楚的句子才是学术？还是善于用最明了的语言表达复杂事物的人还不多？抑或是教育理论的确深奥难测，必须用"超越"社会习惯的语言才能说得清楚？而我是坚信真理总是十分朴实、十分简单这样一个道理的。真正的大家应该有能力把深刻的思考、复杂的规律用浅显生动的语言表述出来，历史上不乏其例。

作为一名教育理论家，朱永新教授正在朝这一目标努力着，而且开始形成了自己的风格：论述、抒情、问答并举，逻辑严密的理性语言、老百姓习惯于说和听的大白话、思维跳跃富于激情的诗句兼而有之，依思之所至、情之所在、文之所需而施之。有的文章读时需正襟危坐，有的则令人不禁击节而赏，有的还需反复品味。可贵的是，这些并非他刻意为之，而是本性如此，自然流露。这本性，就是他对教育事业的爱，归根结底是对人民的爱。

在某一种风格已经弥漫于社会，许多人已经习惯甚至渗透到潜意识里的时候，有另外一种风格出现，开始总是要被视为"异类"（我姑且不用"异端"一词）。我不知道朱永新教授是不是也有过这样的经验。我倒是极为希望他能坚持下去，即使被认为"这不是论文"也不为所动，因为学术生命的强弱最后是要由人民来判断，而不是仅仅由小小的学术圈子认定的。我还希望他在这方面不断提高锤炼，让这股教育理论界的清风持续地吹下去。

教育，和一切与人民生活紧密相连的事物一样，都要敏感地紧跟时代的步伐，紧贴人民的需求，依时而变，因地制宜。如今朱永新教授的作品集改版并增补，主要收录了他从踏入教育学领域至2023年的论著。这从一个侧面反映了我国改革开放以来教育领域理论研究与实践的过程。"战斗正未有穷期"，在过去和未来的日子里，有层出不穷的教育问题需要解决，因而需要不停顿地观察、思考、研究。我们的教育学，就在这个过程中发展成长；有中国特色的教育学，也许就将在这一时期内形成。朱永新教授富于创造——"永新"自当永远常新，他一定会抓住这百年难逢的机遇，深化、拓展自己的研究，为中国教育事业、为中国的教育理论多奉献自己的才干和智慧，再写出更多更好的篇章。

我们期待着。

兹忝为序。

许嘉璐

写于 2010 年 12 月 14 日

修改于 2023 年 4 月 29 日

于日读一卷书屋

（作者为第九届、第十届全国人大常委会副委员长，著名语言文字学家）

教育需要思想的光芒（卷首诗）

教育需要思想的光芒
走出经验的泥沼，迎接理性的朝阳
再不能用一张教育的旧船票不断重复昨天的故事
也不能把一张教育的旧兰谱不停地老调重唱

教育需要思想的光芒
倾听不同的声音，研究发展的方向
使决策的过程充满科学的精神
政策就会闪烁着智慧的光亮

教育需要思想的光芒
追寻先贤的踪迹，阅读大师的华章
把人类的教育智慧储满自己的心房
幸福和快乐就会写在教师的面庞

教育需要思想的光芒
用民主理念浸润，用科学精神管理
校园就会成为师生彰显才华的天堂
学校就会演奏出激越高昂的《英雄》乐章

教育需要思想的光芒
抛弃溺爱与纵容，拒绝辱骂与棍棒
让家人在书香的熏陶下快乐地成长
让孩子从人生的第一个港湾扬帆起航

教育需要思想的光芒
呼吸自由的空气，倡导争鸣的风尚
让实践拥抱理论，让理论走出书房
真正的教育家一定会在新世纪闪亮登场

目 录／Contents

第九章　中国当代的教学思想

第十章　中国当代的德育思想

第十一章　中国当代的教育心理思想

第十二章　中国当代教育改革理论的探索

第十三章　中国当代教育发展战略的研究

第一章　中国当代教育发展的历程

1949 年，中华人民共和国成立，中国的政治、经济、文化进入了一个新的历史时期，中华教育思想也从此进入了新的发展阶段。

从 1949 年到 2010 年，中国教育作为中国社会生活的重要组成部分，随着整个社会政治、经济、文化的发展与变化，也发生了曲折而巨大的变化。六十余年来，中国教育既取得了一些成就，也出现了若干令人遗憾而痛心的失误。系统地反思与回顾中国当代教育发展的历程，对于我们把握当代教育思想的嬗变，了解各种教育思潮的现实背景，从宏观上把握当代中国教育的特质，是很有意义的。

一、当代教育的成就与问题

1949 年以来，中国教育在曲折前进的过程中，取得了一些成就，但也有一些十分惨痛的教训。1978 年底，中共十一届三中全会以后，国家为发展教育事业制定了一系列方针、政策，解决了教育发展和实际工作中的若干重大问题，使教育事业有了较快发展。六十余年来，中国教育的成就主要表现在以下几个方面。

第一，建立了社会主义教育制度，使占人口绝大多数的劳动人民及其子女有了受教育的平等权利。与 1949 年前相比，无论从受教育人口数上，还是从教育规模上，都有了很大的飞跃。中国在穷国办大教育的模式上进行了尝试，并建成了世界上最大的基础教育体系。据 2001 年全国各级普通学校基本情况的统计，中国在校学生为 24258.32 万人。[①] 而据 2009 年全国各级普通学校基本情况的统计，中国在校学生为 23399.55 万人，其中小学在校生 10331.51 万人，初中在校生 5584.97 万人，高中在校生 4576.07 万人，

---

① 教育部发展规划司编《中国教育统计年鉴（2001）》，人民教育出版社，2002，第 26 页。

大学在校生 2907 万人。中国在校学生人数远远超过许多国家全国人口的总和。① 中国学龄儿童的入学率从 1949 年的 25% 增长到 2009 年的 99.5%。1949 年，文盲人数占总人口的比例达 80%，而至 2000 年，全国成人文盲率已下降到 15%，青壮年文盲率下降到 5% 以下。到 2009 年，青壮年文盲率降低到 3.58%。国民受教育整体水平大大提高，据 2005 年全国人口抽样调查数据显示，全国人口中具有大学程度的人数为 6764 万人，具有高中或中专程度的为 15083 万人，具有初中程度的为 46735 人。到 2001 年，全国实现"两基"验收的县达到 2573 个，人口覆盖率达到 85% 以上。② 到 2008 年底，实现"两基"验收的县（市、区）累计达到 3038 个，占全国总县数的 99.1%，"两基"人口覆盖率达到 99.3%。建立并管理如此庞大的基础教育体系，中国走的是一条其他国家所没有走过的特别的道路。

第二，培养了大量国家建设所需要的人才。1949 年以来，大批受到不同程度教育的毕业生源源不断地补充到工人、农民和干部队伍中去，逐年改变着社会劳动者技术水平落后、文化素质低下的状况。从 1949 年到 1989 年所培养的各种专业人才达 2200 万以上，其中毕业研究生 15.4 万人左右，普通高等学校专本科毕业生 619.2 万人左右，成人高校专本科毕业生 401.3 万人左右，普通中专毕业生 969.8 万人左右，成人中专毕业生 200 多万人。40 年培养的各类高等学校的毕业生，相当于 1912 年至 1949 年毕业生总和的 49.1 倍。③ 从 1989 年到 2001 年，我国普通和成人高等学校又培养了近 1200 万名本专科毕业生，30 多万名研究生，还有通过自学考试获得本专科学历的达 343 万人。④ 这些人才在国家建设的各行各业已经或正在发挥着重大的作用。2003 年 2 月 13 日教育部公布的我国首份《中国教育与人力资源问题报告》指出，1950 年我国三级教育总规模只有 3060 万人，尤其是高等教育在校生只有 14 万人，教育发展落后的穷国特征非常明显。但到 2000 年，我国已经培养了 7000 多万高、中等专业人才和 4 亿初、高中水平的劳动者；2001 年全国高等教育在校生已经超过 1200 万人。到 2009 年，全国

① 朱永新：《教育公平：新中国 60 年的求索之路》，《中国教育报》2009 年 10 月 28 日。

② 国家教育发展研究中心编《2002 年中国教育绿皮书》，教育科学出版社，2002，第 6 页。

③ 朱育理：《喜看新中国教育 40 年》，《中国教育报》1989 年 9 月 23 日。

④ 陈至立：《中国教育事业已进入最快最好的发展时期》，见 http://www.chinanews.com.cn/2002.09.25/26/226415.html，2002 年 9 月 25 日。

高等教育在校生已达到 2907 万人。高等教育毛入学率达到 24.2%。根据国际公认的毛入学率达 15%—50% 为大众化教育阶段来认定，我国的高等教育已迈入了大众化阶段。我国也从一个人口大国走向了人力资源大国，正在向人力资源强国迈进。60 年间，我国用不足世界总量 3% 的公共教育支出，解决了占世界总量 21% 人口普及九年义务教育的问题，创造了罕见的世界教育发展奇迹。

第三，教师队伍不断壮大，素质逐步提高。1949 年以前，我国仅有 205 所高校，专任教师 16059 人，其中教授 4786 人，副教授 2168 人，讲师 3742 人，助教 5364 人。到 2009 年，我国共有普通高校和成人高校 2689 所，其中，普通高校 2305 所（其中高职院校 121.5 所），高校教职工达 211.15 万人，其中专任教师 129.52 万人。① 中小学教师队伍也有很大幅度的发展。普通中学的专任教师 1990 年达 418.84 万人，比 1949 年的 6.66 万人增加了 61 倍；小学专任教师 579.77 万人，比 1949 年的 83.6 万人增加了近 6 倍。通过对中小学教师队伍的不断补充、调整、培训，教师的思想素质和业务水平不断提高。1953 年，小学教师中具有中师、高中毕业以上学历的只占 13.5%，至 2001 年已提高到 96.81%，2001 年，初中教师中具有大学专科毕业以上学历的已达 88.72%；普通高中教师中具有大学本科毕业以上学历的已达 70.71%。到 2009 年，小学专任教师达 563.34 万人，学历合格率 99.4%；普通中学专任教师达 501.13 万人，学历合格率达 95.94%。② 目前，一支具有高度事业心和责任感的教师队伍（包括教育行政和教育科研队伍）已经建立，并逐步稳定。

第四，教育的布局、结构按照经济和社会发展的需要不断调整，日趋合理。中等教育的单一化结构有了很大改变。1949 年，全国只有 3 所技工学校，在校生 2700 人；中等技术学校 561 所，在校生 7.71 万人。到 2001 年，全国有中等专业学校 3260 所，在校生 457.97 万人；其中，中等技术学校 2690 所，在校生 391.74 万人；另外还有职业中学 7802 所，在校生 466.43 万人，使"文革"中突然增加的普通高中人数得到了有效的控制。到 2009 年，全国中等职业教育（包括普通中专、职高、技工学校及成人中专）共有学校 14401 所，在校生达 2195.16 万人。③

高等教育层次、种类、布局等结构也发生了很大的变化。研究生、本

---

① ② ③ 《2009 年全国教育事业发展统计公报》，见教育部网站，2010 年 8 月 4 日。

科、专科在校生的比例由 1949 年的 0.7∶100∶24 改善为 1996 年的本科生招生与专科生招生之比为 1∶0.91，研究生招生与本专科招生之比为 1∶16.26。[①]结构基本趋于合理。自 1988 年起，逐渐增加了政法、财经等科类的比例，工科中的建筑、食品，医科中的法医、护理等短缺薄弱学科也得到相应的发展。例如，1988 年普通高校财经类招生比例由 1978 年的 2.99% 增加到11.4%，政法类由 0.25% 增加到 2.12%。一大批新兴学科和社会急需的新专业，如电子计算机、能源、环境、材料、生物技术和医疗技术等也相继建立并发展壮大。目前，文、理、工、农、医、财、法、师等主要科类的结构趋于齐全和协调，基本上形成了能适应经济建设和社会发展需要的高等教育结构体系。

第五，形成了多形式、多规格、多渠道的成人教育体系。当代中国的成人教育取得了较大成绩，2001 年中国有成人高等学校（包括广播电视大学、职工高等学校、农民高等学校、管理干部学院、教育学院、独立设置的函授学院等）686 所，在校学生 455.98 万人，其中普通高等学校发挥优势举办的函授、夜大学、教师本科班和干部专修科的在校学生为 333.38 万人。[②] 早在 1990 年，全国就已有卫星电视教育地面接收站 900 多个，收转台 370 多个，放像点 10000 多个。成人中等学校（包括成人中等专业学校、成人中学和成人技术培训学校）515903 所，成人初等学校 135459 所。成人中、初等教育包括各类成人中专学校、普通中专学校举办的职工、干部中专班，成人中学，成人技术培训学校，农民文化技术学校，农民广播电视学校，扫盲学校（班），教师进修学校，等等。2001 年成人技术培训结业9270 万人次，还有 6757 万余人在校学习。为加快西部地区职业教育发展，利用国债在西部国家级贫困县新建了 186 个职业教育中心。从 1989 年到2001 年，我国中等职业教育（含普通中专、职业高中、技工学校、成人中专）培养了 4500 多万毕业生。[③] 另外，具有中国特色的高等和中等专业教育自学考试，已开考文、理、工、农、医、财经、政法、教育、体育等 11大科类、280 个专业。其中，本科专业 23 种，占 8.2%；独立本科段 91 种，

① 《中国教育发展概况》，见 http∶//www.edu.cn/ 中国教育 / 教育资讯 / 教育概况。

② 教育部发展规划司编《中国教育统计年鉴（2002）》，人民教育出版社，2003，第 98–100 页。

③ 陈至立：《中国教育事业已进入最快最好的发展时期》，见 http∶//www.chinanews.com.cn/2002.09.25/ 26/226415.html。

占 32.5%；专科专业 166 种，占 59.2%。全国 30 个省、自治区和直辖市设立了高等教育自学考试机构，仅 2000 年，报考人数就达 689 万人。从 1981 年首次在北京市开考至 2002 年上半年，全国自学考试累计报考人数达 3700 万人，累计报考科次 2.9 亿次，在籍考生 1704 万人，累计毕业生 370 万人。[①] 到 2009 年，全国接受各种非学历高等教育的达 289.46 万人次，接受各种非学历中等教育的达 5411.21 万人次。全国职业技术培训机构 15.31 万所。[②]

　　1949 年以来，成人教育共扫除文盲 1.63 亿人，有半数以上的县基本扫除了文盲。尤其是 1989 年，全国有 395 万人参加扫盲学习，其中 200 万人脱盲，青壮年文盲率从 1978 年的 18.5% 下降到 5% 以下，到 2009 年这一数字则降低到 3.58%。据 1988 年对 27 个省、自治区、直辖市的统计，参加 50 学时以上学习的职工达 2954 万人，占职工总数的 29%，参加学习的职工有 30% 接受的是岗位培训。1980—1988 年，成人中、初等学校的毕业生已超过 1 亿人。仅 1998 年全国就举办扫盲学校（班）13.42 万个，参加扫盲学习结业人数达 320.89 万人。[③] 成人教育培养的人才充实了干部队伍和专业技术人员队伍，对于缓解社会各界，特别是中小型企业以及不易分配到并留住全日制大、中专毕业生的地方对人才的急需，发挥了积极的作用，受到了社会的欢迎与好评。

　　此外，民族教育、妇女教育、民办教育、特殊教育、华侨教育、留学教育等领域也有了较大的发展。目前，中国教育事业在国家经济和社会发展中的战略地位，已被越来越多的人所认识，社会各界对教育的重视程度也有很大的提高。按照教育要面向现代化、面向世界、面向未来的要求，中国的教育思想、教育内容、教育方法和教育体制，正在逐步进行着广泛而深刻的改革。

　　总而言之，1949 年以来的中国，教育事业有了长足的发展，在数量和规模上取得了较大成就。因此，在评价中国教育几十年的发展究竟成功与否时，不能忽视其取得的较大成果。

　　毋庸讳言，当代中国教育也确实存在着若干问题与失误，只有发现问题，认识失误，才能防止重蹈覆辙，并使中国教育事业沿着正确的轨道，

---

① 《中国教育报》2002 年 5 月 25 日。

② 《2009 年全国教育事业发展统计公报》，见教育部网站，2010 年 8 月 4 日。

③ 《中国教育发展概况》，见 http://www.edu.cn/2001.08.23/207269.shtml。

健康地向前发展。

具体来说，中国当代教育的问题与失误主要表现在以下几个方面：

一是教育思想左右摇摆，经常导致教育功能的狭隘化。教育的诸种功能经常处于矛盾甚至对立的状态，如有时强调教育的政治功能，就用"阶级斗争为纲"的指导思想来统率学校教育，重点是培养"红色接班人"；有时强调教育的经济功能，就忽视了教育为政治、为社会主义精神文明建设服务，重点只是培养"劳动者"、建设者和各类人才，近十余年来表现尤为明显；有时又强调教育的社会功能，认为教育就是要培养某种素质的现代公民。这样，教育实践也时常随着教育思想而左摇右摆，出现抓一阵、丢一阵，今天抓这、明天抓那的大起大落、顾此失彼的情况。

二是教育经费严重短缺。中国当代的教育经费占国民生产总值（GNP）的比例，从 20 世纪 80 年代开始一直在 3% 左右徘徊，远远低于世界平均水平。90 年代一直没有突破 3%，如 1995 年是 2.41%，1999 年为 2.79%，2000 年为 2.87%，直到 2001 年才达到 3.19%，这是创近十年来的"新高"，但要实现 4% 的目标，还需做出更大努力。[1] 到 2009 年，这一数字达到 3.59%。从 20 世纪 80 年代中期开始，教育经费虽然有较多增长，如 2000 年财政预算内教育经费数为 2562.61 亿元，比 1999 年的 2287.18 亿元增长了 12.04%，但占财政支出的比例却从 14.49% 下降到 13.80%。[2] 扣除物价上涨的因素后，教育经费实际上是逐步下降的。如 1987 年，中小学公用经费分别从 1980 年的 33.1% 和 22.1% 下降为 27.8% 和 16.7%，而 1989 年再度从 1987 年的 27.8% 和 16.7% 分别下降到 24.4% 和 16.49%。[3] 通过对比中国和国际上学生人均教育经费占人均国民生产总值的百分比，发现初等教育阶段国内大约比国际水平落后 4 个百分点，中等教育阶段国内则落后 6 个百分点。[4] 由于教育经费短缺，许多乡村小学连购买起码的粉笔、纸张、扫帚都捉襟见肘，农村的中小学校舍有不少还非常简陋，甚至还有相当数量的危房，90% 的中学尚未配齐全部实验设备。在一些贫困地区，每年因

---

① 国家教育发展研究中心编著《2002 年中国教育绿皮书》，教育科学出版社，2002，第 13 页。

② 教育部发展规划司编《中国教育统计年鉴（2002）》，人民教育出版社，2003，第 98 页。

③ 国家教育委员会计划建设司编《中国教育统计年鉴（1990）》，人民教育出版社，1991，第 112-113 页。

④ 茆俊强：《关于教育经费短缺的定量研究》，《教育研究》1991 年第 1 期。

交不起学校所要求的杂费，竟有 100 万余名学龄儿童不能上学。中途退学的中小学生 1990 年达 492 万人。至今，农村中小学辍学率也一直居高不下。2002 学年贵阳市全市初中在校生辍学率为 3.4%，部分区县初中生辍学率达到 6.7%，有些乡镇甚至高达 10% 以上。大量的学龄青少年没有完成义务教育就流向了社会。

三是教师待遇偏低，队伍后继乏人。20 世纪 80 年代末的调查表明，中国教师的月工资平均水平排列在国民经济 12 个行业职工工资的倒数第 3 位。据京津陕皖等 11 省市调查，1988 年教育系统平均工资与全民所有制职工平均工资水平的差距大体在 150 元以上。与国际水平相比，中国教师工资收入指数（教师平均收入与人均国民生产总值的比值）1982 年为 1.68，1988 年为 1.41，只是同档次发展中国家的 1/4，不到印度的 1/2。由于生活清苦和工作超负荷①，教师的健康受到了威胁。武汉市 1987 年对全市中小学教师的调查表明，在 18909 人中，患病率达 68.5%，其中职业病（肺病、胃病、咽喉炎）、中老年疾病（心脏、肝胆、高血压等）和癌症患者又占病人总数的 61%。国家体委科研所对全国 11 个省市 20 余所高校和科研机构的调查也表明，中高级知识分子的寿命低于全国人均寿命约 10 年。即使到了新的世纪，教师的工资水平较以往有大幅提高，但西部及内地偏远地区，教师的实际待遇仍旧很差，特别是义务教育阶段的教师，他们工作艰辛，其待遇与付出很不相称。

教师待遇的偏低和生活的清苦，在很大程度上影响了教师队伍的建设，教育事业出现了一定的滑坡现象。据有关部门统计，从 1984 年 9 月至 1987 年 9 月，全国高等师范院校共培养本科毕业生 12 万人，中学在职教师通过岗位培训获得本科学历的 7 万多人，两项相加，中学本应新增加近 20 万名合格教师，但这三年间仅流失的中学教师加上没有分配到中学任教的本科毕业生就达 13 万之多。近来由于出国、经商等潮流的影响，教师外流更是有增无减。另一方面，师范学院生源困难，优秀中学毕业生不报考师范已成为令人焦虑的现象，使教师队伍后继乏人的现象较为突出。在当前，内地教师流向沿海经济发达地区，发达地区教师有的流向外资企业，造成内

---

① 据调查，中国教师日人均劳动时间为 9.67 小时，比一般职工日平均劳动时间高出 1.67 小时，其中睡眠时间比一般职工平均少 1 小时，娱乐时间少 0.5 小时左右。按教师年教学时间 252 天（6 天 × 42 周）计，教师年超额劳动为 420.84 小时，相当于 8 小时工作制的 52 天。

地学校师资紧张；而名师流失，又造成地区间教育力量不平衡，并引发新的教育质量公平问题。

2005年底，中国的农村代课教师问题浮出水面，引起了媒体和社会各界的普遍关注。代课教师工资极低，工作压力大，且承担着中西部农村，特别是山区教育的重任，因此，社会舆论呼吁政府部门给予解决。据教育部2007年的数字，全国农村代课教师人数多达近40万，主要集中在农村小学，其中75.9%集中在中西部地区。教育部提出对代课教师进行清退的政策，但从各地的实际情况看，还存在诸多困难，且给予代课教师的补偿等问题一直存在争议。

此外，文盲问题、中小学的流失生问题、专业人才匮乏的问题、学生的思想品德发展的问题等，也日益引起人们的注意与关心。在迈进21世纪的进程中，中国的教育将如何巩固和发展已有的成就，克服存在的困难，正在成为当代教育理论的重要课题。

二、中国当代教育模式的转换

在现代教育史上，有两种典型的教育模式。一种是教育的学术模式，其中心内容是倡导学术的学习，以获得知识为目的，因此对非学术的兴趣活动和课外活动比较忽视，学术模式表现为学校中心、知识定向的模式。一种是变革模式，其中心是倡导社会的学习，以为变革服务为目的，因此变革模式反对脱离社会生活实践，表现为社会中心、行动定向的模式。任何一个国家的教育改革，都是这两种模式的转换、摇摆、交替的过程。有人称这一现象为"钟摆现象"，也有人称之为"二重变奏"。[1]

以美国为例，20世纪初美国基本上沿袭欧洲传统的学术模式教育，重视知识的整体性、逻辑性，强调学校的纪律性和规范性，希望通过这种模式培养社会所需要的理想人才。但20世纪20年代后，传统教育显得与社会越来越不适应，以杜威为代表的进步主义教育改革者喊出了模式转换的呼声，即反对教师中心、课堂中心、教材中心，而主张以儿童为中心、以社会为课堂、以活动为教学主要形式的变革模式。

变革模式反对脱离社会，要求加强实用性的观点，在很长一段时间内

---

[1]　袁振国：《当代中国教育的二重变奏》，《上海理论内刊》1988年第4期。

受到了社会的赏识。

第二次世界大战后，世界科学技术迅猛发展，苏联的卫星上了天，被美国称为"科技上的珍珠港事件"。美国朝野为之震动，人们一下子把目光投向教育，纷纷指责这是进步主义教育忽视基础性、系统性、理论性的结果。于是，《国防教育法》颁布了，以培养高级科技人员为目标的教学新体系确立了，同时加强了数学、物理、外语的"新三艺"课程，并把发展能力提到空前的高度，教育的钟摆又回到了学术模式上来。

但是，到了20世纪60年代以后，美国社会矛盾加剧，种族运动、妇女运动、青年运动、反战运动，此起彼伏。人们又开始怪罪于学校，认为社会弊端的产生是由于学校只强调学术标准而忽视了对学生社会责任感的培养，于是，变革模式东山再起，卷土重来。他们呼吁学校办学的自主权和自发性，改革脱离社会生活实际的课程结构，试图通过"开放教育"来解决社会危机，于是，年级界限被取消了，传统的学习课程被"独立学习""学生设计课程"等所代替。

20世纪70年代以后，美国学校的教育质量每况愈下，许多课程内容浅薄，学术标准降低，分数贬值，学校纪律松弛。美国教育学者保罗·赫尔德在对全国学生的成绩进行彻底调查后惊叹地说，在当代科学革命的条件下，"我们正在培养一代科学和技术文盲的美国人"！于是，美国高质量教育委员会提交了《国家处于危险之中——教育改革势在必行》的报告，学术模式又悄悄出台。20世纪80年代后，加强了基础教育，教育又在向规范化发展。

从上可以看出，美国的教育发展基本上就是学术模式和变革模式的相互转换、摆动的过程。当社会矛盾加剧，政治危机出现，需要教育来缓和危机、摆脱困境时，钟摆便荡向变革模式；当科技竞争激烈，人的素质降低，需要教育来造就高级人才，发展尖端科学、充实国家实力时，钟摆便又荡回学术模式。"但美国教育发展的历史也表明，这两极之间摆动的幅度越来越小，两种模式之间不断相互吸取对方的优点，有逐渐融合的趋势。"①

我们不妨也以这两种模式的转换历程来考察一下当代中国的教育发展历程。我国六十多年的教育历程大致可分为五个时期：初创时期（1949—1956）、探索时期（1957—1963）、混乱时期（1964—1976）、重建时期

---

① 袁振国：《当代中国教育的二重变奏》。

（1977—1990）和发展时期（1991—　　）。

（一）初创时期（1949—1956）

这一时期教育发展的主要任务是改造旧中国封建、买办、法西斯主义的教育，建立民族的、科学的、大众的新民主主义教育。教育面临着五个方面的任务：（1）接管和改造旧学校；（2）改革旧学制，颁布新学制；（3）所有教育设施向工农劳动人民开门；（4）教师思想的改造；（5）高等学校的院系调整。这个任务在 1952 年基本完成。1949—1956 年的教育基本呈现了变革模式，这个模式使我国教育事业得到了恢复和发展，适应了社会改革、抗美援朝和恢复国民经济的需要。但同时也表现出对旧的学校教育的简单否定态度、工农教育发展的急躁情绪、教师思想改造的粗暴和简单化的倾向。从 1953 年开始，变革模式让位于学术模式，提出了"整顿巩固，重点发展，提高质量，稳步前进"的文教方针，《人民教育》等报刊发表了一系列以教学为中心的社论，引进了苏联的教育模式，逐步形成了完整的教学系统和正规的办学道路，教育得到了持续、稳步的发展。

（二）探索时期（1957—1963）

如果说初创时期的模式建立与转换是由社会的客观进程引起，因而是符合教育的客观规律的话，那么，这一时期的教育模式转换则是由教育决策者的主观臆断造成，因而是违背教育的客观规律的。1957 年以后，由于认识上的一些失误，中国共产党的部分领导人过分严重地估计了国内的政治形势，提出应把阶级斗争作为社会的主要矛盾，并开始了整风与反右的斗争。1957—1960 年的教育模式本不应全盘否定初创时期的学术模式，因为新中国成立后教育的主要任务在这个时候尚未完成，社会主义的建设迫切需要具有高度文化素养的专业人才，学术模式还没有完成它的使命，甚至它还处于鼎盛时期的前夜，前途光明。但是，这时的政治运动促使变革模式仓促地取代了学术模式，阶级斗争立即成为全国学生的一门主课，有关领导同志试图通过"大跃进"的教育改革来显示无产阶级教育的优越性，于是出现了教育发展的"大跃进"，办学形式的"大跃进"，思想改造的"大跃进"。

在教育发展的规模上，也提出了许多不切实际的目标，如某些省提出了"一年变成文化省""年内扫除文盲"等口号。据《光明日报》报道，仅 1958 年 1—8 月，全国就扫除了 9000 万文盲，比新中国成立八年的扫盲总数多两倍，全国 67% 的县市扫除了文盲；全国学龄儿童入学率已达 93.9%，87% 的县市基本普及了小学教育。这一年，全国新建中学 26000 所，中学生达 924 万，比 1957 年增长 47%；新建中专 6000 余所，在校生比上年增长 220%；新建高校 800 余所，在校生比上年增长 2/3，业余学校增长 5 倍，学生 5000 余万人。[①]

在办学形式上和知识分子思想改造的问题上，也出现了许多冒进、偏颇的倾向，许多学校完全打乱了正常的教学秩序和教学计划，办起了工厂、农场，出现了所谓"三同"（与贫下中农同学习、同劳动、同食宿），到 1958 年 9 月，全国中等以上各级各类学校及小学高年级师生开始普遍停课，投入大炼钢铁和三秋劳动。这时，全国约有 22100 所各类学校建起了 86000 座小型炼钢铁炉。自然，这个模式给教育事业带来了灾难性的打击，降低了学生的素质，打击了知识分子的积极性。在这个时候，学术模式的出现并取代变革模式已成为时代的呼声。

1961 年 1 月 14—18 日，中共八届九中全会在北京举行，制定了对国民经济实行"调整、巩固、充实、提高"的方针。在教育上，也强调压缩学校规模和数量，建立完善的教学秩序，从而提高教学质量。1961 年颁布了《教育部直属高等学校暂行工作条例（草案）》（简称《高教六十条》），1963 年初又分别颁布了《全日制中学替行工作条例（草案）》和《全日制小学替行工作条例（草案）》（分别简称《中学五十条》《小学四十条》），使学校各项工作基本得到恢复。至 1963 年，全国高校由 1960 年的 1289 所调整合并为 407 所，在校生由 96 万压缩至 75 万；中专由 6225 所裁并为 1355 所，在校生由 222.6 万压缩至 45.2 万，对中小学也进行了必要的调整。然而，1961—1963 年在探索时期的短暂稳定的学术模式又是短命的，它像一个离开母体的婴儿，刚刚学会站立，便不幸地夭折了。

（三）混乱时期（1964—1976）

1964 年，毛泽东对学术模式进行了严厉的批评。2 月 13 日，在人民大会堂召开的教育工作座谈会上，他说："旧教学制度摧残人才，摧残青年，

[①]　中央教育科学研究所编《中华人民共和国教育大事记（1949—1982）》，教育科学出版社，1984，第 234 页。

我很不赞成。""课程多、压得太重是很摧残人的。学制、课程、教学方法、考试方法都要改。""现在一是课多,二是书多,压得太重。……书不一定读得很多。马克思主义的书要读,读了要消化。读多了,又不能消化,也可能走向反面,成为书呆子,成为教条主义者、修正主义者。"3月10日,他在对北京铁路二中校长魏莲一的来信批示时说:"现在学校课程太多,对学生压力太大。讲授又不甚得法。考试方法以学生为敌人,举行突然袭击。这三项都是不利于培养青年们在德智体诸方面生动活泼地得到发展的。"7月5日,他在与毛远新谈话时说:"阶级斗争是你们的一门主课。你们学院应该去农村搞'四清',去工厂搞'五反'。不搞'四清'就不了解农民,不搞'五反'就不了解工人。阶级斗争都不知道,怎么能算大学毕业?"8月29日,在与尼泊尔教育代表团谈话时,毛泽东又说:"文科要把整个社会作为自己的工厂。"

可见,在1964年已经酝酿成熟了新的变革模式。这个模式一方面全盘否定了学术模式,错误地评价了新中国成立后十多年的教育发展;一方面又旗帜鲜明地提出了学生必须以阶级斗争为主课的模式。可以说,"文革"中一系列的教育指导思想和理论基础,在1964年已经初步酝酿完成了。"文革"中的许多提法和教育变革的措施,在1964年也已粗具雏形。在1966年开始的十年"文革"期间,变革模式达到了登峰造极的地步,学生停课"闹革命",老师被诬为"反动学术权威""修正主义苗子",采取揪斗、游街、劳改、关押、挂黑牌子、戴高帽子以及私设公堂等非法手段,残酷迫害教师及学校领导。许多学校搞"小将上讲台"、请工农兵上课等做法,"黄帅日记"、"朝农经验"、张铁生《一份发人深省的答卷》、"马振扶公社中学事件"、批评《园丁之歌》、"反击右倾翻案风"等若干事件,使变革模式高潮迭起,教育事业处于崩溃的边缘。

(四)重建时期(1977—1990)

这一时期以1976年10月粉碎"四人帮"为开端,而变革模式摆回学术模式是以恢复高等学校的招生考试制度为标志的。这个时期的学术模式恢复了学校的正常教育秩序,澄清了一些教育理论问题,重申了"双基"教学目标,即"基本知识、基本技能",倡导"发展智力,培养能力",并开始重视非智力因素的培养及其在人的发展中的作用,其间培养了一批德才兼备的专业人才,对经济建设起了一定的积极作用。但由于总体上教育发展的理论指导尚欠成熟，外部机制尚未建立、内部措施尚不配套等原因，虽然这个时期教育的任务很明确，就是要"恢复"和"重建"，但对于恢复、重建一种什么样的教育却是模糊的，所以学术模式仍未寻找到一条最佳的生存与发展之路，基础教育中"片面追求升学率""高分低能"现象比较严重；80 年代中后期又由于"自由化思潮"泛滥以及市场经济的逐步引入，学校特别是高等院校的思想政治教育实际上处于十分松弛的状态，也影响了教育质量的真正提高。面对打开的国门，各种社会思潮（当然包括各种教育思潮）纷至沓来，教育工作者虽左右徘徊，也曾无所适从，但仍然在上下求索，尝试着解答教育的各种现实问题，探寻着中国教育的发展模式。

（五）发展时期（1991—　　）

1992 年初邓小平的南方讲话和中共十四大召开，被称为我国的第二次思想大解放，改革开放和社会主义的各项事业都进入了一个新的发展时期。教育也进入了一个最好、最快也是最稳定的发展时期。

1993 年中共中央国务院在总结 80 年代教育发展和改革经验的基础上，颁布了《中国教育改革和发展纲要》和《国务院关于〈中国教育改革和发展纲要〉的实施意见》，提出了 20 世纪 90 年代和 21 世纪初教育改革和发展的任务以及深化教育体制改革和教育教学改革的总体方向和途径，之后，我国各项教育改革计划稳步推进。1997 年中共十五大报告阐述了党和国家命运前途的一系列根本问题，在社会主义经济、政治和文化等诸多方面有很大理论突破，是中共十一届三中全会以来的第三次思想工作大解放；确立了科教兴国战略方针，并对世纪之交的中国教育改革和发展做出了战略部署。1998 年，教育部在大量调查研究的基础上提出了跨世纪中国教育发展和改革的蓝图——《面向 21 世纪教育振兴行动计划》。可以说，这一时期，中国教育改革的每一步推进都是在国家高度重视、宏观指导、整体规划的基础上展开的，属于一种自上而下的方式，但都是审时度势、顺势而为、应乎民心、循乎教育发展的基本规律。虽然在某些地区或某些具体的改革措施上有些失误，但总体上，20 世纪 90 年代以来的教育改革和发展是新中国成立以来发展迅速的时期，无论在教育实践还是在教育理论上都取得了一定的成就。

首先实现了普及"两基"的目标，即"基本上普及义务教育，基本上扫除青壮年文盲"。2000 年全国九年制义务教育的普及率为 85%，2001 年，"普九"人口覆盖率达到 90% 以上；青壮年文盲率下降到 5% 以下，与 1990 年相比，青壮年文盲人口减少了 4100 万。1990 年至 2000 年间，我国每 10 万人口中拥有各种受教育程度的人数比以往发生了显著变化。其中，具有大学（指专科以上）程度的由 1422 人上升为 3611 人；具有高中（含中专）程度的由 8039 人上升为 11146 人；具有初中程度的由 23344 人上升为 33961 人；具有小学程度的由 37057 人下降为 35701 人；而同期 15 岁及以上人口的文盲率由 15.88% 下降到 6.72%。[①] 这既为社会生产力持续、稳定发展提供了最根本的条件，又对社会的发展起到了强有力的奠基作用。

高等教育迅速发展，1990 年 12 月，国家教委着眼于 21 世纪的发展，向国务院提出了"集中央和地方的力量，办好 100 所左右重点大学和一批重点学科、专业"的"211 工程"，得到国务院支持。1995 年 10 月，国家计委、国家教委和财政部联合颁布了《"211"工程总体建设规划》。之后，国家教委开始遴选，至 1996 年底，有 94 所高校被确立为重点建设"211工程"大学。这样我国重点大学建设的规模、投资强度和影响力，在 20 世纪 90 年代迈上了新的台阶。1998 年 5 月 4 日，江泽民同志在庆祝北大建校 100 周年大会上向全社会宣告："为了实现现代化，我国要有若干所具有世界先进水平的一流大学。这样的大学，应该是培养和造就高素质的创造性人才的摇篮，应该是认识未知世界、探求客观真理、为人类解决面临的重大课题提供科学依据的前沿，应该是知识创新、推动科学技术成果向现实生产力转化的重要力量，应该是民族优秀文化和世界先进文明成果交流借鉴的桥梁。"这是对我国建设世界一流大学的必要性与重要意义以及在我国建设世界一流大学的任务和内涵的高度概括。在这一思想指导下，我国开始启动世界一流大学建设项目（"985"工程）。近年来国内经济社会发展乃至百姓生活的最具影响力的事件之一，即 1998 年以来的高等学校连年扩招，使我国的高等教育规模大大地增长。18—22 岁人口高等教育毛入学率1990 年为 3.45%，1995 年是 7.2%，2001 年达到了 13.3%，2003 年是 17%，其中上海、北京两地的高等教育毛入学率则都超过了 50%，在全国率先进入高等教育普及化阶段。目前国际上高等教育毛入学率超过 50% 的有加拿大、美国、芬兰、韩国和新西兰等国家，发展中国家高等教育毛入学率的

---

① 国家教育发展研究中心编《2001 年中国教育绿皮书——中国教育政策年度分析报告》，教育科学出版社，2002，第 4—5、46 页。

平均水平为 18%—20%；自 1999 年实行高校扩招后，我国的高等教育毛入学率逐年上升，到 2009 年已达 24.2%，使我国高等教育迈入了大众化阶段。2002 年，全国高等教育共招本科、高职（专科）学生 542.82 万人，高等教育本科、高职（专科）在校生 1462.52 万人；全国招收研究生 20.26 万人，其中博士生 3.83 万人，硕士生 16.43 万人；在学研究生 50.10 万人，其中博士生 10.87 万人，硕士生 39.23 万人。到 2009 年，我国当年高等学校本专科共招生 639.49 万人，在校生高达 2144.66 万人，全国招收研究生 51.09 万人，其中博士生 6.19 万人，硕士生 44.90 万人，在学研究生总数达 140.49 万人。[①] 高等学校管理体制改革也取得了很大进展，其间有 600 多所高等学校按"共建、调整、合作、合并"等形式进行了管理体制改革，长期存在的"条块分割"、重复设置、自我封闭、服务面向单一的状况大有改善。

基础教育教学质量不断提高。1994 年 6 月第二次全国教育工作会议就确立了"基础教育必须从'应试教育'转到素质教育的轨道上来"的方针政策。国家教委副主任柳斌指出："素质教育的第一要义是要面向全体学生，第二要义是德、智、体、美、劳全面发展，第三要义是让学生主动发展。"在考察和总结湖南汨罗素质教育经验的基础上，1997 年 9 月全国中小学素质教育经验交流会在山东烟台召开，并颁发了《关于当前积极推进中小学素质教育的若干意见》，系统阐述了素质教育的含义、特征以及实施素质教育的重大意义，针对薄弱学校建设、课程体系、督导评估体系、考试评价改革、升学考试制度改革、改进和加强德育工作、校长教师队伍建设等方面提出了一系列政策措施。紧接着 1999 年第三次全国教育工作会议又通过了《关于深化教育改革全面推进素质教育的决定》，明确规定了全面推进素质教育的指导思想和基本策略。之后，各种素质教育的实践模式被推举出来，如成功教育、自主教育、愉快教育、和谐教育、主体教育、双语教学、人文教育、创新教育、新基础教育、新教育实验、全纳教育等。素质教育的理论和实践不仅在基础教育界展开，而且扩展到高等教育，1995 年大学生文化素质教育首先在北大、清华、华中科技大学等高校展开试点工作，然后迅速成为全国高等学校教育的一项重要内容。2000 年，江泽民发表《关于教育问题的谈话》，更加激发了社会各界对教育的关心和支持。此外，由中小学择校引发的教育机会均等问题也受到关注，基础教育均衡发展提上议程，

①《2009 年全国教育事业发展统计公报》，见教育部网站，2010 年 8 月 4 日。

真正免费的义务教育在一些经济发达地区如绍兴、宁波等实质性地展开。

这一时期，民办教育迅速发展并形成一定的规模，改变了 20 世纪 50 年代以来单一的公立学校的格局。据 2002 年统计，全国各级各类民办学校（教育机构）有 6.13 万所，其中民办幼儿园 4.84 万所，民办小学 5122 所，民办普通中学 5362 所，民办职业中学 1085 所，经教育部批准具有独立颁发学历文凭的民办高等学校 133 所；民办非学历高等教育机构 1202 所。全国教育事业统计资料显示，2001 年我国各类民办学校（教育机构）已达 56274 所，比 1996 年的 27190 所翻了一倍，占我国学校总数的比例已近一成；在校学生总数 923 万人，占同期全国学生总数的近 5%。到 2009 年，我国各类民办学校达到 10.65 万所，在校生达 3065.39 万人。2002 年 12 月 28 日第九届全国人民代表大会常务委员会通过了民办教育促进法，2003 年 9 月 1 日起施行。民办教育在满足人民群众对教育的不同需求，促进教育改革和发展方面发挥着重要作用，培养了大批国家需要的各类人才，已成为社会主义教育事业的组成部分。

在这一时期，我国教育逐步地走向了规范化、法制化的发展进程。教师法、教育法、职业教育法、高等教育法相继于 1993 年、1995 年、1996 年、1998 年通过。还有一系列具体的教育法规、章程或条例陆续颁布。

20 世纪 90 年代以来是中国社会急剧转型、全面过渡的时期，进入新世纪之后，我国教育还将面临更多挑战，如知识经济、全球化、多元化等。中国教育在迎接挑战的过程中，还会不断更新教育改革与发展的模式，建设切合我国实际的现代化教育。

三、当代教育发展的经验与教训

六十多年的教育发展虽然走了不少弯路，但毕竟积累了正反两个方面的经验与教训，为今后的教育发展准备了条件。我们的使命就是如何在中国这条古老的航道上，参照前辈留下的航海资料，扬起风帆，开辟新的航线，到达光明的彼岸。

那么，当代中国教育发展的主要经验教训有哪些呢？

（一）教育发展应该以理论作指导，以实验为依据

教育发展一般要经过三个基本阶段，即科学的决策→小面积的试验→

大面积的推广，这样才能使教育稳妥而有效地向前发展。因此，既不能搞"无的放矢"的盲目行为，也不能搞急于求成的立竿见影。1949年以来，中国教育的发展往往忽视了这一点。以学制改革为例，新中国成立以来的历次中小学学制改革，虽然也强调要以理论作指导、实验为依据，但实际上却缺乏系统而长期的实践，无论哪一次改学制试验，都没有经历过一个完整的中小学教育周期。[①] 如20世纪50年代初进行小学五年一贯制的试验，从1950年下半年起到1951年10月1日政务院公布新学制，仅试了一年多。到1953年政务院公布《关于整顿和改进小学教育的指示》，停止推行五年一贯制，小学学制仍沿用四二制，分初高两级，也只用了三年不到的时间。

我们知道，教育的对象是人，而人的成长周期是比较长的，要评估教育的效果，一般要经历一个较长的周期。中小学教育的周期在十年以上，像学制改革这种比较关键的决策，必须经过从小学一年级开始周密而严格的实验才能检验出是否有成效，是否具有推广的价值。在实验基础上进行的教改，即使发生了学术模式与变革模式的转换，也是在原来的起点上提高了一个层次，是经历了一个否定之否定的历程，而不是简单地回复到初始阶段甚至倒退。因此，教育发展无论是宏观还是微观的改革，都必须坚持以理论作指导、以实验为依据的原则，国家或教育部门的领导人都不能用自己的个人观点来代替教育决策。

（二）教育发展不能成为政治运动的附庸

教育的根本目的是为了更好更快地培养全面发展的人才，是为了提高教育的效益和效率。但是，六十余年的教育发展却常常背离了这个根本点，使教育成了历次政治运动的附庸。可以说有许多次变革模式取代学术模式，都是政治斗争的"魔力"使然。仍以中小学学制改革为例，20世纪50年代末的中小学学制改革带有浓厚的政治色彩，如它一会儿是实现"教育大跃进"的重要措施，一会儿是"反修防修""培养无产阶级革命事业接班人"的必要步骤，一会儿又把是否赞成"学制要缩短"作为"革命还是反革命"的首要问题。政治形势的多变不仅促使教育模式仓促转换，也使学制这种本应稳定的体制问题处于多变的状态。教育内容、教育方法的改革（如考试）以及教育与生产劳动相结合等问题，本来都是教育的内在要求，但在

---

① 唐关雄、王廷泉：《建国以来中小学学制改革的历史回顾》，《教育研究》1987年第11期。

政治力量的钳制下，都成了政治斗争的"阶下囚"，把实实在在的教育科学问题，变成了阶级斗争的"工具"。

（三）教育发展不能搞群众运动

把教育发展搞成群众运动，表面上看轰轰烈烈，调动了群众办学的积极性，但实际上是把教育作为政治斗争附庸的派生物。在政治斗争的背景下，人们习惯于搞运动，认为只有运动才具有革命的性质，才能从根本上动摇原有的基础，冲破守旧的势力，"推翻一个旧世界，建设一个新世界"。而主张稳步发展、谨慎试验，则难免有改良主义、妥协派之嫌。正如曾任过教育部部长的杨秀峰在《我国教育事业的大革命和大发展》一文中所说的，要实现党的教育方针，"不经过轰轰烈烈的群众运动，冲破习惯势力的束缚，破旧立新，是不可能的。有些人却在群众的革命运动面前进行非难，说什么'学校搞得乱哄哄，太没有秩序了'。这不过是资产阶级对于群众运动惯常的歪曲"。在这样的指导思想下，搞群众运动成了走群众路线的代名词，只有搞运动才是相信群众、依靠群众、放手发动群众。这样的结果自然使教育也成了群众运动：一是一哄而起，只要领导人的号令一下，大家就蜂拥而上，争先恐后地搞起"教改"，不考虑自己的校情，似乎谁的步子越大，速度越快，就越是"革命"。二是一元模式，由于政治成了唯一的标准，多样性、独创性就成了离经叛道。正如美籍华人乔龙庆所评价的："统一的学制，统一的考试制度，统一的教科书，直至统一的发型。中国这么大，如果什么都搞统一，人就没有创造性，年轻人就不敢向权威挑战了。"[①]

（四）教育发展不能急于求成，盲目冒进

教育的发展不像政治、经济那样，可以在较短时期内出现剧烈的变化，也不像科学、技术那样，可以在较短时期内产生明显的飞跃。教育是一种潜移默化的渐进影响过程，具有滞后性和缓慢性的特征。那种企图使教育发展一蹴而就、一步成功的观点，那种毕其功于一役的想法，只能是不切实际的天方夜谭。正如袁振国所说："纵观三十年的教育改革史，可以说是一次次冒进、一次次反冒进、一次次反反冒进，一次次比以前更冒进的历

---

① 奇方：《一美籍学者对中国教育的三点意见》，《报刊文摘》1984 年 10 月 9 日。

史。"① 如新中国成立初改革旧教育取得了一定成绩，但已见冒进端倪；1953年反盲目冒进，1956年就反少慢差费。1958年中共中央、国务院《关于教育工作的指示》也显示了冒进的狂热："全国应在3年到5年时间内，基本上完成扫除文盲、普及小学教育、农业合作社社社有中学和使学龄儿童大多数都能入托儿所和幼儿园的任务。""我们将以15年左右的时间普及高等教育，然后再以15年左右的时间从事提高工作。"如果谁在今天说出这些话，我们还会指责他热昏头脑说胡话，但五十多年前却是以一个严肃的文件发表的。我们忽略了教育发展渐变与质变的辩证法，企图人为地缩短教育发展的渐进过程，只能受到辩证法的惩罚。

（五）教育发展应该强化学校的自主权

长期以来，中国教育发展受行政钳制太多，受升学的指挥棒影响太多，学校失去了办学的独立性，失去了教育的自主权。"成者为王，败者为寇"，不允许教师进行小规模的尝试，不允许失败。在这样的基点上，一是形成了教育界中讲改革的人多、干的人少的局面，谁也不愿"为天下先"，谁也不愿偏离一般学校所走的教育轨道；二是造成了局部改革多、整体改革少，浅层改革多、深层改革少的现象。1949年以来，我们虽然出现了斯霞、霍懋征等一批有影响的特级教师或教改专家，但却没有出现像陶行知、苏霍姆林斯基式的大教育家，这与我们的办学体制僵化、学校的自主权太少不无关系。

（六）教育发展应当以扬弃的态度对待别国的教育经验和教育理论

中国的现代化属于"后发外生型"，必须学习和借鉴别国现代化进程中的经验和理论，教育发展也是如此。但我们过去经常采取一种形而上学的态度：要么全盘肯定，要么全盘否定、彻底打倒。如对待凯洛夫的《教育学》，20世纪50年代全国教师几乎人手一册，几近崇拜至极，但60年代末又批判其为修正主义的教育"权威"，一脚踢倒；又如对待苏联的教育模式，20世纪50年代初全面学习苏联的学校制度和教学内容，高等教育率先按照苏联模式进行全国高校大调整，而90年代以来兴起一股高校"合并旋风"，似欲否定既往。在对待杜威的教育理论和方法、对待美国教育模式、对待

① 袁振国：《建国后三十年教育的历史反思》，《上海教育科研》1988年第8期。

中国传统的教育思想等方面，至今还存在着这样的倾向，致使本国教育摇摆不定，缺乏连续一贯性。其实，别国成功的教育理论或经验，我们应采取扬弃的态度，既不盲从，也不盲视。

综上所述，教育发展是一项极其复杂的系统工程，教育发展的模式选择往往决定着教育的成败与否。无论是学术模式还是变革模式，都具有它特定的适用环境、特定的运行机制。如果不考虑模式与环境的协调性，不顺应模式的内部运行机制，教育发展就必然要走向歧路。同时，学术模式与变革模式也不是非此即彼、截然对立的，教育发展只有在选择一种主导模式时，充分发扬自身优势并吸收另一种模式的优点，才有可能走上健康发展的道路。

第二章　中国当代教育思想的初创时期
（1949—1956）

中国当代教育思想的嬗变，是与当代教育事业的发展历程同步行进的，也是与当代中国社会的曲折命运相联系的。按照中国教育自身的发展历程和教育思想的内在逻辑，我们大致可以把当代教育思想的发展分为五个时期，即：（1）初创时期（1949—1956）；（2）探索时期（1957—1963）；（3）混乱时期（1964—1976）；（4）重建时期（1977—1990）；（5）发展时期（1991—　）。在不同的时期，教育思想有不同的时代主题与理论个性，但大致是围绕着教育的一些基本问题（如教育是什么，教育应培养什么人，教育应为什么人服务，教育由什么人来领导，等等）而展开讨论与研究的。由于不同时期对这些问题有不同的回答与理解，也就有了不同的时代主题与理论个性，教育思想也就具有不同的特点。系统地认识与研究五十余年来中国教育思想嬗变的历史轨迹，对于今后教育理论的发展与建构，是有所裨益的。

从1949年中华人民共和国成立到1956年，是新民主主义向社会主义过渡的时期，也是中国当代教育思想的初创时期。

1949年9月29日通过的《中国人民政治协商会议共同纲领》，为这一时期的文化教育规定了总的方针政策。这就是："中华人民共和国的文化教育为新民主主义的，即民族的、科学的、大众的文化教育。人民政府的文化教育工作，应以提高人民文化水平，培养国家建设人才，肃清封建的、买办的、法西斯主义的思想，发展为人民服务的思想为主要任务。"当时的教育部副部长兼党组书记钱俊瑞，在1950年5月创刊的《人民教育》杂志上发表了《当前教育建设的方针》的长文，更明确指出："为工农服务，为生产建设服务，这就是当前实施新民主主义教育的中心方针。"在这一方针的指导下，比较顺利地进行了接管旧学校、团结和改造知识分子、改革课程和学制以及院系调整等工作。

在由旧教育向新教育过渡的时期，教育理论应有怎样的贡献？应该构建怎样的教育思想体系，来指导教育实践？新的教育实践呼唤着新的教育思想的问世。但是，任何教育思想的产生总需要吸取前人的成果并结合它赖以生存的环境进行创造。当时，中国教育理论有两个背景：一是国民党统治下引进了许多西方的教育学说，尤其是杜威的实用主义学说，并在中国的一些地区开始了以这些学说为指导的教育实验，但并没有探索出解决中国教育问题的路子。二是解放区创造了许多生动活泼、形式多样的办学形式与教育经验，但还没有加以系统的总结与理论上的概括。因此，在《人民教育》创刊的发刊词中，提出了过渡时期教育思想建设的四大任务：（1）理解和贯彻毛泽东的文教思想，理解和宣传教育方针政策；（2）学习苏联的教育科学；（3）总结解放区的教育经验；（4）对旧教育、旧学术思想进行系统批判。[①]这四大任务确实构成了初创期中国教育理论研究的主要特色。

一、理解和贯彻毛泽东的文教思想，理解和宣传教育方针政策

毛泽东是世界上少有的对教育倾注了极大的关注和热情的政治领袖。青年毛泽东就有了大量的教育实践经验和教育理论著述；建立井冈山革命根据地以后，毛泽东又多次对解放区的教育工作提出指导性意见，形成了比较系统的教育思想。但在战争环境中，他的教育思想既没有体系化，也没有成为学习与研究的主要内容，只是对解放区的教育事业产生了许多实践性的影响而已。

对毛泽东教育思想首先进行阐发的，当推陆定一的《新中国的教育和文化》一文。在这篇文章中，陆定一论述了《新民主主义论》对于新中国教育与文化的指导意义。他说，毛泽东在这本著作中，从阶级观点上和国际文化与民族文化的辩证关系的观点上，阐明了中国新文化运动的性质、内容与前途，指出了中国新民主主义文化的内容是民族的、科学的、大众的文化，并认为毛泽东所提示的这些原则与政策，是当前中国文化教育建设的总路线与总方针。[②]

---

① 柳湜：《为建设新中国人民教育而奋斗》，《人民教育》1950 年 5 月创刊号。

② 陆定一：《新中国的教育和文化》，《人民日报》1950 年 4 月 19 日。

比较系统地论述和研究毛泽东教育思想的，是钱俊瑞的长篇论文《学习和贯彻毛主席的教育思想》。

钱俊瑞通过对《新民主主义论》《湖南农民运动考察报告》《论人民民主专政》《实践论》等著作中有关教育问题论述的回顾，得出了毛泽东教育思想富有革命性的结论[①]：

我们必须革命，因为不搞革命，就不能推翻反动的统治阶级，就不能有新文化教育的根据；

革命的理论，革命的文化教育，必须用来推动和指导革命的行动，否则它就没有任何价值；

劳动者和全体人民必须在革命中，在变革现实的斗争中受到教育，得到知识。

钱俊瑞指出，"新中国的文化教育应该是工人阶级领导的文化教育"，人民教育的领导思想也只能是无产阶级的思想，而"无产阶级的思想就是马克思列宁主义和毛泽东思想"。

在第三部分中，作者阐明了自己对毛泽东关于人民教育的民族性、科学性和大众性的理解。钱俊瑞认为，民族性的核心是爱国主义教育，而"爱国主义不论在新民主主义阶段，或在将来社会主义阶段，都是毛泽东思想的一个最重要的方面。因此热爱祖国是与热爱毛主席分不开的，发扬爱国主义与学习和贯彻毛泽东思想是根本分不开的"。人民教育的科学性，则首先是要认真学习辩证唯物主义和历史唯物主义，学习毛泽东同志的《实践论》，并进而系统地通俗地宣传唯物主义，宣传《实践论》，把这种普遍的科学的真理贯穿到学校的各门功课中去。人民教育的大众性，则是"应该首先向工农兵普及文化科学和政治教育"，在内容与形式上都应是工农兵所乐于接受的。

作者还分析了毛泽东理论联系实际原则对于教育工作的指导意义，批判了教条主义与经验主义。

在最后的一部分中，钱俊瑞再次强调了毛泽东教育思想的意义。他写道："毛泽东同志博大精深的教育学说，是伟大的毛泽东思想的一部分。作

---

① 《人民教育》第 2 卷第 3 期，1951 年 7 月。

为马克思、恩格斯、列宁、斯大林的最好学生，毛泽东同志是中国工人阶级和中国人民的最优秀的代表，他是我们一切革命工作者的最完美的模范，同时也是一切宣传工作者与教育工作者的最完美的模范。"

显然，钱俊瑞当时总结出来的毛泽东的基本教育思想，作为比较宏观性的研究，应该说是比较全面的，但文章也表现出一些个人崇拜的特征。

二、学习苏联的教育科学

学习苏联，是新中国成立初期的基本国策之一。

在新中国诞生的第五天，刘少奇就明确指出："我们要建国，同样也必须'以俄为师'，学习苏联人民的建国经验。"并说："苏联有许多世界上所没有的完全新的科学知识，我们只有从苏联才能学到这些科学知识。例如经济学、银行学、财政学、商业学、教育学等等。"[①]1949 年 12 月 30 日，钱俊瑞在第一次全国教育工作会议上的总结报告中，更明确地把学习苏联教育经验作为建设新教育的方向。

1952 年 11 月，《人民教育》发表了《进一步学习苏联的先进教育经验——迎接中苏友好月》的社论，对学习苏联先进教育经验做了系统的阐述。社论首先指出："新中国三年来的教育建设，已从学习苏联经验当中，取得不少成绩，由此也更加证明了要建设新民主主义教育，首先必须彻底地系统地学习苏联的先进教育经验。"在谈到为什么要学习苏联的教育经验时，社论指出："首先由于我们的社会，不是走资本主义的道路，而是由新民主主义走向社会主义的道路，因而在教育上资产阶级那一套——理论、制度、内容、方法等，对于我们根本上不适用，只有苏联先进的经验，足以供我们借镜。"其次，"苏联的教材、教法以及教育理论、教育制度，不只在社会性方面和我们最接近，并且在科学性方面也是最进步的"。社论还对学习苏联教育经验的具体内容与态度方法做了具体论述。1953 年初，毛泽东在全国政治协商会议第四次会议上，把"要学习苏联"和"要加强抗美援朝的斗争""要在各级领导机关和领导干部中反对官僚主义"作为全年的三大任务提出来，把向苏联学习推向了高潮。

---

① 中央教育科学研究所编《中华人民共和国教育大事记（1949—1982）》，教育科学出版社，1984，第4 页。

在全面学习苏联教育的思想指导下，高等教育率先引入了苏联的学校体制与教学内容。1950 年，作为学习苏联教育经验的典型示范，分别创立了中国人民大学和改造了哈尔滨工业大学。其他高校也陆续聘请了一批苏联专家授课讲学，帮助培训师资和培养研究生。如教育专家卡尔波娃、学前儿童教育学专家戈林娜应邀于 1950 年 9 月到北京师范大学教育系讲学。同时，还翻译出版了大量的苏联的教学计划、教学大纲和各种文献资料。1953 年以后，中小学也参照苏联的经验，调整了教学计划与教学内容，并总结了一批能体现苏联教学思想的先进经验。特别是《人民教育》发表了苏联专家普希金评议北京市女六中"红领巾"的观摩教学意见和北师大学生试教的情况后，学习苏联教学法的热潮进一步推向了全国。

与此同时，苏联的教育理论也对中国教育界产生了很大影响。其中影响最大也最深远的，就是凯洛夫的《教育学》。有人甚至评论说：新中国"教育研究新时代的开始，是以凯洛夫教育学传进中国为其标志"[①]。

凯洛夫的《教育学》是经俄罗斯联邦教育部批准印行的师范学院教育学教科书。它是在系统总结苏联教育经验和批判地吸收教育史上进步教育家思想的基础上编写而成的。这本教材对我国教育理论界的影响，主要表现在它明确宣称教育学是培养共产主义新人的科学，强调培养全面发展的建设者，重视基础知识、基本技能的智育，突出课堂教学和教师的主导作用等方面。凯洛夫的《教育学》有两个中文版，最早是由《东北教育》杂志社 1950 年组织翻译的，依据的是原著的 1948 年版，这本书 1951 年由人民教育出版社印行，印数为 291516 册。1957 年人民教育出版社又以最快的速度译印了原著的 1956 年版，总印数为 193897 册。新旧两版共印行了近 50 万册。为配合凯洛夫《教育学》的学习，1953 年还出版了曹孚的《教育学通俗讲座》，印数也超过了 50 万册。加上凯洛夫与叶希波夫、冈查洛夫合编的《教育学》及其他苏联学者的教育学著作，当时中国约 200 万中小学教师几乎人手一册。凯洛夫本人 1956 年来华时，他的《教育学》早已使他驰名中国教育界了。

另一位对中国教育界产生相当深远影响的是苏联教育家安东·谢妙诺维奇·马卡连柯。他因把 3000 多名流浪儿和少年违法者教育改造成为具

---

① 　陈元晖：《中国教育学七十年》，《北京师范大学学报（社会科学版）》，1991 年第 5 期。

有一定的思想觉悟和知识技能的建设人才和先进人物而享誉世界。他的著作大多在这一时期被译成中文介绍到国内，如《马卡连柯教育文选》（1—4册，中外出版社，1951），《苏联儿童教育讲座》（中外出版社，1950），《新教育五讲》（作家书屋，1951），《家庭与学校的儿童教育》（中外出版社，1951），《塔上旗》（上、中、下册，正风出版社，1952），《儿童教育讲座》（五十年代出版社，1953），《双亲读物》（第一册，五十年代出版社，1953），《教育诗》（人民文学出版社，1957）。马卡连柯的全集也从1956年开始由人民教育出版社印行。与此同时，中国教育理论界还出版了《马卡连柯的教育理论和方法》（燕国材，湖北人民出版社，1956），《学习马卡连柯教育学说的初步体会》（张方旭，新知识出版社，1956）等介绍、研究的著作与30余篇论文和译文。

学习苏联教育科学在当代中国教育思想的创建期有着十分重要的意义，对中国社会主义教育体系的初创，使教学与德育工作更加符合教育规律，提高教育质量，产生了积极影响。尤其是凯洛夫的《教育学》和马卡连柯的教育学说，不仅在这一时期对中国教育思想的建构提供了理论材料，也对此后几十年的教育思想产生了长期影响，直到今天还可以寻觅到这种影响的痕迹。

当然，苏联教育科学中对于西方教育的偏激观点，过分强调集中统一、正规化、教师的主导作用、课堂教学的思想等，也在一定程度上产生了消极作用。这与学习苏联教育科学时没有真正地采取科学、辩证的态度与方法，有一定的关系。

三、总结老解放区的教育经验

在中华人民共和国成立初期，教育事业在性质、指导思想上与老解放区基本上是一致的，在某种程度上说，前者是后者的延续与发展。所以，新中国成立初期对于新民主主义教育性质的民族性、科学性和大众性的界定，与老解放区文化教育方针的提法基本相同。第一次全国教育工作会议提出"以老解放区教育经验为基础"来发展新中国的教育，是符合当时中国教育的实际的。

1950年，《人民教育》就"总结老解放区教育经验的论文"发了特别征稿启事，同期还发表了张凌光的短文《有的放矢》①，讨论老解放区教育经验的基本精神。作者根据当时有些学校"矢不对的，学不适用"的状况，指出："老解放区多年来改造教育的办法，首先是对的放矢，学以致用。教育总是紧对着革命工作的需要，从工作考验中再来改进教育。特别是由于革命过程中紧急需要干部，因而在培养干部上既要快又要好，为着解决这快和好的矛盾，就不得不紧紧地针对着目的，仔细调查用途，在教学上摸索创造出许多经济有效的办法。"在举例说明了"对的放矢"的原则后，作者还提请人们注意："我们的教育是要对的放矢，学以致用，但也要反对狭隘的近视的实用主义。抗战期间，曾有些地区的中小学，只重视配合当前的中心工作，却忽视了文化学习，这样就犯了只顾眼前实用，不顾前途发展的错误。我们对于这一段历史，也应该作为一个深刻的经验教训。"这说明，在强调要系统总结老解放区的教育经验的同时，已经开始注意到如何在新的历史条件下运用老解放区的经验的问题。由于老解放区的教育经验毕竟是马列主义和中国教育实际相结合的最初阶段的产物，它的特定背景是革命战争和农村环境，在形式上更多的是以短期政治训练为主的干部教育，所以，照搬是不可能的。这在一定程度上使人们宁愿把兴趣与精力放到带有现代社会气息的苏联教育经验上去，而相对冷落了老解放区的教育经验。

总结老解放区教育经验之所以不够活跃与积极的另一个原因，就是老解放区的教育经验与教育思想，是和毛泽东的教育思想联系在一起的，前者相对来说是后者的演绎与展开。这样，对毛泽东教育思想的研究与学习，有时就与总结老解放区的教育经验合二为一了，这在一定程度上也削弱了对于老解放区教育经验的系统研究。尽管当时教育部主持工作的大多是老解放区来的文教干部，他们这时虽然也提倡总结老解放区的教育经验，但往往身不由己或不自觉地卷入了学习苏联教育科学的热潮。所以，这一时期虽然也出版了如《延安学校》这样的小册子，发表了一些介绍和总结老解放区教育经验的文章，但未形成较大的理论上的影响。

当然，这一切并不排除新中国成立初期的教育实践在形式、方法甚至内容等方面与老解放区的继承性，因为决策者与教育行政部门领导的教育经验与思维方式，或多或少地也有着一定的继承性。

---

① 《人民教育》1950 年第 1 卷第 2 期。

四、对旧教育、旧学术思想进行系统批判

如果说学习毛泽东教育思想与总结解放区的教育经验有某种内在联系的话，那么，学习苏联教育科学与批判旧教育、旧学术思想则有着逻辑关联。当时，我国教育界几乎一致公认，苏联的教育科学是最先进、最科学的，用它来武装就足以敷用；对于国民党时期的教育和教育思想，对于资本主义国家的教育和教育理论，都只有批判的必要了。所以，虽然当时提出要吸取旧教育中的"有用经验"，但实际上是以批判为主的。

1951 年 5 月 16 日，《人民日报》发表了杨耳的《陶行知先生表扬"武训精神"有积极作用吗？》和江华的《建议教育界讨论〈武训传〉》两篇文章；随后，《人民日报》发表了一篇题为《应当重视电影〈武训传〉的讨论》的社论，从而正式拉开了对旧教育、旧学术进行系统批判的帷幕。教育部也于当年 6 月初颁布了关于开展电影《武训传》和"武训精神"的讨论与批判的指示，认为《武训传》和"武训精神""模糊了革命的立场、观点，成为人民教育事业前进的严重的思想障碍"[1]。对于这位通过乞讨举办"义学"的千古奇丐的批判，很快又累及曾自比"新武训"的陶行知，他的生活教育思想遭到了非难。继而，陈鹤琴的"活教育"、梁漱溟的"乡村教育"、晏阳初的"平民教育"也受到牵连。

1954 年至 1955 年，胡适的资产阶级唯心主义教育思想及其老师杜威的实用主义教育思想也受到了严厉批判。与对苏联教育科学的崇拜态度截然相反，对西方教育思想的批判是彻底否定。如有的文章把杜威与希特勒、墨索里尼、东条英机相提并论，并认为"杜威实用主义教育学是集世界资产阶级各种反动教育学说之大成"[2]。这样，就难免把学术问题与政治问题混淆起来，从而缺乏对被批判者的全面、历史、科学而公正的评价。正如刘佛年对这一时期的学术批判所发表的评论说："大约从 1952 年起，我们全面学习当时苏联的教育学。它也用阶级分析的方法研究教育的社会本质，但对现代资本主义教育只强调它的反动性，缺乏全面的、深入的分析，特别

---

① 《人民日报》1951 年 6 月 4 日。

② 周鸿志：《关于杜威教育思想在中国影响的研究》，《北京师范学院学报（社会科学版）》1989 年第 1 期。

是对生产力的发展和教育的关系很少涉及。它造成一种印象，似乎现代资本主义国家教育中的经验一无可取，因而使我们长时期不去研究它们。它也不研究职业的结构、人口的增长、城乡的差别、家庭的变化、生活的条件以及其他种种社会现象和教育的关系，把对这些问题的研究一律视为资产阶级社会学而加以排斥。"①

在中国当代教育思想的初创期，由于凯洛夫《教育学》的影响，教育理论界开展了一场关于全面发展与因材施教的论争。1951 年 6 月，《人民教育》在《问题讨论》专栏中发表了两篇批评"否定全面发展"和"歪曲全面发展"的文章，但未引起争论。直到 1955 年 2 月张凌光在《人民教育》再次发表《实行全面发展教育中若干问题的商榷》，才使论争真正形成。该文提出了教育工作中五对重大的矛盾，即提高教学质量和加重学生负担的矛盾，普通教育和高等教育对于中学生要求不同的矛盾，各科知识的教学和政治思想教育的矛盾，灌输知识和培养学生主动钻研精神、独立思考的矛盾以及全面与重点的矛盾。解决这些矛盾固然离不开教材、师资和领导水平，但对全面发展的理解以及怎样贯彻全面发展教育，却是"先决条件和必要基础"。作者通过对全面发展教育的考察，认为其实质应该是"培养才德兼备、身心健康、手脑并用、智情并茂、意志坚强的共产主义新人"。他明确提出，全面发展不是平均发展，不是门门 5 分，而是在掌握基础知识的同时，把一些功课"搞得更好，钻得更深"，有重点地发展。

张凌光的文章实际上是对凯洛夫学说的婉转的质疑与批评，因此，发表后引起了很大反响，在短短 6 个月中收到 117 篇争鸣文章，多数作者对张文提出了反对意见。如有文章提出，中小学教育是打基础的时期，贯彻全面发展的教育不能偏废，主张"有重点的学习"，其实是"陈旧的资产阶级的普通教育分科的观点"，是"做了实用主义的俘虏"，"从本质上说，都是资产阶级教育思想的反映"。②

1956 年 6 月，中共中央宣传部长陆定一提出，要研究是否应提"全面发展与因材施教相结合"的教育方针。《人民教育》随后于当年 9 月号发表《争论的中心在哪里》，把讨论引到了"要不要把因材施教作为教育方针"的问题。该刊 10 月号同时发表了张凌光、王焕勋、曹孚等人的争鸣文章，

---

① 刘佛年：《三十年来我国对教育规律的探索》，《教育研究》1979 年第 4 期。

② 丁丁：《不要把中等教育引上歧途》，《人民教育》1955 年第 6 期。

对此展开了讨论。张凌光在《从现在教育理论上某些片面性谈到"全面发展，因材施教"方针的必要性》一文中，不仅旗帜鲜明地提出了两者并提的方针，而且对当时学校"忽视学生个性，要求学生一模一样，样样都好，门门功课 5 分，齐头并进，平均发展"的做法再次提出了疑义，并认为这是凯洛夫教育学"强调统一"的影响所致。王焕勋在题为《不必把"因材施教"加到"全面发展"的教育方针上》的文章中提出了反对意见，认为"全面发展"与"因材施教"其实是目的与方法的关系，是通过"因材施教"来实现"全面发展"。

曹孚在《对于"全面发展的教育"问题的看法》中，对马克思主义全面发展的理论进行了系统阐述，并进而肯定了这场讨论的理论与现实意义。他写道："对于'全面发展的教育问题'的论争，我的意见是：'因材施教'的原则应该强调指出，但以之与'全面发展'相并列，以'全面发展，因材施教'作为方针提出来是不妥的。那样做，在教育理论上没有根据，在实际教育中也会引出困难与偏差。但'全面发展的教育'问题的讨论，揭示出了目前存在于我国教育工作中的若干重要问题，诸如学生负担过重，在集体对个人关系上片面强调集体，抹杀个人的意志与性格、爱好与特长。这次论争，将有助于这些问题的正确解决。"

这次讨论以毛泽东1957 年 2 月在《关于正确处理人民内部矛盾》中提出的教育方针而画上了句号，创始期的教育思想也开始转入下一时期，即探索期。在初创时期，当代教育思想的发展虽然有一些曲折，但总的说来是基本正常的，基本完成了这一时期教育思想的建构的任务。尤其是这场关于"全面发展与因材施教"的讨论，引起了教育理论界与实际工作者的广泛参与，使不同的意见得到了比较充分的发表机会，从而也活跃了教育界的学术气氛，并在教育理论紧密联系实际方面迈出了一大步。

第三章 中国当代教育思想的探索时期
（1957—1963）

1957 年开始，在中国的生产资料所有制的社会主义改造基本完成以后，教育发展也进入了一个新的发展时期。这一时期，教育理论界开始试图突破苏联经验的局限性，为建立中国自己的教育科学进行探索。当代教育思想的探索时期，大致可分为三个阶段：短暂繁荣的前期（1957 年 6 月前）、"革命"与"跃进"的中期（1957 年 7 月至 1960 年）、调整与争鸣的后期（1961 年至 1963 年）。

一、教育思想的短暂繁荣

1956 年是中国当代教育思想史上值得注意的一年。当年 1 月 14 日，周恩来在中共中央召开的关于知识分子问题的会议上作了专题报告，明确提出，"在社会主义时代，比以前任何时代都更加需要充分地提高生产技术，更加需要充分地发展科学和利用科学知识"，并要求"采取一系列有效的措施，最充分地动员和发挥现有的知识分子的分量"①。在此基础上，他代表党中央发出了向现代科学进军的号召。5 月 2 日，毛泽东在最高国务会议上提出了文学艺术和学术研究中应该实行"百花齐放、百家争鸣"的方针。7 月 21 日，《人民日报》又发表了《略论百家争鸣》的评论员文章，指出："只要认真做过研究，言之成理，持之有故，那么成家可以鸣，不成家的也可以鸣，大人物可以鸣，小人物也可以鸣，鸣得好固然欢迎，鸣得不好也没有关系。"这一切，极大地鼓舞了包括教育理论研究者在内的所有社会科学工作者，前一时期关于"全面发展与因材施教"的讨论，就是在这一背景下得以充分展开的。

---

① 《关于知识分子问题的报告》，《周恩来选集》（下），人民出版社，1984，第 159—161 页。

在宽松、争鸣的学术与社会氛围中，教育理论的探索一度出现了繁荣景象。《人民教育》《光明日报》《人民日报》《新建设》等报刊纷纷发表文章，对培养学生的独立思考能力、发展学生的个性、克服学习苏联中的教条主义和形式主义等展开了讨论。其中曹孚的《教育学研究中的若干问题》①，是这一时期教育思想成果的代表作，具有十分重要的理论价值。

首先是教育的继承性问题，在人们的注意力主要集中于无产阶级教育与资产阶级教育、新中国的教育与旧中国教育的根本对立时，曹孚却冷静地考察了教育的"历史性"和"永恒性"两方面，并指出"教育中的'永恒'的或比较'稳定'的因素，在我们的教育学中也应占有一定的地位，即使是一个不重要的地位"。他还从教育的内容、制度、方法、形式几方面论证了教育的继承性，提出对旧教育不能采取一笔抹杀的虚无态度。

其次是教育史研究的方法论问题。曹孚对当时流行的把历史人物简单地按阶级属性或唯心唯物贴标签，然后对其教育思想判定的形而上学方法提出了批评。他从教育思想史的资料出发，举例说明了唯心主义思想家未必没有先进的教育思想，即使政治上反动的思想家，其教育主张也未必就一无可取。他还分析了当时教育界评价杜威、陶行知等人的失误，并指出全面排斥资产阶级教育学"使得我们的科学研究，成为苏联著作的集注"，是不明智的做法。

再次是教育的属性问题。曹孚对苏联教育界关于"教育属于上层建筑"的结论提出了怀疑，认为"教育之反映社会生产力发展水平是比一般上层建筑更为直接"，因为教育不仅是上层建筑，同时还是永恒范畴。他举例说："当代主要资本主义国家的生产发展水平是相当高的；教育反映着这种生产力，并为这种生产力服务，因而在这些国家中的教育发展水平也一般是不低的。"

不久，由于形势所逼，曹孚不得已地又写了《对〈教育学研究中的若干问题〉一文的检讨》，发表在《新建设》1958年2月号。但其前文的影响已非常之大了，当时他提出的这些问题有些至今仍未被超越，有些则成为20世纪80年代教育研究的起点。

在这一时期，中国的教育理论界已意识到当时教育科学的滞后性，并对繁荣教育科学提出了强烈要求与具体建议，如张文郁、欧元怀、左任侠

---

① 《新建设》1957年6月。

等在接受《人民教育》采访时，对教育学的中国化、教育研究的"官风"与"学风"等问题，都提出了若干富有建设性的意见。[①]

二、教育思想的"大革命"与"大跃进"

倡导"百家争鸣"所导致的繁荣景观，已远远超出了倡导者原有的期愿，也有些人借机闹事寻衅，毛泽东等对当时的形势也做了过于严峻的估计。于是，在全国范围内开始了大规模的反右斗争。教育思想的争鸣顿时沉寂下来。

在这一阶段，毛泽东继提出"应该使受教育者在德育、智育、体育几方面都得到发展，成为有社会主义觉悟的有文化的劳动者"的社会主义教育方针之后，又对教育问题发表了大量论述。这些论述主要集中在教育必须为无产阶级政治服务，教育必须同生产劳动相结合与教育工作必须坚持党的领导这三个问题上。1958 年 9 月 19 日中共中央、国务院发布《关于教育工作的指示》，实际上是具体地把毛泽东的上述思想作为教育工作的方针与纲领。

这一时期教育思想的发展，也是围绕着以下三点而展开的。

（一）教育必须为无产阶级政治服务

这本来是马克思主义经典作家的基本教育观点[②]，也是解放区教育的基本经验。毛泽东在这一时期对政治的重视是显而易见的。他先是在《关于正确处理人民内部矛盾的问题》中强调："没有正确的政治观点，就等于没有灵魂。思想政治工作，各个部门都要负责。共产党应该管，青年团应该管，政府主管部门应该管，学校的校长教师更应该管。"继而在《工作方法六十条（草案）》中又提出："红与专、政治与业务的关系，是两个对立物的

---

① 《为繁荣教育科学创造有利条件——上海南京高等师范院校部分教授对教育科学研究工作的意见》，《人民教育》1957 年第 7 期。

② 如马克思、恩格斯在《共产党宣言》中批判资产阶级的观点时曾写道："而你们的教育不也是由社会决定的吗？不也是由你们进行教育时所处的那种社会关系决定的吗？不也是由社会通过学校等等进行的直接的或间接的干涉决定的吗？共产党人并没有发明社会对教育的作用；他们仅仅是要改变这种作用的性质，要使教育摆脱统治阶级的影响。"见《马克思恩格斯选集》（第一卷），人民出版社，1995，第 290 页。

统一。一定要批判不问政治的倾向。"这样，教育必须为无产阶级政治服务的问题，在当时引发了一场"红与专"的大辩论，虽然教育理论界已基本沉寂，但高校的学生及一些教师都参加了讨论。如当时清华大学的学生曾提出了"先专后红""多专少红""专了即红"等观点，但最后得出的一致结论，是"要做又红又专的工人阶级知识分子"。由此，在学术界又展开了对于"白专道路"和"资产阶级个人主义"的批判。当时有一个学院共拔掉大小"白旗"79 人，其中教授、副教授 26 人，占全体教授、副教授总数的 50%。[①]

（二）教育必须同生产劳动相结合

这本来也是马克思主义经典作家的基本教育观点和解放区教育的基本经验，加上当时中国教育又存在着两个具体问题：一是随着教育事业的发展，中小学生越来越多，而国家经济条件又不能使所有毕业生继续升学，有不少毕业生不愿回乡务农，不愿当工人，不愿成为体力劳动者，不能与工农密切相联系；二是学校存在着智育第一与片面追求升学率的问题，学生课业负担过重，影响了身心的全面、健康发展。在这样的背景下，强调教育同生产劳动相结合，本是无可指责的。也正是出于这一原因，刘少奇提出了"两种教育制度，两种劳动制度"的设想，即"不论在学校中、工厂中、机关中、农村中，都比较广泛地采用半工半读的办法"[②]。农业中学、半工半读学校、共产主义劳动大学就是这一思想指导下的尝试。

问题在于，教育必须同生产劳动相结合的方针，在这一阶段由于指导思想的偏差而导致了教育实践的失误。

第一，这一方针被提高到政治原则的高度，本来是社会发展的内在要求，人的全面发展的内在要求，这时却成了革命与否、突出政治与否的外在"试金石"。当时的中宣部部长陆定一就是这样认为的。他说："教育为政治服务，教育与生产劳动结合，教育必须由党来领导，这三者是互相联系的。教育既然脱离生产劳动，就必然在一定程度上忽视政治和忽视党的领导。这样，教育就脱离我国的实际，势必发生右倾的和教条主义的错误。"[③]

---

① 毛礼锐、沈灌群主编《中国教育通史》（第六卷），山东教育出版社，1989，第157页。

② 《刘少奇选集》（下卷），人民出版社，1985，第324页。

③ 陆定一：《教育必须与生产劳动相结合》，《红旗》1958年第7期。

当时的教育部部长杨秀峰也明确把教育与生产劳动相结合，视为"教育大革命的中心问题"和"无产阶级教育思想与资产阶级教育思想斗争的焦点"。① 这样，自然就形成了"教育脱离生产劳动＝脱离我国教育实际＝忽视政治＝忽视党的领导＝右倾主义＝教条主义"的逻辑推理。在对政治非常敏感的当时，还有谁敢于对教育与生产劳动相结合的形式、内容、途径等问题进行理论上的不同探索与实践上的不同尝试呢？

第二，这一方针被曲解为以劳动为主。各级各类学校安排了大量的生产劳动内容，严重冲击了正常的教学秩序。杨秀峰曾这样记述当时教育与生产劳动相结合的成果："1958 年春，在党的号召和领导下，广大学生把劳动和学习结合起来，广泛地开展了参加生产劳动的活动，很快地就发展成为规模宏大的下厂下乡运动，中等以上学校的师生，分批地到工厂、到矿山、到建筑工地、到农村，与工人农民同吃同住同劳动，向工农学习，在劳动中锻炼自己。小学的师生也广泛地参加了力所能及的社会公益劳动。到暑假前夕，在党的'破除迷信、解放思想'的号召下，在工农群众冲天干劲的推动下，广大师生发扬了敢想敢说敢做的共产主义风格，各级学校又掀起了大办工厂、农场的热潮。师生亲自动手，克服困难，和工厂挂钩相互支援。设备不足，就因陋就简；不懂技术，就边干边学；对那些冷眼旁观、讥讽嘲笑的人，就用实际成就回答他们。就这样，往往在几昼夜之间，一个学校内就办起几个几十个大大小小的工厂、车间和作坊。"② 到 1959 年，情况仍没有根本好转，如有的小学开学两个月内应有 52 天上课时间，但每个小学生差不多劳动了 41 个工作日，有的停课达 37 天。在教育思想上，有人甚至提出了消灭"学习"的概念，而用"劳动"代之，"因为'劳动'二字包括任何生产和任何学习的含义"。甚至提出了学校消亡论，主张"'学校'可改叫'新生一代成长之家'，或'新生一代劳动生产园地'"。并提出"可以不再按大、中、小学来划分学业阶段，而在劳动程度上分阶段"。③ 事实上，如果学习与学校取消了，教育自身也就取消了，还谈什么"结合"呢？

第三，这一方针被发挥成为知识分子的劳动改造。由于过分强调知识分子参加体力劳动，让他们去从事简单、原始的体力劳动，不仅损害了他

---

① ②　杨秀峰：《我国教育事业的大革命和大发展》，《人民日报》1959 年 10 月 8 日。

③　毛礼锐、沈灌群主编《中国教育通史》（第六卷），山东教育出版社，1989，第 144 页。

们的身体健康，也消耗了他们从事复杂脑力劳动的大量时间。劳动事实上已成为知识分子思想改造的武器，到"文化大革命"期间，劳动又被利用为折磨和摧残知识分子的手段。

第四，这一方针被强化为办学的群众运动。教育与生产劳动相结合，这本来是知识分子联系劳动群众的一种途径，这时则成为调动群众办学积极性的重要方法。与当时社会的"大跃进"氛围相适应，办学的群众运动也出现了教育的"大跃进"。

（三）教育工作必须坚持党的领导

陆定一在《教育必须与生产劳动相结合》一文中对这一问题进行了阐述："在社会主义制度之下，资产阶级不敢直接地公开地提出要教育受资产阶级政治家的领导，要教育成为反对无产阶级专政的工具，它只能提出'教育由专家领导''为教育而教育'的虚伪的骗人的主张，来达到反对教育为无产阶级政治服务的目的。所以在我们的社会主义国家中，资产阶级的教育方针表现为：为教育而教育，劳心与劳力分离，教育由专家领导。"[①] 坚持党对教育的领导是解放区教育的重要经验，在社会主义制度下是完全必要的。但这一时期的思维逻辑，是人为地把"专家"与"劳心者"，甚至与"资产阶级政治家"等同起来，并进而把"专家"与"党"对立起来。理论上的失误必然导致行为上的偏差，"教授治校""专家治校"遭到了批判，一些对教育科学造诣较深而又有管理能力的专家受到了排斥。

在这一阶段，与教育"大跃进"相适应，教学改革取得了一定的成果。如幼儿园游戏识字与算术的实验，辽宁黑山县北关小学在中国科学院心理研究所指导下的"集中识字"实验和算术教改实验，小学五年一贯制的实验等。这些实验虽然多半是出于政治的背景，但作为"副产品"，却是教育科学的不可忽视的成果，因为它毕竟是当代中国教育实验的开端。1960 年 4 月 9 日，陆定一在全国人民代表大会第二次会议上发表了《教学必须改革》的发言，肯定了这一阶段教育与教学改革的成果，并在结论部分指出："我们完全相信，经过试验，新的学制，新的教学法，新的教科书，将从实践中产生出来，并逐渐配成新的一套，形成新的教育学和心理学的理论。"[②]

---

① 《红旗》1958 年第 7 期。

② 《人民日报》1960 年 4 月 10 日。

三、教育思想的调整与争鸣

上一阶段教育的"大革命"与"大跃进"产生了诸多矛盾与困难，到60 年代初已陷入无法自拔的泥潭。1960 年 11 月，中央文教小组召开了全国文教工作会议，集中研究了在教育工作中贯彻"调整、巩固、充实、提高"的八字方针，对大、中、小学的教育事业调整制定了政策（《工作条例》）。教育工作在上述方针指导下有了稳定的发展。

在这一阶段，教育思想经过调整后也出现了转变。教育理论界基本就教育必须坚持党的领导，坚持社会主义的办学方向，坚持德智体全面发展，知识分子与工农相结合，脑力劳动与体力劳动相结合，学校必须以教学为主，必须建立尊师爱生的同志式的师生关系，思想政治教育不能强求一律等问题形成了一定的共识。这种共识的理论背景，就是周扬于1961 年 4 月12 日在高等学校文科教材编选计划会议上的讲话。这篇讲话不仅涉及教材编选的若干理论问题，也有针对性地就一些重要的教育思想观点发表了看法，其中最重要的是以下两个问题。

一是红与专、政治与业务的关系问题。周扬指出，"只专不红"和"只红不专"都是错误的，但不能主观随意地确定谁红谁专，应该有一定的标准。因为这些都是政治概念，"要划清界线才行"。他认为，"只有反党、反人民、反社会主义，才能说白。至于说一个人不喜欢集体活动，不合群，脱离群众，孤高自赏，有一点个人主义，这也不能算白"，甚至于有一些唯心主义世界观也不能算白，不能"把白和红这些概念，无限制地扩大到全部世界观中去，甚至扩大到一切生活细节上去"。周扬还提出，政治在学校中的灵魂与统帅地位是不能动摇的，"但这并不等于说学校里的政治课、政治活动一定要很多"。如果满口都是政治，都是世界观，这其实是把政治和世界观"庸俗化"。就像宋儒只强调儒家道统，搞成了绝对主义和蒙昧主义。所以他主张："政治与业务的关系是指导的关系，而不是代替。"[①]

这实际上就前一阶段"红专"辩论的问题进行了纠偏，间接地也对教育与政治的关系产生了理论上的影响。

二是书本知识与活的知识的关系问题。这涉及教育的理论联系实际，

---

① 周扬：《关于高等学校文科教材编选的意见》，《教育研究》1980 年第 3 期。

以及教育与生产劳动相结合等基本理论问题。周扬指出，学生只有书本知识而没有实际知识是不完全的。"活的知识很重要，我们要鼓励学生读活书、活读书。但在学校里面读书的时间却应当多，因为毕业以后，到了实际工作中，读书的时间就要少了，接触活的知识的机会就更多了。"简言之，"学校就是传授知识的地方，把人类多少年来所积累的知识的精华传授给学生"①。周扬的论述其实也是对前一阶段过于强调联系实际和生产劳动，使理论水平与教学质量有所下降的一种纠偏，所以在理论上有影响，实践上有意义。不仅使教材的编写在这一阶段有了显著成绩，也澄清了教育思想的若干迷惘与混乱。刘佛年主编的《教育学》，就是在这一阶段由中国教育学界自己编著的一部教科书。

在教育思想的探索时期，尤其是在调整与争鸣阶段的前后，教育界还有三次理论上的论争，是教育思想史上值得记叙与评论的。

首先是关于"量力性原则"的讨论。这场讨论的社会背景是"大跃进"和教育的"多快好省"，契机是陆定一关于《教学必须改革》的讲话中提到这一原则已被"搬出来作为反对教学改革的理论武器"。在陆定一讲话后的第三天，1961 年 4 月 12 日，上海师范学院举行了"量力性原则"的讨论会。会上提出了三种意见：一种意见认为夸美纽斯提出这个原则在历史上起了促进作用；另一种意见认为这一原则无继承与可取之处，应予批判；还有一种意见则认为从整个原则上来说是资产阶级的，但有可吸收的因素，如因材施教等。其后，《光明日报》《中国青年报》《江海学刊》《湖北人民教育》《安徽教育》《文汇报》《人民教育》《陕西教育》等报刊纷纷发表文章，对此展开了讨论。讨论中的总倾向是支持陆定一的观点，但也有一些公开为量力性原则辩护的文章。事实上，在讨论这一原则时，整个教育事业发展的"不量力"已产生了恶果，只是许多人还不愿意承认这事与愿违的事实而已。

其次是关于美育问题的讨论。讨论是由陈科美在 1961 年 5 月 30 日《文汇报》发表《美育应作为全面发展教育的组成部分》一文引起的。文章的背景是针对教育方针中没有美育的内容。当时流行着一种看法，认为美育可以包括在三育之中，完成了三育就完成了美育，德、智、体全面发展的人就是完美的人。所以，陈科美的基本主张是美育有其不可取代的特殊性。他说："美这种价值是不同于其他的价值（如真与善）的，其所以不同，首

---

① 周扬：《关于高等学校文科教材编选的意见》，《教育研究》1980 年第 3 期。

先在于美的对象，即美是赏鉴的对象，而不是认知的对象（真）或道德实践的对象（善）。"他还具体分析了审美价值的形象性与情感性，显示了它与其他对象的本质区别，阐明了其他三育无法取代或替代美育的道理。该文发表后，《文汇报》至 1962 年 9 月共发表了六篇讨论文章，其中有人反驳陈文的观点，认为美育只是完成其他三育的工具或手段，美和美育本身没有价值。[①]上海、广州的教育理论界也对此进行了讨论，但没有得出什么一致性或积极的认识成果。

再次是关于"母爱教育"的讨论。"母爱教育"的讨论是由介绍南京师范学院附属小学教师斯霞的两篇文章引起的。1963 年 5 月，《江苏教育》（小学版）发表了《育苗人》一文，这篇文章经过修改后以《斯霞和孩子》为题发表在 5 月 30 日的《人民日报》上。文章写道：斯霞老师"在孩子们的心里，她既是敬爱的老师，又是最能了解和信任他们的朋友，也是最能体贴和爱护他们的母亲"。这篇非常感人的文章却引来了 20 世纪 60 年代教育理论界的一场轩然大波。时隔四个多月，《人民教育》1963 年 10 月号发表了署名许宗实、王泰然和敢峰的三篇文章：《我们必须和资产阶级教育思想划清界限》《从用"童心"爱"童心"说起》以及《谁说教育战线无战事》。这三篇文章的共同基调是把"母爱"与"爱的教育"视为资产阶级的人性论，是超阶级的性善论，"母爱教育"是打着爱儿童的幌子争夺青少年的教育。《人民教育》还开辟了《教育思想讨论》专栏，先后发表了三十余篇文章，其中绝大多数是批判"母爱教育"的。1964 年以后，《人民教育》发表编者的评述，把批判"母爱教育"作为"教育思想论战的一个开端"，并明确宣布"爱的教育是一种完整的系统的资产阶级思想体系"。接着，意大利阿米契斯的《爱的教育》及其译者、凯洛夫的《教育学》、陈鹤琴的活教育，甚至于马卡连柯的教育学说，都受到了类似的批判，教育思想的发展进入了混乱期。

---

① 顾岳中：《美育不应列为全面发展教育的组成部分》，《文汇报》1961 年 10 月 7 日。

第四章　中国当代教育思想的混乱时期
（1964—1976）

1966 年 5 月至 1976 年 10 月，在中国爆发了"大革文化命"的"文化大革命"，这灾难深重的十年，给作为重灾区的文化教育带来了毁灭性的破坏。"文化大革命"的思想准备其实在 1964 年初就基本酿成了。教育思想的混乱也是从那时开始的。

毛泽东曾把"文化大革命"与领导建立新中国视为他一生中做过的两件大事，他发动"文化大革命"，是经过一段时间的酝酿与准备的。[①]1962年 9 月，毛泽东在党的八届十中全会上强调指出："社会主义社会是一个相当长的历史阶段。在社会主义这个历史阶段中，还存在着阶级、阶级矛盾和阶级斗争，存在着社会主义同资本主义两条道路的斗争，存在着资本主义复辟的危险性。要认识这种斗争的长期性和复杂性。要提高警惕。要进行社会主义教育。……我们从现在起，必须年年讲，月月讲，天天讲，使我们对这个问题有比较清醒的认识，有一条马克思列宁主义的路线。"1963年 2 月，在中共中央工作会议上，毛泽东根据河北的"小四清"报告和湖南农村社会主义教育的经验，得出了"阶级斗争，一抓就灵"的结论。

1964 年 2 月 13 日，毛泽东在人民大会堂召开了教育工作座谈会，因时值春节，这次座谈会又称春节座谈会。参加这次座谈会的有刘少奇、邓小平、彭真、陆定一、章士钊、陈叔通、郭沫若、许德珩、黄炎培、杨秀峰、蒋南翔等 16 人。毛泽东在讲话中对当时的教育，从课程、学制、教学方法和考试方法等各个侧面，进行了比较全面的批评。他认为，"现在课程多，害死人，使中学生、大学生天天处于紧张状态"，"现在的考试是用对付敌人的办法，实行突然袭击"，主张对这些"摧残青年、摧残人才"的方法进行彻底的改革。毛泽东表现出对学问与文化的特殊价值观："历来的状

---

① 胡绳主编《中国共产党的七十年》，中共党史出版社，1991，第 417 页。

元就少有真正好学问的，唐朝第一流诗人李白、杜甫，既非进士，又非翰林。韩愈、杜牧是进士出身，但只能算是第二等。王实甫、关汉卿、罗贯中都不是进士。曹雪芹、蒲松龄只是拔贡。明朝的皇帝，只有明太祖朱元璋、明成祖朱棣两人搞得较好，一个是文盲，一个识字不多。汉高祖刘邦是个草包，也没有什么文化。书读多了就反而做不好皇帝。"①至此，毛泽东在"文化大革命"期间关于教育形势的基本估计，关于教育领域的阶级斗争，关于学校的课程、考试等问题的评价，关于文化知识的价值及知识分子的地位的认识等，这时已成胚胎。所以，1964年起，教育界关于"母爱教育"的讨论以及学校的社会主义教育运动，基本上是在毛泽东教育思想的影响下展开的，虽然他本人也未必同意讨论中的全部观点或实际中的所有做法。

教育思想的混乱时期自然谈不上什么理论上的建树与贡献，那些曾活跃于学术界的教育家，这时大多已被剥夺了发言的权利或由于心理恐惧而患上了"自闭症"。所以，这一时期的教育思想是在没有教育理论界参与的情况下发展的。对资产阶级、修正主义教育思想的批判，是以毛泽东的教育思想为武器；对于教育革命中产生与创造出的各种经验，也是通过毛泽东的亲自总结而成为典型的。这也正是混乱期教育思想的基本特质。

一、对资产阶级与修正主义教育思想的批判

"文化大革命"开始后，先是停课闹革命，继而是工宣队进驻学校并展开了对于修正主义教育路线的"大批判"。"大批判"几乎是千篇一律地把"文革"前的教育斥为"封、资、修的大杂烩"，把抓教育质量视为"智育第一"，把学生认真读书说成"走白专道路"，把培养"又红又专"的建设人才当成培养"精神贵族"和"资产阶级接班人"，把实行校长负责制和发挥专家作用说成是"资产阶级统治学校"。

在教育思想上，则首先把矛头对准了"党内的赫鲁晓夫"和"头号走资派"刘少奇。当时攻击刘少奇在教育和教育思想上的"罪状"主要有三条。刘少奇的第一条"罪状"是"旧教育的护法神"。如师延红在《打倒修

---

① 毛泽东：《在春节座谈会上的讲话》，引自袁振国编《中国当代教育思潮（1949—1989）》，生活·读书·新知三联书店上海分店，1991，第139页。

正主义教育路线的总后台》中说：刘少奇"一方面极力贬低老解放区的新教育，诬蔑抗大式的学校是'训练班性质''不算正规的大学'；甚至攻击毛主席亲手制定的抗大办学方针'过时了''必须加以抛弃'。另一方面，他又大肆吹捧帝国主义为了进行文化侵略而在中国举办的学校，胡说什么'按照西欧、美国、日本这些国家的经验办起来'的大学，'对于提高中国人民的文化水平、科学水平和认识水平是有很多成绩的'"。并指出教育部的学位、学衔和荣誉称号等，是"企图以名利为钓饵"，把青年一代培养成为"资产阶级接班人"。[①]

刘少奇的第二条"罪状"是"反攻倒算的司令"。师延红的文章写道："还在教育大革命轰轰烈烈地开展之际，他就煽阴风、吹冷气，给教育大革命加上了'学习质量也可能下降'等罪名。""1960 年到 1962 年，中国的赫鲁晓夫趁国内外的阶级敌人掀起一股反华反共的逆流的时机，向党向社会主义向毛泽东思想发动了猖狂的进攻。他在教育战线上，伙同反革命修正主义分子，在'纠'教育大革命之'偏'、'提高教学质量'的幌子下，大搞资本主义复辟。他们煞费苦心地'总结'了北洋军阀时代和国民党时代'名牌'学校的经验，东抄西袭地搬用了美英等帝国主义、苏联修正主义的教育经验，把封、资、修的教育破烂精心地熔为一炉，把它披上马列主义外衣，冒充为新中国十几年教育的理论总结。他们从学制、课程、教材以至规章制度等搞了一系列的措施，配套成龙，强行推广。这集中表现在《高教六十条》《中学五十条》和《小学四十条》上。"作者还指责刘少奇"对资产阶级知识分子实行了'脱帽''加冕'政策，一律摘掉资产阶级知识分子的帽子，加上'为社会主义服务的劳动知识分子'的桂冠"。

刘少奇的第三条"罪状"是"假共产主义教育的祖师爷"。在师延红的这篇批判文章中，作者认为刘少奇的"两种劳动制度，两种教育制度"是贴上了共产主义商标的修正主义货色，是用偷梁换柱的手法篡改了毛主席关于半工半读的伟大指示。他最后得出结论说："一句话，中国的赫鲁晓夫的半工半读，就是资产阶级的职业学校；'两种教育制度'，就是资本主义国家的'人才教育'和'劳动者教育'的'双轨制'的翻版。"

从对刘少奇"罪状"的批判所引用的上述文字来看，几乎能够大致反映出当时批判的强词夺理、强加于人、张冠李戴、断章取义的形而上学的

---

① 《人民日报》1967 年 7 月 18 日。

粗暴作风。

为了给刘少奇的教育思想找到理论上的渊源，人们想到了由"修正主义"发源地产生的对中国教育理论界有过很大影响的凯洛夫教育学。1969年9月，《辽宁日报》发表社论，批判凯洛夫《教育学》是搞所谓"全民教育""专家治校"和"智育第一"。1970年1月，《红旗》杂志发表了上海革命大批判写作小组的《谁改造谁——评凯洛夫的〈教育学〉》一文，明确指出了两者的"血缘"关系："刘少奇反革命修正主义教育路线有它的'理论'根据，这就是苏联修正主义教育'权威'凯洛夫主编的《教育学》。"文章认为，凯洛夫所说的"两重任务"（即培养学生升入高等学校和培养学生参加劳动生产），就是刘少奇鼓吹的"两种教育制度"，其本质"都是为了达到按照资产阶级面貌改造无产阶级、复辟资本主义的反革命目的"。而凯洛夫所说的"化公为私论"（正确的公共利益也就是我的个人利益），也就是刘少奇的"公私溶化论"，其目的都是"把公'化'为私，把社会主义'化'为资本主义"。

在这一时期，教育思想的批判是在被批判者被打入冷宫，根本没有答辩、申辩和反批判权的情况下进行的。被批判者一时的、偶尔的一句讲话被当成了一贯的思想；在特定场合下的讲话被当成是一般的思想，零碎的只言片语被当成（甚至被拼装成）系统的思想；而最滑稽的是把被批判者所批判的观点也当做他自己的观点来批，形成了典型的"文化大革命"中的教育思想的批判模式。

二、对教育经验的总结与典型宣传

"破"和"立"是"文化大革命"中讲得最多的"辩证法"。对资产阶级和修正主义教育的清算自然还是不够的，所以，以"立"的形式介绍教育经验，成了这一时期教育思想的重要特点。这一时期的教育经验总结与典型宣传，基本是根据毛泽东的指示"发现"或"塑造"典型，或毛泽东在某一调查报告、经验总结上批示，从而加以推广。[①]

---

① 袁振国:《中国当代教育思潮（1949—1989）》，"序言"。

（一）《五·七指示》与走"五·七"道路

1966 年 5 月 7 日，毛泽东就军委总后勤部《关于进一步搞好部队农副业生产的报告》，给林彪写了一封信。信中对军队、工厂、农村、学校、机关等的改造提出了全面系统的论述与设想，其中关于学校的论述有这样一段：

学生也是这样，以学为主，兼学别样，即不但学文，也要学工、学农、学军，也要批判资产阶级。学制要缩短，教育要革命，资产阶级知识分子统治我们学校的现象，再也不能继续下去了。

当年 8 月 1 日，《人民日报》在庆祝建军节的社论《全国都应该成为毛泽东思想的大学校》中公布了毛泽东的上述指示。事实上，当《五·七指示》发表时，到底怎样理解"以学为主"？应该如何"兼学别样"？怎样"批判资产阶级"？这些问题并没有具体的说明，也没有成熟的理论与经验，所以当时形成了不少模式，发表了不少调查报告与经验介绍。

在中等教育方面，第一篇全面介绍走"五·七"道路的调查报告，是甘肃兰州第五中学的"厂办校，两挂钩"的模式。这所学校有一千六百多名学生。1968 年 10 月，工人毛泽东思想宣传队开进学校，按照《五·七指示》精神，组织师生在兰州铸造厂驻厂劳动，以后又发展到由铸造厂领导和管理，并创造了"厂办校，两挂钩"的模式。

这个模式的具体内容是：学校以工厂为学工的基地；与附近的皋兰山人民公社挂钩，建立学农的基地；并和当地驻军的一个连队挂钩，由连队派指战员帮助办毛泽东思想学习班，进行军训。进厂学习的师生分为两班，一班上午劳动，早晨上课 1 节，下午上课 3 节；一班上午上课 3 节，下午劳动，晚上上课 1 节。每个班每周各劳动 3 天，上课 3 天，一周对调 1 次。后又调整为上课 4 天，劳动 2 天，交叉进行。每周上课 24 节，其中毛泽东思想课 12 节，工业基础课 4 节，革命文艺课 4 节，军事体育课 2 节，机动时间 2 节。在农村，则把工业基础课改为农业基础课。毛泽东思想课的内容是："学习毛主席著作和一系列最新指示，学习党内两条路线斗争史和中国革命近代史，结合现实的阶级斗争进行阶级教育。"工业基础课的内容是："学习毛主席关于必须实现国家的社会主义工业化的光辉思想和工业学大庆的伟大指示，学习'鞍钢宪法'。密切结合本厂生产，结合机械、电工、化工等，讲授数学、物理、化学的基础知识和工艺。"农业基础课的内容是："学习毛主席的以农业为基础的光辉思想和农业学大寨的伟大指示。以毛主席制定的农业'八字宪法'为纲，结合农时季节的变化，讲授经济地理、气象、生物知识；结合化肥、农药、土地丈量、水利建设、测绘、农业机械等，讲授数学、物理、化学的基础知识。还讲授农业会计。"革命文艺课的内容是："学习毛主席的文艺思想，以《在延安文艺座谈会上的讲话》、关于文艺的五个文件为基本教材，学习《林彪同志委托江青同志召开的部队文艺工作座谈会纪要》。还学点语法和练习写作。开展各种宣传毛泽东思想和歌颂工农兵的创作活动。"军事体育课的内容是："学习毛主席的建军路线和人民战争思想，学习四个第一、三八作风。学习一些基本的军事常识，进行基本的军事训练，开展体育活动。"[1] 关于教师，则建立了一支以工人为主体的教员队伍，由 4 名老工人为专职教员，并邀 23 名工人、19 名贫下中农、2 名解放军和 1 名与工人结合得较好的技术员为兼职教员，原有教员或与学生一起到工厂、农村参加三大革命斗争，或下放劳动，接受再教育。

这个调查报告介绍的经验主要有以下几点。

（1）改变了教学的中心地位，以政治为本位；（2）改变了以学校、课堂为活动基地的常规，而以工厂、农村、营房为主要活动地点；（3）改变了学科的自身逻辑体系，而根据政治第一的原则设计和安排课程；（4）改变了文化课的优势比例，大量增加了体力劳动时间；（5）改变了知识分子为主体的教师结构，请工人、农民、解放军为教员。

这个调查报告影响很大，很多地方的中小学就是以此为模式进行改造或建设的。吉林省梨树县革命委员会制定的《农村中小学教育大纲（草案）》[2]，以及 1969 年 6 月 18 日上海市革命委员会扩大会议通过的《上海市中小学教育革命纲要》，基本上都体现了上述精神。

在高等教育方面，上海的复旦大学与同济大学则作为文理科的代表，树起了走"五·七"道路的典型。

复旦大学办起了"五·七"文科试点班。其基本经验是："坚决贯彻执

---

① 甘肃省革命委员会、兰州市革命委员会联合调查组：《"厂办校，两挂钩"——甘肃省兰州市关于城市中学走工厂办校道路的调查报告》，《红旗》1969 年第 2 期。

② 《人民日报》1969 年 5 月 12 日。

行毛主席关于'文科要把整个社会作为自己的工厂'的指示，围绕着革命大批判，把课堂教学同到三大革命运动中去学习有机地结合起来。在教材问题上，他们坚持用马克思主义、列宁主义、毛泽东思想统率一切课程，以毛主席著作为基本教材，既反对照搬旧教材，又克服了无教材的状况。他们在革命大批判中破除了'师道尊严'的旧观点，建立了新型的师生关系，教学上初步出现了'官教兵、兵教官、兵教兵'的新气象。"①

同济大学"五·七"公社是由同济大学、上海建筑工程局、上海工业建筑设计院共同举办的一个教育革命试点单位。其基本经验是"突出无产阶级政治，坚持把转变学员思想放在首位""结合典型工程组织教学，坚持理论和实践的统一""以工人阶级面貌建设三结合教师队伍"和"学校、施工、设计单位三结合办学"。②不难看出，高等教育在教材、教师、课程、教学等方面，与中等教育创造的基本经验在本质上是相同的。

（二）《七·三指示》与工农管理学校和知识分子改造

1968年第2期《红旗》杂志发表了姚文元《工人阶级必须领导一切》的文章，披露了毛泽东著名的《七·三指示》："实现无产阶级教育革命，必须有工人阶级领导，必须有工人群众参加，配合解放军战士，同学校的学生、教员、工人中决心把无产阶级教育革命进行到底的积极分子实行革命的三结合。工人宣传队要在学校中长期留下去，参加学校中全部斗、批、改任务，并且永远领导学校。在农村，则应由工人阶级的最可靠的同盟者——贫下中农管理学校。"这个批示实际上以两个基本判断为前提，即：（1）资产阶级知识分子统治了我们的学校；（2）单靠学校的师生无法完成教育革命，必须依靠外来的力量。这又导致了一个潜在的结论：知识分子必须接受改造。正如当时的一篇社论所说："工人阶级进入文化阵地，工作对象主要是知识分子。"③

1974年《教育革命通讯》第2期发表了一篇"四人帮"炮制的得意之

---

① 中国共产党复旦大学委员会：《用革命大批判改造文科大学——复旦大学"五·七"文科试点班的调查报告》，《红旗》1971年第6期。

② 中国共产党同济大学委员会：《政治挂帅，坚持理论和实践的统一——同济大学"五·七"公社教育革命实践情况报告》，《红旗》1971年第6期。

③ 《人民日报》《红旗》杂志评论员：《关于知识分子再教育问题》，《红旗》1968年第3期。

作:《顶得住、站得牢、管得好——河北省威县辛店大队贫下中农管理委员会陈林发同志在国务院科教组召开的九省市中小学校教育革命经验汇报会上的发言》，这篇《发言》介绍了工农管理学校的基本模式。其主要特点是：第一，"大老粗"掌握教育大权。这个贫管会 7 人中有 6 个文盲，5 个人在旧社会逃荒要饭、给地主当长工，只有一个识些字的青年，正是他们"带领全校师生，遵照毛主席关于教育革命的指示，狠抓教育阵地上的阶级斗争和路线斗争，深入开展教育革命，使学校发生了很大的变化"。第二，"阶级教育"是学校的一门主课。"每个学生都把批林彪极右实质那段背得很熟""阶级斗争的小老虎，才是贫下中农欢迎的人"，这就是阶级教育的培养目标。第三，"对毛主席的指示，坚决照办"。

《五·七指示》和《七·三指示》实际上已蕴含了必须对知识分子进行改造的必然结论。工农进校管理，毕竟是在知识分子的"窝"里进行的，更彻底的办法，自然是让他们到工厂农村去，"在三大革命运动的熔炉里，滚一身泥巴，磨一手老茧，清扫修正主义的流毒，荡涤自己身上的污浊"[①]。而《知识分子改造的必由之路》一文，则用典型事例枚举的办法，对知识分子改造的意义与方法进行了形象的表述[②]：

例 1："拜贫下中农为师，一点一滴从头学。""去年冬天，这两个学校的广大革命知识分子和当地的贫下中农一起，参加了修固鲤鱼洲圩堤的大会战。北京大学有一位女教授，从来没有挑过担，她看见有的贫下中农比自己的年龄还大，却精神焕发地和青年人一起挑土。她想：老贫农能为革命挑重担，我为什么不能呢？她勇敢地拿起扁担挑土上大堤，立即受到贫下中农的赞扬。她感动地说：'我大半辈子没有参加过体力劳动，现在刚从头学起，贫下中农就鼓励我，我一定要把革命的重担挑到底。'"

例 2："彻底改造世界观，一颗红心为人民。""清华大学一位副教授张礼，曾经留学三个国家。过去他错误地认为，到工农兵群众中去改造思想，是'舍我之长，用我之短'。到了鲤鱼洲以后，在工人师傅的帮助下，开始认识到自己过去几十年来所走的道路，实际上是一条资本主义的道路。……他认识到，自己的知识从根本上来说，并不是几十年寒窗苦读得来的，而是用劳动人民的血汗换来的，是劳动人民给的。他狠批了'知识私有'的

---

① ② 《知识分子改造的必由之路——记清华大学、北京大学广大革命知识分子坚持走毛主席指引的"五·七"道路》，《人民日报》1970 年 5 月 9 日。

反动谬论，坚决表示，一定要把知识还给劳动人民，为劳动人民谋利益，坚决走全心全意为人民服务的道路。从此，张礼下定决心，要在艰苦的劳动中进行脱胎换骨的改造。他有夜盲症，仍旧积极参加夜战；过去他怕脏怕臭，现在专门挑大粪。农历除夕之夜，在风雨泥泞中，他参加了抢修排灌站工地的战斗，他说：'这是我 45 年来第一次最有意义的春节。'"

例 3："不忘历史的经验，永葆革命的青春。""清华大学原党委副书记胡健，当年在解放区曾经两次进'抗大'式干校学习。当他来到鲤鱼洲吃上糙米饭的时候，就想起当年住窑洞、吃黑豆的艰苦生活；当他拿起镰刀和扁担时，就想起毛泽东'自己动手，丰衣足食'的伟大号召，想起和群众一起劳动、一起反扫荡、一起斗地主的峥嵘岁月；当他拿起革命红宝书的时候，就想起过去在延安窑洞的煤油灯下，如饥似渴地学习毛主席著作的情景。过去，是毛主席指引他走上了革命的道路。联想自己进城以后的变化，他心头万分沉痛，感到对不起毛主席。他说：'千错万错，不读毛主席的书，背离毛主席的教导，是我过去最大的错。'他认识到：共产党员的一生，应该是活学活用毛主席著作的一生，是'一不怕苦，二不怕死'的一生，是斗私批修的一生，是紧跟毛主席继续革命的一生。"

例 4："广阔的天地，灿烂的前程。""有一次，北京大学一个教育革命小组，了解到饲养家畜、家禽很需要土霉素。他们在学校试验农场党组织的支持下，和当地一个农场的工人一起组成了土霉素试制小组，白手起家，土法上马，投入了紧张的战斗。没有接种针，就自己做；没有灭菌锅，就用蒸笼代替；没有恒温室，就自己拣煤核，生炉子造起土恒温室；没有摇床，就和工人师傅一起做了土摇床。经过 27 天的紧张战斗，克服了很多困难，终于试制成功，建立了一个土法生产土霉素的车间。农场工人同志高兴地说：'你们听毛主席的话，走'五·七'道路，才和我们走在一起，想在一起，这样的知识分子我们欢迎！'"

上述四个典型事例，实际上引发了知识分子改造的基本观点：脑力劳动并不是艰苦的有意义的劳动，只有体力劳动才是艰苦而光荣的劳动；知识分子只有在体力劳动中才能改造自己的世界观，才能为工农服务；只有读毛主席的书，才能具有活力与青春，才能拯救灵魂；只有到生产第一线解决迫切的现实问题，才是工农欢迎的知识分子。值得注意的是，上述观点几乎已不是外在力量强加的，而已成为知识分子自身的内化了的意识，改变旧思想已成为知识分子自觉的要求了。

（三）《七·二一指示》与培养新型人才之路

1968 年 7 月，毛泽东看到了一篇《从上海机床厂看培养工程技术人员的道路》的调查报告[①]，报告中的经验与设想使他兴奋不已，写下了这样的批语："大学还是要办的，我这里主要说的是理工科大学还要办，但学制要缩短，教育要革命，要无产阶级政治挂帅，走上海机床厂从工人中培养技术人员的道路。要从有实践经验的工人农民中间选拔学生，到学校学几年以后，又回到生产实践中去。"这就是著名的《七·二一指示》，也是毛泽东关于改造大学招生制度和培养新型人才之路的设想。

这篇报告对上海机床厂两类青年技术人员的情况进行了比较：大专院校的毕业生落后思想多，实际工作能力较差；工人中提拔的技术人员思想较先进，实际工作能力较强。有一个鲜明的对比的例子：

"一个是上海某大学的毕业生，毕业后又专门学了一年外语，再去外国留学 4 年，得了一个'副博士'的学位，1962 年开始到磨床研究所试验室担任技术员。像这样一个在学校里读了 20 多年书的人，过去由于理论脱离实际，又没有很好地同工人结合，所以长时期在科学研究方面没有做出突出的成就。

"一个是工人，他 14 岁当学徒，18 岁被保送到上海机器制造学校学习 4 年，1957 年开始在磨床研究所担任技术员。今年 4 月，由他担任主任设计师，试制成功了一台具有国际先进水平、为我国工业技术的发展所急需的大型平面磨床，填补了我国精密磨床方面的一个空白点。"

那么，为什么工人出身的技术人员成长快、贡献大呢？"最重要的一条是工人出身的技术人员对毛主席、对党有着深厚的无产阶级感情，他们在向科学技术进军的道路上，不为名，不为利，不畏艰险，不怕困难，不达目的誓不罢休。他们牢记毛主席的教导，时刻想到与帝修反争速度，争质量，并且处处考虑为国家节约，为工人操作方便。"

根据这一推理，报告对教育"革命的方向"提出了几点意见：一是大学毕业生应先到工厂、农村参加劳动，当一个普通的劳动者，在工人、农民那里取得"合格证书"，然后根据实际斗争的需要，有些可以参加技术工作，但也还要有一定时间参加劳动，有些则继续当工人、农民；二是学校教育一

---

① 《人民日报》1968 年 7 月 22 日。

定要与生产劳动相结合；三是除了继续从工人队伍中提拔技术人员外，应该由基层选拔政治思想好的，具有两三年或四五年劳动实践经验的初高中毕业生进入大专院校学习；四是改造和提高工厂现有的技术队伍，组织他们分批当工人或更多地参加车间劳动。

1984 年 4 月 14 日的《光明日报》已揭露，作为"鲜明的对比"的例子，本身是一个捏造的事实，一个骗局。但即便它完全属实，也没有说服力，因为用个别典型来论证的方法是没有统计意义的，不能揭示必然性。而在"文化大革命"中，它恰恰是一种最常见的教育思维方式，它的苍白无力只好用标语、口号式的外在权威来掩饰。

（四）"四人帮"的倒行逆施与朝农经验

1971 年 "913" 林彪事件以后，周恩来全面主持中央工作，开始了纠正"左"倾错误的努力，虽然没有公开批评"两个估计"，但通过一系列讲话对若干教育问题发表了看法。如在广州观看部队文艺演出时，对不报独唱、独奏人员的名字提出批评，认为这是"极'左'思潮还没有肃清"[①]；1972年 7—9 月，他提出要"重视基础科学和理论研究""把理论研究与科学实验结合起来"[②]；在会见李政道博士时又说："对学习社会科学理论或自然科学理论有发展前途的青年，中学毕业后，不需要专门劳动两年，可以直接上大学，边学习，边劳动"[③]；要学习外国的（"人家的"）长处[④] 等。在政治、经济、外交等形势出现明显好转的情况下，教育也出现了"复苏"的迹象。1972 年第 1 期《教育革命通讯》发表了北京大学教育革命组《文科要坚持以社会为工厂的道路，在实践的基础上着重向理论方面学习》以及大连工学院机械系机械制造试点班《基础理论课教学应该加强》的文章，对大学文理两科基础理论教学提出了积极意见。《光明日报》和《人民日报》也分别发表了相关文章，来讲述吉林长春市教育局充分发挥教师在教育革命中的作用和河北省怀来县沙城中学"以课堂教学、学习书本知识为主"的经验。

---

① 《周恩来文集》（下卷），人民出版社，1984，第 471 页。

② 同上书，第 473 页。

③ 同上书，第 473–474 页。

④ 同上书，第 474 页。

1972年10月6日，《光明日报》刊载了周培源为贯彻周恩来关于加强理论的指示而撰写的《对综合大学理科教育革命的一些看法》一文。这篇文章讨论了"理科的内容，理与工的关系""理科的培养目标"以及"理论联系实际的问题"，提出了"理科要满足国家建设的需要，但我们不能把理论联系实际仅仅理解为满足当前的需要""理科的专业设置仍宜按学科而不宜按产品区分，既不能漫无目标，又不能过于狭窄，即既要有鲜明的针对性，又要有一定的适应性"，以及综合大学理科要"开展理论性的科学研究"以"促进国民经济的进一步发展、赶超世界先进科学水平"等意见。他的文章虽然是讲理科教学问题，但在教育界以及教育思想方面的影响，却远远超出了理科，超出了大学，甚至超出了教育界。

对于这种教育思想的突破性进展，必然要导致教育实践的变革并进而波及社会。"四人帮"按捺不住了，张春桥、姚文元立即组织力量对周培源的文章进行批判。《文汇报》接连发表《这样提出问题是否妥当？》（1972年11月8日）、《马克思主义哲学是最基础的理论》（1972年11月22日）、《打什么基础理论》（1972年11月25日）等文章，把提倡基础理论诬为"复辟思潮"。同时，他们开动宣传工具，先后炮制了"一份答案"①（1973年6月）、"谈话记录"②（1973年10月）、"一个小学生的来信和日记摘抄"③（1973年11月）、"马振抚公社中学事件"④（1974年1月）等一系列"典型"，在教育界甚至全社会造成了恶劣的影响。而"朝农经验"则是他们将"文化大革命"的各种"教育经验"拼凑组装、全面总结概括的教育革命的"楷模"。

1973年11月28日，《光明日报》发表了《一所深受贫下中农欢迎的大学——辽宁农学院朝阳分院教育革命调查》一文，首次推出了"朝农经验"，提出了"社来社去"，培养"社会主义新型农民"，"从农业生产的需要出发

---

① 指辽宁兴城县白塔公社下乡知青张铁生在参加高校招生文化考试中交"白卷"，却在试卷背面写不赞成文化考核的信。此信发表后使他成为"反潮流英雄"。

② 是上海师范大学中文系的一个学员，诉说"智育第一"的压力使他"发闷"的记录。

③ 北京小学生黄帅反映自己与班主任的矛盾与不同看法的记录。发表后"王亚卓"（邢卓、王文尧、恩亚立）提出批评，又产生了"王亚卓事件"。

④ 河南唐河县马振抚公社中学一位学生，在英语试卷上写了"我是中国人，何必要学外文，不会ABCD，还能当接班人，接好革命的班，还埋葬帝修反"的打油诗，在遭班主任和校长批评后投水自尽。

组织教学"，以及"几上几下"的办学方式。1974 年又在朝阳农学院召开了教育革命经验的现场会，提出了"同十七年对着干"的口号。

1975 年初，在周恩来病重期间，邓小平开始主持中央日常工作。他对文化教育的整顿发表了一系列看法，如提出"现在一讲教育，好像一文不值了，成不成？""不能一提知识分子就骂一通，这样符合不符合毛主席的方针？""毛主席从来没有讲过不要文化"，"工人为革命做工，学校为什么就不能提为革命读书呢？"时任教育部部长的周荣鑫，也根据周恩来、邓小平的指示精神，在铁道部人事局教育座谈会上发表了《教育要适应四个现代化的需要》的讲话，对"文化大革命"的极左做法和形形色色的"典型经验"做了批评，提出了要调动知识分子的积极性，要学习科学文化知识等要求。①

在这样的情况下，"四人帮"刮起了"反击右倾翻案风"。在周总理逝世前后进行了"教育革命大辩论"，并在全国人民沉痛悼念总理之际，在《人民日报》发表了介绍清华大学教育革命的《大辩论带来大变化》（1976 年 1 月 14 日）、梁效的《教育革命与无产阶级专政》（1976 年 1 月 15 日）以及辽宁朝阳农学院党委的《在批判旧世界中建设新世界》（1976 年 2 月 14 日）等文章，向教育战线的"右倾翻案风"进行了疯狂的进攻。尤其是朝阳农学院党委的长篇文章，可以视为整个"文化大革命"时期基本教育思想的总结。该文的主要观点有以下十个方面：

第一，旧农大是资产阶级知识分子统治，新农大就必须加强工人阶级的领导。

第二，旧农大集中办在城市里，新农大分散办在农村。

第三，旧农大大搞"学而优则仕"，新农大实行"社来社去"，培养有社会主义觉悟的有文化的新农民。

第四，旧农大大搞"智育第一"，新农大首先办成无产阶级政治大学。

第五，旧农大极力标榜"正规化"，新农大坚持半工半读、勤工俭学。

第六，旧农大搞"三中心""老三段"，②新农大建立以科研、生产带动教学的"三结合"③新体制。

---

① 讲话时间为 1975 年 10 月 20 日，后发表在《教育研究》1979 年第 1 期。

② "三中心"是指以教师、书本、课堂为中心；"老三段"是指基础理论、专业基础理论和专业课。

③ "三结合"是指教学、科研与生产的结合。

第七，旧农大高楼深院、与世隔绝，新农大坚持同三大革命运动息息相通。

第八，旧农大是少数人享受教育特权的"小宝塔"，新农大越办越大，越办越向下，使广大群众都有机会受教育。

第九，旧农大只让学生受奴化，新农大充分发挥工农兵学员"上、管、改"的作用。

第十，旧农大教师脱离工农，新农大坚持教师同工农相结合，努力建立一支无产阶级的教师队伍。

这个"总结"后来成为整个混乱时期教育思想的"终结"。随着1976年10月"四人帮"被粉碎，教育事业进入了一个新的发展阶段，教育思想也迈进了一个新的历史时期。

第五章 中国当代教育思想的重建时期
（1977—1990）

粉碎"四人帮"以后，特别是中国共产党十一届三中全会以后，中国教育科学有了长足的发展。继《人民教育》《教育研究》复刊和创刊后，陆续出现了《中国高等教育》《中国教育学刊》《教育评论》《比较教育研究》《外国教育研究》等一批有一定影响的理论刊物；译介了若干国外的著名教育理论著作；形成了一批专业与业余的教育理论研究与实验队伍；结合中国教育实际探讨了诸多教育理论问题，使教育思想在广度与深度方面均有了进一步的发展。这一时期大致可以分为三个阶段，即拨乱反正（1977—1978）、重新建构（1979—1985）和新的发展（1985—1990）。

一、教育思想的拨乱反正

粉碎"四人帮"后，教育思想面临的最迫切的问题，就是"拨乱反正"。什么是"正"？毛泽东教育思想是"正"。什么是"乱"？"四人帮"对毛泽东教育思想的曲解是"乱"。"拨乱反正"就是揭露"四人帮"背着毛泽东搞的阴谋，揭露他们对毛泽东教育思想的曲解。所以，拨乱反正在当时具有教育思想"回归"的意义，而缺乏超越的功能。

在拨乱反正方面的第一篇文章，就是1976年11月25日《光明日报》刊发的《毛主席的教育方针岂容篡改——批判张春桥的一个谬论》。这篇由教育部大批判组撰写的文章是针对张春桥"宁要一个没文化的劳动者，而不要一个有文化的剥削者、精神贵族"的观点进行批驳的。文章指出："按照毛主席的教育方针，无产阶级的培养目标应该是培养有社会主义觉悟的有文化的劳动者。'有社会主义觉悟''有文化'和'劳动者'这三个方面是互相联系、不可分割的整体。"而张春桥抛出"两种人"的谬论，不仅是对教育方针的歪曲与篡改，也是"形而上学猖獗"的一个典型。教育部大批判组的另一篇重要文章是 1977 年 5 月 7 日《光明日报》发表的《遵循毛主席指引的方向继续开展教育革命》，批判"四人帮"破坏"五·七指示"的罪行。这篇文章通过对毛泽东"五·七指示"侧重点的不同解释，强调了学习文化知识的意义："毛主席的这个指示，科学地阐明了'主学'和'兼学'、理论和实践的辩证关系，给我们指明了教育同三大革命运动紧密结合起来，培养有社会主义觉悟的有文化的劳动者唯一正确的道路。'以学为主'，即以'学文'为主，也就是说要以学习马列主义、毛泽东思想、时事和文化科学知识为主。"

在当时拨乱反正的文章中，《光明日报》编辑部整理的北京市中小学教育工作会议讨论的六对关系的文章①，是比较重要和全面的一篇，把教育思想的拨乱反正向前推进了一步。这六对关系都是"文化大革命"中被搞乱、搞颠倒的关系，也是教育界乃至整个社会普遍关心的问题。

一是政治与业务的关系。文章在强调了政治的统帅性之后，引用了毛泽东的话："思想工作和政治工作是完成经济工作和技术工作的保证，它们是为经济基础服务的。"然后强调教学工作有其本身的规律性，"政治运动不能代替学校经常性的思想政治工作，更不能代替教学业务"。

二是红与专的关系。文章在论述红与专的对立统一关系的同时，着重强调了"专"的意义，批判了"四人帮"把"一讲学文化、学技术，就帽子满天飞，棍子遍地打，就是'白专'道路，'回潮复辟'，就要'卫星上天，红旗落地'"的谬论和荒谬逻辑。

三是"以学为主"与"兼学别样"的关系。文章强调两者是不可分割的整体，并认为"中小学是打基础的阶段，要坚持'以学为主'，上好政治课和社会主义文化课，保证教学时间和质量，努力学习前人的经验，学习书本知识"。但同时又指出："要努力搞好学工、学农、学军。'文化大革命'以来，中小学厂校挂钩、队校挂钩、校办工厂、校办农场、农村分校等社会主义新生事物的蓬勃发展，成绩很大。对现有各种兼学形式要分析研究，认真总结经验，不断加以调整、改进和完善。"

四是教师与学生的关系。文章在肯定师生关系"是革命的、民主的、团结的师生关系，是革命队伍内部的同志关系在教育工作中的反映"的同时，恢复了教师是矛盾的主要方面的提法。

---

① 《深入揭批"四人帮"　正确处理教育工作中的几个关系问题》，《光明日报》1977 年 3 月 14 日。

　　五是思想教育与规章制度的关系。文章认为，学生是教育的对象，学生中的问题归根结底是教育问题，而"纪律本身就是教育，规章制度也是教育的一种方式。纪律和规章制度都有一定的制约性，但在执行中，又必须伴之以说服教育，启发学生自觉地遵守，而不能采取惩办主义"。

　　六是对知识分子的"团结"与"教育""改造"的关系。文章批判了"四人帮"对知识分子、教师"仇视、辱骂"的罪行，但仍然认为"党的团结、教育和改造知识分子的政策，是很明确的。团结是出发点，没有团结的愿望，谈不上教育和改造。而知识分子只有努力接受再教育，改造世界观，为社会主义服务，团结才有更坚实的思想基础"。《人民日报》1977 年 2 月 22 日发表的教育部大批判组的另一篇文章《党的知识分子政策不容践踏》，也持同样的观点。

　　这一阶段对"四人帮"在教育思想上造成的混乱和政治阴谋做了批判与揭露，在拨"乱"为"正"方面做了许多工作。但尚没有从根本上冲破"两个凡是"[①]的束缚，批判的武器始终还是毛泽东的语录，或者是重新阐发毛泽东言论的微言大义，或者是援引毛泽东的其他讲话来否定准备否定的东西，甚至还有"六经注我"的牵强联系，具有很明显的投鼠忌器的痕迹。

　　在这一阶段，邓小平关于教育问题的论述，对于教育实践与教育思想产生了一定的影响。一是 1977 年 5 月 24 日关于《尊重知识，尊重人才》的谈话，对高等学校招生的恢复与改革起了关键的作用。二是 1977 年 8 月 8 日《关于科学和教育工作的几点意见》（又称"八八讲话"），对破除"两个凡是"、推倒"两个估计"起了重要的决策作用。三是 1978 年 4 月 22 日在全国教育工作会议上的讲话，强调了"提高教育质量，提高科学文化的教学水平，更好地为社会主义建设服务""学校要大力加强革命秩序和革命纪律，造就具有社会主义觉悟的一代新人，促进整个社会风气的革命化""教育事业必须同国民经济发展的要求相适应"以及"尊重教师的劳动，提高教师的质量"等问题，开了尊师重教的风气。

二、教育思想的重新建构

　　1978 年 5 月 11 日，《光明日报》以特约评论员名义发表了题为《实践

---

　　① 1977 年 2 月 7 日《人民日报》《红旗》《解放军报》联合社论。

是检验真理的唯一标准》的文章，引发了关于真理标准的全国性大讨论。同年 12 月 18 日，中国共产党十一届三中全会召开。大会确定了解放思想、拨乱反正、实事求是、团结一致向前看的方针，并决定把工作重点转移到经济建设上去。在这样的背景下，教育理论的研究也开始了真正的复苏，呈现出不断解放思想的态势，为教育思想的重新建构创造了条件。这一阶段，中国教育思想的主要进展与成就，主要表现在以下几个方面。[①]

第一，确立了实践是检验教育思想的唯一标准，使教育理论研究开始走出"误区"，突破"禁区"。《教育研究》在 1979 年创刊后的第 4 期，就发表了特约评论员的文章《补好真理标准讨论这一课，教育问题要来一次大讨论》。文章不仅提出了破除"语录标准"的问题，而且提出对三十年来的教育理论、方针、政策和方法进行反思，并对"回到'文革'前"提出了怀疑，认为："'同十七年对着干'，否定一切，这是恶劣的形而上学。有人在反对否定一切的同时又走向肯定一切，还是没有摆脱形而上学。他们把十七年当作理想境界，'文化大革命'前的说法就是经典定义。这是变相的语录标准。回到'文化大革命'前就是出路吗？"这也是对上一阶段教育思想的研究方法提出的尖锐批评。

半年以后，周扬在《教育研究》发表文章，率先对过去教育上提出的带有方针性的口号提出了异议，如"兴无灭资""教育为无产阶级政治服务"等，指出不能用语录代替科学。随后，《文汇报》先后发表了诸晓的《革命导师的论述能代替教育科学研究吗？》和贺师礼的《十七年并非完美无缺——用实践标准看"文革"前的教育工作》，更直接地涉入了当时尚存在的理论禁区。诸晓的文章指出，任何一门学科都有自己独立的研究对象和范围，都有其独特的体系结构，革命导师的有关论述不可能包揽一门学科的一切问题和方面；即使革命导师的论述在当时有一定的合理性，由于形势的变化，也需要加以补充、修正、更新和发展。所以，不能机械地照搬硬套革命导师的论述，并以此取代教育科学研究，而应用实事求是的、发展的科学态度对待革命导师的论述。[②]贺师礼的文章对"文革"前教育思想中照抄苏联，在处理教育与劳动、理论与实践、普及与提高、政治与业务、红与专等关系问题上缺乏辩证法，批判母爱教育和凯洛夫教育思想的路线

---

① 张敷荣：《教育理论研究的回顾与展望》，《教育研究》1988 年第 11 期。

② 《新华文摘》1980 年第 11 期。

斗争化，缺少对因材施教、培养人才方面的足够重视等，提出了批评性思考。① "禁区"的涉入与突破，对于教育界解放思想、实事求是的研究气氛的形成，无疑起了推动作用。

第二，开展了教育的社会属性与职能的讨论，突破了"教育是社会上层建筑"的思维定式。1978 年 3 月，于光远率先在《学术研究》杂志发表了《重视培养人的研究》一文，对教育属于上层建筑的正统观念提出挑战，引发了中国教育思想界自 1978 年以后时间最长、反响最大、精力投入最多的一场讨论。讨论中先后出现了五种观点。一是上层建筑说②，主要理由有：（1）教育的方针、目的等是统治阶级根本利益在教育上的集中反映；（2）教育是通过培养人为政治经济服务的一种社会意识形态。二是生产力说③，主要理由有：（1）教育的发展水平根本上取决于生产力的发展水平；（2）教育是形成社会生产力两大要素（人与物）中起关键作用的劳动者的活动；（3）教育是知识形态的生产力转化为直接生产力的基本途径。三是多重属性说④，主要观点有：（1）教育具有生产力和上层建筑的双重属性；（2）教育是社会性、阶级性、生产性、艺术性和科学性的统一。四是社会实践说⑤，主要观点有：（1）教育是促进个体社会化的过程；（2）社会需要和人的发展是教育的基本矛盾；（3）教育是人类自身的生产实践。五是特殊范畴说⑥，主要认为教育像语言一样是一种特殊范畴。

这场讨论延续了十年左右的时间，虽然讨论中的各种观点均系探索性质，学术界也未就此达成共识，但它的理论意义是远远超出了教育理论界

---

① 《文汇报》1980 年 12 月 12 日。

② 持这种观点的文章有李放的《教育是社会的上层建筑》(《教育研究》1979 年第 1 期)、石佩臣的《作为上层建筑的教育的特点》(《教育研究》1979 年第 3 期)等。

③ 持这种观点的文章主要有于光远的《关于教育是生产力的问题》(《教育研究》1980 年第 5 期)、黄凤漳的《现代教育是现代生产力的新因素》(《教育研究》1979 年第 2 期)、马兆掌的《论教育与生产力再生产的关系》(《教育研究》1981 年第 3 期)等。

④ 主要文章有李继之的《关于教育的属性问题》(《教育研究》1981 年第 2 期)、张焕庭的《谈谈教育本质问题》(《教育研究》1980 年第 6 期)等。

⑤ 主要文章有凌娟的《教育是促使个体社会化的过程》(《教育研究》1982 年第 6 期)、汪锡龄的《对教育本质问题的哲学理解》(《教育研究》1985 年第 4 期)等。

⑥ 主要文章有沙毓英的《教育是特殊范畴》、靳乃铮的《教育的本质与归属》(《教育研究》1982 年第 6 期)等。

的。由于它涉及教育与社会生产力的关系、教育的投资与教育劳动的生产属性等问题，最终导致人们比较一致地认识到教育在社会经济发展中的战略地位，并形成了"教育先行"的观点。

第三，大量介绍、翻译引进了外国教育理论与教育思想，并对过去全盘否定了的外国教育学说进行了重新认识。这一阶段教育思想的重要特点之一，就是打破了长期以来教育思想的封闭局面，为教育思想的解放提供了理论参照与多维视野，同时也构成了教育理论界思想解放的有机组成部分。这一阶段是我国教育界译介外国教育著作的鼎盛期[①]，出版物的数量超过了中国学者撰写出版的著作量。这些著作介绍了赞科夫、苏霍姆林斯基、巴班斯基、沙塔洛夫、阿莫纳什维利、布鲁纳、舒尔茨、柯尔伯格、布卢姆、根舍因、马斯洛、罗杰斯等著名教育家的学说，不仅使人们看到了"外面的世界"，而且对中国自己的教育思想的建构，产生了重要影响。[②]如小学数学教育名家邱学华的尝试教学思想的提出，就明显受到布鲁纳发现教学思想的影响。

在介绍国外教育家的学说的同时，还对国外教育的理论现状与趋势进行了分析研究，比较系统地译介与评价了行为主义、结构主义、实用主义、经验主义、永恒主义、要素主义、存在主义、人本主义以及西方马克思主义的教育理论，并对杜威的实用主义教育学、凯洛夫的教育学以及马卡连柯的教育思想进行了重新认识与评价。特别是对于杜威的研究，打破了那种以阶级性为借口，粗暴地对待学术见解的思想方法，初步形成了实事求是的学术研究气氛。同时，大量教育学的新分支领域及新的研究成果，也在这一阶段被介绍到中国。如教育社会学、教育哲学、教育经济学、教育工艺学、教育法学、教育统计学、教育评价学、比较教育学等，都是在这一阶段输入中国的，一些新学科经过中国学者的消化与吸收，已初步创造出具有一定中国特色的学科体系。

---

① 据不完全统计，在 1979—1985 年期间的译著达 80 种左右，其中《学会生存——教育世界的今天和明天》《今日的教育为了明日的世界》《给教师的建议》《帕夫雷什中学》《三分是怎样消失的》《终身教育引论》《教学教育过程最优化》《教育与发展》《教育的传统与变革》《西方当代教育理论》《美国教育学基础》《教学过程》《皮亚杰学说入门：思维·学习·教学》《学历社会》《近代化与教育》《六国技术教育史》《教育学的理论问题》等一大批有影响的著作，都是在这一时期翻译和出版的。

② 邱学华:《尝试教学法》，福建教育出版社，1988，第 33 页。

第四，对全面发展与全面发展的教育有了更全面的认识，突破了过去"三育"的框框。刘佛年在 1980 年初就发表文章，提出全面发展的教育包括德、智、体、美、劳等方面的教育，而每一方面的教育又有一个全面发展的问题。他还论述了全面发展与教学改革的关系，认为教材改革、教学方法的改革以及教育行政管理水平的提高，是促进学生全面发展的根本保证。[①]1981 年，全国教育学研究会举行第二届年会，把人的全面发展作为重要的研究课题之一。有人提出了新的观点，认为人的全面发展是马克思主义关于人的学说的重要内容，是以马克思主义的人性论、人道主义为基础的。人的全面发展是人的异化的扬弃，包括人的德、智、体、美方面的充分的自由的发展。[②]也有人提出这种观点的悖论，认为异化理论是马克思早期著作中的理论，不是人的全面发展学说的基础。[③]此后，关于全面发展教育问题的讨论，主要集中于对马克思主义经典作家原著的辨义与诠释。[④]

第五，深入探讨了新的科学技术革命对于教育的挑战，提出了中国教育的"三个面向"理论。十一届三中全会以后的开放与改革，使世界的新科学技术革命的浪潮冲击着当代教育。邓小平在 1983 年为北京景山学校的题词中，及时地把握住这一时代主题，提出了"教育要面向现代化，面向世界，面向未来"的战略。在此之前，虞承洲、冯之浚、张念椿的《现代科学技术的发展与高等教育的改革》一文，已经产生了一定的社会影响。这篇论文提出了六个基本观点：（1）"知识爆炸"的发生，要求高等教育在传授基本知识的前提下，重点应放在对学生智能的培养上；（2）"知识陈旧周期"的加速，要求高等教育加强基础理论教育，不断更新课程，重视"终身教育"；（3）学科的高度分化与高度综合的发展趋势，要求高校建立"跨学科"的教学科研组织，同时，对学生进行"通才教育"；（4）随着科学研究和企业经营规模的不断扩大，要求高等院校加强管理知识的教育，重视

① 刘佛年：《全面发展和教学改革——在全国重点中学工作会议上的报告摘要》，《教育研究》1980 年第 5 期。

② 王逢贤：《马克思的异化理论与人的全面发展》，《教育研究》1981 年第 7 期。

③ 陈信泰、张武升：《马克思的异化理论不是人的全面发展学说的理论基础》，《教育研究》1983 年第 7 期。

④ 这方面的文章主要有：丁学良的《马克思的人的全面发展观之概览》（《中国社会科学》1983 年第 3 期）、张健的《关于人的全面发展学说和异化论问题》（《教育研究》1984 年第 4 期）、陈桂生的《全面地历史地研究马克思主义关于人的全面发展的理论》（《教育研究》1984 年第 8 期）等。

管理人才的培养；（5）科学研究体系的形成与完善，要求高等院校充分重视
科研工作，以此提高高等院校的教学质量，同时为提高国家的科学技术水
平做出贡献；（6）学科发展不平衡规律的预测，要求高等教育的改革应加强
预测研究，不断扶植顺应科学技术发展趋势的学科。[①]田夫在给中央、国家
机关司局级以上领导干部所写的题为《新技术革命与现代教育问题》的报
告中，也论述了在新挑战面前的在职教育和继续教育问题，尤其是强调了
领导干部继续教育的意义。[②]《教育研究》等刊物也发表了一批探讨性文章，
对新技术革命下的新教育，对发展能力与传授知识的关系，对更新教育内
容，对人才的培养，对非智力因素的探讨等，都进行了比较充分的研究。

　　这一时期比较有影响的文章还有潘益大《关于教育方针的探讨》、胡乔
木《关于几个教育理论问题同何东昌的谈话》、王通讯和雷祯孝《试论人才
成功的内在因素》、千家驹《要把增加教育经费作为实现"四化"的重要战
略措施》、杜殿坤《关于探讨发展学生能力问题的几点意见》、燕国材《应
重视非智力因素的培养》、李燕杰《你要关心祖国的未来吗？首先要关心青
年一代》等，从不同层面和角度深化了这一教育主题的讨论，对当代中国
教育思想的发展具有重要影响。

　　此外，《教育研究》连续数期刊登的《进一步解放思想，搞好教育科学研
究》的座谈摘要，以及该刊和其他报刊发表的关于繁荣教育科学的论文，对
于推动中国教育的科学研究方法的建立和教育思想的建构，也起了重要作用。
中国教育思想的科学化与本土化倾向，正是在这样的背景下开始萌动的。

三、教育思想的深入发展

　　1985 年 5 月 27 日，《中共中央关于教育体制改革的决定》正式发表。《决
定》认识到中国教育事业的落后和教育体制的弊端已不适应社会主义现代
化建设的需要，这主要表现在三个方面：一是在教育事业管理权限的划分
上，政府有关部门对学校主要是对高等学校统得过死，使学校缺乏应有的
活力；二是在教育结构上，基础教育薄弱，学校数量不足，质量不高，合格

[①]　《光明日报》1980 年 8 月 5 日。

[②]　中共中央组织部等编《迎接新的技术革命——新技术革命知识讲座》（下册），湖南科学技术出版
社，1984，第 357–379 页。

的师资和必要的设备严重缺乏，经济建设大量急需的职业和技术教育没有得到应有的发展，高等教育内部的科系、层次比例失调；三是在教育思想、教育内容和教育方法上存在缺陷。并指出："要从根本上改变这种状况，必须从教育体制入手，有系统地进行改革。"从此，教育改革成为教育思想的主题。

这一阶段教育思想的发展主要是体现在以下几个方面。

第一，对教育改革的理论与实际问题进行了全方位的研究，推动了教育改革的深入发展。

在《决定》发表以后，《教育研究》编辑部约请了刘道玉等参加教育工作会议的代表，就教育改革提出了许多意见。[①] 同期杂志还发表了张健、尚志、袁振国等人的文章，对教育体制改革与提高民族素质、中国高等教育改革中的问题以及价值观的变化与思想品德教育的改革等问题进行了讨论。[②]

《教育研究》1986 年第 1 期发表的孙喜亭的《对教育的再认识》和袁振国、朱永新的《浅论教育观念的现代化》两篇论文，对教育改革的思想基础进行了探讨，后者提出教育变革的关键是教育观念的变革，并提出了"不断发展、变革的观念""新的教育价值观念""多元化的教育观念""民主化的教育观念""终身教育的观念"和"现代化的教育科研观念"等，作为教育观念现代化的主要内容。1987 年《教育研究》还开辟了《关于深化教育改革问题》的专栏，发表了顾明远、江山野、吴福生、王逢贤等十几人的文章，《教育评论》也发表了方展画、李建刚等人的文章，对教育改革的理论问题进行了论述。[③]

教育改革的理论研究为改革的实践提供了思想基础和理论依据。实践问题的研究涉及了学校党政分开，校长负责制，教育、教学、课程等改革，尤其是出现了由单项改革、实验向整体改革、实验发展的趋势。巩其庄的《简论我国教育改革的整体化趋势》一文，及时地对这种趋势进行了评价

---

① 《教育的盛会　改革的纲领》，《教育研究》1985 年第 7 期。

② 张健：《提高民族素质和解决人才问题的战略决策——学习〈中共中央关于教育体制改革的决定〉的体会》，尚志：《我国高等教育改革中的几个问题》，袁振国：《价值观的变化与思想品德教育》，《教育研究》1985 年第 7 期。

③ 方展画：《对"教育改革"的理性思考》，《教育评论》1987 年第 5 期。李建刚：《国内教育改革的历史进程及其发展趋势》，《教育评论》1988 年第 5 期。

与展望。①1986 年 12 月中国教育学会在上海举办普通教育整体改革研讨会，专门研究整体改革的各种理论和实践问题。

在这一阶段，教育教学改革取得了比较丰硕的成果。像上海青浦县顾泠沅的大面积提高数学教学质量的改革实验，上海师范大学恽昭世等的中小学教育体系的整体性改革实验，江苏南通李吉林的情境教学实验与研究，宁波市教委夏明华的农村小学整体优化教育实验，黑龙江省的"注音识字，提前读写"实验，北京师范大学二附中的学制改革实验和综合技术教学改革实验等，都是比较有影响的实验。

第二，对传统教育与现代教育的关系进行了探讨，为教育的现代化准备了理论基础。与教育改革的问题相联系，就有必要研究对传统教育的评价以及传统教育与现代教育的关系。1985 年 7 月全国教育学研究会教育基本理论专业委员会召开的学术讨论会，就把这一问题作为中心的研究课题。这个问题最麻烦的是概念的语言学歧异。主要有以下几种观点：（1）传统教育是自夸美纽斯到赫尔巴特形成的教育思想与制度，是与杜威"进步教育"相对应的。传统教育把教育作为达到外在目的的手段，以教师为中心，以书本为中心；现代教育则把教育本身视为目的，以儿童为中心，以活动为中心。这是所谓的"特指"。（2）传统教育是自古代以来，历代教育家的教育思想和主张在我国长期的教育发展中形成的教育观念与教育经验。这是所谓的"泛指"。②（3）传统教育是活着的教育，是包含着现在并将影响未来的教育，是与未来的现代化教育相对而言的教育。③还有人对"教育传统"与"传统教育"进行了辨义。④在对概念进行界说的同时，比较多的探讨集中于对传统教育的评价方面。多数研究者认为，对传统教育要实事求是，不能一概否定。传统教育中有优良的东西，对现代教育仍有指导意义；也有落后的东西，对现代教育有阻碍作用。教育改革不是全盘抛弃传统教育，而是扬弃其中的落后内容。但在具体研究中，往往表现出抽象肯定多，具体否定也多。如顾明远在《论教育的传统与变革》一文中，认为传统教育及其教育思想的实质在于"在封建社会自然经济的影响下而形成的封闭

① 《教育研究》1987 年第 11 期。

② 潘懋元：《传统教育与教学改革》，《红旗》1986 年第 13 期。

③ 袁振国：《对传统教育的再认识》，《教育评论》1987 年第 1 期。

④ 陈桂生：《教育的传统与传统的教育》，《黑龙江高教研究》1987 年第 2 期。

性"，具体表现为狭隘的教育价值观、因循守旧的人才观、轻视实践和技术的观念和僵化的教育模式。[①] 靳乃铮、傅维利等人的文章，也比较多地分析了传统教育的负面影响。[②] 应该说在强调改革的时代，这种研究有积极的实践意义，但也在某种程度上易使人们相对忽略传统教育的优秀遗产。

第三，进行了"端正教育思想，明确培养目标"的问题讨论，对片面追求升学率的现象溯源研本，为中等教育结构的调整打下了理论基础。1986年4月，《教育研究》开始了为期一年的大讨论，主题是"端正教育思想，明确培养目标"，问题是来自现实中的片面追求升学率的现象。1978年改革高校招生制度，实现全国统一考试以后，确保了高校招生的质量，为"早出人才、快出人才、出好人才"提供了最重要的保证。但同时出现了片面追求升学率的弊端，造成了广泛的社会问题。为了纠正这一弊端，人们上下而求索。就讨论的内容来看，主要涉及：（1）这场讨论的意义何在；（2）教育思想不端正有哪些突出的表现；（3）教育思想不端正产生的原因；（4）几个有待深入探讨的问题；（5）如何把讨论深入下去。[③] 通过五十余篇文章的讨论，在集思广益的基础上产生了以下共识：教育思想不端正是片面追求升学率的根本原因，这一原因不仅存在于教育工作者身上，更存在于一般社会成员身上，同时也存在着教育制度、政策等方面的原因。如中等职业技术教育不发达，普通中学毕业生千军万马争过独木桥；教育评价体系尚未形成，也没有相应的制约措施与配套政策；等等。这些原因造成全社会以升学率作为衡量教育质量的唯一指标。因此，纠正片面追求升学率的关键，是发展中等职业技术教育，减轻升学的压力；改革劳动制度，为中等职业技术教育毕业生提供就业机会；健全教育评价机构和制度，并把教育评价与相应的教育政策相联系；等等。这次讨论对有关理论问题的研究比较深入，教育理论界的一些著名人士和一些特级教师都加入了讨论，如顾明远、温寒江、杨启亮、金世柏、胡百良、张家祥、李秉德、吴畏、成有信、陈心五等，都发表了自己的见解。但讨论对一些操作性的政策与措施研究得还相对不够深入细致，这也导致实际运行中有各种困难。

---

① 《中国社会科学》1987年第4期。

② 靳乃铮：《谈正确对待我国古代教育遗产问题》，《教育研究》1983年第3期。傅维利：《传统的价值取向及其对当代教育的影响》，《教育评论》1987年第5期。

③ 连瑞庆：《"端正教育思想，明确培养目标"问题讨论综述》，《教育研究》1986年第10期。

第四，关于社会主义教育与社会主义商品生产的关系问题的探讨，促使人们进一步认识教育与经济规律的关系，并努力争取教育投资的最大经济效益。20 世纪 80 年代后期，"商先生"进了学校，如学校破墙开店、知识与技术的有偿服务、教师从事第二职业、学生辍学经商等；在思想品德方面，功利与理想、个人与集体、物质与精神、尊重现实与信仰超前等矛盾渐趋尖锐。商品经济的发展对教育产生了强烈的冲击。《教育研究》和《华东师范大学学报（教育科学版）》对此进行了专栏讨论，争论的焦点是要不要商品化和能否商品化的问题。一种意见认为，教育是能够也不可避免地商品化的。主要观点是：（1）马克思在《资本论》等著作中曾经指出教师劳动是服务消费品，它具有特殊的效用，就是"训练"劳动能力，工人购买教师服务的费用同生活费用完全一样；（2）教师劳动具有使用价值，这种使用价值是构成社会财富的物质内容；（3）教师劳动商品化有利于进一步调整经济结构，促进国民经济发展的综合平衡；（4）教师劳动的价值是教师耗费的劳动在服务消费品上的凝结。[1] 所以，"教育要为发展社会生产力，发展商品经济服务，必须实行相应的商品化，在教育观念、教育任务、教育内容、教育途径和方法上做相应的改革"[2]。另一种意见认为，教育不能也不可能商品化。主要观点是：（1）根据马克思关于生产劳动的理论，只有生产物质产品并创造剩余价值的劳动才是生产劳动，教师劳动不生产物质产品，也不直接创造剩余价值，因此，教师劳动不是生产劳动，其结果也不能成为商品；（2）社会主义社会的劳动力不是商品，教师劳动培养的劳动力不能成为商品；（3）把教师劳动作为国民经济的组成部分，会给经济统计带来混乱；（4）教育除为物质文明建设服务外，还有为精神文明建设服务的功能，这是无法商品化的。[3]

与商品生产有关的问题，是教育要不要引入商品经济的竞争机制。主张将竞争机制引入学校的主要论点是：（1）教育竞争是生产的社会化、专业化发展的客观要求，社会主义的教育在本质上是竞争的；（2）教育自身固有的特性中就有竞争性，如择优汰劣，排列名次，是古今中外培养人才的必

---

① 庞海波：《论教师劳动的商品性》，《教育研究》1986 年第 8 期。

② 刘刚：《教育与商品经济关系初议》，《华东师范大学学报（教育科学版）》1988 年第 2 期。

③ 杨斌：《引进·引发·引导——关于教育竞争探讨的一点思考》，《教育研究》1988 年第 11 期；孙震：《竞争性是社会主义初级阶段教育的重要特征》，《教育研究》1988 年第 7 期。

由之路；（3）把竞争机制引入教育，实质上是一项因势利导、深化教育改革的重要措施。[①] 反对把竞争机制引入教育的主要论点是：（1）商品经济和社会主义教育之间有着质的区别，教育不能对受教育者实行优胜劣汰，而应使每个青少年都得到发展；（2）商品生产一般是一次完成的，竞争的效果是近期可以显现的，而教育质量的提高则靠师生的长期努力，教育不会因为有了竞争而发生质变；（3）竞争作为机制在商品经济中是与其他因素融合在一起的，是作为整体发挥作用的，而教育有其自身的性质、特点，有自身的整体结构状况。如果对此视而不见，就很有可能改变教育的性质。[②] 还有人提出必须把竞争控制在一定的范围内，如主张不能在学生之间和教师之间，而"只能限制在教育行政管理部门和高等院校的校际之间"[③]，等等。

在这一阶段，教育思想的发展表现为全方位地展开，除上述问题外，还有许多问题受到了教育理论界的关注。

一是对于教育危机的理论探讨。从 1988 年初始"蛇口风波""破墙开店""新的读书无用论"、教育经费短缺、教师待遇低下等问题纷纷出现并通过新闻媒介的报道而引起广泛的社会关注，教育界从而开始对教育危机进行讨论，探究其源，并寻求疗方。比较重要的文章有鲁洁的《值得每个中国人担忧的教育危机》、潘益大的《来自神圣学府的呼声》、杨国顺等的《危机在悄悄地行动——来自中小学第一线的报告》、苏晓康的《神圣忧思录》、金世柏的《从"教育危机说"引起的思考》、杨识愚的《教育危机与危机意识》、千家驹的《对教育问题应有危机感紧迫感》、傅松涛的《当前教育危机的根源之我见》等。广西人民出版社于 1990 年 6 月出版的朱永新的《困境与超越——当代中国教育述评》则从人的深层透视探讨了当代中国教育危机的原因与具体表征，如"'老九'咏叹调""厌学心态透视""杯水车薪""德育忧思录""职称变奏曲""家教'幼稚病'"等。并提出了解决危机的设想：（1）舆论——形成一个全民族关注、理解和支持教育的社会风气；（2）经费——确保教育投资的超前增长及教育经费的合理使用；（3）立法——建立完整的教育法体系，创造良好的教育法治环境；（4）科研——发挥教育科研的决策、解释、批判和辐射功能，使教育走上科学化轨道。

---

① ② 冯忠汉、梁兰芳：《"竞争机制"不宜引入学校》，《教育研究》1988 年第 7 期。犁月：《实践在呼唤理论——关于社会主义商品经济与教育关系问题的讨论综述》，《教育研究》1988 年第 9 期。

③ 莫增荣：《必须把教育竞争限制在一定范围之内》，《教育研究》1988 年第 8 期。

　　二是对教育与人的关系更加关注，教育思想的主体意识更加增强。《中国社会科学》编辑部、《教育研究》编辑部、全国教育学研究会教育基本理论专业委员会和华中师大教育系联合召开了"教育与人"的研讨会，就以下问题进行了讨论：（1）关于研究"教育与人"的意义问题，认为教育研究长期忽视这一问题是一个严重的偏差和缺陷，因为培养人是教育的本质特点。（2）关于教育的出发点问题，有人认为人是教育的出发点，因为从根本上讲，教育应当把人作为社会的主体来培养，而不是作为社会的被动客体来塑造；也有人认为不能笼统地讲人是教育的出发点，因为在作为社会亚系的教育中，只有社会才是教育的出发点。（3）关于教育的价值取向问题，有人主张人的价值是教育的本体价值，也有人主张教育的价值应是工具性价值，还有人主张两者统一的价值。（4）关于学生的主体性问题，认为要重视培养学生的个性和主体性，实行教育的民主化、人道化，确立学生在教育中的主体地位。（5）关于社会化与个性化问题，有人认为人的社会化和个性化是同一过程的两个方面，也有人认为教育更应注意个性化，帮助学生发展自己的兴趣、爱好和特长、自主性和创造性。[1]几乎是在讨论会的同时，《解放日报》发表了上海师范大学燕国材教授的文章，明确提出"教育的真谛应当是：发现人的价值，发挥人的潜能，发展人的个性"[2]。"六四"风波使这一讨论暂时搁置，到1990年又形成了研究与讨论的热点，仅《教育研究》就发表了十余篇论文，讨论西方人本主义、现代人本主义、马克思主义关于人的学说，讨论教育、社会与人的关系，讨论人是主客体的统一等。

　　此外，关于社会主义初级阶段教育的研究、关于建立中国特色社会主义教育科学体系的研究、关于教育发展战略的研究等，也都在理论上有所突破，使这一阶段的教育思想更呈现出丰富性与多样化，科学化与本土化将继续成为中国教育思想发展的主要方向。

------

　　[1]　安平：《"教育与人"研讨会综述》，载袁振国编《中国当代教育思潮（1949—1989）》，生活·读书·新知三联书店上海分店，1991，第482–485页。

　　[2]　燕国材：《试论教育的真谛》，《解放日报》1989年5月26日。

第六章　中国当代教育思想的发展时期
（1991—　　）

社会转型的过程中必然伴随着教育和文化的更新，因为传统的文化心理、价值取向、思维与行为方式等都面临着一系列挑战。在世界政治格局多极化和经济一体化这一全球背景下，随着我国社会主义市场经济体制的不断完善与发展，人们开始以一种冷峻的目光审视我们的教育理论与实践，开始对教育思想观念中的理论前提、概念术语、命题的规范性与合理性进行追问和反思。也正是在这样的一种社会大背景下，各种教育思想、理论不得不直面我国的教育实践，接受批判和检验。20世纪90年代以来，我国的教育改革发展取得了伟大成就，积累了丰富的教育经验，同时也形成了一定的符合时代发展要求且具有中国特色的社会主义教育思想。从宏观上来看，主要体现在以下五个方面：一是素质教育思想的形成与发展，二是主体性教育思想的丰富与发展，三是创新教育思想的提出与发展，四是教育平等思想的丰富与发展，五是终身教育思想的贯彻与发展。

一、素质教育思想的形成与发展

为了适应世界政治经济的发展和我国改革开放的需要，作为与"应试教育"相对应的一个概念，作为一种不同于传统教育的改革实践活动，素质教育在20世纪80年代中后期应运而生了。1988年，《上海教育（中学版）》第11期发表了题为《素质教育是初中教育的新目标》的评论员文章。此后教育界围绕着素质教育展开了讨论，并对现实的教育教学改革实验产生了一定的影响，至20世纪90年代中期，素质教育已成为教育界尤其是基础教育领域较为流行的一种思想观念。

1993年2月，中共中央、国务院下发的《中国教育改革和发展纲要》中指出，"基础教育是提高国民素质的基础工程""中小学要由'应试教育'

转向全面提高国民素质的轨道，面向全体学生，全面提高学生的思想道德、文化科学、劳动技能和身体心理素质，促进学生生动活泼地发展，办出各自的特色"。这里虽然没有明确提出"素质教育"这么一个概念，但已明确指出提高全体学生的素质是教育活动的核心内容与目标。紧接着，在1994年6月中共中央召开的第二次全国教育工作会议上，李岚清副总理在讲话中指出："基础教育必须从'应试教育'转到素质教育的轨道上来，全面贯彻教育方针，全面提高教育质量。"从此，素质教育成为我国教育改革与发展的主题。为了介绍、总结和推广各地开展素质教育的经验成果，1996年2月，国家教委在湖南汨罗举行了全国素质教育现场会。会后，全国首批建立了几处素质教育实验区，各省市也相继建立了省级素质教育实验区。这里必须提到的是，1996年在长沙召开的中国教育学会第十次全国学术讨论会上，来自全国的教育理论工作者和实践工作者，就素质教育的理论和实践问题进行了研讨和交流。与会者实地考察了汨罗市的素质教育，认为其实质就是全面贯彻教育方针，全面提高教育质量。具体而言，就是面向每一类教育，面向每一类学校，面向全体学生，面向学生的每一方面。一些与会者还讨论了素质教育的实践模式，如成功教育、愉快教育、自主教育、和谐教育等，认为对这些教育实践进行加工、提炼有利于素质教育理论的丰富和发展。1997年9月，国家教委又在山东省烟台市召开了全国中小学素质教育经验交流会，并于10月29日颁发了《关于当前积极推进中小学实施素质教育的若干意见》。该文件系统阐述了素质教育的涵义和特征以及实施素质教育的重大意义，针对薄弱学校建设、课程体系、督导评估体系、考试与评价改革、升学考试制度改革、改进德育工作、校长教师队伍建设等方面，提出了在全国推进素质教育的一系列政策措施。

为了实现党的十五大所确定的目标与任务，落实科教兴国的战略，全面推进教育的改革和发展，提高全民族的素质和创新能力，教育部于1998年12月制定了《面向21世纪教育振兴行动计划》，并于1999年1月13日得到了国务院正式批准实施。该《计划》明确提出实施"跨世纪素质教育工程"，提出素质教育要从典型示范为主转向整体推进和制度创新为主，通过改革课程教材、推行新的评价制度、完善督导制度和建设高素质的师资队伍，整体推进素质教育改革。不仅如此，1999年6月，中共中央、国务院在北京召开第三次全国教育工作会议，会议通过了《关于深化教育改革全面推进素质教育的决定》，明确规定了全面推进素质教育的指导思想和基本策略。

毋庸置疑，新一轮的基础教育课程改革和教师专业化发展是推进素质教育的两大关键行动。其中，完善教师教育体系，深化人事制度改革，大力加强中小学教师队伍建设是积极推进素质教育的重要环节。也正是随着这两大行动的不断展开，"科研兴教""科研兴校"的意识逐步得到了贯彻和落实，教育研究走向中小学，教师成为研究者，大大小小的教育实验在全国各地普遍展开。同时，2001年6月，为了贯彻落实《国务院关于基础教育改革和发展的决定》，教育部出台了《基础教育课程改革纲要（试行）》，7月召开了全国基础教育课程改革实验工作会议，之后，课程实验工作在全国各地全面展开。

应该说，新课程改革的理念无疑是符合中国教育的未来发展趋势的。但现实情况却往往是"素质教育轰轰烈烈，应试教育扎扎实实"，"素质教育喊在嘴上，应试教育落在行动上"。2005年6月，曾担任教育部长的何东昌致信中央，认为落实素质教育只靠教育部门的努力是不够的，希望中央加以关注。此后，教育部牵头组织围绕素质教育的理论和实践及新课程改革、高考招生制度等方面进行了广泛的调研。素质教育问题也因此引发了社会和舆论的广泛关注与讨论。

二、主体性教育思想的丰富与发展

与素质教育这一思想相伴随的是主体性教育思想的丰富与发展。从对儿童兴趣、儿童生活的关注到对儿童主体意识的构建，是主体性教育思想发展的内在逻辑，是教育实践发展的必然结果。当然，非体系化的主体性教育思想最早可追溯到中国古代孔子的"启发术"和古希腊苏格拉底的"产婆术"。孔子在《论语·述而》中提出："不愤不启，不悱不发，举一隅不以三隅反，则不复也。"他十分强调学生积极、主动地探索和思考。《学记》中说："君子之教，喻也：道而弗牵，强而弗抑，开而弗达。"这讲的也是同样的道理。宋代的朱熹则更为明确地坚持这一主张。《朱子语类》中说："读书是自家读书，为学是自家为学，不干别人一线事，别人助自家不得。"可见，他认为学习是个主动自得的过程，学习的成功要靠学生本人主体性的发挥。显然，这些著述中都零星地闪烁着主体性教育思想。

针对"非主体性教育"（主要表现为传统的专制教育）这一现象，我国教育理论界自 20 世纪 80 年代起开始了弘扬学生主体性的讨论。1981 年，顾明远发表了《学生既是教育的客体，又是教育的主体》的文章；1982 年，涂艳国和黄济在共同主编的中等师范教材《教育学》中对学生主体性这一命题发表了专节讨论，引起了学术界的关注，之后人们围绕着师生关系问题对主体性教育展开了一系列探讨。随着对"学生是教育主体"这一命题认识的深化，随着理论界对人的发展状况的认识以及关于教育对人的发展作用研究的进一步深入，20 世纪 90 年代初提出了教育的主体性、主体性教育思想、建构主体教育哲学的观点。主体性教育思想强调、承认并尊重受教育者在教育活动中的主体地位，将受教育者真正视为能动的、独立的个体。值得注意的是，全国各地近年来出现了不少主体性教育的改革与实验，但大多片面强调受教育者的主体性，而忽视了教师的教、学生的学、教育管理部门的管理等多种因素统一的整体性活动。实际上，凡是参与教育活动的人都在不同方面、不同程度上发挥着自己的主体性。因此，他们的主体性都应提到议事日程上来。同时，由于学生所处的家庭、社会环境和发展阶段等方面的不同，其主体性成熟程度以及主体性表现也必然不同，从而影响到主体性的培养方法和途径。因此，回过头来总结和剖析这一思想，对真正建构科学的马克思主义的主体教育哲学理论体系，指导教育实践和改革，具有非常重要的理论意义和现实意义。

马克思主义哲学认为，主体是指具有认识世界和改造世界的能力的人，客体是被主体所认识和支配的客观物质对象。人的主体性是人在与客体的相互作用中发展起来的本质属性。它是对人与自然、社会、自我关系中所具有的主体地位和作用的哲学概括，因此主体性既是属性的概念，更是关系的概念，是只有在关系中才具有意义的属性观念。简单地说，教育的主体性主要体现在教育者的主体性、教育管理者的主体性和受教育者的主体性几个方面。主体性教育就是指以发展受教育者主体性为目标导向，以使受教育者成为合格的社会实践主体为价值追求的教育。

学生是接受教育的对象，也是教育活动的能动主体。在深化素质教育的过程中，如何认识和对待学生在整个教育教学过程中的作用和所应有的地位，用主体性教育思想处理好教育教学过程中的师生关系，将主体性教育思想贯穿于整个素质教育之中，是广大教育工作者必须关注和思考的核心问题。其中，教师的主体性主要表现在他们对教育过程的有意识的设计与把握上，教师应该深入了解学生，精心设计教法，提供一种有充分准备的育人环境。在教育教学过程中，学生的主体性表现为他们在教师的引领下，有意识、有目的地获取各种知识，提高各种能力，形成各种品质，这是一种主动学习、主动发展、自我完善的过程，也是一个不断积极地改变、提升自身的身心状态的过程。与传统的"命令—服从"型师生关系不同，主体性教育最为关键的一步就是建构"民主—平等"的师生关系，强调教师和学生的互动关系，重视发挥学生的能动性、自主性与创造性，注重不断地激发学生的内在需求，从而逐渐形成学生主动发言、共同讨论的气氛。主体性教育鼓励学生质疑问难，培养学生敢于同老师辩论的学习习惯，在平等、融洽、坦率的交往过程中，使学生主动参与，与老师进行思想与情感的碰撞，产生共鸣，在宽松、和谐的学习氛围中共同提升。我们发现，在主体性教育思想的影响下，近年来小组学习、合作学习以及研究性学习得到了进一步的推广、完善和发展。

主体性教育具有深厚、源远的哲学理论基础和浓郁的社会时代色彩。随着工业文明、后工业文明的兴盛和发展，主体、主体性问题日益凸显，成为哲学社会科学理论关注的热点，在其实质上，这是一个"人"的问题，因而，相应地也是一个突出的教育问题。随着人类社会实践的发展，主体性教育思想愈渐彰显，而主体性教育理论也将随主体性教育实践日渐深化和完善。

2004年10月，顾明远教授的《中国教育的文化基础》一书出版，在这本书中，顾明远将教育发展的根本问题与中国的文化传统联系起来，认为教育恰如一条大河，而文化就是河的源头和不断注入河中的活水。并认为，研究教育如不研究文化，就只知道这条河的表面形态，而摸不着它的本质特征，只有把握住它的源头和流淌了5000年的活水，才能彻底地认识中国教育的精髓和本质。这个论述对于进一步认清当前教育的现状，系统地把握中国教育的优势和劣势，从而理性地推进教育改革有着重要的价值和意义。

三、创新教育思想的提出与发展

世纪之交，人们都在思考未来社会的发展走向。在中国，1997年12月，中科院提交了一份题为《迎接知识经济，建立国家创新体系》的报告，引起了国家领导人及社会各界的极大关注，"创新"二字遂成为使用频率最高的词之一。

1998 年 11 月 24 日，江泽民同志在新西伯利亚科学城会见科技界人士发表讲话时指出："要迎接科学技术突飞猛进和知识经济迅速兴起的挑战，最重要的是坚持创新。创新是一个民族的灵魂，是一个国家兴旺发达的不竭动力。创新的关键在人才，人才的成长靠教育。教育水平提高了，科技进步和经济发展才有后劲。"[①] 随后，他于 1999 年 6 月在第三次全国教育工作会议上指出："教育是知识创新、传播和应用的主要基地，也是培育创新精神和创新人才的重要摇篮。无论在培养高素质的劳动者和专业人才方面，还是在提高创新能力和提供知识、技术创新成果以及增强民族凝聚力方面，教育都具有独特的重要意义。"为了应对国内新形势和国际激烈的竞争，江泽民同志敏锐地指出："我们的教育思想、教育体制和结构、教育内容和方法，同社会主义现代化建设发展的需要不相适应的矛盾，已经正在日益暴露出来。"因此，他鼓励创造性地贯彻执行党的教育方针，素质教育要以提高国民素质为根本宗旨，以培养学生的创新精神和实践能力为重点。他说："面对世界科技飞速发展的挑战，我们必须把增强民族创新能力提到关系中华民族兴衰存亡的高度来认识。教育在培育民族创新精神和培养创造性人才方面，肩负着特殊的使命。每一个学校，都要爱护和培养学生的好奇心、求知欲，帮助学生自主学习、独立思考，保护学生的探索精神、创新思维，营造崇尚真知、追求真理的氛围，为学生的禀赋和潜能的充分开发创造一种宽松的环境。"他要求我国的教育改革"必须转变那种妨碍学生创新精神和创新能力发展的教育观念、教育模式，特别是由教师单项灌输知识，以考试分数作为衡量教育成果的唯一标准，以及过于划一呆板的教育教学制度"[②]。

教育的根本目标是培养具有创新精神和实践能力的全面发展的人才。迎接世界科技发展的挑战，实现民族的伟大复兴，关键在于人才，而人才竞争的关键又在于教育，因此教育的种种不适应必须改革、创新、调整，这是江泽民同志教育创新理论的思想内核，也是素质教育思想的根本所在。实施以培养创新精神和实践能力为重点的素质教育，关键是改变教师的教学方式和学生的学习方式。这一点，江泽民同志在北京师范大学 100 周年

---

① 江泽民:《在新西伯利亚科学城会见科技界人士时的讲话》,《人民日报》1998 年 11 月 25 日。

② 江泽民:《在第三次全国教育工作会议上的讲话》。

校庆大会上的讲话给我们指出了明确方向，那就是"建立符合受教育者全面发展规律、激发受教育者创造性的新型教育教学模式，形成相互激励、教学相长的师生关系，努力创造有利于创新人才成长的良好教育环境和社会环境，使每一个受教育者都能充分发挥自身潜能，激发学习成长的主动性，实现全面发展"[①]。

江泽民同志对"创新"和"创新教育"的反复论述引发了教育界、理论界乃至整个社会对创新教育的研究和实验热潮。笔者在中国教育期刊网上"教育与社会科学"专栏中搜索含"创新教育"四个字的论文篇名，结果发现，1997 年只有 2 篇（之前为 0 篇）；1998 年 10 篇，1999 年 167 篇，2000 年 693 篇，2001 年有 857 篇。创新教育成为跨入新世纪之际我国教育的第一面旗帜，其思想观念的探讨主要体现在以下几个方面。

（一）创新与创新教育的概念

"创新"原本是一个经济学概念，创新理论所解决的核心问题是技术、制度的变革与企业经济发展的关系问题。最早由奥地利经济学家约瑟夫·熊彼特提出，他将创新定义为"新的生产函数的建立"，即"企业对生产要素之新的组合"。但创新不同于发明创造、研究开发、模仿借鉴。狭义的创新是经济学中的技术创新，广义的创新是指人类所有领域内的打破传统、开拓创新的思想、行为及其成果。[②]创新也是一种精神，有人认为创新是人的本性，没有创新就没有人类社会的发展与进步。因此，创新具有十分重要的意义。

什么是创新教育呢？朱永新和杨树兵在《教育研究》1999 年第 8 期发表《创新教育论纲》一文认为，创新教育就是根据创新原理，以培养学生具有一定的创新意识、创新思维、创新能力以及创新的个性为主要目标的教育理论和方法，使学生在牢固、系统地掌握学科知识的同时发展他们的创新能力。[③]张华通过对"创新"的教育学意义考察，指出创新教育的内涵：创新教育是把每一个人尊重为主体，充分发挥每一个人的主体性的教育；是尊重人的个性差异，使每一个人个性健全发展的教育；是与社会经济

---

① 江泽民：《在庆祝北京师范大学建校一百周年大会上的讲话》，《人民日报》2002 年 9 月 9 日。

②③ 朱永新、杨树兵：《创新教育论纲》，《教育研究》1999 年第 8 期。

生活内在整合、与社会生活确立起新型关系的教育。① 前者已成为教育界公认的一个界定；后者实际上是一种价值取向的纲领性定义，赋予了时代的特定内涵。

　　开始，有人认为"创造"与"创新"在本质上没有任何差异，创新教育与创造教育内容实际上一致，只是为了体现时代特征，换一字而已，两者可以视为同义词。但随着研究的深入，人们认识到，在时代背景、研究目的、内容和重点上，创新教育与创造教育并不相同。创造教育在实施过程中多在鼓励学生搞小发明、小创造，或在课外活动中开展一些思维训练；创新教育是通过创新的教育和教学活动来培养学生的创新能力，进而实现新的发现发明、新的思想和理念、新的学说与技术以及新的方法等一切新事物的教育。创造教育只在一些具体训练上做文章，主要注重操作层面上的实验研究，不能抓住全面推进素质教育的重点，也不能在常规课堂教学里始终贯穿创造的思想。而创新教育是教育哲学意义上的一次重大的教育转向，即从养成性教育、维持性教育到创新性教育的转向，从注重教育的文化传承功能向注重教育的文化革新功能的转向；创新教育不仅仅是教育方法的改革或教育内容的增减，而且是教育功能上的重新定位，是带有全面性、结构性的教育革新和教育发展的价值追求。②

　　关于创新教育的缘起，一般认为，创新教育是知识经济时代的必然要求。21世纪是全新的时代——知识经济的时代，这种经济是以不断创新的知识为主要基础，它依靠新的发现、发明、研究和创新，并建立在知识的传播、转化和应用的基础上，是一种高度智力化的经济，其核心在于创新。这一切又深深扎根于教育的基础之上。因此，实施创新教育就是时代的呼唤。也有人认为创新教育是深入推进素质教育的必然，传统的继承性、维持性的学习，已不能适应培养更多更高水平的创新型人才的需要。此外，基于对应试教育的批判和对创新型人才的期盼，也要实施创新教育。在笔者看来，创新教育与素质教育都是在新的时代背景下的体现，创新素质的培养是实施素质教育的核心内容，二者在本质上一致，并不冲突。

---

① 张华：《创新教育本质论》，《教育参考》2000年第5期。

② 王磊：《实施创新教育培养创新人才——访中央教科所所长阎立钦教授》，《教育研究》1999年第7期；肖川：《论创新教育》，《教育研究》1999年第11期。

（二）创新教育的内容

创新教育主要体现在四个方面。第一，创新意识的培养，也就是以推崇创新、追求创新、以创新为荣的观念和意识的培养。第二，创新思维的培养，它是指发明或发现一种新方式用以处理某种事物的思维过程，它要求重新组织观念，以便产生某种新的产品。第三，创新技能的培养，它是反映创新主体行为技巧的动作能力，是在创新智能的控制和约束下形成的，属于创新性活动的工作机制。第四，创新情感和创新人格的培养，创新过程并不仅仅是纯粹的智力活动过程，它还需要以创新情感为动力，如远大的理想、坚强的信念以及强烈的创新激情等因素。①

（三）创新教育的阻抗因素和实施创新教育的基本原则

而后，人们还分析了实施创新教育可能遇到的一些障碍性因素，但主要从教育内部入手。例如，袁爱玲认为，传统教育忽视受教育者的情感因素，忽视右脑开发，忽视创设有利于创造力发展的精神环境。②张华认为，传统教育中，注重收敛的整体特征，工业化的操作模式，传递间接经验的任务要求，单一的课程结构和门类，不当的师生关系和刻板的评价方式是创新教育的阻抗因素。③实施创新教育，就必须冲破传统教育的束缚与羁绊，并遵循基本的实践原则，即协同支持性原则、层次推进性原则、全面促进性原则、主导示范性原则、主体参与性原则、弘扬个性原则、评价多元性原则。④

（四）创新教育需要教育创新和创新型的教师

创新教育的目标最终要靠教育的创新来达成。构建"教育创新体系"是创新教育的基本内容，也是实现创新教育的保证。对教育创新的基本构成，人们的认识基本一致，即包括教育观念（或理念）的创新、课程内容的创新、教学技术与方法的创新、教育制度的创新以及教育评价体系与方

---

① 朱永新主编《创新教育论》，江苏教育出版社，2001，第25页。

② 袁爱玲：《知识经济呼唤创新教育》，《教育研究》1999年第5期。

③ 张华：《创新教育本质论》，《教育参考》2000年第5期。

④ 朱永新主编《创新教育论》，第227页。

法的创新等。张武升按照创新的对象，划分出教育创新的九个类型，即教育目标创新、教育观念创新、教育体制创新、教育体系结构创新、全面发展教育创新、课程创新、教育组织管理创新、教育形式与方法创新、教育评价创新。[①] 创新型教师是创新教育的前提，只有创新的教师才能培养出创新的学生。因此，创新教育对教师的素质提出了更高的要求，如具备创造的激情、终身学习的意识、宽容的态度、创新的教育价值观和管理艺术等。[②] 有人还从认知、人格和行为三方面分析了创新型教师的特征，如在人格方面教师应当具备独立性、好奇心、开放性、想象力、富有激情、坚忍不拔等。[③]

（五）创新教育的环境与氛围

只有在浓厚的社会创新氛围和有利于创新的环境中，才能实现对创新型人才的培养。有人提出要营造成具有如下特征的精神环境：对文化刺激的开放性，强化独创性与多样性，承认失败的价值，保护学生的好奇心、自尊心和自信心；还要有效地形成学生关于创造的价值观、动态的知识观和积极的文化观。[④] 笔者认为创新教育的环境与氛围包括家庭环境、学校环境、社会环境三个方面，三者相辅相成，有机结合，从而形成有利于创新的宏观大环境与氛围。对于社会一方来讲，关键在于营造出有利于创新、鼓励创新的社会风气和支持系统，包括对教育导向的宏观指导、科研创新的资金投入，以及符合时代特征的人才观的舆论导向，建立以教育科研为基础、科技创新为核心的国家创新体系。[⑤]

创新教育提出的时间较短，并还在深入探讨和实践的过程之中，但影响深远，因为它切合了当今社会发展的时代精神。2001 年教育部"新课程"改革与实验即体现了创新教育的基本理念——突出学生创新精神和实践能力。相信，创新教育必将成为主导 21 世纪教育改革与发展的教育理论之一。

---

① 张武升主编《教育创新论》，上海教育出版社，2000，第 38 页。

② 朱永新主编《创新教育论》，第 155 页。

③ 张武升主编《教育创新论》，第 386 页。

④ 袁爱玲：《创新教育呼唤知识经济》，《教育研究》1999 年第 5 期。

⑤ 朱永新主编《创新教育论》，第 222 页。

四、教育平等思想的丰富与发展

近年来，在全球范围内不断发展的义务教育、全民教育、终身教育、补偿教育、特殊教育，以及20世纪90年代兴起的全纳教育理念都反映着人类对于教育平等的不懈追求。教育平等是一种社会理想，但更应该成为一种社会实践运动。尽管对于不同发展水平的国家来说，会遇到不同现实问题的严峻挑战，但"让越来越多的人得到更加理想的教育"是教育平等永无止境的目标追求。

在新中国的教育发展史上，教育平等的理念一直影响着教育政策的发展变化，成为政府不懈努力的行动指南。作为一个无产阶级政党，教育为工农服务，教育为人民大众服务，党的教育方针始终是指向人民的根本利益的，这是毋庸置疑的事实。2001年5月，《国务院关于加强基础教育改革和发展的决定》再一次明确提出了教育"为人民服务"的指导方针，这标志着教育平等思想已由理想或理论形态走向了具体的教育实践。在新的历史时期，中国的教育公平面临着新的课题，地区之间、城乡之间、学校之间还有比较大的差距，教育资源配置有待于进一步合理安排，弱势人群的教育需要得到进一步关注。但也应该看到，近些年，我国在教育公平上也迈出了重大步伐。比如全面免除义务教育阶段学杂费，为农村学生提供免费教科书，为家庭困难学生提供寄宿生活补助；推动公共教育资源向农村和中西部困难地区倾斜，建立覆盖40多万所农村和边远地区学校的远程教育网络，积极解决进城务工人员子女接受义务教育，以及加大对困难学生的资助力度等。[①]回顾中国教育改革发展的历程，我们看到，教育平等思想得到了进一步的完善和发展，主要表现在以下几个方面。

首先是"两基"任务的完成，使人民大众接受教育的权利得到了保障和发展。2001年1月，国家领导人在讲话中宣布：中国如期实现了"两基"的战略目标。在我们这样一个比较落后的大国，基本普及九年制义务教育，基本扫除青壮年文盲，不能不说是一项震惊世界的壮举。在此基础上，国家又进一步提出了"关注弱势群体的受教育权"这一响亮口号，这无疑是教育平等思想在新时期的进一步发展。特别是2006年实现了农村义务教育

---

① 朱永新：《教育公平：新中国60年的求索之路》，《中国教育报》2009年10月27日。

免费，2008 年实现了城市义务教育免费，这是中国义务教育制度的一项重大突破，使义务教育的"义务"真正名副其实。

其次，我国正在向高等教育大众化迈进，这无疑是教育平等思想的具体体现。"让越来越多的人得到更好的教育"一直是教育平等的核心理念。特别值得注意的是，高等教育大众化和普及化，除社会需求等重要历史条件外，其在理念上的一个重要基础就是教育平等的思想。当然，大众化在高等教育理论界引起的一个重要争论就是关于高等教育是权利还是特权，是为少数人服务还是为多数人服务的问题；同时，如何发挥市场调节和政府干预的各自功能，如何在高等教育领域保持适当的公平和效率平衡，从而实现高等教育投入的效益最大化，这都是我们面临的重大历史课题，它需要先进的理论观念加以指导，也需要教育制度自身的完善和发展。

再次，就是关于教育均衡发展的理论化探索。在教育资源相对稀缺的情况下，如何解决教育资源的有限性与人们教育需求的无限性、多样性之间的矛盾，实现基础教育的均衡发展，已成为关系到每个人切身利益的焦点问题。凸显的教育失衡状态引起了政府以及社会各界人士的广泛关注。因为，基础教育的均衡发展是义务教育的本质属性，也是人权平等在教育利益分配上的体现，同时又是实现社会稳定发展的有力保障。要实现基础教育均衡发展，现阶段关注的层面主要是教育资源的均衡配置及相关政策的调整，以实现教育条件和机会的均等。也就是说，教育均衡发展主要应依靠政府从历史的角度对教育政策的制定进行反思和批判，正确处理公平与效率二者之间的关系，充分发挥教育政策在合理分配教育利益过程中的作用。实现科学发展，推进教育公平的关键，是合理配置教育资源，城乡之间向农村倾斜，区域之间向中西部倾斜，学校之间向薄弱学校倾斜，群体之间向弱势人群倾斜。同时要做到保证机会公平——让所有孩子有学上，争取条件公平——让所有孩子上好学，关注结果公平——让所有孩子学习好。

最后，关于民办教育的出路问题。党和政府不仅要积极采取措施保障人民的受教育权，让越来越多的人享受到优质教育，而且还应该让越来越多的人参与教育的管理事业并积极鼓励民办教育。当然，教育公平问题、民办教育的出路问题一直是近些年来社会各界广泛关注的一个焦点。2002年 12 月，第九届全国人民代表大会常务委员会第三十一次会议通过了《中华人民共和国民办教育促进法》。《促进法》在确认民办教育的公益性和作为社会主义教育事业组成部分的同时指出，"国家对民办教育实行积极鼓励、大力支持、正确引导、依法管理的方式""国家保障民办高校的办学自主权""国家保障民办学校举办者、校长、教职工和受教育者的合法权益"，而且进一步要求"各级人民政府应当将民办教育事业纳入国民经济和社会发展规划"。这样，关于民办教育的性质和地位便得到了认可和定位。同时，《促进法》对于民办高校的产权归属、合理回报以及保障和促进措施方面都提供了相应的规范说明。这自然是民办教育思想的重要内容，也必然进一步促进我国民办教育的发展和繁荣以及教育平等思想的实现。

目前以及今后相当长的一段时间内，我们还是应该坚持"公平优先、兼顾效率"的原则。因为讲公平是社会主义制度的本质要求和教育的公益性决定的，而讲效率则是要通过教育资源的合理配置，使教育更加具有活力，通过提高教育效率更有效地促进公平。[1]"必须始终坚持教育公平的政策取向，努力保障群众享有公平的受教育机会和权利，确保发展依靠人民、发展为了人民、发展成果由人民共享的理念在教育领域落到实处。要在公平的基础上提高效率，通过提高办学效率更有效地促进公平，实现公平和效率的统一。"[2]因此，促进教育公平是中国教育改革与发展的基本原则和前提。

五、终身教育思想与"学习型社会"的贯彻与发展

终身教育作为一种教育思想、教育理念，古已有之。中国的"活到老，学到老"便是这一思想的体现。但终身教育作为一种国际教育思潮则是20世纪的事情。1965年，联合国教科文组织在巴黎召开国际成人教育促进会议，作为秘书处成员的法国教育理论家保罗·朗格朗在会上以《论终身教育》为题总结会议成果。之后，该报告推动了终身教育思潮的形成。1972年，埃德加·富尔向联合国教科文组织提交了名为《学会生存——教育世界的今天和明天》的报告，这部被誉为"全世界规模的终身教育的集大成"的著作，进一步地提出了学习型社会的理论。1990年，世界全民教育大会提出了到2000年实现"全民教育"的目标。后来，国际社会又提出了全民终

---

① 朱永新：《教育公平：新中国 60 年的求索之路》。

② 刘延东：《在教育部 2009 年度工作会议上的讲话》，《中国教育报》2009 年 1 月 5 日。

身教育的目标。1995 年，社会发展问题世界首脑会议期间，包括中国在内的九个人口大国的领导人发表公报，认为向全民"提供基础教育和终身教育学习的机会是社会发展和国家进步的基石"。这就是说，一切有求学需要的人都可以在自己需要的任何时候进入终身教育系统，以最适合自己的方式参与教育过程和学习过程。1996 年，联合国教科文组织 21 世纪教育委员会提交了《教育——财富蕴藏其中》的报告，在吸收世界范围内教育科学研究新成果的基础上，对终身教育思想做了进一步的阐述。报告指出，终身教育所要回答的基本问题是教育如何适应迅速发展的社会，教育如何适应人的终身发展的需求。终身教育是人的知识和技能的不断建构，是人的判断能力和行为能力的不断建构。就学习者而言，为了不断实现其终身学习的目标，报告提出教育应该培养学生的四种基本学习能力，即学会求知、学会做事、学会做人、学会共同生活。终身教育是理想，是目标，也是未来学习型社会之必然。

自 20 世纪 60 年代以来，终身教育作为一种最有影响的教育思潮引起了世界各国的关注，并且已经从观念层面转化到操作层面，正在改变着各国的教育实践。1993 年，我国在《中国教育改革和发展纲要》中提出："成人教育是传统学校教育向终身教育发展的一种新型教育制度。"这是我国第一次从成人教育的角度述及终身教育。1995 年颁布的《中华人民共和国教育法》规定："建立和完善终身教育体系"，"为公民接受终身教育创造条件"，"国家鼓励发展多种形式的成人教育，使公民接受适当形式的政治、经济、文化、科学、技术、业务教育和终身教育"。第一次用法律的形式确立了终身教育在我国教育事业中的地位和作用。1999 年，我们国家通过了《面向 21 世纪教育振兴行动计划》，指出"终身教育将是教育发展与社会进步的共同要求"，提出要在 2010 年"基本建立起终身学习体系"。2002 年，党的十六大又明确提出要在今后 20 年全面建设小康社会的目标，其中教育方面的目标是"形成比较完善的现代国民教育体系"，"构建终身教育体系"，"形成全民学习、终身学习的学习型社会，促进人的全面发展"，为全面建设小康社会提供高素质的人力资源。这是对新时期我国教育改革与发展宏伟目标的高度概括，为今后 20 年中国教育体系的完善和创新指明了方向。

教育是人力资源开发的基础，学习是提高人的能力的基本途径。在知识经济时代，任何一个人，一旦停止学习就要落伍，一不小心就有可能成为时代的文盲。在知识经济时代，现实将会更加无情地嘲笑愚昧和无知。

一个不善于读书学习的民族，将会成为落伍的民族；一个不善于学习的国家，必然要落后挨打。因此，倡导学习型社会是知识经济发展和先进生产力发展的客观要求，是实现人的全面而自由地发展的重要途径，是全面建设小康社会奋斗目标的重要内容。建设学习型社会能够为可持续发展提供知识和人才支撑，是实现可持续发展的根本途径。建设学习型社会是科技、经济、文化和社会高度发展的必然要求，它对学习者和学校教育尤其是基础教育提出了更新更高的要求。其中培养具有高度的学习自觉性和学习能力的新一代学习者，是建成学习型社会的关键所在。在建设学习型社会的进程中，不仅应该保质保量地完成学校教育尤其是基础教育的各项指标，而且还必须从教育观念、教育内容、教育模式和方法、教学制度等方面进行变革，这必然引发一场深刻的教育思想革命，必然进一步丰富和发展终身教育的各方面内容。

学界对于学习型社会的性质和内涵进行了较深入的讨论。顾明远、石中英撰文认为，学习型社会的概念不仅仅是一种美好的学术理念，而是成为指导世界各国特别是发达国家和主要发展中国家推动社会与教育变革的根本指导思想之一，形成全民学习、终身学习和多样学习的学习型社会也成为主权国家和国际组织的政治议题和公共政策的优先安排。就中国社会的情形看，学习型社会的提出和实践，也反映了中国社会对于发展问题的深刻认识和新世纪社会发展的客观要求。学习型社会就其形式来说，是要创造一个全民学习和终身学习的社会；就其实质来说，就是一个"以学习求发展的社会"。其具体内涵包括：以个体的学习来追求个体的发展，以组织的学习来追求组织的发展，以国家的学习来促进国家的发展；以终身的学习来追求终身的发展，以灵活的学习来追求多样的发展，以自主的学习来追求内在的发展；把满足全体人民基本学习需求，促进全民学习、终身学习看成是建设小康社会、落实科学发展观的社会条件和根本动力。[①]

总之，人类正面临着一场经济与社会的深刻变革。以计算机、多媒体、网络技术等为主要标志的信息技术的快速发展，正在深刻地改变着人类的生产方式、生活方式、人际交往方式以及思维方式。21世纪世界形势发展呈现出这样的趋势：全球进入信息化、网络化和经济一体化，知识经济不断

---

① 顾明远、石中英：《学习型社会：以学习求发展》，《北京师范大学学报（社会科学版）》2006年第1期。

发展，科学技术将成为综合国力竞争的焦点。为此，教育的改革和发展也迎来了前所未有的新的机遇和挑战。在这样一个竞争日益激烈的时代，如何推进教育信息化这项极其复杂的社会系统工程，如何利用信息技术的成果来缩短我国和发达国家以及贫困地区和经济发达地区之间的差距，如何深化教育改革，充分发挥教育的功能和作用，是我国教育发展所面临的重大历史难题。这必然涉及教学模式的重大突破，必然涉及教育思想观念、教育结构体系、教育内容、教育方法以及人才培养模式的转变与改革。而最为根本的是，我们的教育必须形成新的思路并做出符合我国国情的理性选择。

第七章　共和国领袖的教育理想

中华人民共和国的成立，开创了中国历史的新纪元。共和国的领袖从一开始就对教育表现出极大的热情，毛泽东是世界上为数不多的对教育倾注了巨大热情的杰出政治家之一。他是一个具有现实感的理想主义者，高度重视精神和道德的力量，自然也力图通过教育来培植这种力量，并最终实现自己的政治理想。在这个意义上说，毛泽东的政治理想与教育理想是合二为一的。毛泽东的战友们作为共和国的领袖群体，在捍卫毛泽东的教育思想的同时，也对教育问题进行过若干独特的阐释，表现出具有个性特征的教育理想。周恩来和刘少奇是其中的两个典型。在毛泽东这颗巨星陨落之后，作为新时期共和国精神领袖的邓小平，亲自抓教育工作，把教育作为实现其现代化理想的主要途径，丰富和发展了毛泽东的教育思想。作为共和国的第三代领导人，江泽民同志也在教育方面提出了一系列的见解。当代中国的教育活剧，在某种程度上就是在共和国领袖的导演下展开的，也是共和国领袖教育理想的具体化过程。

一、革命化：毛泽东教育理想的主旋律

毛泽东的教育理想是在激烈的革命斗争的漩涡中飞溅出来的浪花，他的豪放个性和顽强意志也使他更倾向于非规范的革命化模式。

在共和国成立的前夕，毛泽东在中国人民政治协商会议第一届全体会议上，就对新中国的文化教育提出了很高的期望："随着经济建设的高潮的到来，不可避免地将要出现一个文化建设的高潮。中国人被人认为不文明的时代已经过去了，我们将以一个具有高度文化的民族出现于世界。"[①] 他揭示了现代化的文化教育与现代化的政治经济之间相辅相成的辩证关系。

---

① 《毛泽东选集》（第五卷），人民出版社，1977，第6页。

在共和国成立伊始，教育百废待兴，毛泽东对教育的变革十分关心，把教育问题作为"为争取国家财政经济状况的基本好转而斗争"的八项重要工作之一，并指出："有步骤地谨慎地进行旧有学校教育事业和旧有社会文化事业的改革工作，争取一切爱国的知识分子为人民服务。在这个问题上，拖延时间不愿改革的思想是不对的，过于性急、企图用粗暴方法进行改革的思想也是不对的。"①主张对旧教育的改造采取积极而稳妥的态度。所以，虽然新中国成立之初的教育模式从基本倾向来说是革命模式，但这个模式大致是符合社会变革的趋势的。

当然，毛泽东的革命豪情丝毫没有减退，在政协一届全国委员会第二次会议上，毛泽东做了《做一个完全的革命派》的闭幕词；1951年5月20日，毛泽东又为《人民日报》撰写了《应当重视电影〈武训传〉的讨论》的社论，指出《武训传》所提出的问题带有根本的性质。"像武训那样的人，处在清朝末年中国人民反对外国侵略者和反对国内的反动封建统治者的伟大斗争的时代，根本不去触动封建经济基础及其上层建筑的一根毫毛，反而狂热地宣传封建文化，并为了取得自己所没有的宣传封建文化的地位，就对反动的封建统治者竭尽奴颜婢膝的能事，这种丑恶的行为，难道是我们所应当歌颂的吗？"毛泽东认为，歌颂武训，其实就是污蔑农民革命斗争，污蔑中国历史，污蔑中华民族，这也"说明了我国文化界的思想混乱达到了何等的程度"。毛泽东的这篇社论拉开了从思想上清算旧教育的帷幕。这不仅是因为毛泽东的个人性格讨厌奴颜婢膝，更重要的是他那清醒的革命意识。

毛泽东非常关心工人农民的文化教育问题，这是他革命化教育理想的重要组成部分。后来他明确提出：

教育必须为无产阶级政治服务，必须同生产相结合。劳动人民要知识化，知识分子要劳动化。②

这段话可以理解为毛泽东教育理想的纲要，以后毛泽东关于教育问题的若干论述，包括《五·七指示》《七·三指示》和《七·二一指示》，都

---

① 《毛泽东选集》（第五卷），第19页。

② 《毛主席论教育革命》，人民出版社，1967，第11页。

可视为这一纲要的具体展开。从 1921 年创办湖南自修大学起，毛泽东就注意"图脑力与体力之平均发展""求知识与劳力两阶级之接近"；① 在革命根据地的教育实践中，他也非常重视工农群众的文化教育问题。在新中国成立前夕，他又提出："从百分之八十的人口中扫除文盲，是新中国的一项重要工作。"这一思想在新中国成立初期得到了贯彻，据 1952 年 9 月的统计，全国已有 302 万多名工人参加了业余文化学习，比 1949 年的 22 万人增加了 280 余万人。在农民方面，参加冬学的人数 1950 年为 2000 多万人，1951 年为 4000 多万人；参加常年民校学习的人数 1950 年为 340 多万，1952 年为 2600 多万。

1955 年，毛泽东在总结山东省莒南县高家柳沟村青年团支部创办记工学习班的经验时指出："列宁说过：'在一个文盲充斥的国家内，是建成不了共产主义社会的。'我国现在文盲这样多，而社会主义的建设又不能等到消灭了文盲以后才去开始进行，这就产生了一个尖锐的矛盾。现在我国不仅有许多到了学习年龄的儿童没有学校可进，而且还有一大批超过学龄的少年和青年也没有学校可进，成年人更不待说了。这个严重的问题必须在农业合作化的过程中加以解决，也只有在农业合作化的过程中才能解决。农民组织了合作社，因为经济上的需要，迫切地要求学文化。……山东莒南县高家柳沟村的青年团支部做了一个创造性的工作。看了这种情况，令人十分高兴。教员是有的，就是本乡的高小毕业生。进度是快的，两个半月就有一百多个青年和壮年学会了两百多字，能记自己的工账，有些人当了合作社的记账员。记工学习班这个名称也很好。这种学习班，各地应当普遍地仿办。各级青年团组织应当领导这一工作，一切党政机关应当予以支持。"② 毛泽东还提出了扫除青壮年文盲的系统设想：从 1956 年开始，按照各地情况，分别在 12 年内，基本上扫除青年和壮年中的文盲，普及小学教育。要求做到一般的社有小学和业余文化学校，一般的乡有农业中学，以便进一步提高农村基层干部和农民的文化水平。农村办学应当采取多种形式，除了国家办学以外，必须大力提倡群众集体办学，提倡勤工俭学。③

劳动人民知识化的教育理想，在 50 年代前半期的实施相对比较顺利，

---

① 《湖南自修大学组织大纲》第 22 条。

② 《毛泽东选集》（第五卷），第 255–256 页。

③ 《毛泽东同志论教育工作》，人民教育出版社，1958，第 54 页。

培养出了不少像赵占魁、郝建秀、王崇伦这样的工农出身的高级干部。工农学生在各级各类学校所占的比重逐年上升，教育向工农开放、为工农服务的方针，得到了贯彻与执行。

如果说 1957 年前毛泽东主要的精力是关心劳动人民的知识化，那么 1957 年以后，他的主要关注点则是知识分子的劳动化。新中国成立伊始，毛泽东在 1951 年 10 月召开的政协一届三次会议的开幕词中，就明确把思想改造作为知识分子的重要任务，认为"思想改造，首先是各种知识分子的思想改造"。从新中国成立初期的政治形势来看，毛泽东的这一思想是正确的，也是很必要的。因为旧社会过来的知识分子，往往带有种种旧的思想观念，不能很快就自觉地拥护社会主义，拥护中国共产党。但是，在社会主义改造已基本完成之后，毛泽东仍然强调知识分子的改造，而"劳动化"则是改造的具体途径。

1957 年 3 月 12 日，毛泽东在中国共产党全国宣传工作会议上的讲话，对知识分子的状况进行了相对详细的分析。他指出，中国各类知识分子大约有五百万，其中绝大多数人是爱国的，是愿意为人民服务的，但也有一些知识分子"对于社会主义制度是不那么欢迎、不那么高兴的。他们对社会主义还有怀疑，但在帝国主义面前，他们还是爱国的"。还有极少数知识分子对国家抱敌对情绪，"这种人不喜欢我们这个无产阶级专政的国家，他们留恋旧社会。一遇机会，他们就会兴风作浪，想要推翻共产党，恢复旧中国"。毛泽东认为，在五百万左右的知识分子中，大约有百分之十几的人比较熟悉马克思主义，站稳了无产阶级立场，是核心力量。而绝大多数知识分子处于中间状态。坚决反对马克思主义，对于马克思主义抱着仇视态度的人，是占极少数。[1]

毛泽东在论述知识分子的改造时，首先肯定地指出：我们的国家是一个文化不发达的国家。五百万左右的知识分子对于我们这样一个大国来说，是太少了。"没有知识分子，我们的事情就不能做好，所以我们要好好地团结他们。"[2] 他认为，在社会主义社会里，主要的社会成员是三部分人，即工人、农民和知识分子。知识分子是脑力劳动者，他们的工作是为人民服务、为工农服务的。无疑，毛泽东对于知识分子的基本评估，以及对知识

---

[1] 《毛泽东选集》(第五卷)，第 404–405 页。

[2] 同上书，第 406 页。

分子在社会主义建设中的地位的认识，是基本正确的。但他在肯定的同时，也对知识分子的总体情况表现出不满，"就多数人来说，用无产阶级世界观完全代替资产阶级世界观，那就还相差很远。有些人读了一些马克思主义的书，自以为有学问了，但是并没有读进去，并没有在头脑里生根，不会应用，阶级感情还是旧的。还有一些人很骄傲，读了几句书，自以为了不起，尾巴翘到天上去了，可是一遇风浪，他们的立场，比起工人和大多数劳动农民来，就显得大不相同。前者动摇，后者坚定，前者暧昧，后者明朗。"[①] 很明显，在毛泽东的思想天平上，知识分子是不如工人和农民的，知识分子的改造从最本质的途径来看，当然就是"劳动化"，向工人和农民学习。毛泽东指出：如果认为教人者不需要再受教育了，不需要再学习了，如果认为社会主义改造只是要改造别人，改造地主、资本家，改造个体生产者，不要改造知识分子，那就错误了。所有的知识分子都应该学习，都应该改造。"知识分子如果不把自己头脑里的不恰当的东西去掉，就不能担负起教育别人的任务。我们当然只能是一面教，一面学，一面当先生，一面当学生。要做好先生，首先要做好学生。许多东西单从书本上学是不成的，要向生产者学习，向工人学习，向贫下中农学习，在学校则要向学生学习，向自己教育的对象学习。"[②]

毛泽东还专门论述了知识分子同工农群众相结合的问题。他指出，知识分子既然要为工农群众服务，那就首先必须懂得工人农民，熟悉他们的生活、工作和思想。他要求知识分子要和工人农民打成一片，形成接近工农群众的风气，主张知识分子"都应该尽可能地利用各种机会去接近工人农民"。"有些人可以到工厂农村去看一看，转一转，这叫'走马看花'，总比不走不看好。另外一些人可以在工厂农村里住几个月，在那里做调查，交朋友，这叫'下马看花'。还有些人可以长期住下去，比如两年、三年，或者更长一些时间，就在那里生活，叫做'安家落户'。"[③]

在1964年的春节座谈会上，毛泽东在提出"历来的状元就少有真正好学问的"的同时，还主张："要把演戏的写诗的统统赶下乡去，要分期分批到农村、工厂，不准住在机关，你不下去，就不给开饭。住在城里怎么能写得出东西来！"对知识分子的"劳动化"逐渐由劝说式转为强制式。为

---

① ② 《毛泽东选集》(第五卷)，第 407 页。

③ 同上书，第 408 页。

了使"资产阶级知识分子统治我们学校的现象，再也不能继续下去"，在主张知识分子到农村、工厂的同时，毛泽东还提倡让工人、农民进驻学校，主动地干预知识分子的"劳动化"。毛泽东指出："实现无产阶级教育革命，必须有工人阶级领导，必须有工人群众参加，配合解放军战士，同学校的学生、教员、工人中决心把无产阶级教育革命进行到底的积极分子实行革命的三结合。工人宣传队要在学校中长期留下去，参加学校中全部斗、批、改任务，并且领导学校。在农村，则应由工人阶级的最可靠的同盟者——贫下中农管理学校。"① 这一指示与主张学生以学为主，兼以学工、学农、学军，批判资产阶级的《五·七指示》，和主张从有实践经验的工农中选拔学生到学校学习的《七·二一指示》，对教育的根本问题，如办学的领导权、办学的任务、办学的形式等均给出了具体的回答，它实际上是将 1958 年毛泽东自己提出的"教育必须为无产阶级政治服务，必须同生产劳动相结合，劳动人民要知识化，知识分子要劳动化"的教育理想纲要具体展开。也就是说，毛泽东希冀通过学工、学农、学军与教学相结合，通过批判资产阶级，达到消灭三大差别，实现人人参加劳动和接受教育的共产主义理想境界。把全社会都办成一个亦工亦农、亦文亦武的革命化大学校，这是毛泽东数十年一以贯之的教育理想。

无疑，毛泽东的这一教育理想有其合理内核，但在实现这一理想的途径与方法上却存有缺陷，表现出操之过急和民粹色彩。结果自然是欲速则不达，并在相当程度上影响了中国社会的知识价值观，知识分子的地位在相当长的时期内并未得到真正的解决。

毛泽东的教育理想还表现在他对于教学工作的论述方面，这显然也打上了革命化的烙印。早在 1921 年，毛泽东就在《湖南自修大学创立宣言》中批评了旧教育的若干弊端：一是把施教当做一种商品买卖，"先生抱一个金钱主义，学生抱一个文凭主义，'交易而退，各得其所'"；二是旧学校缺乏教学民主，"用一种划一的机械的教授法和管理法去戕贼人性"；三是满堂灌的教学方法，"钟头过多，课程过繁。终日埋头于上课，几不知上课之外还有天地，学生往往神昏意怠，全不能用他们的心思为自动自发的研究"。毛泽东对于旧的教学制度与方法的憎恨，并未随着时间的流逝而淡化。且他本人的教育遭遇，更在他早年的记忆中产生了强烈刺激，他一直

---

① 红旗杂志编辑委员会编《红旗》，1968 年第 2 期。

在寻找着实现教育理想的道路，试图用革命化、民主化的教学形式，从根本上取代压抑学生个性的旧的教育制度。

新中国成立以后，毛泽东最初主要把精力放在宏观的教育问题上，直到20世纪60年代初，他才对微观的教育有较多的论述。1964年的春节座谈会，毛泽东对当时的教学从形式、内容到方法进行了全面的批评。他说：

现在课程就是多，害死人，使中小学生、大学生天天处于紧张状态。中小学生近视眼成倍增加，这样不行。课程可以砍掉一半……孔子教学生的课程只有六门：礼、乐、射、御、书、数。就这样还教出了颜回、曾参、荀子、孟子四大贤人。

学生只是成天读书，不搞点文化娱乐、体育活动，不能跑跑跳跳、打球、游泳、看点电影，又不看课外读物那是不行的。学生不能培养成书呆子。

现在我们搞得太死了，课程太多，考得太死，我们不赞成。现在这种做法是摧残人才，摧残青年！我不赞成读那么多书。考试用对待敌人的方法对付学生，害死人，要改。

课程讲得太多，是繁琐哲学，繁琐哲学终究是要灭亡的。我看用这种办法教学生，不论是中国的也好，美国的也好，苏联的也好都要灭亡，走向反面。无论土教条、洋教条一概不行，都不要。四书、五经、十三经注解那么多，现在都消化不了，还不是都灭亡了，行不通。佛经那么多，谁能读得完！十四、十五世纪搞了繁琐哲学，十七、十八、十九世纪才进入启蒙时期，出现文艺复兴。

书不能读得太多。马列主义的要读，但也不能读得太多。读十几本就行了。读多了就会走向反面，成为书呆子，成为教条主义或修正主义。

既然如此，无疑必须进行彻底的改革。除了精简课程，还要改革教学的各个环节。首先是课堂教学。毛泽东主张，讲课讲不好，要允许学生打瞌睡，与其睁眼听得无味，不如打瞌睡休息脑筋。其次是丰富课余生活。他认为学生不能成天读书，要"跑跑跳跳、打球、游泳、看点电影"。再其次是改革考试方式。毛泽东认为不能搞突然袭击，不能出古怪题目，而主张考试应公开出题目，让学生自己去研究、看书。"譬如，对《红楼梦》出20个题，让学生自己去研究解答，有的学生答出一半，但其中有几个题目答得很出色，有创造性见解，这样的试卷可以给 100 分。另外有些学生 20 道题全部都答了，是照书本上背下来的，按老师讲的答对了，但平平淡淡，没有什么突出的地方，这样的试卷就给 50 分或 60 分。考试我看可以允许交头接耳，甚至冒名顶替。这无非是你会我不会，你写了我再抄一遍……总之，考试的方法要改变，具体如何做法，可以试点。"他还主张不要门门课程都考试，如高中学一点逻辑、语法，就不要考，真正理解这些课程要到以后工作中慢慢体会。在对北京一个中学校长提出减轻中学生负担问题的意见的批示中，毛泽东更明确地提出教学改革的内容与目标。他说："现在学校课程太多，对学生压力太大。讲授又不甚得法。考试方法以学生为敌人，举行突然袭击。这三项都是不利于培养青年们在德、智、体诸方面生动活泼地、主动地得到发展的。"[1]

无疑，毛泽东关于教学改革问题的论述，具有很强的革命化特征。他对于当时中国教育中存在的问题的分析，有不少是切中肯綮的。但在改革的具体途径与方法上，也显示出他"教育革命化"的独特思维方式，即非制度化、非规范化、非专门化的主张。上述许多设想，与杜威的儿童中心主义和做中学的教育观点，颇有暗合之处。其实，在 20 世纪 20 年代流行于中国的实用主义教育学，不仅哺育了当时的一代教育思想家如陶行知、陈鹤琴等，其影响也波及毛泽东等未来的教育思想家。虽然他们都做了创造性的转换，但"革命化"的倾向是非常明显的。

正如笔者在第一章所分析的，革命化与学术化本来是教育发展的两极模式，其本身是无所谓先进与落后、进步与反动、好与坏的，但一种模式的确立如果不是以吸收另一种模式的合理内核为前提，而是完全排斥另一种模式，就不可避免地产生片面、偏激的现象，在教育与教学实践中就必然要出现失误。所以，毛泽东的革命化教育理想，虽然有许多合理之处，有许多天才的创见，但由于相对缺乏学术化的内涵作为补充，在实际操作中就不可避免地产生各种问题。尤其是在大规模的急风暴雨式的阶级斗争高潮过去以后，理应把工作的重点转向和平建设，但毛泽东恰恰在这一重要关头重申"以阶级斗争为纲"，这就更有力地把他革命化教育理想发挥得淋漓尽致，在微观的教学改革中的偏差与失误也必然表现得淋漓尽致。"文化大革命"中的停课闹革命等诸多闹剧、悲剧，虽然与林彪、"四人帮"的

---

[1] 中央教育科学研究所编《中华人民共和国教育大事记（1949—1982）》，第 355 页。

别有用心有关，与他们"拉大旗作虎皮"的措施有关，但毛泽东自身的革命化教育理想中的内在缺陷，也是不容忽视的。

虽然晚年毛泽东与青年毛泽东、中年毛泽东的教育理想都是毛泽东整个教育思想的重要组成部分，前者是后者的逻辑发展与必然结果。但由于时空因素的变化，同样是革命化的理想，在教育实际中产生的影响自然是大不相同的，而革命化教育理想的主体地位的变化，以及中国社会对毛泽东的认识与情感的变化，无疑也使这种理想的实施与实现带有许多新的特点。尽管晚年毛泽东有不少失误，但就整体而言，毕竟瑕不掩瑜，毛泽东的教育思想仍是中华教育思想的瑰宝。

二、刘少奇与周恩来的教育理想

刘少奇与周恩来也是共和国的第一代领袖。作为共和国最高领袖毛泽东的得力助手，他们都是为共和国的建立和成长鞠躬尽瘁、死而后已的人物，都具备顾全大局、忍辱负重的宽阔胸怀。在教育理想上，他们对毛泽东的教育理想表现出很强的认同感，同时也带有他们自己的独特认同风格，即互补性认同，从而使共和国的整体教育实践尽可能地更协调、完美地发展。而当刘少奇含冤而死、周恩来无力挽狂澜时，教育的偏激行为也发挥至极点。可见，他们的教育理想是当代中国教育思想的力的重要平衡支点，是对毛泽东教育理想的重要补充。

刘少奇的教育理想集中地表现在他的"两种教育制度、两种劳动制度"的观点上。1958 年 5 月 30 日，刘少奇在中共中央政治局扩大会议上正式提出了这一主张。他指出："我们国家应该有两种主要的学校教育制度和工厂农村的劳动制度。一种是现在的全日制的学校教育制度和现在工厂里面、机关里面八小时工作的劳动制度。这是主要的。此外，是不是还可以采用一种制度，跟这种制度相并行，也成为主要制度之一，就是半工半读的学校教育制度和半工半读的劳动制度。就是说，不论在学校中、工厂中、机关中、农村中，都比较广泛地采用半工半读的办法。"① 不难看出，刘少奇提出的两种教育制度与两种劳动制度，与毛泽东"劳动人民知识化，知识分子劳动化"的教育理想有非常相似的内容，在某种程度上可以说，前者是

① 中共中央文献编辑委员会编《刘少奇选集》(下卷)，人民出版社，1985，第 324 页。

后者的演绎与展开。

　　刘少奇的两种教育制度与两种劳动制度的提出，有其特定的历史条件。[①]众所周知，1949年至1957年，是中国国民经济迅速恢复和发展的时期，教育事业也有了很大的发展。在其发展中也产生了许多新的矛盾。首先是青年学生的升学愿望与教育规模的矛盾。这是刘少奇关心的一个重要现实问题。他指出：学生中间，青年中间，强烈地要求升学，要求多读书。这个要求是正当的，国家应该想法子创造条件，尽可能地满足他们的升学要求。因此，"我们国家不怕知识分子多，不怕学校多，而怕学校太少了"。但办学校需要经费，国家暂有困难，又不可能拿出更多的钱办教育，学生家庭也不能拿出许多钱供所有子女读完中学和大学。所以，刘少奇提出，"采用城乡人民集体办学的办法，再办一些小学、中学"，发展民办教育的形式。同时，他认为开展课余劳动、勤工俭学是解决经费的重要途径。刘少奇说："搞勤工俭学，就是说要学生和青年不依靠国家和家庭，而依靠自己，设法读书和升学。"

　　其次是就业与读书的矛盾。当时，有大量的中小学生毕业，不能继续升学，面临着就业问题。刘少奇认为，由于国家机关、企事业单位正在精简机构，从毕业生中招收的职工不会很多，所以最能容纳人的地方还是农村。他指出，农业是国民经济的基础，农业经营管理与技术改革，需要一批知识青年的投入，只有青年学生到农村去，才能"促进我国农业生产空前地向前大发展"。

　　再次是普及教育与教育经费不足的矛盾。刘少奇对中国的普及教育问题非常重视。在1956年召开的中国共产党第八次全国代表大会上，刘少奇就提出："必须用极大的努力逐步扫除文盲，并且在财政力量许可的范围内，逐步地扩大小学教育，以求在十二年内分区分期地普及小学义务教育。"[②]怎样解决普及教育与经费不足的矛盾呢？他认为，只实行一种学校制度，是不可能解决的。所以，"那只有除开现在的全日制学校以外，再办那种半农半读或半工半读的学校，就是小孩子大体上自己可以搞到饭吃，国家稍许补贴一点，家庭补贴一点。因此，可不可以设想，现在的这种学校不再增

---

　　① 连瑞庆：《"两种教育制度、两种劳动制度"的提出及其现实意义》，载《中央教育科学研究所科研成果选集》，教育科学出版社，1991，第91–92页。

　　② 中共中央文献编辑委员会编《刘少奇选集》（下卷），第239页。

加了，现在这种学校的教育经费也不加了，国家以后每年还可以增加一点教育经费，把增加的教育经费拿来办这种半工半读或者半农半读的学校"①。应该说，在当时经济发展的势头下，如果下大力气普及小学义务教育，是可以办到的。但接踵而来的"大跃进"与"文化大革命"，使包括小学在内的教育处于崩溃的边缘，刘少奇的两种教育制度、两种劳动制度的设想，自然也就在未发育成熟之时就被扼杀在摇篮之中了。

刘少奇的这一教育理想植根于马克思主义教育与生产劳动相结合的基本原理，也与他自身的教育体验的启发不无关系。他青年时期就在保定育德中学上过一年半工半读的学校，上午上4小时的课，下午做4小时的工，除学文化外，主要学打铁、翻砂、钳工、车床工、模具等，还学习法文，准备去法国勤工俭学，结果是"书也读了，身体也很好，还能赚钱"。

刘少奇对自己提出的两种制度的教育理想之前景充满了信心，认为通过这种制度培养的人将是一种新型的人，他们能文能武，既能体力劳动，又能脑力劳动。这种人跟工人、农民不一样，跟现在的知识分子也不一样，而是一种"新的人"。他这样设想："再过五十年到一百年，中国的工人能够有百分之七十、八十是半工半读的中等技术学校毕业出来的，农民的半数是半工半读的中等农业技术学校毕业出来的。这些人读完了中等技术学校的课程，进一步学大学课程就容易了。其中有些人学政治，有些人学经济，有些人学文学艺术，也就容易了。这些人既能脑力劳动，又能体力劳动。在他们本身，脑力劳动跟体力劳动的差别已经是没有多大了，开始消灭了。可以由他们来当车间主任、厂长、党委书记、市长、县长。他们当了车间主任、厂长、党委书记、市长、县长以后，不要完全脱离生产，也是半日做工或者种地，半日坐办公室。如果五十年到一百年能够达到这个要求，那时我们国家的情况就会同今天大不相同，整个劳动生产率将大大提高，消灭三大差别的阻力就小得多了。"②这幅美丽动人的画面，在今天看来是显得近乎空想，但它表达了刘少奇提出两种教育制度、两种劳动制度教育理想的真实动机，即不但要解决上述各类矛盾，而且更为根本的是要消除体脑劳动的差别，并进而缩小城乡的差别、工农差别。正如他所说："必须使我们的工人、农民有文化，而且是有相当高的文化，我们这个国

---

① 中共中央文献编辑委员会编《刘少奇选集》(下卷)，第466页。

② 同上书，第467-468页。

家的整个面貌才可以改变，才可以逐步消灭三大差别，将来才有希望进入共产主义。"[1]

由于刘少奇的这一教育理想与毛泽东的教育理想颇有相似与相通之处，所以他的倡议得到了毛泽东及中央的支持。1958 年 9 月，中共中央、国务院在《关于教育工作的指示》中明确要求，"在一切学校中，必须把生产劳动列为正式课程"，同时要求"全日制学校与半工半读、业余学校并举"。于是，在全国范围内，不少地区、厂矿、企业和农村创办了许多半工半读、半农半读的学校，既适应了当时社会生产发展的需要，也适应了劳动人民学习文化技术的要求，取得了较好的效果。1964 年 5 月，中央根据试行半工（半农）半读的经验，决定在全国推广。8 月 1 日，刘少奇在中共中央召集的一次党内报告会上，又讲了"半工半读，亦工亦农"的问题。《人民教育》当年 9 月号发表了《教育革命的一项根本措施——再谈试办半工半读和半农半读教育》的社论。社论提出："实行半工半读、半农半读，学生一边劳动，一边读书，是贯彻执行党的教育方针的一种理想的教育制度。"把两种制度的推行与宣传推向了高潮。

从 1958 年到 1965 年期间，中国的教育在很大程度上执行了毛泽东的"劳动人民知识化，知识分子劳动化"与刘少奇"两种教育制度，两种劳动制度"的教育理想。据教育部 1965 年下半年的不完全统计，全国当时有半工（农）半读学校 4000 多所，学生达 80 多万；农业中学和其他职业中学发展到 61600 所，在校学生 443.3 万人。全国 66 所高等农业院校中，已试行半农半读的有 37 所，半农半读的学生占在校学生的 15%。各地还创办了耕读小学 40 万所，占全国小学总数的 31.4%。虽然上述数据或许透露了不少"大跃进"的信息，在实行过程中也许有不少偏差乃至变形，但它的确从另一个侧面说明，两种教育制度在当时对普及小学教育和发展中等教育起了很大的作用。

周恩来的教育理想很难用一个词或一句话来概括，他往往根据政治形势、社会条件和教育实践，灵活而及时地提出教育主题，在动态的发展中调节自己的主题。他善于含蓄地表述自己的教育理想，他的个性与地位允许且要求他执着而不外露、顽强而不失耐心地去追求自己的教育理想。沿着他的教育思维足迹，可以发现他的教育理想的若干规律和特质。

---

[1]　中共中央文献编辑委员会编《刘少奇选集》（下卷），第 469 页。

互补性是周恩来教育理想的一个重要特色。或者是对毛泽东教育理想的补充完善，或者是对教育实际的过激进行矫枉纠偏。周恩来总是奉行"中和"的准则，尽可能调动各个层面的积极因素。在新中国成立前夕，他在北京大学教授联谊会举行的座谈会上，曾做了《关于新民主主义的教育》的讲话，提出了对于旧教育批判与继承的辩证关系。他认为，五四时期也发生过否定一切的偏向，"就是没有在否定其基本的东西的同时，批判地接受其好的一面，没有在否定其整体的同时，批判地接受其局部可用的东西"①。所以，周恩来在阐明教育的民族性时，也注重"应该从世界各国吸取一切好的东西，但必须让这些东西像种子一样在中国土壤上扎下根，生长壮大，变为中国化的东西，才能有力量"。只有在"不排外"的前提下，才能"以民族的教育激发民族的无限活力和创造力"。他还指出："我们的教育是科学的。科学是没有国界的，凡是对我们国家有用的，我们都欢迎。"②他的论述可谓未雨绸缪，给共和国诞生后对待旧教育的态度，提供了指导思想。最初这一思想基本得到了贯彻，只是后来采取了虚无主义的态度。

人才与知识分子问题是周恩来教育理想的重要内容。在新中国成立初期，他就深切感受到人才匮乏的问题。他提出："现在我们国家的经济正处在恢复阶段，需要人'急'，需要才'专'。""人才缺乏，已成为我们各项建设中的一个最困难的问题。不论在经济建设、国防建设，还是在巩固政权方面，我们都需要人才。这两年我们常说，只要我们的工作开展了，中国的知识分子就不是太多，而是太少了。任何一个部门工作一开展，马上就会提出专门人才、技术人才不够的问题。"③1956年，周恩来又谈到，在第二个五年计划期间，为了建立社会主义工业化的牢固基础，进行国家建设和推进国民经济的技术改造，就必须大力培养建设人才，而"为国家培养各项建设人才，首先是工业技术人才和科学研究人才，是教育工作的首要任务"④。周恩来一方面重视教育培养人才的功能，一方面也重视发挥现有人才的作用，尤其是调动知识分子在社会主义建设中的积极性。

1951年9月29日，周恩来在北京、天津高等学校教师学习会上做了《关

---

① 中央教育科学研究所编《周恩来教育文选》，教育科学出版社，1984，第1页。

② 同上书，第3页。

③ 同上书，第34页。

④ 同上书，第140页。

于知识分子的改造问题》的长篇报告。这篇报告从立场问题、态度问题、为谁服务的问题、思想问题、知识问题、民主问题、批评与自我批评等七个方面，阐明了知识分子改造的必要性、可能性与基本途径的问题。同年10月，毛泽东把思想改造视为首先是知识分子的思想改造。应该说，当时的基本出发点是好的，但实际操作中也出现了一些过头、过"左"的行为。因此，1954年9月，周恩来在一届全国人大一次会议上所做的《政府工作报告》中，肯定了知识分子思想改造的"成效"，委婉地纠正了一些"左"的倾向和过火行为。1956年1月14日，他又在中共中央召开的关于知识分子问题会议上，发表了《关于知识分子问题的报告》。报告指出：我们所以要建设社会主义经济，归根结底，是为了最大限度地满足整个社会经常增长的物质和文化的需要，而为了达到这个目的，就必须不断地发展社会生产力，不断地提高劳动生产率，就必须在高度技术的基础上，使社会主义生产不断地增长，不断地改善。因此，"在社会主义时代，比以前任何时代都更加需要充分地提高生产技术，更加需要充分地发展科学和利用科学知识"。要做到这一点，"除了必须依靠工人阶级和广大农民的积极劳动以外，还必须依靠知识分子的积极劳动，也就是说，必须依靠体力劳动和脑力劳动的密切合作，依靠工人、农民、知识分子的兄弟联盟"[1]。周恩来认为，知识分子的力量无论在数量方面、业务水平方面、政治觉悟方面，都不足以适应社会主义建设急速发展的需要，而当时对于知识分子的使用和对待还存在某些不合理现象，"在相当程度上妨碍了知识分子现有力量的充分发挥"[2]。所以，他呼吁采取一系列有效的措施，最充分地动员和发挥现有的知识分子的力量，不断地提高他们的政治觉悟，大规模地培养新生力量，扩大他们的队伍，并且尽可能迅速地提高他们的业务水平，以适应国家对于知识分子的不断增长的需要。

为了最充分地动员和发挥知识分子的力量，周恩来提出了以下几点意见。

第一，"应该改善对于他们的使用和安排，使他们能够发挥他们对于国家有益的专长"。针对当时在知识分子的使用与安排上存在的问题，如"工作分配得不适当"、少数知识分子"闲得发慌"、"用非所学"等，周恩来提出了严肃的批评，认为这是"浪费国家最宝贵的财产"，并主张"采取坚

---

[1] 　中央教育科学研究所编《周恩来教育文选》，第104页。

[2] 　同上书，第105页。

决的步骤，来纠正这种对待人才的官僚主义、宗派主义和本位主义的错误，以便把专门人才用在最需要的地方"①。

第二，"应该对于所使用的知识分子有充分的了解，给他们以应得的信任和支持，使他们能够积极地进行工作"。周恩来认为，在很大程度上对知识分子缺乏应有的信任，如可以去的工厂不让他们去，可以看的资料不让他们看，有少数党员不尊重他们上级的党外知识分子领导，有些人对党外知识分子甚至采取敬而远之的态度。这就不可避免地造成缺乏了解或形成隔膜。所以，他主张信任、理解和支持知识分子的工作，"应该让他们有职有权，应该尊重他们的意见，应该重视他们的业务研究和工作成果，应该提倡和发扬在社会主义建设中的学术讨论，应该使他们的创造和发明能够得到试验和推广的机会"②。要求党的领导学会用同志的态度去接近他们，正确地了解他们，从而给他们以指导和帮助，使他们能够在工作中发挥积极的作用。

第三，"应该给知识分子以必要的工作条件和适当的待遇"。知识分子的工作条件，当时存在着两大问题：一是许多人用在非业务性会议和行政事务上的时间太多，不能最有效地支配自己的工作时间；二是缺乏必要的图书资料和工作设备，或者缺乏适当的助手，工作效率低下。有鉴于此，周恩来提出，必须保证知识分子"至少有六分之五的工作日（即每周 40 小时）用在自己的业务上，其余的时间可以用在政治学习、必要的会议和社会活动方面"③。此外，还要迅速地调整专家"兼职太多"，并重视图书资料的整理工作。

当时，知识分子的生活待遇存在一些问题。如有些高级知识分子的居住条件太差，休息和娱乐生活也组织得不好等。为此，周恩来提出从三方面着手，解决这一问题：一是应该教育各有关单位的行政管理人员从思想上重视知识分子的生活条件，"特别是要打破那种只注意行政负责人的生活，而对于知识分子就觉得'你有什么值得照顾，我为什么要侍候你'一类的错误观念。只要这样，问题就可以差不多解决一半"。二是应该教育各有关单位的工会组织和消费合作社组织努力扩大为本单位的知识分子服务。三

---

① 中央教育科学研究所编《周恩来教育文选》，第 114-115 页。

② 同上书，第 116 页。

③ 同上书，第 117 页。

是应该根据按劳取酬的原则，适当地调整知识分子的工资，使他们所得的工资多少同他们对于国家所做的贡献大小相适应，消除工资制度中的平均主义倾向和其他不合理现象。① 此外，周恩来还论述了升级制度、学位、学衔、知识界的荣誉称号、发明创造和优秀著作奖励等制度；并认为，这些"也是奖励知识分子上进和刺激科学文化进步的一个重要方法"。

　　1962 年，在毛泽东春节座谈会讲话之前的一年多时间内，周恩来又两次论述了知识分子问题。一次是 1962 年 3 月 2 日，他对在广州召开的全国科学工作、戏剧创作等会议代表做了《论知识分子问题》的讲话。不久，他在第二届全国人民代表大会第三次会议上做的《政府工作报告》中，进一步阐明了知识分子在社会主义时期的地位与作用，明确肯定了我国知识分子的绝大多数是"属于劳动人民的知识分子"。并明确指出："知识分子是社会主义建设事业取得胜利的不可缺少的重要力量。我国的知识分子，在社会主义建设的各个战线上，做出了宝贵的贡献，应当受到国家和人民的尊重。"② 在周恩来讲话的同时，陈毅也认为，"知识分子是人民的劳动者，是为无产阶级服务的脑力劳动者"；并指出："应该取消资产阶级知识分子的帽子。今天，我给你们行'脱帽礼'。"③ 这在全国知识分子中引起了强烈反响。

　　周恩来对构造共和国的教育体系也做出了理论上的贡献。他对基础教育的建设非常关心。在新中国成立前夕，他就明确提出：要发展人民大众的教育，中小学教育的发展就是一个重要而艰巨的任务。这就要求大家眼光向下，从大学看到中学、小学。"在落后的中小学教育的基础上，是不能把大学教育办好的。教育要大众化，首先要办好中小学教育。"④ 1963 年，他在对国家计委、教育部、劳动部、团中央、全国妇联等部门负责同志的讲话中又再次指出，中小学的教育十分重要，"教育部的工作不能'大大、小小'。当然，高等教育很重要，不能削弱，质量也要提高，但数量毕竟是很小的；中小学教育数量很大，关系也很大，决不能忽视"⑤。 在 20 世纪 50 年代初颁布新学制时，周恩来主张把工农速成学校和业余补习学校放在与其

---

　　① 中央教育科学研究所编《周恩来教育文选》，第 118–119 页。

　　②④ 同上书，第 202–203 页。

　　③ 中央教育科学研究所编《中华人民共和国教育大事记（1949—1982）》，第 304 页。

　　⑤ 同上书，第 225 页。

他学校同样重要的地位，认为这样可以使农村和城市中不识字或文化程度低的成年劳动者，得到学习的机会。他指出："我们必须在教育观念上来一个改变。过去的传统是只为青年人办学，只讲正规化，六七岁上小学，到大学毕业是二十来岁。不能设想二三十岁的人进小学，四十岁的人进大学。现在，这种观念要改变过来。我们的学制也要适应成年人的学习要求，给他们受教育的机会。"① 虽然周恩来关于成人教育的思想与现代意义上的"终身教育"概念有很大的差别，但他从中国国情出发，对正统的学校外教育体系的设想，与终身教育的观念也不无相通之处。此外，对于中等职业技术教育、师范教育、高等教育等问题，他也有若干论述。如 1953 年他曾发布了《关于改进和发展高等师范教育的指示》，提出要根据需要与可能，有计划、有准备地大力发展师范教育等；1972 年他在会见李政道博士时提出"中学毕业生可以直接上大学"等主张，这对于中国当代教育无疑产生过积极的影响。

三、现代化：邓小平教育理想的主色调

作为共和国的领袖和中国共产党第二代领导集体的核心人物，邓小平在领导人民建设有中国特色的社会主义过程中，始终以战略家的眼光，对教育给予了高度的关心与重视。在十年浩劫之后，他最早发出了"尊重知识，尊重人才"的呼吁，并自告奋勇亲自挂帅抓教育，以期通过教育来发展科学技术，实现现代化。1983 年，他在给北京景山学校的题词中明确提出，"教育要面向现代化，面向世界，面向未来"，概括了他的现代化的教育理想，也激发了中国人迈向现代化的热情与希望。

邓小平自 1957 年开始，对教育问题就有大量论述，而真正把教育与现代化联系起来，则是从 1975 年发端的。这一年的 9 月 26 日，邓小平在听取胡耀邦同志汇报科学院工作时，强调了教育对于现代化的意义。他指出："我们有个危机，可能发生在教学部门，把整个现代化水平拉住了。""钢铁学院只有中技水平何必办大学？上海机床厂'七二一'大学是一种形式，但不是唯一形式，不能代替大学。""不懂数理化、外语，还攀什么高峰？"②

① 中央教育科学研究所编《中华人民共和国教育大事记（1949—1982）》，第 36 页。

② 同上书，第 478 页。

在 1977 年刚刚恢复工作后，他就独具慧眼地预见到教育在中国社会经济发展中将发挥重要的作用。他说："我知道科学、教育是难搞的，但是我自告奋勇来抓。不抓科学、教育，四个现代化就没有希望，就成为一句空话。"①显然，邓小平的现代化之梦，是以教育使之变成现实的。

现代化的关键是科学技术、科技人才，而教育在科学技术的发展、科技人才的培养方面，又起着十分重要的作用。邓小平对教育→科技→现代化的内在逻辑有着清楚的认识。他多次指出："我们要实现现代化，关键是科学技术要能上去。发展科学技术，不抓教育不行。靠空讲不能实现现代化，必须有知识，有人才。"②众所周知，在现代社会，科学技术在生产力与经济的发展中所占的比重愈来愈大。据统计，1770 年科学技术造成的生产率与手工业的生产率的比例是 4∶1，而 1840 年则为 108∶1，翻了 26 倍之多。20 世纪初，工业生产率的提高有 5%—22% 是依靠新的科学技术取得的，而 20 世纪 70 年代这个比例则上升到 60%—80%，在有的部门则达到 100%。正是在这个意义上说，科学技术已成为生产力不可或缺的组成部分。所以，邓小平说："现代科学技术的发展，使科学与生产的关系越来越密切了。科学技术作为生产力，越来越显示出巨大的作用。"③当然，现代科学技术创造出来之后，一般是作为高度精细、高度专门化的知识体系而独立存在着，在它被应用于生产实践、创造出使用价值以前，只具有认识意义而不具有物质意义，因而，它还不是直接生产力，而是一种知识形态的生产力。④这种作为知识形态的生产力，不能自动地与其他生产力诸因素相结合，而必须通过人的自觉活动才能够实现这种结合。在物质生产过程中，作为物化智力的生产工具是由人创造和使用的，生产组织与管理的合理化与科学化也是由人来发动和实施的，现代科学技术也只有通过人才能直接作用于生产，才能有效地创造出使用价值，转化为直接的生产力。教育正是这个转化过程的中介与桥梁。也就是说，现代科学技术作为现代生产的智力因素，通过教育"物化"在受教育者的身上，受教育者在生产过程中

---

① 《邓小平文选》，人民出版社，1983，第 65 页。

② 同上书，第 37 页。

③ 同上书，第 84 页。

④ 李克敬：《现代学校教育在现代化建设中的战略地位——读〈邓小平文选〉中有关教育论述的札记》，《中国社会科学》1983 年第 6 期。

将科学技术知识物化到劳动对象上，从而使现代化生产得以实现。邓小平也认识到教育的这种中介与桥梁作用。他说："历史上的生产资料，都是同一定科学技术相结合的；同样，历史上的劳动力，也都是掌握了一定的科学技术知识的劳动力。"[①]又认为"科研是靠教育输送人才的"[②]，从而把教育作为科技进步的主体因素。

1983 年 10 月 1 日，他为北京景山学校题词，"教育要面向现代化，面向世界，面向未来"，简明扼要而又高瞻远瞩地对教育提出了明确要求，指示了未来的改革发展方向，就是教育要为实现现代化宏伟目标，为迎接世界经济、科技等的挑战，为国家与民族的未来，担负起振兴社会主义物质文明和精神文明的双重历史使命。教育要面向现代化，这是"三个面向"的核心，它深刻揭示了教育必须为社会主义现代化建设服务，社会主义的现代化建设必须依靠教育的客观规律。而教育要面向世界、面向未来，与教育要面向现代化是一致的。唯有面向世界、面向未来，才能实现面向现代化。"三个面向"已成为我国社会主义教育事业改革和发展的战略指导方针，也是邓小平教育理论中最具有时代特征和前瞻性的组成部分，体现了邓小平教育理论立足中国现实国情、放眼全球的重要特征。

现代化的建设不仅需要培养高水平的技术人才与科学精英，更需要提高全民族的科学文化素质。邓小平较早认识到现代化与劳动者素质的内在关系，主张把普及与提高结合起来。1977 年，他指出："抓科技必须同时抓教育。从小学抓起，一直到中学、大学。我希望从现在开始做起，5 年小见成效，10 年中见成效，15 年 20 年大见成效。办教育要两条腿走路，既注意普及，又注意提高。"1985 年，在全国教育工作会议上，他又进一步提出：我们国家，国力的强弱，经济发展后劲的大小，越来越取决于劳动者的素质，取决于知识分子的数量与质量。一个 10 亿人口的大国，教育搞上去了，人才资源的巨大优势是任何国家比不了的。有了人才优势，再加上先进的社会主义制度，我们的目标就有把握达到。"中央提出要以极大的努力抓教育，并且从中小学抓起，这是有战略眼光的一着。如果现在不向全党提出这样的任务，就会误大事，就要负历史的责任。"[③]根据邓小平对教育问

---

① 《邓小平文选》，第 85 页。

② 同上书，第 47 页。

③ 《全国教育工作会议文件选编》，人民出版社，1970。

题的论述，党的十二大和十三大，都把教育列为经济建设与现代化的战略重点之一，并达成了这样的共识："从根本上说，科技的发展，经济的振兴，乃至整个社会的进步，都取决于劳动者素质的提高和大量合格人才的培养。百年大计，教育为本。"①

现代化的建设不仅意味着拥有高度的物质文明，具有先进的科学技术水平，而且应该包括拥有高度的精神文明。邓小平把精神文明的建设作为现代化的重要内容，他指出：我们的国家已经进入社会主义现代化建设的新时期，我们要在大幅度提高社会生产力的同时，改革和完善社会主义的经济和政治制度，发展高度的社会主义民主和完备的社会主义法制。"我们要建设的社会主义国家，不但要有高度的物质文明，而且要有高度的精神文明。"②精神文明的建设具有非常丰富的内涵，邓小平认为，它不仅包括教育、科学、文化，而且指共产主义的思想、理想、信念、纪律、革命的立场和原则、人与人的同志式关系等，教育本来就是精神文明建设的重要组成部分。

精神文明建设的双重任务，即教育、科学、文化建设与思想道德建设，具有不可分割的内在联系。邓小平在论述两者的关系时曾指出："毫无疑问，学校应该永远把坚定正确的政治方向放在第一位，但这并不是说要把大量的课时用于思想政治教育。学生把坚定正确的政治方向放在第一位，这不仅不排斥学习科学文化，相反，政治觉悟越是高，为革命学习科学文化就应该越加自觉，越加刻苦。因此，'四人帮'把在坚持正确的政治方向的前提下大力提高教育质量，大力提高学生的科学文化水平，说成是什么'智育第一'，加以反对，这不但是彻底的荒谬，而且是对于无产阶级政治的实际上的取消和背叛。"③也就是说，在坚持正确的政治方向的前提下，教育必须为文化建设服务，把文化科学知识的教学摆在学校教育的中心地位。

正是由于教育在现代化建设中举足轻重的地位，邓小平不仅自己抓教育，而且要求各级领导重视教育，真正把教育放在十分重要的战略地位来认识。他认为，懂得知识与人才的重要，懂得教育的重要，是中国共产党的一大进步，但忽视教育的问题，尤其是一些领导干部忽视教育的问题，

---

① 《中国共产党第十三次全国代表大会文件汇编》，人民出版社，1987，第20—21页。

② 《邓小平文选》，第326页。

③ 同上书，第101页。

并没有真正得到解决。"还有相当一部分同志，包括一批高级干部，对于发展和改革教育的必要性，认识不足，缺少紧迫感，或者口头上承认教育重要，到了解决实际问题时又变得不那么重要了。"① 他进而指出：一个地区，一个部门，如果只抓经济，不抓教育，那里的工作重点就是没有转移好，或者说转得不完全。他严肃地指出："忽视教育的领导者，是缺乏远见的、不成熟的领导者，就领导不了现代化建设。"

教育的战略地位究竟如何体现？领导重视教育在现代化中的作用，究竟表现在什么方面？邓小平指出："美好的情景如果没有切实的措施和工作去实现它，就有成为空话的危险。"② 而要使重视教育不至于成为空话，除思想上重视以外，还要在人力、物力、财力方面予以保证，其中最关键的是教师队伍建设和增加教育经费。

邓小平对教师队伍建设非常重视，他认为：一个学校能不能为社会主义现代化建设培养合格人才，能否培养出德智体全面发展、有社会主义觉悟的有文化的劳动者，关键在教师。③ 他对教师的劳动给予很高的评价，认为他们"勤勤恳恳地为社会主义教育事业服务，为民族、为国家、为无产阶级立了很大功劳"④。教师面对的每个学生都是一个特殊的世界，教师为学生的进步耗尽了心血，教师为传递文化与社会进步做出了默默无闻而又非常巨大的贡献。正是在这个意义上，邓小平称赞教师是"崇高的革命的劳动者"，赞扬他们"为民族、为国家、为无产阶级立了很大功劳"⑤。也正是在这个意义上，他呼吁提高教师的政治地位与社会地位，要求"不但学生应该尊重教师，整个社会都应该尊重教师"；同时希望"对于优秀的教育工作者，应该大张旗鼓地予以表扬和奖励"⑥。

提高教师的物质待遇和改善教师的工作条件，是教师队伍建设的不可分割的组成部分。只有这样，才能稳定教师队伍，吸引优秀人才。所以，邓小平一再提出要切切实实为教师创造条件，帮助他们解决一些具体问题。"要研究教师首先是中小学教师的工资制度"，解决教师工资偏低、待遇较差等问题，以"鼓励人们终身从事教育事业"⑦。

提高教师待遇与提高教师质量是一个同步过程。如果没有高质量的教师队伍，要想培养出高质量的人才，建设高质量的现代化，也只能是一句

① 邓小平：《在全国教育工作会议上的讲话》，《人民日报》1985 年 5 月 20 日。

②③④⑤⑥⑦《邓小平文选》，第 105–107 页。

空话。所以，在提高教师的社会、政治地位和经济、物质待遇的同时，在形成全社会尊师重教的风气的同时，必须大力提高教师队伍的质量。邓小平对此也有大量论述。如他指出："教育战线任务愈来愈重，各级教育部门不能不努力提高现有教师队伍的教学能力和教学质量。"[①]并主张把师资培训列入规划，作为一项重要任务，以不断提高教师的水平。他还提出了若干培训师资的意见，如"教育部和各地教育行政部门，要采取切实有效的措施，比如充分利用广播、电视，举办各种训练班、进修班，编印教学参考资料等"[②]，"要请一些好的教师当教师的教师，大学教师要帮助中学教师提高水平"[③]，"科研系统有的人可以调出来搞教育，支援教育"[④]，等等。

增加教育经费是教育发展的基础条件。第二次世界大战以后，舒尔茨的人力资本理论产生了很大影响，"现在的教育就是十年后的工业"已成为许多人的共识。联合国的有关报告也指出："多少世纪以来，特别在发动产业革命的欧洲国家，教育的发展一般是在经济增长之后发生的。现在，教育在全世界的发展正倾向先于经济的发展，这在人类历史上大概还是第一次。这种倾向首先大胆和成功地出现在诸如日本、苏联和美国这些国家。许多别的国家，特别是发展中国家，在过去几年中，不顾由此带来的沉重的牺牲和一切困难，也选择了这条道路。"[⑤]邓小平以其敏锐思维审时度势，于1977年8月提到"两个估计"的同时，就意识到教育投资的意义，提出了"教育经费应该增加"[⑥]的建议。在1980年，他又提出了经济发展与教育事业发展之间应保持适当比例的设想。他指出：为了建设现代化国家，除了要处理好各经济部门之间的比例关系，"还有一个重要的比例，就是经济发展和教育、科学、文化、卫生发展的比例失调，教科文卫的费用太少，不成比例。甚至有些第三世界的国家，在这方面也比我们重视得多。印度在教育方面花的钱就比我们多。像埃及这样的国家，人口只有四千万，按人

---

① 《邓小平文选》，第105–107页。

② 同上书，第106–107页。

③ 同上书，第52页。

④ 同上书，第67页。

⑤ 联合国教科文组织国际教育委员会编《学会生存——教育世界的今天和明天》，上海师范大学外国教育研究室译，上海译文出版社，1979，第38页。

⑥ 《邓小平文选》，第54页。

口平均计算，他们在教育方面花的钱，也比我们多几倍。总之，我们非要大力增加教科文卫的费用不可"。并强调："无论如何要逐年加重这方面，否则现代化就化不了。"①

　　邓小平的上述呼吁在社会各界引起了强烈反响和广泛认同。1985 年，《中共中央关于教育体制改革的决定》体现了他上述呼吁的精神。如明文规定："发展教育事业不增加投资是不行的。在今后一定时期内，中央和地方政府的教育拨款的增长要高于财政经常性收入的增长。"所以，此后中国的教育经费出现了逐年增加的局面，绝对数从 1977 年的 76.23 亿元，提高到 1988 年的 321 亿元，增长 3.2 倍，年平均增长率为 15.6%，高于财政增长速度。但由于原有教育经费基数太低和财政收入占国民生产总值的比重不断下降，教育经费占国民生产总值的比例，却由 1987 年的 2.6%，下降到 1988 年的 2.47%。同时，由于物价上涨和教职工调整工资等因素，教育经费中人头费的比重日益增大，公用教育经费则不断下降。教育经费的问题仍没有从根本上得到解决。这说明，现代化仍是一个艰巨而长期的过程。

　　作为共和国的领袖和总设计师，邓小平为我们描绘了未来的现代化蓝图，并鼓励中国教育界振奋精神，面向现代化，面向世界，面向未来，把中国教育推入了世界教育改革的大潮之中。这无疑是中国教育的新的纪元，也是中华教育思想的新的纪元。

---

① 《邓小平文选》，第 214 页。

第八章　中国当代教育的基本理论

中国当代教育的基本理论研究，是当代教育思想发展的一支主流。五十多年的曲折历程，教育理论工作者和一批教育部门的教师与管理人员，对教育的各个层面进行了探索与思考，在教育基本理论研究方面取得了长足的进展。尤其是中国共产党十一届三中全会以后，教育理论出现了新的局面，一些长期未能解决的教育基本理论问题的探索，大多取得了前所未有的进展。其中主要有：关于教育的社会性质与职能问题的研究，关于同社会主义初级阶段各种战略方针有关的教育问题，关于社会主义初级阶段教育性质与特征问题的研究，关于教育与个人身心发展关系问题的研究，关于人的全面发展问题的研究[1]，关于教育规律、教育功能、教育价值、教育目的的研究，教育与生产劳动相结合问题的研究，市场经济与教育的研究，传统教育与现代教育问题的研究以及元教育学的研究，等等。教育基本理论的研究成果，对中国教育体制改革已产生了积极影响，也为教育基本理论的研究向更广领域、更深层次的发展奠定了基础。本章拟就对我国当代教育发展产生重大影响的几个教育基本理论问题进行评述。

一、对各种教育思想的梳理研究

中国当代的教育思想，是在吸收和借鉴古今中外教育思想的基础上逐步构建起来的，而对各种教育思想的梳理研究，本身又构成了当代中国教育基本理论的重要组成部分。中国当代教育思想的主要理论来源有三个重要方面：一是马克思主义经典作家关于教育的论述，如马克思、恩格斯、列宁、斯大林、毛泽东等人的教育思想；二是国外的教育理论与实践，如赫尔巴特、凯洛夫、杜威等人的教育思想；三是中国传统的教育思想，如从孔子

---

[1]　瞿葆奎、陈桂生、叶澜：《中国教育基本理论的新进展》，《教育研究》1988 年第 12 期。

到陶行知的教育思想。笔者拟着重剖析当代教育理论关于马克思、恩格斯、杜威和陶行知教育思想的研究，以窥其一斑。

（一）对马克思、恩格斯教育思想的研究

马克思主义的教育思想，从解放区的教育实践就开始成为中国教育的基本理论来源和指导思想。新中国成立以后，通过学习苏联教育理论与教育经验，更系统全面地介绍了马克思主义教育原理。中国的教育理论研究者往往带着一种崇敬心情来整理和分析马克思、恩格斯等经典作家的教育学说，并把他们置于与其他教育思想家完全不同也无法比拟的地位。

对马克思、恩格斯教育思想的梳理研究，首先面临的一个问题就是马克思、恩格斯有无完整的教育思想和系统的教育理论。大部分研究者认为，虽然马克思、恩格斯没有留下教育专著，但不能因此而断言他们没有系统的教育理论。如邹光威的论文指出："无产阶级革命导师虽然没有教育专著，但是，在他们大量著作中却不断提出他们的教育思想。这些对我们教育工作来说都是重要的指导思想。"他认为，"马列主义教育思想与历史上教育家、思想家的教育思想根本不同"，在教育思想上具有以下七个方面的"特殊贡献"：

第一，根据人民群众是历史的主人的唯物史观，为被剥削阶级，为工农大众争取教育权利；

第二，提出物质生产是社会发展的基础，教育在发展社会生产力方面的重要作用的理论；

第三，着眼于人类的彻底解放，建立了人的全面发展学说，解决了教育对人的全面发展所处的重要地位和应起的作用；

第四，在教育史上第一次把技术教育列为教育的重要组成部分之一；

第五，提出了青年一代共产主义教育的思想；

第六，对剥削阶级教育及其教育思想进行了深刻的分析和批判；

第七，正确地解决了对待教育遗产的批判与继承的问题。[①]

孙喜亭则提出："马克思对教育科学的主要贡献是由两部分构成的：一是以唯物主义历史观，解决了教育思想上许多一般性的原理；一是给教育科学研究提供了科学的方法论。"他归纳了马克思在教育思想方面的贡献：

---

① 邹光威：《学习马列主义教育思想的几点体会》，《教育研究》1981 年第 7 期。

第一，将辩证唯物主义应用于对人类历史的认识，从而揭示了教育的社会特质；

第二，十分重视教育的社会职能或称社会作用；

第三，从机器大生产的客观特性出发，揭示了人的全面发展学说；

第四，把"教育"理解为三件事，即智育、体育、技术教育（这种教育要使儿童和少年了解生产各个过程的基本原理，同时使他们获得运用各种生产工具的基本技能）；

第五，教育与生产劳动相结合是马克思主义教育学说的基本原理。[①]

从这两种比较典型的概括（还有其他类似的概括）可以看出，对马克思、恩格斯教育思想的要点和特点的分析并不完全一致，如邹文中提出的第一条，在孙文中就未提及，这或许涉及对为工农争取教育权的问题，究竟是政治问题还是教育理论学说有不同理解。而且，与邹文强调马克思、恩格斯与以前教育家、思想家的教学思想"根本不同"相对，孙文则强调了"马克思的教育学说不是凭空来的"，强调了对先驱者们的教育观点，特别是对空想社会主义者们的教育学说的继承。另外，孙文还对马克思主义教育学说在实践中面临的若干"新课题"提出了看法，如马克思关于教育的某些论断的不可避免的历史局限性等。

瞿葆奎、金一鸣则从马克思、恩格斯在哲学、政治经济学和科学社会主义学说中的创造性贡献出发，勾描了他们对教育学理论的贡献。这样，马克思、恩格斯的教育思想，就不仅仅是若干教育语录的汇集，而成为马克思、恩格斯总的思想体系的一个组成部分。他们的教育思想，实际上就是有关的哲学、政治经济学和科学社会主义理论在教育问题上的推广和延伸。[②]

在马克思教育学说的研究中有三部著作值得加以介绍。一部是由上海师范大学教育系编的《马克思恩格斯论教育》（人民教育出版社 1979 年版）。这本书选编收录了马克思、恩格斯从 1844 年到 1894 年的四十余篇教育论述，"力求完整地选入不同历史时期中马克思、恩格斯关于教育的主要论述，以便读者看到马克思、恩格斯的思想发展线索"。在出版说明中，选编者也认为马克思、恩格斯的教育思想与其他科学真理一样，都要在实践中得到检验与发展，并要求人们着重领会他们的立场、观点和方法，"从而结合现

---

① 孙喜亭：《马克思对教育科学的主要贡献》，《北京师范大学学报（社会科学版）》1983 年第 2 期。

② 瞿葆奎、金一鸣：《马克思与教育学——纪念马克思逝世一百周年》，《教育研究》1983 年第 4 期。

实，分析新情况，研究新问题，总结新经验，发展教育科学，推动我国的教育工作"。这部选编曾多次印刷，对人们学习和研究马克思、恩格斯的教育思想，起了重要作用。

第二部是中国教育学会教育学研究会为了纪念马克思逝世一百周年而编辑的文集《学习马克思的教育思想》（人民教育出版社1983年版）。文集共收入27篇论文，分五类。第一类是阐述马克思关于人的发展学说特别是人的全面发展学说的，有4篇文章。编选者认为："教育是培养人的，是促进人的发展的；不了解人的发展的规律，不明白社会主义社会新人应当具备的条件，不懂得人的全面发展的含义，不弄清全面发展的教育同人的全面发展的理想这两个概念之间的联系和区别，教育工作就不能沿着马克思主义的轨道前进。"第二类是阐述马克思关于普及教育思想的，认为普及初等义务教育已经载入我国宪法，是一项艰巨而紧迫的任务，"为了保质保量地完成这项任务，我们应当从马克思的有关论述中吸取营养和力量"。第三类是研究马克思有关共产主义教育各个组成部分的思想，包括德育、智育、体育、美育和综合技术教育，认为对这些组成部分"都应当重视，求得协调，绝不能畸重畸轻，更不能有所偏废"。第四类是阐述马克思单篇著作中的教育思想的。第五类则是综述建立马克思主义教育哲学问题和介绍马克思和恩格斯对机会主义教育思想的批判。

第三部是王焕勋主编的《马克思教育思想研究》（重庆出版社1988年版），这是"六五"教育科研规划国家重点项目。作者在《前言》中也明确提出：马克思在教育领域内如同在其他许多领域内一样，有他独到的发现。他认为马克思虽没有教育专著，"但在他的著作和文章中确有很多非常深刻和非常重要的关于教育的论述。这些论述在马克思的整个理论遗产中占有重要地位，是他整个无产阶级革命学说的一个有机组成部分"。在该书中，作者除了着力阐发马克思本人关于教育的观点，还兼及了恩格斯、列宁和毛泽东的有关教育思想。作者认为，马克思的教育思想内容很广，概括地说，主要涉及三个方面：（1）关于教育本质和职能问题；（2）关于人的全面发展和全面发展教育问题；（3）关于教育和生产劳动相结合的问题（包括综合技术教育）。

《马克思教育思想研究》全书分为三编。第一编探讨了马克思教育思想的形成与发展过程；第二编是全书的主体，分别就教育的社会性质、人的全面发展理论、教育与生产劳动相结合及综合技术教育的思想、经济思想与教育、自然科学与课程、道德和道德教育思想，以及教师劳动的属性问题，探讨了马克思以及其他经典作家与此有关的论述和思想；第三编则介绍了马克思教育思想在苏联和中国的实施情况以及当前面临的新挑战。应该说，这部著作是自杨贤江的《新教育大纲》开始探讨马克思主义的教育思想以来，特别是新中国成立以来对马克思、恩格斯教育思想研究的集大成，无论是在深度和广度上，还是在思想自身的逻辑联系上，都使这项研究大大提高了一步。也正是出于这一原因，这部著作获得了全国首届教育科学优秀成果一等奖的殊荣。

20 世纪 90 年代初期，马克思、恩格斯教育思想的研究又重新活跃起来，并在 1995 年前后达到高峰。这期间出版的主要著作有：《马克思主义教育论著研究》（陈桂生，1993）、《现代中国的教育魂》（陈桂生，1993）、《马克思恩格斯教育原理简述》（靳希斌，1992）、《马克思主义教育思想论纲》（董标，1994 年第一版，1999 年第二版）、《马克思主义教育思想》（厉以贤主编，1992）。其中，青年学者董标的著作颇具特色。作者在绪论中直接质问马克思主义教育思想的本体与价值，提出并回答了三个问题：（1）马克思主义教育思想是否存在；（2）马克思主义教育思想是什么；（3）研究马克思主义教育思想的必要性。作者还认为研究教育思想，既要超越教育又要回归教育。独立的教育思想并不存在，教育思想在教育之外。以往，"在对马克思主义教育思想的研究中，不着力于马克思主义的基本观点，而专注于马克思主义者关于教育的教导、论述，似已成通病"。这部著作的新的研究思路从以下章节中就可以体现出来：一、《超越教育》；二、《教育事实》；三、《教育逻辑》；四、《现代教育》；五、《教育民主》；六、《教育开放》。

马克思作为"千年最伟大的思想家"，公认的"对 20 世纪的人类世界最有影响的人物"，马克思主义作为我国社会主义现代化建设的指导思想，对其教育思想的学习和研究是继承和发展人类文明所创造的教育精神的需要。在开创中国特色社会主义教育体系的过程中，不时地"回到马克思""走入（近）马克思"，是必要的，也是必需的。

（二）对杜威教育思想的研究

杜威教育思想对中国教育产生过很大影响，在新中国成立前对其就有过大量研究。新中国成立伊始，曹孚的《杜威批判引论》是对杜威教育思想的研究论文中，比较全面系统而又相对公允的一篇。这篇长文从生长论、进步论、无定论、智慧论、知识论、经验论六个方面，系统评介了杜威的哲学和教育思想。在每个方面，作者都力图先交代清楚杜威思想的本意和来龙去脉，然后再指出它的破绽和问题，同时也注意肯定它的价值。

以对杜威的知识论和经验论的评价为例。作者指出："苏联教育家对杜威的批判，主要地集中在他的知识论与经验论上，他们不大讨论他的社会哲学，因为苏联教育从来没有在这方面受过杜威主义的有害影响。"作者介绍说，杜威认为，知识既不起源于感觉，也不起源于理性，而是起源于行动或活动。因为生命的基本事实是：活动是第一性的，知识是附属性的，所以学校教育的内容，应该以"做"为主，以"学"为辅。作者认为，活动（activity）不是单纯的行动（action），行动有被动的，有主动的，杜威说的活动是自发的、自动的行动。作者批评杜威的知识论是重视了"认识"的过程，而忽视了"知识"的结果。作者说，杜威强调经验具有主动与被动的两重性，因为在经验的构成中，包含着活动与后果之间的关系（意义）之认识，所以经验即是教育。因为在经验的构成上，活动是第一义的，感受与意义之认识是第二义的，所以在教学方法上，活动应置于学习之上。作者最后得出结论：在社会哲学方面，杜威的观点是反动的，但他的认识论的观点有与形式主义做斗争的积极因素。[①]

对杜威教育思想的研究，在1955年前后达到高潮，但此时的研究已具有以政治批判代替学术批判、以断章取义代替意义分析的倾向。如有人认为"实用主义教育理论是反科学反理性主义的教育理论"，是"美帝国主义麻醉人民和侵略世界的工具"[②]；还有人认为，当时中国教育界的许多问题，如学生负担过重、健康状况下降、对教学大纲和教科书采取轻率态度等，"所有这些也都表明了在我们某些教育工作者的头脑中占据主要地位的不是马克思列宁主义教育思想，而是'儿童本位''发展个性''兴趣主义''自由主义''适应环境''尊重学生自发活动'等一类的实用主义教育思想"[③]。有些刊物的文章则称"杜威是华尔街老板以最高的代价豢养的"，他的实用主义教育学是"集世界资产阶级各种反动教育学说之大成"。

---

① 曹孚：《杜威批判引论》，《人民教育》1950年第1卷第6期、第2卷第1期。

② 张腾霄：《实用主义教育学的反动实质何在》，《人民教育》1955年第5期。

③ 李秉德：《清除实用主义教育思想在我国教育界的影响》，《人民教育》1956年第2期。

1958 年以后，教育理论界在很长一段时间内停止了对于杜威的批判。"文化大革命"期间，人们对"教育革命"的许多做法存有"实用主义变种"的微词。对此，《教育革命通讯》组织了专题文章，提出杜威鼓吹的教育改造社会的观点，其"所谓'改造'社会是假，'稳定'资本主义社会是真。这就是杜威实用主义教育思想的反动本质"。文章还集中批判了"教育即生活""学校即社会""儿童中心论""从做中学"等论点。文章的牵强之处颇多，如认为杜威的"做中学"目的在于"阻挠"学生参加社会实践等。[1]

20 世纪 80 年代以后，重新研究与评价杜威教育思想的论文日趋增多。在研究与评价的基本倾向上，一种是基本否定部分肯定的态势，一种则是基本肯定部分否定的态势。前者首先强调杜威在政治上是反动的，哲学上是主观唯心主义的，庸俗进化论的基础是伪科学的，人性论是资产阶级的，其教育实践是失败和有害的。在上述前提下，方可承认他的教育思想的某些合理因素，特别是反对传统教育形式主义方面的积极意义。[2]后者则认为，过去对杜威教育理论的研究多重于政治上、哲学上的批判，而缺乏对其教育理论具体分析，以致评价往往以点代面，以偏概全。并认为："杜威对现代教育理论的建树有无可争议的贡献。他的教育理论对美国教育的发展，对现代各教育流派的发展，对当今世界教育改革都有很大影响。"[3]1981年 1 月由华东师范大学出版社出版的《杜威教育论著选》，就是在这一认识的指导下编选的。作者在分析杜威教育思想产生的背景时指出："美国在经历南北战争（1861—1865 年）后，到 19 世纪末和 20 世纪初，正处于扩张和大发展的时期，由于生产和资本的高度集中，实验科学和工业技术的最新成就，以及海外市场的开辟等，美国经济迅速地从自由竞争过渡到垄断资本主义阶段。可是，美国工人所受的剥削更加残酷，城市和农村的剧烈变化和严重失调，周期性的经济危机不断出现，因此，阶级矛盾愈加尖锐。在教育领域中，自 19 世纪上半期以来，美国公共教育有了迅速的发展，但学校制度、课程设置和教学方法，还是继承欧洲大陆和英国旧学校的传统，形式主义的、呆板的教育仍占统治地位。杜威实用主义教育思想就是在这

---

[1]　梁思：《实用主义教育思想剖析》，《教育革命通讯》1975 年第 10 期。

[2]　罗炳之编著《外国教育史》，江苏人民出版社，1981，第 31 章。王天一：《杜威教育思想探究》，《北京师范大学学报（社会科学版）》1982 年第 3 期。

[3]　陈宁：《重新评价杜威的教育理论》，《华中师范大学学报（教育科学版）》1987 年增刊。

样的历史背景下产生的，目的在于改造旧学校，使新的一代具有资产阶级所需要的品质，能顺利投入现代化的生产过程中去，并适应急剧变化的现实生活，借以巩固资本主义制度。"把杜威的教育思想放在这样一个广阔的背景上考察，才可能得出有历史感的评价。

赵祥麟的文章以实事求是的精神和翔实的一手资料，论述了杜威教育思想中的若干基本论点，纠正了许多以前的误解与曲解。如针对过去有人把杜威与测量运动搞在一起的说法，赵文指出："杜威是测验和测量运动的尖锐批判者。他认为测验和测量只是反映了重视分数、分等、分班和升级的学校管理的各种方式。他认为即使凡存在的东西都是能够被测验是对的，凡不存在的东西还是不能测量的。"针对过去有人认为杜威反对系统地学习科学知识的观点，赵文写道："实际上在芝加哥实验学校里，随着年级的提高，他们对自然科学、数学、文学、历史、社会研究采用更系统的作业。到了中年级，教材的系统性更为明显，到了高年级（13—14 岁），便开展各种'专门化活动'，他们的课程也更为复杂化。"①

周鸿志的文章则系统地研究了杜威教育思想在中国的影响，将杜威研究分为"备受赞扬和全盘肯定""全盘否定和批判"以及"以实事求是的精神，用一分为二的科学方法来分析研究"三个时期，并肯定了杜威的"进步教育"的若干合理内核。如:（1）批判传统教育着眼于过去的知识与道德规范，脱离学生的生活实际和社会实际;（2）尊重儿童天赋能力的自然发展和主动习惯的形成;（3）高度评价儿童的兴趣并正确引导儿童的兴趣;（4）创造性思维态度的训练，引导和培养儿童的好奇心和求新思想等。②这表明，中国当代教育理论对国外的教育学说已开始走出盲目信从与一味排斥的困境，开始进行自觉的选择与冷静的分析。

（三）对陶行知教育思想的研究

对中国当代教育思想影响最大的中国教育家，当首推陶行知。由于陶行知是杜威的学生，所以杜威在中国的命运在很大程度上也在他的学生身

---

① 赵祥麟:《重新评价杜威实用主义教育思想》,《上海师范大学学报（哲学社会科学版）》1980 年第 2 期。

② 周鸿志:《关于杜威教育思想在中国影响的研究》,《北京师范学院学报（社会科学版）》1989 年第 1 期。

上折射出来。关于陶行知教育思想的讨论主要有两个高潮，一个是 1952 年前后，一个是 1980 年左右。[①]讨论的焦点主要有：陶行知在政治上是资产阶级还是小资产阶级，在思想上与杜威是一脉相承还是同中有异，在教育目的上是客观为统治阶级服务还是为人民大众服务，生活教育的内容、形式、方法的主导倾向是积极可取的还是消极有害的。因为陶行知的教育思想与武训精神和杜威思想有着不可分割的联系，所以他受到了批判，但陶行知曾受到以毛泽东、周恩来为代表的中共中央领导人的高度评价和赞扬，他的许多弟子又都成为新中国的领导干部，特别是教育界的领导干部，这样，对陶行知的评价就既有认识上的矛盾，又有情感上的矛盾。一方面是对武训精神和杜威教育思想的彻底否定，一方面又无可否认陶行知的进步思想和教育实绩。

新中国成立初期，对陶行知及其教育思想是充分肯定的。1950 年，为纪念陶行知逝世四周年，新北京出版社出版了《陶行知先生四周年祭》一书，收录了李维汉、徐特立等人的纪念文章。《人民教育》也发表了《革命的教育家陶行知先生》的社论，对他的教育思想和教育实践做了如下概括："陶行知的教育思想虽然并不完整，并且因为受杜威的影响而包含某些重要的弱点，但是他反对抄袭外国，反对洋教条；反对迷信，提倡民主与科学；反对'小众'教育，提倡人民作主人的大众教育；在教育方法上，反对理论和实际分离，学用分离，主张手脑并用，在劳力上劳心；教学方法上提倡'教学做合一'，'教人者教己'；在普及教育上提出'即知即传''小先生制'等，这一切是充满革命的民主精神，而且很多是今天仍然继续适用的。"陆定一也明确表示："陶行知的教育理论与实践和帝国主义反动派的要人做奴隶、顺民的教育目的根本不同，他的目的是唤起人民自己解放自己。他把人民看作人而不是奴隶和顺民。他主张人民的解放，他又相信人民的力量，人民的智慧。"所以，他的教育思想是"新民主主义的教育思想"[②]。

1951 年 6 月，电影《武训传》受到批判，接着又展开了对杜威实用主义教育的批判，由于陶行知公开倡导过武训精神，又是杜威的学生，自然难逃厄运，对他的评价开始急转直下。1951 年 8 月，《人民教育》发表了姜乐仁的文章《评"小先生制"》，认为陶行知的"小先生制"虽然在历史上

---

① 在 1991 年陶行知诞辰 100 周年时，各地报刊与出版社也发表了一批研究论文与著作。

② 陆定一：《悼念人民教育家陶行知先生》，《陶行知先生四周年祭》，新北京出版社，1950。

起过进步作用，但它本身并不利于"小先生"自己的系统学习，因此在教师能够满足的今天就不宜再提倡了。时隔一月，有人对这种学术上的批判感到不满足，又在《人民教育》第 3 卷第 5 期发表了《关于〈评"小先生制"〉一文的商榷》，认为"陶行知的主要错误还不在于小先生能否教人的问题，而是幻想在国民党反动派政权下，不经过革命，就能够在半封建半殖民地的旧中国实现普及教育"，开始了政治上的批判。他的许多学生，如戴伯韬、董纯才等，也纷纷在自我检讨的前提下，在承认陶行知教育思想的错误性质的前提下，做些微弱的辩解，以维护先生的形象。① 同时，《人民教育》还发表了一大批讨论文章，如潘开沛的《陶行知教育思想中几个问题的商榷》、刘季平的《略论陶行知先生的哲学观点》等，其中倾向性的意见是认为陶行知的教育理论是小资产阶级或资产阶级改良主义的，是实用主义的教育理论。

1952 年以后，对陶行知的批判开始降温与冷却，直到 1957 年 7 月，《人民教育》发表了邓初民《我们必须对陶行知先生以重新评价》和张宗麟《关于陶行知先生》的两篇文章，才又开始对陶行知教育思想再认识。张宗麟的文章指出：（1）陶行知是"伟大的人民教育家"；（2）陶行知的思想是逐渐转变，逐渐转向马克思主义的；（3）陶行知不是美国杜威在中国的翻版；（4）陶行知不是武训，二人不能相提并论；（5）"教学做合一"与"做中学"不是一码事；（6）小先生制和工学团的办法，不仅过去有用，今天依然可用；（7）陶行知反对的许多东西，如"读死书，死读书，读书死"，今天还要反对；（8）陶行知的理论不是马尔萨斯人口论；（9）陶行知一生宣传救国，教育大众。

由于 1957 年下半年的政治运动的到来，这些争辩并未引起人们多大注意，但讨论中有一种倾向值得注意，即强调陶行知和武训、杜威的区别，而往往过低地贬斥武训和杜威，这一现象甚至现在仍然可见。

与整个教育理论研究的复苏一样，对陶行知的研究在 1979 年以后也渐趋增多，陶行知的教育文集、全集以及陶行知学生的纪念文集纷纷出版，为陶行知的研究者提供了充分的第一手资料。

毛礼锐率先从"人民教育家"这一基本出发点，肯定了陶行知教育思

---

① 戴伯韬:《对陶行知教育思想认识的初步检讨》，董纯才:《我对陶行知先生及生活教育的认识》，《人民教育》1951 年第 10 期。

想的进步性：一是人民第一、教育为公的思想；二是争取民族自由平等的教育思想；三是实施民主教育、创造民主的新中国的思想；四是学习科学、创造科学的思想；五是教育与生产劳动相结合的思想；六是教育与人民的生活实际相结合的思想。①

　　就在许多报纸、杂志和研讨会纷纷发表纪念陶行知的文章，并对过去的陶行知批判进行反批判的时候，须养本、王恩清的《全面正确评价陶行知先生的教育思想》一文，弹出了一个不和谐音。作者认为，陶行知一生不断革新，对人民解放事业做出了贡献，"但是，他长久坚持的教育观点和整个教育实践，占主导地位的始终是'教育救国论'和实用主义的'生活教育'思想"②。该文发表后遭到了一片反对声，《教育研究》先后发表了一批商榷文章。如胡锡培撰文说："'须、王二位'既未将陶行知'摆在一定历史条件的背景上'，用历史唯物主义观点去评价他，也没有看他的实践活动和发展到最后的主导一面；而是抓住一点，予以歪曲，并推及整体得出论断。"③并就其文章中列举的陶行知教育思想中的十个问题逐一进行了反驳，认为不是"臆断妄想"，就是不实事求是。此外，李能寿、孙传华、黄贵祥等，也分别论述了陶行知教育思想的人民性与科学性，并系统讨论了陶行知与杜威的不同之处。④

　　郭笙则写长文论述了陶行知的基本教育观，即"反对传统教育脱离生活实际，以文字、书本为中心，主张实际生活是教育的中心，为了生活的向前向上的需要，同生活实际密切结合的生活教育"。并肯定陶行知的教育思想不是杜威所说的日常生活需要和资本主义社会要求的，只做枝节改良的实用主义教育，而是"人民大众争取解放、创造幸福社会的教育，是促进社会历史'向前、向上'发展的进步的、革命的教育"⑤。此后，教育理论界开始了对陶行知教育思想的全方位研究，全国的重要城市都成立了陶行

① 毛礼锐：《人民教育家陶行知教育思想的进步作用》，《教育研究》1979 年第 3 期。

② 《教育研究》，1980 年第 1 期。

③ 胡锡培：《评〈全面正确评价陶行知先生的教育思想〉》，《教育研究》丛刊 1980 年第 3 期。

④ 李能寿：《究竟怎样全面正确地评价陶行知的教育思想？》，《教育研究》1980 年第 6 期。孙传华：《对陶行知教育思想理论的几点认识——兼评〈全面正确地评价陶行知先生的教育思想〉》，《教育研究》1981 年第 1 期。黄贵祥：《陶行知不同于杜威》，《教育研究》1981 年第 9 期。

⑤ 郭笙：《试论陶行知对传统教育的批判及其生活教育理论》，《华东师范大学学报（教育科学版）》1986 年第 3 期。

知研究会，对推动这方面的研究起了重要作用。

陶行知的生活教育理论与杜威教育思想有差异，但仍属一脉。在其哲学基础上，如知与行的关系上，重行；在先验理性与后天经验关系上，重经验与切身体悟。90 年代以来，我国推行由"应试教育"向素质教育转轨，在素质教育的实践和理论建构中，他们的思想成为重要的思想素材和理论渊源之一，对于批判教育现状，纠偏"应试教育"的流弊，起到了重要作用。不过任何走向极端的做法都是错误的，比如有的学校以为搞素质教育就是要取消课堂教学了，或者怕背上"应试教育"的恶名，而放弃或放松课堂知识的教学。陶先生秉承其师，为反对"传统教育"而推行"现代教育"有其矫枉过正的需要，但如果有人在素质教育或什么别的教育的旗帜下，重新再搞"废教室设活动室和操作室"，恐怕会重蹈杜威的覆辙。我们应该正确吸收他们的理论中生动活泼的内容而摒弃其已经成为历史的没有生命力的部分，并结合今天的生活和我国教育的实际状况，把我们的教育搞得更好，真正实现素质教育的理想。

二、对社会主义教育的理论探讨

什么是社会主义的教育？社会主义国家与资本主义国家的教育有什么区别？1949 年以后，这是教育理论界一直很重视的问题。最初，这个问题的展开是新中国成立之初讨论新民主主义教育与社会主义教育的关系开始的；1957 年以后，"教育为无产阶级政治服务，教育与生产劳动相结合"被确定为社会主义教育性质的最凝练的表述；20 世纪 80 年代后又开始了对社会主义教育性质的重新认识。

1949 年 9 月 29 日通过的《中国人民政治协商会议共同纲领》第四十一条写道："中华人民共和国的文化教育为新民主主义的，即民族的、科学的、大众的文化教育。人民政府的文化教育工作，应以提高人民文化水平，培养国家建设人才，肃清封建的、买办的、法西斯主义的思想，发展为人民服务的思想为主要任务。"根据新民主主义的教育性质，当时的教育部副部长钱俊瑞在《人民教育》创刊号及第 2 期上，连续发表了《当前教育建设的方针》的长文，明确提出了教育工作的指导思想："为工农兵服务，为生产建设服务，这就是当前实行新民主主义教育的中心任务。"

在钱俊瑞对新民主主义的教育进行政策性解释的同时，教育理论界也有人试图探讨新民主主义的教育特征，如常春元就撰写了《新民主主义教育教程》一书（上海杂志公司 1950 年版），但该书主要是介绍解放区的教育加上《东北区普通中学暂时实施办法草案》的内容，并未真正深入探讨新民主主义教育的特征。

1953 年，中共中央提出了党在新民主主义向社会主义过渡时期的总路线和总任务，即在一个相当长的时间内，基本上实现国家工业化，和对农业、手工业、资本主义工商业的社会主义改造。那么，在这一过渡时期教育的性质究竟是新民主主义的，还是社会主义的呢？《人民教育》1953 年 6 月号发表了王铁以答读者问的形式回答这一问题的文章，明确提出，由于我国社会主义因素（主要是无产阶级的政治领导和公有制经济）已经起主导作用，在社会生活中起决定作用，因此"新民主主义的教育已带有起决定作用的社会主义因素"，如教育确定了为工农服务的方针，五项国民公德①的确立，教师已参加工会等。但作者也认为，"就全部国民教育的内容来说，它还是新民主主义的，不是社会主义的"。这是因为在国民经济中还存在着私有资本主义和为数众多的小私有者个体经济，在政治方面则是以无产阶级为领导、以工农联盟为基础的四个阶级的联合专政。由于社会性质与社会主义国家不同，国民教育也就和社会主义教育不同。

作者对过渡时期教育性质的分析有一个重要的理论前提，这就是教育的性质受社会的政治、经济性质的制约，教育不可能超越政治、经济的水平而率先发展。作者还研究了社会的物质生产水平与教育性质的关系，认为在没有实现工业化之前，要培养先进、科学的人生观、世界观，实现人的全面发展，是不可能的。

半年以后，王铁对自己的观点提出了修正，强调了在过渡时期教育的社会主义因素的增长和作用，但仍认为新民主主义教育与社会主义教育具有不同的性质。②对这一观点首先提出意见的是柳维光，他认为，新民主主义阶段到 1949 年已经结束，过渡时期的教育从性质上讲无疑是社会主义的。③还有一种观点是强调教育的上层建筑性质和意识形态的引导作用，从

---

① 五项国民公德是爱祖国、爱人民、爱劳动、爱科学和爱护公共财物。

② 王铁：《新民主主义教育与社会主义教育的关系》，《人民教育》1954 年第 4 期。

③ 柳维光：《关于过渡时期教育性质和任务的意见》，《人民教育》1954 年第 6 期。

而认为作为上层建筑之一的教育必须具有社会主义的性质。①

也有人依然坚持过渡时期教育的新民主主义性质，如牛子儒就明确指出："有人认为当前教育性质就是社会主义性质，这是错误的。错误的原因是：把属于社会主义教育体系的新民主主义教育视作社会主义教育本身；把新民主主义教育中占主导地位的社会主义因素视作占统治地位的唯一因素；把以社会主义为内容来教育学生、以社会主义为指导思想来办教育等同于社会主义性质的教育。总之，把明天当作了今天，把奋斗目标当作了现实生活。"作者还特别提醒说："教育工作上的盲目冒进现象与对教育性质认识上的偏差是有关系的。"②

1957 年以后，关于教育性质的讨论趋于一致，都统一到了毛泽东的表述上来了，这就是"教育必须为无产阶级政治服务，必须同生产劳动相结合。劳动人民要知识化，知识分子要劳动化"。陆定一认为，这同资产阶级的为教育而教育，劳心与劳力分离，以及教育由专家领导的性质是"针锋相对"的。③这样，社会主义教育性质就以政府文件的形式规定下来了。

为什么要实行"教育为无产阶级政治服务"的方针？当时的理论逻辑是：教育属于上层建筑，在阶级社会中，教育是阶级斗争的工具，教育不是为这个阶级服务就是为那个阶级服务，超政治的教育是没有的。"从历史上来看，教育这个工具，当它掌握在反动的统治阶级的手里时，它就成为用来麻痹和压迫广大的劳动人民，维护反动统治的工具；当它一旦为被压迫的革命阶级所掌握时，它就成为组织和教育群众，起来反抗剥削和压迫，进行革命斗争的工具。""历史上的一切反动阶级，他们不敢公开承认教育为政治服务这一客观事实，他们常常用许多的抽象或漂亮的词句，来掩盖教育为反动政治服务的实质，麻痹和欺骗广大的劳动群众，以维护其反动的统治。"④

教育如何为无产阶级政治服务？当时的理论界主要从以下两个方面进行了阐述。第一，要使教育成为无产阶级专政的工具，"在教育战线开展'兴无灭资'的两条道路的斗争，为彻底消灭一切剥削阶级和剥削制度的残余，

---

① 王弋丁：《从政治、经济与教育的关系来考察过渡时期教育的性质》，《人民教育》1954 年第 9 期。

② 牛子儒：《新民主主义社会的教育应该是新民主主义的》，《人民教育》1954 年第 9 期。

③ 陆定一：《教育必须与生产劳动相结合》，《红旗》1958 年第 7 期。

④ 黄济：《学习党的教育方针》，《北京师范大学学报（社会科学版）》1959 年第 1 期。

建成社会主义和逐步过渡到共产主义的远大目标而奋斗"①。第二，要加强党对学校的领导。在"文化大革命"开始以后，随着政治被窄化为阶级斗争，专政演化为斗、批、改，作为工具的教育的任务，首先就是为阶级斗争服务，培养阶级斗争的闯将；而党的领导，则被具体化为工人、解放军、贫下中农进驻学校。

为什么要实行"教育与生产劳动相结合"呢？当时主要有这样几个依据：首先，这是中国共产党历来倡导的方针。如毛泽东在论述苏维埃教育的总方针时就提出：要使教育与劳动联系起来，使广大中国民众都成为享受文明幸福的人。而新中国成立后"教育工作中主要的错误和缺点，是教育脱离生产劳动"。其次，这是马克思主义经典作家历来强调的。如马克思在《哥达纲领批判》和《资本论》第一卷中就强调教育与生产劳动的结合是"改造现代社会的最强有力的手段之一"，"是培养全面发展的人的唯一方法"等；列宁在《民粹派空想计划的典型》中也认为，如果不把青年一代的教育与生产劳动结合起来，未来社会的理想是不能想象的。根据当时教育理论界对上述马列经典作家思想的理解，似乎教劳结合是共产主义教育制度的最根本特征。再次，这是区别于历史上"劳心者治人，劳力者治于人"的社会制度的标志。正如陆定一所说："我们的教育是为无产阶级专政服务的，因而我们的教育，就必须一反以往几千年的旧传统，采取教育与生产劳动相结合的方针，来消灭脑力劳动与体力劳动之间的差别，这也就是消灭历史上一切剥削制度的残余，使人类进入共产主义社会。"

教育如何实现与生产劳动的结合？当时教育界的理论与实践大致有以下方面：一是工厂办学校，学校办工厂，农场办学校，学校办农场；二是大搞"人人学习，人人劳动"的运动，实行半工半读、半耕半读；三是师生以社会为课堂，结合生产任务组织教学；四是师生下厂、下乡劳动。

这种"结合"在当时就有不同的看法与疑问。如有人提出大学生读了那么多书，学了那么多专业，结果去当工人、农民，只从事简单劳动，是一种浪费。但回答是："普通劳动者——工人、农民，是一个崇高的称号。这不仅是因为他们创造了社会物质财富，而且工人、农民的劳动本身就是最富有创造性的。"有人担心"教育和劳动结合会降低学生的质量，阻碍我国科学发展，无法赶上世界先进水平"。但回答是："学生质量并不在于他念

---

① 黄济：《学习党的教育方针》，《北京师范大学学报（社会科学版）》1959年第1期。

了多少书，读了多少文献，而要看到这些理论是否和实际结合，小麦亩产7320斤，这不是国际水平吗？"① 从此可以看到，"文化大革命"中的"开门办学"等，这时已初见端倪。

"四人帮"被打倒以后，教育理论界逐渐对"专政工具论"和"教劳结合论"提出了疑问。1980年，潘益大将此作为理论问题提了出来。他在《关于教育方针的探讨》一文中提出，上述教育方针是在"由于对阶级状况的错误判断导致了阶级斗争的扩大化，'左'倾思想在党内滋长"的情况下提出的，因而不可避免地"打上鲜明的时代的印记"②。文中对当时具有代表性的看法，即现行方针正确只是执行错误的观点提出了异议，认为"如果在较长时期的实践中，一个统率全局的教育方针，总是使千百万教育工作者的行动导向错误的道路，那么，人们难道就没有权利怀疑一下这个方针本身的正确性吗？原则永远是全面的，实践始终是片面的，这既不符合以往的事实，在理论上也说不通"。

关于教育为政治服务的问题，作者认为关键是要弄清楚"政治"的含义。他指出：过去无论是教育为政治服务，就是培养革命接班人的广义理解，还是为当时的阶级斗争、路线斗争服务的狭义理解，都有缺陷和问题。"教育要为培养革命接班人服务，这从整体上说是毫无疑义的。然而，在我们国家里，哪一样工作不要为培养接班人出力呢？一个具体的工作方针，并不反映这个领域本身所具有的鲜明的个性特征，而只是反映同其他领域相通的共性，这显然不足以构成作为教育方针的主要内涵。"当然更不应该以教育配合阶级斗争，成为大搞政治运动的代名词。

关于教育同生产劳动相结合的问题，作者认为，我们理解的教育与生产劳动相结合，并非马列本来意义上的教劳结合。马列教劳结合思想的主旨在于：一是为工人阶级的后代争取受教育的权利而发出的呼吁，二是作为提高全社会现代科学文化水平的重要途径，三是从对空想社会主义理论的科学分析中，对于未来教育的设想。而我们的教劳结合从一开始就主要是作为思想政治教育的内容和要求提出来的。所谓教育与生产劳动相结合，实际上就是简单的教育加劳动，或者说在各科教学的总量中，多抽出一点

---

① 《应不应当培养学生成为劳动者？——北京大学展开关于教育与劳动相结合的大辩论》，《人民日报》1958年7月25日。

② 潘益大：《关于教育方针的探讨》，《文汇报》1980年11月4日。

时间来加强对学生的劳动教育。

潘文发表以后，对教育为政治服务、教育与生产劳动相结合的讨论趋于热烈，集中于要不要服务与结合，以及怎样服务与结合等问题。为此，《教育研究》先后发表了车树实的《关于"学校应当成为无产阶级专政的工具"的辨析》、成有信的《学校是无产阶级专政的工具吗？》、孙喜亭的《教育与生产劳动相结合的原理被曲解了》、董纯才的《坚持教育同生产劳动相结合的原则》等文章。

1987 年，中国共产党的十三大报告确立了我国处于社会主义初级阶段的理论。此后，教育理论中关于社会主义教育性质的讨论便转化为对我国社会主义初级阶段教育特征的讨论。如果再往前推，其实此前已有了关于"中国特色的社会主义教育"的讨论。

讨论的基本出发点是一致的：第一，我国的社会性质是社会主义的；第二，我们处于社会主义的初级阶段。但对社会主义的性质和初级阶段的特征，认识上并不一致，所以对社会主义初级阶段教育特征的看法自然就有分歧。

首先，我们是否已经把握了社会主义初级阶段的教育特征？一种意见认为这是一个已基本解决的问题。如有人指出："在民主革命时期，在使教育适应革命需要和老区实际方面，已经积累了丰富的经验。在社会主义时期，又创造了许多新的经验。这为建设有中国特色的社会主义教育奠定了基础。"[1] 还有人认为，"马克思、恩格斯关于教育本质、教育与现代化生产的关系和人的全面发展学说，是最早提出的现代教育理论，是建立我国社会主义现代教育最根本的理论基础"，而"《中共中央关于教育体制改革的决定》，是我国教育发展到新的历史时期的里程碑，为发展有中国特色的社会主义教育事业绘制了蓝图"[2]。

另一种意见认为，过去对这个问题虽做过有益的探索，但并未得出可信的结论。如金一鸣、袁振国指出：过去认识教育性质主要有四个参照系，一个是我国新民主主义的教育，一个是其他社会主义国家主要是苏联的教育，一个是资本主义国家的教育，一个是马列的有关教育论述。在与新民

①　张燕镜：《从中国实际出发，建设有中国特色的社会主义教育》，《北京师范学院学报（社会科学版）》1984 年第 1 期。

②　叶上雄：《试论"有中国特色的社会主义教育"的基本特征》，《东北师范大学学报》1986 年第 1 期。

主主义时期的教育比较时，往往强调新民主主义时期老解放区和社会主义时期教育的一致性、连贯性，而没有及时区分它们的不同点。在与苏联的教育比较时，20世纪60年代初把苏联教育当作社会主义国家办学的楷模，一度犯了照搬照抄的错误；60年代以后，由于对苏联"修正主义"的错误估计，对苏联教育改革变迁的情况又未能及时关注，采取了简单排斥的态度。在与资本主义国家的教育比较时，强调了社会主义国家与资本主义国家教育的不同点与本质区别，而忽视了它们现代化大生产的共同基础，忽视了教育都要为生产力发展服务这个共同特征。在以马列的教育思想作为教育发展的指导思想时，对于其中的一些具体论述与判断，如未来社会人的全面发展的论述，列宁关于俄罗斯时期知识分子的评价以及由此而提出的知识分子政策等论述的引用，缺少结合我国发展水平和具体国情的认真分析，存在着机械照搬的毛病等。[1]既然参照、比较的基本思想和依据有偏差，当然也就不可能对中国教育的性质有正确的判断。

正是基于上述认识，作者分析了社会主义国家和资本主义国家教育的若干共同之处。

在教育职能上，都有向社会输送专门人才的育才职能，都有传递科学知识、文化传统的传播职能，都有选拔和淘汰的筛选职能，现代教育特别是高等教育还有一定的科研生产职能。

在教育任务上，都必须以传授科学文化知识和形成学生的学习能力，适应能力为中心任务，都要遵循青少年身心发展的规律，遵循学生知识掌握、能力发展的规律，不断提高教育的科学性。

在教育形式上，都以班级授课制为基础，以课堂教学为主要形式，因此在管理、方法、组织上必然有许多共同的特征，必然都要求既面向大多数又努力做到因材施教。

在教育内容上，不仅作为现代化大生产理论基础的自然科学知识是共同的，而且许多适应现代社会需要的哲学思想方法，财经、管理、法律理论等也会有共同性，就是伦理道德、社会规范也会有某些共同的方面。

在教育方法、教育手段上，利用现代化的仪器和设备更好地调动学生的学习动机和兴趣，激发他们的学习积极性，帮助他们更好地直观、理解、

---

[1] 金一鸣、袁振国:《我国社会主义初级阶段的教育特征问题》，载王生洪主编《上海教育发展战略研究》，复旦大学出版社，1988年。

记忆和操作，无疑都是共同关心的。[①]

这就揭示了社会主义教育性质并非与资本主义教育风马牛不相及，而有许多共同之处。"由于发达国家生产现代化的时间长、程度高，在使教育适应现代化生产要求方面有较多的经验，所以大胆地引进、吸收国外的教育思想和教育实践，便成为教育改革的必要组成部分。"

也有人从商品经济的特点出发，分析了现代社会对现代教育的影响，认为："现代社会首先是商品化社会，是以商品经济为基础的社会。资本主义是自由商品经济，社会主义是有计划的商品经济。商品经济是现代社会的共同特征，现代社会的其他特征都是在这个基础上产生的或是它的表现。"商品化所派生出来的主要社会特征有生产科学化和生产现代化、社会民主化、社会法制化、社会革命化等。由此，它决定了教育的特征不能不具有商品性、生产性、科学性、民主性、发展性、多样性和革命性的特征。[②]

但由于社会形态的不同，人们也并不否认社会主义的教育性质有其特殊性。它主要表现在：中国的社会主义教育必须以马克思主义为指导，必须贯彻党和政府为教育制定的教育方针和政策，必须加强对新一代的马克思主义思想教育，加强和保证党与政府对教育事业的领导。[③]

三、对人的全面发展问题的教育透视

把人的全面发展作为我国教育的基本原则和教育方针的理论依据，最早是在 1951 年初的全国高等教育会议和中等教育会议的总结中提出来的。在政府颁布的文件中提出，最早见于 1952 年 3 月 18 日颁布的《中学暂行规程》（草案）和《小学暂行规程》（草案）。这两个规程的第三条都写道：对学生"实施智育、德育、体育、美育全面发展的教育"。为了帮助广大教育工作者理解"全面发展"的含义和意义，做好贯彻全面发展原则的舆论准备，《人民教育》第 3 卷第 2 期曾以"问题讨论"的形式，发表了潘梓年的《谈"全面发展"》和张凌光的《我对"全面发展"的看法》两篇文章，

[①]　金一鸣、袁振国：《社会主义的教育性质需要重新认识》，《文汇报》1986 年 12 月 16 日。

[②]　成有信：《现代教育和社会主义初级阶段》，《教育研究》1988 年第 5 期。

[③]　孙喜亭：《社会主义初级阶段教育的性质、任务和改革》，《华东师范大学学报（教育科学版）》1988 年第 3 期。

但直到 1955—1957 年间才形成讨论。

20 世纪 80 年代初，对人的全面发展问题的研究开始形成第二次高潮。它发端于全国马克思主义教育思想研究会 1980 年年会上，关于"德智体全面发展"是否符合马克思所用"人的全面发展"概念原意的讨论。陈桂生在会上提交的《关于"德智体全面发展"的提法问题》一文，用大量经典作家的表述，证明马克思、恩格斯本来意义上的"人的全面发展"，是指人的"能力"方面的全面发展。持不同意见的人则认为，"人的全面发展"，既是指个人体力和智力的统一发展、体力劳动和脑力劳动相结合的结果，又是个人在体力和智力上各自充分的自由的发展，使个人的才能尽可能多方面的发展；当他们从作为一定社会关系的承担者、作为完整的"社会的人"角度考察这个问题时，其含义是指个体在思想品质和精神状态方面的正常发展。[①]

鲁洁认为，马克思主义全面发展的学说是经济学范畴的理论，而我们却以这一学说作为阐明教育目的的唯一理论依据，这就造成了制定和理解教育方针的窄化。她认为，全面发展学说只能作为确定社会主义培养目标的理论基础之一，而不应当是它的全部的、唯一的理论依据。[②] 文章通过对《德意志意识形态》《资本论》《反杜林论》的简要考察，指出："在全面发展的理论中，马克思、恩格斯是把人的发展规律作为一种经济发展规律来做出分析的，是把人作为一种生产力要素，作为生产过程中的人来考察的，着重解剖了在这一过程中人所具有的属性和特征及其发展的历史，也即是人的劳动生产能力（体力和脑力的总和）及其发展的问题。很显然，马、恩的全面发展理论，它并不着意于去分析作为一个社会人的全部特征和属性。"作者认为，教育对象是生活在社会有机体中的人，这个有机体中的各种复杂的因素、多层次的结构，都必然影响、制约着人的发展。比如，有生产力因素，还有生产关系；有经济基础，还有上层建筑。此外，家庭、民族等社会影响都会对人的发展发生作用，提出要求。所以她提出："社会主义教育的培养目标应当建立在完整的理论基础上。"

没有与"经济范畴说"发生直接论争，但也有较大影响的另一种观点是人的全面发展的"哲学范畴说"。这一观点以丁学良的《马克思的"人的

---

① 李明德：《关于人的全面发展和教育同生产劳动相结合》，《教育研究》1981 年第 7 期。

② 鲁洁：《马克思主义全面发展的学说与社会主义教育目的》，《教育研究》1982 年第 7 期。

全面发展观"概览》为代表。文章认为，马克思主义的人的全面发展的学说，绝不仅仅是一个教育学原理，而是一个内在地凝聚着马克思哲学思想精华，统驭着社会活动各个方面的哲学原理。[①]

作者提出，马克思赋予人的"全面"发展的含义具有两个层次。第一层次是唤醒自然历史进程赋予人的各种潜能本质，使之获得最充分的发展。第二层次是人的对象性关系的全面生成和个人社会关系的高度丰富，也就是人的活动的全面性和由此形成的社会关系的丰富性。作者认为，中国教育理论界流行的"体力劳动和脑力劳动相结合是人的全面发展的本质特征"之类的说法，正是未能从哲学思想的高度理解马克思主义全面发展的学说造成的，是人为地缩小和浅化了马克思赋予"全面"发展的深广含义，把人在情感意志领域、审美领域、社会关系领域内的充分和谐的发展统统从"全面"发展中剔去了，把人仅仅看成是生产手段、劳动力，从而降低了"全面"发展的马克思主义标准。

随着20世纪80年代马克思早期著作的重新发现，劳动异化的理论引起了学术界的浓厚兴趣。教育理论界一些比较敏锐的同志对此也及时做出了反应。他们认为，马克思的异化理论和考察劳动异化的思想方法，是正确理解人的全面发展学说的最好钥匙。其中影响较大的是王逢贤的《马克思的异化理论与人的全面发展》一文。文中分析说，马克思的异化概念的基本含义，指的是从人自身分离出的各种力量，逐渐跟自己疏远，从而反过来成为控制、支配自身的异己力量的过程。[②]而人的片面发展，也就是人的异化，"人的自我丧失"；人的全面发展，则是人对各种异化的彻底扬弃，是"人占有自己全面的本质"，"人的复归"。

作者还根据马克思在《1844年经济学哲学手稿》中对人在劳动中异化和对异化的扬弃过程的分析，得出了人的全面发展必然包含的四个方面：一是人的体力和智力同时获得充分的自由发展；二是人的才能和志趣获得充分的多方面发展；三是人的道德精神和审美情趣的发展；四是利用客观规律改造自然和社会的自觉度，达到了高度自由的境界，人成为自身的主人。

也有人不同意把马克思的异化理论作为人的全面发展学说的理论基础。如陈信泰、张武升等认为，异化理论是马克思的早期理论，也是不成熟的

[①] 《中国社会科学》1983年第3期。

[②] 《教育研究》1981年第7期。

马克思主义的理论，因而不能构成人的全面发展学说的理论基础。作者认为，马克思主义形成和发展的过程有三个阶段：第一个阶段是从马克思的博士论文到《黑格尔法哲学批判》，这期间马克思的世界观总的说来是属于黑格尔唯心主义的；第二阶段是从《德法年鉴》到《1844 年经济学哲学手稿》，这期间马克思由黑格尔转向费尔巴哈的唯物主义；第三阶段是从 1845 年《关于费尔巴哈的提纲》及与恩格斯合著的《德意志意识形态》到 20 世纪初，这段期间马克思彻底完成"两个转变"，也是马克思主义的形成和成熟时期。与马克思主义的产生、形成和发展相一致，马克思的人的全面发展学说也有一个产生、形成、发展过程。①

20 世纪 80 年代末，教育理论界开始探讨全面发展与个性发展的内在关系。金忠明在《个性教育和人的全面发展》一文中指出，"个性教育问题是马克思主义关于人的全面发展理论的核心问题"，在讨论德、智、体、美、劳全面发展的理论与马克思主义关于人的全面发展的学说的关系时，他认为后者有着更为丰富和深广的意义，而前者只是人的发展的几个基本要素。"人的全面而自由的发展绝不是德、智、体、美诸方面的均衡发展，每一具体的个性既可以是在这几方面均衡发展的；也可以是某一方面突出发展的；个体既可以成为科技型的人，也可以成为道德型的人，也可以成为审美型的人；既可以是理论型的人，也可以是操作型的人，也可以是理论、操作复合型的人。"② 因此，全面发展绝不是用一种均衡发展的人才范式去裁量拘框个体，而是使个性各依其自身显示的特点百花齐放。

周志毅的论文在考察了马克思主义的全面发展理论与卢梭、亚当·斯密以及空想社会主义的人的发展学说的区别后，明确肯定了个性发展的意义。认为教育要成为个性教育，就必须成为一种受教育者自主的活动、使人愉快的活动、具有内在的丰富性和多样性的活动以及受教育者自由的活动，能够使人具有自由翱翔的能力，教人懂得如何支配自由时间；能够充实人的精神境界，陶冶人的性情，使人的真知灼见充分显现出来，从而使个性得到充分、自由的发展。③

陈桂生于 1988 年出版的《人的全面发展理论与现时代》一书（上海教

① 陈信泰、张武升：《马克思的人的全面发展学说的动态考察》，《教育研究》1984 年第 2 期。

② 金忠明：《个性教育和人的全面发展》，《教育研究》1989 年第 7 期。

③ 周志毅：《人的发展与个性教育》，《教育研究》1990 年第 6 期。

育出版社），是一部比较全面地系统探讨全面发展学说的专著。书中扼要列举了马克思、恩格斯、列宁和斯大林关于这个概念的表述，以弄清他们使用这个概念的原意；分析了人的全面发展理论的形成与发展过程，包括文艺复兴时期以来关于人的全面发展问题的考察从空想到科学的转变，和马克思主义创始人对这个问题考察的认识深化过程；探讨了实现人的全面发展的历史前提与人的全面发展的社会意义；研究了教育在实现人的全面发展中的作用，着重论述作为造就全面发展的人的"唯一方法"的教育和生产劳动相结合，以及与此直接有关的综合技术教育问题；论述了列宁所处时代同马克思所处时代的区别，阐述列宁运用马克思主义理论解决实际问题的立场和方法；研究马克思主义关于人的全面发展的理论在现代受到哪些"挑战"；回顾马克思主义关于人的全面发展理论在中国运用的历史经验与教训，同时展望它在中国运用的前景。该书最后指出：在中国有效地运用马克思主义关于人的全面发展理论、造就社会主义新人具有光明前程，"可以说，我们比马克思和列宁更有理由来探讨人的全面发展问题，并谋求其逐步实现"[1]。

　　20世纪90年代以来，一些研究者开始考察中国教育目的的传统观念和思路与西方教育思想中"人的一切能力和谐发展"的传统和思路的联系或相似性，以及与马克思主义的"人的全面发展"观念与思路的区别。大致有两种研究思路：一是继续沿着马克思主义人的全面发展学说的思路，研究社会主义初级阶段的人全面发展的现实问题和现实起点，探讨社会主义旗帜下人的全面发展理想的绝对性、无限性与市场经济形势下培养全面发展的人的条件的有限性、相对性的关系，寻求马克思主义人的全面发展理论与现阶段教育目的的中介。也出现了一些新的论题，如关于闲暇时间与人的全面发展的关系及其对教育的指导意义，素质教育的理论基础与马克思人的全面发展理论等。二是把中国的教育目的定位在"人的和谐发展"上，沿着教育目的研究的传统思路，探讨人的全面发展问题。主要探讨的论题有"人的全面发展与个性发展的关系""全面发展教育与个性教育的关系"等。[2]

　　"三个代表"思想的确立和2001年江泽民主席在《建党八十周年的讲话》中的论述："我们建设有中国特色社会主义的各项事业……既要着眼于人民

---

[1]　陈桂生：《人的全面发展理论与现时代》，上海教育出版社，1988，第216页。

[2]　瞿葆奎主编《教育基本理论之研究（1978—1995）》，福建教育出版社，1998，第583页。

现实的物质文化的需要，同时又要促进人民素质的提高，也就是要努力促进人的全面发展"，进一步明确：促进人的全面发展自然也是社会主义教育目的的永恒主题。教育理论界对人的全面发展的概念内涵、理论基础与现实性等问题的探讨也必将继续深入。

进入新时期，学术界就人的全面发展的丰富内涵以及如何从发展先进生产力、进行制度创新、加强先进文化建设、扩大交往等方面促进人的全面发展进行了全方位的深入探讨。同时，学术界提出要高度关注"马克思的问题域"，处理好发展市场经济与促进人的全面发展的关系。另外，学术界还从人与环境、人的实践的自发性与自觉性的关系等方面尝试总结关于人的发展的规律，这从一个更高的层面推进了我国的人学的研究。[1] 天津师范大学教授郝贵生认为人的全面发展须具备历史生成的必要条件。北京交通大学副教授杨蔚等认为，满足人的精神需要和改善人的精神生活状况能够促进人和社会的和谐发展。一些学者认为，社会发展是人全面发展的基础，主体因素是人全面发展的内在条件，实践是促进外部条件与内部条件相互作用的平台，树立科学的发展观是人的全面发展的可持续保证。[2] 李丹萍、汪沅则从哲学价值方面探讨人的发展问题，认为人的最终价值是实现于人的全面而自由的发展，而哲学是在人的内心深处所呈现的一片精神净土，人的生活与生存对于哲学来讲却是一种不可或缺的精神元素，所以，我们必须通过人去了解哲学，在哲学中认识到人的本性、本质以及在现实中把握人的发展。因此，我们需要从哲学的角度来观照人类的历史进程，研究人的全面发展与哲学的价值具有重大意义。[3]

关于人的全面发展的内涵和视角也有了新的发展。张瑞业认为，建设学习型社会，推进全体社会成员在思想、精神、智力、体力、社会关系等方面素质的全面发展，是实现人的全面而自由发展的必由之路。[4] 孟东方等人认为，全面建设小康社会与人的全面发展是和谐统一的，两者互为条件、相互支持、相互促进、共同发展，在全面建设小康社会过程中要完善两者

---

① 周文升：《新时期我国人学研究综述》，《南通师范学院学报》2004 年第 1 期。

② 路日亮、马冰星：《新中国人学理路——第十一届全国人学研讨会文集》，中国人学学会，2009 年 12 月。

③ 李丹萍、汪沅：《人的全面发展与哲学的价值研究》，《长江师范学院学报》2010 年第 6 期。

④ 张瑞业：《人的全面发展与学习型社会建设》，《潍坊教育学院学报》2006 年第 1 期。

的各种机制，促成两者形成良好的互动关系，推动全面建设小康社会与人的全面发展。[①] 华南师范大学的包毅认为，社会主义经济、政治、文化、社会的协调发展为人的全面发展创造了良好条件、开辟了广阔空间。切实地推进人的自由全面发展是构建社会主义和谐社会的重要任务。[②] 文哲民则从现代组织的管理形式与人的全面发展失衡的角度进行了论述，他认为现代组织的管理形式体现一种科层制与人的全面发展失衡的现象。因而，恢复这对失衡的天平，有必要将人本主义思想的取向与学习型理念融入僵化的科层制中，以利于增强组织成员整体的主人翁意识，从而达到培养组织发展的多元化和增强组织适应能力的抗压性目的。[③]

在网络时代，人的全面发展面临着网络时代所带来的机遇和挑战。陈丽杰从网络发展与人的发展的角度进行了论述。网络时代在创造一个全新的人类生存的世界，也必将促进人的全面发展。网络促进了经济的快速发展，为人的全面发展提供了物质保证；网络创造的信息交流模式为实现人的全面发展提供了有利条件；网络提升了人的创造性，为人的全面发展提供了内在精神动力。网络世界的发展，极大地增强了人的本质力量，提高了人的认识活动效率，扩大了人的认识范围，增长了人的知识创新能力，促进了人的思想观念乃至认识方式和思维方式的变革。网络世界改变了传统的人的交往方式，拓宽了人的交往空间，赋予人类交往以新的内涵，改变了人与人、人与社会的各种关系。交往主体可以形成一对一、一对多、多对多的复杂关系，这就形成了一个更具普遍性和自由度的开放型关系。在虚拟空间里，人既是参与者，又是组织者；既是"观众"，又是"演员"。网络世界为生命主体提供了广阔的想象空间，使人与人之间的社会关系更具有丰富性，生命个体内在的自主性、自为性、选择性和创造性得到强化与提高。当然，在看到网络世界给人的全面发展带来促进作用的同时，也决不能忽视网络虚拟给人的发展和社会进步带来的负面影响。在网络技术发展过程中，我们要采取一切必要措施，既要充分发挥网络对人类发展有利的方面，也要抑制和消除不利的因素。只有网络尽可能人化，才能符合人类

---

① 孟东方、黄意武、朱勋春：《全面建设小康社会与人的全面发展的互动关系研究论纲》，《重庆工商大学学报（社会科学版）》2006 年第 5 期。

② 包毅：《构建社会主义和谐社会与促进人的全面发展》，《广东广播电视大学学报》2009 年第 1 期。

③ 文哲民：《探讨失衡的天平：科层制与人全面发展的两难困顿》，《改革与开放》2009 年第 10 期。

发展的需要，人的本质和社会的本质才能得以保持和发展。[①] 人的发展，如今越来越面临着社会飞速发展的挑战，同时，也丰富着人的全面发展的内涵，这给我们不断带来新的课题和思考。

四、对教育起源与教育本质的学术争鸣

教育起源与教育本质问题都是教育理论的重大课题。教育起源是研究教育的发生学，应从历史资料的考察中，从人类学和考古学发掘的文物资料的考察研究中，从现代原始部落的生活事实的研究中去得出结论。教育本质是研究教育是什么的问题，应着重剖析教育之所以区别于其他社会活动的特点。教育起源也是与教育本质密切相关的问题。

（一）关于教育起源的学术争鸣

在教育史上，关于教育起源问题有三种基本主张：一是生物起源说，一是心理起源说，一是劳动起源说。生物起源说的代表人物有法国社会学家利托尔诺和英国教育学家沛西·能等，他们认为教育是生物学的过程，动物也有某种形式的教育。心理起源说的代表人物有美国教育史专学家孟禄等，认为教育起源于原始公社中儿童对成人的本能的无意识的模仿。劳动起源说是从恩格斯劳动创造了人本身的论断演绎而来的，以苏联教育史家康斯坦丁诺夫等为代表。中国教育理论界基本上赞同最后一种观点，并在此基础上形成了不同的学术观点。

1. 需要说

需要说认为教育起源于人类营谋社会生活的需要和人类自身身心发展的需要。[②] 需要说反对生物起源说只见动物世界，不辨人类社会的质的区别；只见教育的量变，不见质的飞跃。也批评心理起源说惑于教育活动中人的心理模仿的因素，而对教育是一种有意识有目的的活动认识不足，忽视教育的社会性、实践性，而只注意教育心理因素，都是不能正确解释教育起源问题的。

---

① 陈丽杰：《网络世界的哲学研究——谈网络世界中的人的全面发展问题》，《鞍山师范学院学报》2009 年第 5 期。

② 胡德海：《教育起源问题刍议》，《华东师范大学学报（教育科学版）》1985 年第 2 期。

至于劳动起源说，需要说也认为它并非教育的真正起源。需要说认为，劳动和教育都是人类最基本的社会实践活动，都与人类社会共始终，无所谓先后从属的问题。物质资料的生产是人类社会赖以存在和发展的基础，但人类社会的一切实践活动，又都是在人本身存在发展前提下进行的。没有人类自身的生产，就失去了生产活动的主体，也就谈不上社会的一切。人类自身生产不仅要以物质资料为基础，而且必须以教育为条件。如果从实践活动的本质意义讲，劳动生产物，教育生产人，劳动是劳动，教育是教育，从逻辑关系上不能把生产人的教育认为是起源于生产物的劳动，它们之间并不存在谁是第一性的本原、谁是第二性的派生的从属关系，而均为人类所需要。劳动和教育同起源于人和环境相互作用的需要，只不过劳动主要是引起物的变化的需要，教育主要是引起人的身心变化发展的需要。正是在这个意义上说，教育起源于人类营谋社会生活的需要和人类自身发展的需要。

有人对需要说提出疑问，认为它表面上否定劳动起源说，其实仍未超脱劳动起源说的规定。将教育与劳动截然割裂而又相提并论，并统统归因于人与环境的相互作用的需要，就不啻是对自己所承认的劳动是人类生活的第一个基本条件的思想的再否定，同时，需要说的论述，往往离开了教育起源问题本身，而从人类教育发展及其职能上来寻找关于教育的根源的解释，因而所得结论似也难令人信服。[①]

2. 古猿教育说

古猿教育说认为教育起源于人类教育前身即古猿的教育。其理由有二。第一，人类教育是随人类社会产生而产生的，它的前身不可能在人类社会形成以后，只能在人类社会形成以前。而人类是从古猿进化来的，因此，人类教育也只能是从古猿教育进化、发展而来。第二，人类教育就其目的而言，也只能是人类本能作用的结果。教育目的在最终意义上，不是为了别的什么，而只是也只能是把已取得的生活与生产知识、经验传授给下一代。这一动机的形成背景，只是也只能是人类为了维护自己的类的存在和发展的心理，这是人的天然本性。这种本能的心理也是其他动物都具备的。从这类意义上看，人类的这种本能只能源于古猿的本能——老一辈的古猿为了维护自己的类的存在而将自己固有的求生技能传授新一辈的古猿的行

---

① 陈晓菲:《也谈关于教育起源的问题》,《华东师范大学学报（教育科学版）》1986 年第 2 期。

为。①"古猿教育说"的基本公式是：古猿教育在劳动的作用下发生质变，转变为人类教育。只有古猿教育的源，经劳动的开发推动，才有人类教育的流。

也有人对古猿教育说提出疑问，认为"古猿教育"概念的提出就是不科学的，它的根本错误在于把人类的意识活动降低为动物式的本能，而又把动物的本能活动升为近乎人类的意识。批评者认为，动物行为主要是本能的表现，而不是学习的结果，所以古猿教育说并不能成立。批评者指出，劳动是人的主体的活动，教育在成为独立的社会活动样式之前，融合在劳动过程之中，劳动本身不是教育的"外因"；而作为独立形态，教育的起源正是劳动活动的"内因"（矛盾）的结果——是以劳动为基础的原始社会生活的分化。离开劳动发展史，既难以解释教育的发展，更不能指望揭开教育起源的奥秘。②

3. 劳动深化说

劳动深化说从对人类起源的深化研究出发，认为教育起源于劳动这一结论无疑是正确的，但对教育起源的解释不能仅停留在这样简单的结论上，而必须进一步揭示人类的教育活动同动物之间信息的传递、生物经验的传授有何本质区别？这种区别又是如何形成的？形成过程中经历了什么样的质变？还必须说明，教育与人类的其他认识和实践活动有什么区别与联系？以相对独立的形态存在于现代社会之中的教育活动又是怎样逐步形成和发展起来的？③

劳动深化说认为，"教育起源于人类在劳动过程中形成的超生物经验的传递和交流"。在从猿到人漫长演化中所形成的人类特有的生理结构可以通过生物遗传转移给下一代，同人类不可分割的超生物肢体（工具等生产资料）以及人化的自然环境可以直接传递给下一代，人类社会的复杂结构和关系在历史进程不间断的情况下也会完整地留给下一代，但是使用超生物肢体（工具）改造自然的经验和技能以及作为社会人的生活方式和行为规范，这些超生物经验却不可能通过生物遗传来传递（比如生物遗传可以传

① 陈智华：《人类教育并非起源于劳动》，《华东师范大学学报（教育科学版）》1984年第4期。

② 刁培萼：《教育系统发生初探》，陈桂生：《也谈人类教育的起源问题》，《华东师范大学学报（教育科学版）》1986年1、2期。孙喜亭主编《教育学问题研究概述》，天津教育出版社，1989，第85-91页。

③ 桑新民：《当代教育哲学》，云南人民出版社，1988，第36-37页。

递发音器官的结构和功能，却不能传递语言；能传递大脑的生理结构，却不能传递思维），也不能通过物质形态转交给下一代（现代社会中留给后人的文字、书籍只是物化的符号信息）。显然，在社会中初生的个体婴儿虽然具备人的生理机制，虽然拥有前人的自然和社会环境，但却不能算作完全意义上的人。因此，要使人类社会延续和发展下去，就必须在生物遗传和物质传递之外，寻找一种超生物的遗传方式，以便使后代能在较短的时间内获得和掌握其祖先在漫长的进化和发展过程中所积累的超生物经验（包括在社会中生存和制造使用工具等经验），在这一超生物遗传过程中，婴儿要重演生物个体向真正人的转化过程。这一过程是自觉的过程，而这种人类特有的超生物遗传方式就是教育。

由此，"教育作为人类特有的活动方式，其内容在于传递超生物经验（包括在社会中生存的经验和使用、制造工具改造世界的经验）；其目的在于促进个体人的形成，促进整个人类的发展和完善；其特点在于有指导地自觉传授人类已经获得的各种知识、技能、规范（这既不同于动物生物经验的本能传递，也不同于科学研究）；其方式必须借助于抽象思维和语言（包括文字）；其作用在于不仅促进了人类生理、心理和超生物肢体的形成、发展，而且促进了社会关系的形成和发展"①。

此外，还有其他几种教育起源说，如：交往起源说（叶澜，1991 年）认为教育的形态起源于人与人之间的交往；社会化影响说（马兆掌，1989 年）认为教育起源于产生了语言后人类对年幼一代所施加的社会化影响；知识授受起源说（沈剑平，1988 年）；军事训练说（罗世烈，1989 年）；前提—条件说（田玉敏，1991 年）则认为类人猿传递经验的活动是教育起源的"前提"，生活需要、语言等是其"条件"。

对于教育起源的学术争鸣仍在进行之中，由于教育起源是与人及人类社会起源密切联系的问题，对人和人类社会起源的研究，也决定着对教育起源的认识所能达到的水平。在这个意义上说，教育起源仍是理论界需要进一步探讨的问题。

---

① 桑新民：《当代教育哲学》，云南人民出版社，1988，第 43 页。

（二）对教育本质的学术争鸣

从 1930 年杨贤江的《新教育大纲》到新中国成立后的二十年左右时间内，对于把教育作为一种特殊的上层建筑现象似无疑议。但在十一届三中全会实现了工作重点的战略转移，要求以现代化建设为中心任务后，教育理论界也提出了重新认识教育的性质与职能问题。于光远首先在《学术研究》1978 年第 3 期上发表了《重视培养人的研究》一文，对教育的上层建筑说提出质疑，实际上是强调教育的生产属性，从而引发了理论界旷日持久的教育本质大讨论。

于光远首先提出："教育一部分属于上层建筑，一部分不属于上层建筑，但整个说来，不能说教育就是上层建筑。"他举例说明，上一代人对下一代人传授生产经验、文化科学技术知识等教育职能，如数学课、物理课和化学课等课程的教学方法，就不属于上层建筑。1980 年，他又明确提出教育是生产力的命题[①]，教育理论界也积极参与论争，使教育本质的讨论得到进一步的深化。

1. 上层建筑说

上层建筑说是一种传统的教育本质论。其基本立论根据是马克思在《〈政治经济学批判〉序言》中所确立的原理："这些生产关系的总和构成社会的经济结构，即有法律的和政治的上层建筑竖立其上并有一定的社会意识形式与之相适应的现实基础。物质生活的生产方式制约着整个社会生活、政治生活和精神生活的过程。不是人们的意识决定人们的存在，相反，是人们的社会存在决定人们的意识。"[②] 教育是受经济基础制约的，经济关系的性质决定了教育的性质，经济关系的发展变化决定了教育的发展变化。换言之，生产力同教育之间的关系，是以生产关系为中介的。

针对于光远等提出的教育中存在的许多不属于上层建筑的部分，潘懋元进行了答辩。他认为，某些教学内容、方法、组织形式，的确是不但不随产生它的旧基础的消灭而消灭，也不能视为这是旧基础的残余，它们具有历史的继承性，但并不能把这些东西从整个教育体系中划分出来，同教育目的、方针、政策区别开来作为非上层建筑的因素。作者认为，在上层

---

① 于光远：《关于教育是生产力的问题》，《教育研究》1980 年第 5 期。

② 《马克思恩格斯选集》（第二卷），人民出版社，1995，第 32 页。

建筑的变革中，旧上层建筑中积极的因素被新的基础所利用而保存下来，并以被改造了的形态构成新的上层建筑的有机部分，这完全是合乎历史辩证法的。而且，在艺术、政治、法律、道德等社会现象中，也有类似所谓"非上层建筑的成分"，如果把这些成分作为外在于艺术体系以及政治、法律、道德、哲学等体系的所谓"非上层建筑成分"，那么，那些无可争议的上层建筑的属性也就成问题了。[1]

2. 生产力说

生产力说被认为是一种"现代派的教育本质论"。于光远在1980年正式提出生产力说，根据他对马克思的生产劳动与非生产劳动理论的理解，教育劳动无疑"属于社会生产劳动"，从而提出"教育变为直接生产力的过程就是教育本身，就是培养作为生产力的要素的人"，由于教育是作用于人的，"教育的产品就是教育者的劳动转化为受教育者的智慧、才能、品德、性格，经过这么一转化，人就成为生产力的一个要素，而教育也就成为直接的生产力"。

生产力说的立论根据还有：第一，教育是劳动力的生产过程，教育永恒的社会职能就是生产不同层次和类型的劳动力。在现代生产的条件下，劳动力所包含的智力因素，包括科学知识、生产技术等，只有通过教育才能获得。第二，教育的发展直接受生产力发展所决定，教育目的、教育内容、教育方法和手段以及教育规模和速度，都同生产力有着直接的联系。第三，教育是知识形态的生产力转化为直接生产力的途径，科学转化为生产力，一是通过"物化"在技术和生产资料上，一是"智化"于劳动力的主体之中。两个转化过程都有赖教育的直接和间接作用。总之，教育既是劳动力再生产的必要条件，又是把科学技术这种潜在生产力转化为直接生产力的重要环节。教育已直接或间接地，而且愈来愈多地参与了物质生产过程，在此意义上说，教育是生产力。

3. 社会实践说

鉴于我国以往经常以毛泽东在《新民主主义论》中关于文化与政治、经济关系的基本观点为"教育属于上层建筑"说的理论根据，而毛泽东所说的文化系指"当作观念形态的文化"，有人提出"教育不等于文化，文化

---

[1]　潘懋元：《在教育是否属于上层建筑讨论中若干有待商榷的问题》，载《关于教育本质问题的论争》，人民教育出版社，1980，第1–10页。

也不等于教育。把对文化的基本观点硬说成是对教育的基本观点，恐怕是不确当的"，并进而提出"教育是由教育对象和教育内容所组成的一种社会实践活动"①。在此基础上，还有人提出"教育是培养人的社会实践活动"②"是人类自身的生产实践"③"是人类加速自身建构与改造的社会实践"的。

4. 多质说

多质说认为教育是一种比较复杂的社会现象，教育本质也是多质、多层次的。多质说提出，教育本质是它的社会性、阶级性、生产性、科学性、艺术性等各种属性的统一。从教育的发展看，最初教育产生于社会生产，具有社会性和生产性；到了阶级社会中又具有阶级性；近代以后，自然科学的发展，文学艺术的繁荣，反映在教育上，又表现为科学性和艺术性。所以，教育本质是以上多种属性的统一。在任何社会结构中，生产力和生产关系、经济基础和上层建筑，都是以人为主体的，教育作为培养人的活动，与人的发展有直接联系，同时与生产力、生产关系、上层建筑等也有直接的联系。所以，教育具有以上多方面的属性，不能将生产力或上层建筑的某一种属性视为教育的本质。而且，教育的任务是培养德、智、体、美诸方面都得到发展的人，教育的内容也广泛多样，体现了教育的多质性。④

据统计，在 1978 年至 1995 年期间发表讨论教育本质的论文有 304 篇，专著 3 部，提出了 28 种教育本质说（观）⑤，如"上层建筑说""生产力说""双重属性说""多重属性说""特殊范畴说""社会实践说""培养人说""产业说""非产业说""相对说"，每一种本质说下面又有若干变种，从而形成一种争奇斗妍的"百家"争辩局面。教育本质研究成为这一段时期里教育理论研究中最受关注的焦点问题之一，为后来的教育研究和教育发展奠定了理论基础，突破了一些禁区。20 世纪 90 年代中期之后，开始"冷"下来，但并未停止或取消对本质问题的深入探讨，而是不时地有"新说"出现。另外，就是人们对教育本质研究本身也进行了反思，即回过头去，清理基

---

① 邹光威：《教育是不属于上层建筑的社会现象》，《教育研究》1979 年第 2 期。

② 陶崇明：《教育是培养人的社会实践活动》，载《关于教育本质问题的论争》，人民教育出版社，1980，第 103–105 页。

③ 龚永宁：《简论教育的本质和职能》，《教育研究》1986 年第 12 期。

④ 孙喜亭主编《教育学问题研究概述》，天津教育出版社，1989，第 131–132 页。

⑤ 瞿葆奎主编《教育基本理论之研究（1978—1995）》，福建教育出版社，1998，第 164 页。

脚，如什么是本质、什么是教育本质，并对本质与归属、本质与功能、本质与属性，本质与规律的关系等进行了分析，理清思路。

尽管关于教育本质的学术争鸣并未形成定论，争鸣中提出的许多观点大都带有探索性质，有的还不免失于偏颇，以至于有人认为关于教育本质的学术争鸣是"离题"的[①]，但它的意义仍是巨大和深远的，它对于克服过去对于教育的狭隘认识，对于教育主动适应现代化建设的需要，对于明确教育培养人的社会职能，都具有积极的理论和现实意义。

自 1978 年以来，教育界还对其他若干重要的教育基本理论问题展开了深入的探讨，如教育规律、教育功能、教育目的、教育价值、教育与生产劳动相结合、市场经济与教育的关系以及元教育学等问题，已有专门著述，在此不再赘述。

五、对教育产业化的思想交锋

教育产业及产业化问题，追溯起来，源于 20 世纪 70 年代末，教育界在积极参与关于真理标准的大讨论中，开始重新认识教育的本质和教育对经济社会发展的作用，重点话题是如何处理教育事业与现代化建设的关系，但没有涉及教育产业问题；20 世纪 80 年代中期，随着有计划的商品经济的发展，集中讨论了教育如何适应社会主义商品经济的需要，虽然有人主张教育商品化、市场化，但明确涉及教育产业问题的不多。

教育产业化讨论的热潮是在 20 世纪 90 年代以后，其间掀起过两次高潮。第一次是 1992—1996 年，有几个重大事件促成"教育产业"及"产业化"问题凸显出来成为教育界、经济界等关注的热点：（1）邓小平的南方谈话；（2）1992 年，中共中央、国务院颁布的《关于加快发展第三产业的决定》，指出"教育事业是对国民经济发展具有全局性、先导性的行业，属于第三产业"；（3）党的十四大确立建立社会主义市场经济的方针；（4）1993 年，中共中央、国务院制定《中国教育改革和发展纲要》和 1994 年召开第二次全国教育工作会议，确定了到 20 世纪末中国教育改革和发展的基本目标和任务，要求"初步建立起与社会主义市场经济体制和政治体制、科技体制改革相适应的教育新体制"，并全面推进教育管理体制、办学体制和投

---

① 靳乃铮：《教育的本质与归属》，《教育研究》1982 年第 6 期。

资体制的改革。之后，教育界围绕教育与社会主义市场经济的关系以及办学模式、运行机制和体制改革展开了广泛的讨论，主要涉及教育产业、教育产业化和市场化等问题，同时，民办教育和多渠道筹措教育经费开始呈现出蓬勃发展的势头。

第二次是 1997 年以来，由于国内宏观经济活动出现疲软，总需求不足，财政和货币政策难以启动消费市场，绝大多数商品处于供过于求或供求平衡状态，于是，如何启动内需拉动经济增长，打开改革以来最后一个供不应求的卖方市场的教育市场，又一次进入人们的视野，特别是进入经济学家们的视野，成为理论界讨论的热点。经济学家试图通过扩大教育市场的供给能力，借以扩大人们的教育消费，从而拉动国内总需求。在此背景下，经济学界、教育学界又一次展开了对教育产业化的大讨论。另外，由于教育经费紧张，教育供给不足，非义务教育特别是高等教育的供需矛盾日益突出。再加上世界范围内的强化市场导向为特征的新自由主义经济政策的影响①，教育产业的问题自然成为全社会广泛关注的热点。当然，还与国家的几个重大决策紧密相关。（1）党的十五大对 21 世纪建设有中国特色社会主义事业和现代化建设事业宏伟目标做出了全面部署，重申了科教兴国战略的思路。1998 年国务院成立国家科教领导小组，指导教育部制定了《面向 21 世纪教育振兴行动计划》。（2）1999 年，第三次全国教育工作会议召开，发布了《中共中央、国务院关于深化教育改革全面推进素质教育的决定》。江泽民同志在会议上指出："切实把教育作为先导性、全局性、基础性的知识产业和关键的基础设施，摆在优先发展的战略发展地位。"《决定》在政府文件中第一次明确提出："鼓励社会力量为学校提供后勤服务，发展教育产业。"与上一次不同的是，此次对问题的讨论不仅仅局限于教育界内部，而且经济学界及经济政策研究部门也表现出极大的积极性，甚至可以说占了主导地位。而且，尽管理论界在很多问题上还存在重大分歧，但在实践中已经出现了一些对教育进行产业化运作的大胆尝试，如民办学校多渠道筹措经费机制的探索、教育产业集团和产业园区的创办、国有大学民营二级学院的设立、商业银行教育贷款启动乃至资本市场介入等。这些实践给理论界和教育政策的制定者提出了很多新的研究课题，遂也增加了对

---

① N.R.伯内特、H.A.帕特里诺斯：《教育和变化中的世界经济：改革的必要性》，联合国教科文组织，《教育展望》第 102 期（中文版 1998 年第 2 期）。

教育产业问题研究的紧迫感。[①] 笔者从中国期刊网站搜索统计，1998—2006年九年间含有"教育产业"一词为题目的论文有726篇，还出版了一批专著，如张铁明著《教育产业论——教育与经济增长关系的新视角》（广东高等教育出版社，1998年第1版，2002年第2版），吴怡兴主编的《教育产业论》（人民教育出版社，2000），艾丰主编的《托起东方的太阳——教育产业在中国的理论与实践》（中国经济出版社，2000），刘茂松、曾坤生主编的《教育产业发展与人力资源管理研究》（中国财政经济出版社，2002），王丽娅著《教育产业化的理论与实践》（中国经济出版社，2002），冯艳飞著《中国高等教育产业研究》（经济管理出版社，2004）。

中国政府从来没把教育产业化作为政策，一定要坚持社会公益事业的属性，不能把教育同其他产业、教育同企业等同起来。如果政府提倡教育产业化，就会导致追求教育投资利润的最大化，会对教育的社会功能产生负面影响，也会削弱政府的宏观调控和保证社会公平的作用。相信，这又会激起一场新的关于"教育产业"和"教育产业化"的观点交锋，事实上，全国各地网站已有许多评论和观点。

纵观十几年来社会各界广泛而激烈的讨论和探索，归结起来，涉及的问题主要集中在下面三个方面，并且众说纷纭、见仁见智。

（一）教育是不是产业

这是对教育属性问题的探讨，也是教育产业化的前提。如果教育只是事业而非产业，那么教育产业化就无从"化"起。一种观点认为教育是产业。教育的产业性体现在：（1）教育是生产最重要的、决定性的生产要素——有文化知识技能的人才和劳动者的行业，在实施科教兴国战略中可以建成支柱产业；（2）教育是有投入、产出的增值的生产性活动，教育可创造出比自身培养费用和养活子女费用要高得多的价值，不仅有广阔的市场需求潜力，而且可以给投资者带来经济回报和效益；（3）教育是创新知识、传播知识、应用知识的第三产业，是具有庞大就业人口的"朝阳产业"；（4）教育部门与受教育者之间的供求关系也是一种交换关系，除政府补贴外，不足部分应由社会和受教育者的家庭和个人补偿。[②] 有人预测21世纪

---

① 国家教育发展研究中心编著《2000年中国教育绿皮书》，教育科学出版社，2000，第64页。

② 唐景莉：《非义务教育能否产业化》，《中国教育报》1999年3月13日。

最大的产业将是教育。

　　另一种观点认为教育不是产业，或者说教育不具有产业性。其理由是：（1）受教育是公民的基本权利，教育是一种社会福利事业，其性质是公共产品或准公共产品，主要是由政府提供，学校是非营利性机构而不是从事经济活动的产业部门，教育不能作为产业而市场化；（2）教育并非物质生产部门，教育投资不是生产性投资，教育成果具有非物质性，因此不是产业；①（3）把教育划分为第三产业只是社会统计的划分，并未涉及产业间经济联系的方式，教育与其他产业和部门的经济联系并非一定要通过市场交换；（4）教育产业是对教育供给的商品化，是把人才和劳动力视为商品的误导。②

　　还有一种折中的观点，认为教育是产业，但又是一个特殊产业。它既具有产业性，又具有非产业性；既是事业，也是产业；既具有社会生产性，又具有社会生活福利性。它既不同于行政管理部门，又不同于工商业、建筑业、农业等。它提供的是无形产品，直接满足人们在物质产品以外的需要，甚至与其他第三产业相比，教育产业也显现出自身的特殊性。著名学者孟昭武从生产投入、成本核算、生产过程、市场竞争、生产产品、效益评估等六个产业发展动态链具体论述了教育产业的特征。（1）教育产业的投入是一个全社会、全方位的投入，既要政策上的指导，政府在人、财、物方面的支持，也要广大教育工作者在时间、精力、智力、感情上的投入，更要社会各方面的关心；教育经费的投入目的不是为了获得直接经济效益，而更多的是为了取得长远的社会效益，为社会主义国家培养德、智、体、美、劳全面发展的建设者。（2）教育产业同样要进行成本核算，既不能不计成本地为教育而教育，也不能一味降低教育产业成本，必要时还需要提高教育成本，改善教学设施和办学条件，以保证良好的教育质量。（3）教育产业是以脑力劳动为主，以"生产"脑力劳动者这种特殊产品为主的生产劳动过程，这个生产过程周期长、投资大、见效相对较慢，它的价值是通过学生毕业后为社会创造物质财富，增加社会生产总量，从而提高整个社会的经济效益来实现的。（4）教育产业的市场竞争最终取决于教育产业生产的"产品"的优劣，即培养人才的质量，而不是"产品"的数量，同

---

① 刘铭、姚晓春：《教育产业：本质还是方式》，《教育发展研究》1999 年第 11 期。

② 王善迈：《教育投入与产出研究》，河北教育出版社，1996，第 275-281 页。

时教育产业的竞争性是一种相互交流、相互合作的竞争。（5）教育产业生产的产品不能直接用经济指标来衡量，而是要通过"产品"投向社会，经过一段较长时间的实践后，由社会实践来检验产品的质量。（6）教育产业的效益评估不能简单地用经济指标来计算，也不能以毕业生人数多寡来衡量，更不能以产生的名人数量来佐证，而必须以全体学生综合素质的提高和社会与市场的认同为尺度，由社会和市场来判定。

观点的对立关键在于怎样理解"产业"和"教育产业"。教育学难以解释产业属性问题。经济学中，产业原本指社会物质生产部门和行业，是生产性企业、行业、部门的某种集合，常常与"事业"相对而提。事业是指具有一定规模，从事以发展社会经济、社会福利和救济为主的非经营性组织。马克思创立了两大部门产业分类法，把社会物质生产部门分为生产资料部门（部类Ⅰ）和消费资料部门（部类Ⅱ），两大部类产业都是就物质生产而言的。后来随着经济的发展，非物质生产部门出现并日益壮大，于是，产生了"第三产业"的概念。国际上也开始把教育视为第三产业的组成部分之一。从20世纪80年代中期起，我国按国际惯例把为生产和消费提供各种服务的部门称作第三产业，把教育作为其中的一个领域。教育具有非物质生产的产业属性，这在国际国内已经形成共识。但近年来我国关于教育产业属性的讨论，远远超出了上述一般意义的理解，而赋予了教育产业以更多的内涵。所以，教育是不是产业的争论正是源于对产业的不同理解。即便是认为教育是产业的人，各自对教育产业内涵和外延的理解也大相径庭。

人们常常引用宏观经济学中公共部门经济学关于公共产品和私人产品的分类方法。经济学家厉以宁认为，教育产业就是指教育部门和教育单位所提供的产品，这种产品又称教育服务。教育产品按性质分，可分为公共产品、准公共产品、私人产品。公共产品没有排他性，任何人只要需要就能享受；准公共产品具有一定的排他性，即享受有一定的范围；私人产品更具有排他性，谁交钱谁享用。在社会主义社会中，教育服务不可能全部成为公共产品。教育的不同部分，其产品属性特征也不完全相同。如义务教育和非义务教育，中等和高等教育中的普通教育和职业技术教育，有的更接近于公共产品，有的则更接近于私人产品。义务教育在一定意义上属于公共产品，从理论和制度上说，它是一种强制的免费教育，在消费上不具有完全的竞争性和排他性，是同龄人都可以受到的教育。叶之红认为教育产品的公共性属性并不是先天固有的，也不是一成不变的。一种产品的属性不是先天固有的，而是受环境条件变化影响的。在某种条件下公共产品甚至可以转化为私人产品，如产品的供求关系和社会基本消费能力将直接影响产品与劳务的公共性成分。目前我国教育存在的供给不足、质量不齐、消费能力不均等问题，必然会造成公民受教育程度与质量的明显差距，使我国教育的公共性大打折扣。[①] 对于教育是或不是产业的根本分歧点，主要表现在有的人较多地强调其消费性、公益性，有的人较多地强调教育的生产性和经济功能。

对教育产业的外延是什么，或者说教育产业包容的范围有多大，也有不同的观点。一种是"大教育产业"说，认为教育产业包括教育服务本身、为教育服务的产业（如教育用品业等，即相关产业）；有的认为还包括校办产业，即既包括有形产品又包括无形产品，前者有教育设施、教育机器、教材教具、文具及教育玩具等，后者指教育和培训服务。另外一种观点是"狭义教育产业"说，认为教育产业只是指教育服务本身，而为教育服务的产业和校办产业则属于别的产业。[②]

（二）教育能否产业化

教育产业化是指从教育本身具有的产业特性出发，运用市场机制，按产业运作方式来提供教育服务，在教育领域内部建立起投入与效益良性循环机制的活动过程。目前，教育产业化在实践中已经大胆尝试，但由于对"教育产业"的理解不同，理论界对"教育产业化"的认识也截然不同。赞成产业化者有之，反对的也大有人在，两种观点针锋相对，水火不容。

一种观点是主张全面推进"教育产业化"。认为实行产业化是教育改革的关键一环，可以解决长期以来国家教育经费投入不足问题，增加教育的有效供给；可以扩大社会消费，拉动经济增长；可以扩大社会受教育面，缓解就业压力。因此，要摒弃中国"学"与"商"水火不容的旧观念，按市场规律重新审视教育，用经济规律来开发教育产业，促进教育产业化，这是迎接知识经济挑战的必然趋势。持这一观点的大部分是经济学者，如北京大学经济学院刘伟教授认为，从国内的经济看，目前很难找到像教育这

---

① 叶之红：《教育产业的概念内涵及政策取向》，《光明日报》2000 年 2 月 2 日。

② 国家教育发展研究中心编著《2000 年中国教育绿皮书》，教育科学出版社，2000，第 66 页。

样有这么大需求、这么大投资潜力的领域，特别是在城市，潜在的、有效的教育需求很大，发展教育产业、走产业化之路能够在一定程度上起到扩大内需的作用，并可能带动经济增长。而且更重要的一点还在于，教育产业化是教育发展改革的必需，是教育体制改革和教育发展模式转变难得的历史机遇。萧灼基认为，目前消费品市场有效需求不足，但教育市场却是供给不足。供给不足的主要原因，是政府的教育资源有限。一方面我国教育需求的潜力很大，人们受教育的愿望越来越迫切，特别是高等教育；另一方面，我国教育供给的潜力很大，实行教育产业化，就可以将需求的潜力与教育供给的潜力有机结合，迅速开发出来。经济学家魏杰也认为，从目前情况来看，我国居民的物质内需已经发展到了一定限度，不可能再有更大提高；而精神内需的开发还大有潜力。在教育、文化、娱乐、旅游等诸多精神内需之中，高等教育和旅游可能是见效最快的。我们发展高等教育，不能再单纯地由国家来投资，而应该实现多元化的投资。教育产业化，就是当前最现实的选择。[①] 此外，国外高等学校在本国生源随人口自然下降而日趋减少的情况下，正在瞄准开辟中国市场，国内的教育只有产业化，才能参与这一市场竞争。[②] 经济学家钟朋荣认为，教育产业化后，教育的规模就会扩大，并至少可以从三方面缓解就业压力：一是大规模的教育活动需要更多的人从事教育工作，这就直接增加了整个社会的就业机会；二是能推迟青年的就业时间，或者使中年人可以有相当长的时间进行学习深造和专业训练，可以减轻整个社会的就业压力；三是将一批低素质的劳动者培养成具有一定专业知识的高素质劳动者，有利于他们适应新的产业和工种。

另一种观点是不赞同教育产业化。认为教育属于法定的非营利公共部门，教育提供的是公共产品或准公共产品，而非私人产品。教育产业化不仅混淆了培养人的教育规律和物质生产的经济规律，而且实际效果可能与期望解决教育经费短缺的初衷相反。[③] 将人的培养规律用于物的生产，或将物的生产规律用于人的培养都是行不通的。[④] 王善迈教授还指出，如果将市场机制完全移植到教育中来，实现教育的产业化、市场化，将会导致四个

---

① 梁莉：《教育产业化研究主要观点综述》，《党政干部学刊》2001 年第 4 期。

② 《文汇报》1999 年 3 月 25 日。

③ 王善迈：《教育投入与产出研究》，河北教育出版社，1996，第 275–281 页。

④ 胡建华：《"教育产业化"概念之我见》，《教育发展研究》1999 年第 12 期。

后果：一是引起教育机会的不均等，二是可能导致入学率的降低，三是政府的教育投入将减少，四是教育的异化。我国和大多数国家的教育法都规定了教育的宗旨是育人，如果教育产业化，育人将成为手段，利润将成为教育的目的，学校也将成为像工厂、商店、银行一样的营利机构，受损者将是青少年一代和社会。[①] 有的虽然认为教育是产业，但反对教育产业化。教育作为社会产品，具有积极的重要的公益性，与传统工农业这样的产业区别很大。教育具有特殊的"教化"功能，对形成和改造人们的人生观、世界观、价值观具有重大作用，对人类文明的积累和传承具有不可替代的作用。它不能像私人产品一样产业化、市场化。如果把教育产业化，办成营利事业，势必危及党的教育方针的全面贯彻，与全面推进素质教育是相违背的。[②]

还有一种观点，赞成教育某些部分可以产业化，认为教育具有一定的产业属性，在培养人的过程中形成的消费也是产业，划分不同阶段和产业结构，引入一定的市场机制是可行的。如非义务教育可以实行产业化，高等教育在人才培养、科技转化方面普遍存在浪费现象，更需要产业化。或者说，教育私人产品性质显著的那部分（如高等教育、技术培训）可以由市场来提供，通过市场来配置这部分资源。[③] 实际上，教育产业化是相对于教育资本经营层次而言的，教育资本经营是教育管理者的主要责任；教书育人是相对于教育教学管理层次而言的，是直接参与教学的广大教师的责任，两者不能混淆，提"教育产业化"，不可一概而论。

（三）教育如何产业化

如果教育是产业，并能够产业化，那么接下来的问题就是如何产业化了。

作为教育体制改革的一种尝试，教育产业化是否就意味着教育的整个过程、整个领域都可以产业化呢？大多数研究者对此都有自己的界定，将义务教育排除在外。萧灼基在肯定教育可以产业化的同时，明确提出目前可以产业化的只能是教育中的一部分。他说，从总体看教育是一种公益性的事业，以追求社会效益为目的，但其中的一部分，如职业技术教育，可

---

① 王善迈：《教育投入与产出研究》，第 275–281 页。

② 纪宝成：《加快我国高等教育发展的思考》，《郑州大学学报（哲学社会科学版）》2000 年第 5 期。

③ 唐景莉：《非义务教育能否产业化》，《中国教育报》1999 年 3 月 13 日。

以作为产业来投资。义务教育完全是公益性教育，除了提高劳动者的文化素质、追求社会效益以外，没有营利性目的。[①] 刘伟也认为，九年义务教育阶段教育服务的主体不能产业化，从某种意义上说，九年义务教育是国家通过法律强行规定的市场，因而不是市场开发的问题，而是如何建立秩序、提高质量的问题。但义务教育的边缘产业可以开发，并要注意两个问题：其一，政府不能直接经营，只能监督管理；其二，打击奸商，要通过立法反对垄断和不正当竞争，维护市场秩序。开发高等教育产业过程中，当务之急一是扩大高校在市场中的活动空间，增大自主权，并明确高校的权利与责任；二是政府通过制定法律、制度、标准等，创造良好的外部环境。并指出，教育产业化的历史意义在于实现教育结构的调整、效益的提高和制度的创新，建立一种使教育发展能够不断自我调节，主动适应经济和社会发展的变化与要求的机制。[②]

教育产业化是需要谨慎对待的，否则很容易出现问题，并进而削弱教育的公益性。在教育实践中还有一些不尽完善之处，实际操作中也存在不良的倾向。如：（1）教育产业化就是"教育收费"，出现明目张胆的"乱收费""学费暴涨"，以至社会上有人把教育列为当今"十大暴利行业"之一；[③]（2）教育产业化就是"全部市场化"；（3）教育产业化就是"政府退场"等观念和做法。对此，一些学者提出了批评意见。比如李培林认为，高等教育作为一门"产业"，可以实行产业化的应该限定在后勤服务社会化、鼓励各种形式的办学等几方面。高等教育不能以营利为目的，不能违反教育的自身规律，否则就会有"卖文凭赚钱"现象的大量出现。因此，高等教育的"产业化"也是值得警惕的。[④]

因此，为确保教育产业的健康发展，学者们提出了一些策略和意见。第一，要继续深化对教育产业问题的认识。全面认识教育的产业属性，并加以适当的应用，不能把教育同其他产业、把学校同企业完全等同起来。第二，要重视政府在培育教育产业上的宏观指导作用，防止一哄而起。政

---

① 萧灼基：《发展教育产业必须正确处理若干关系》，《教育科学研究》2000 年第 1 期。

② 刘伟、诸平、王蕊：《发展教育产业是教育改革和发展的要求》，钟启泉等主编《解读中国教育》，教育科学出版社，2000，第 168–173 页。

③ 《共鸣》2003 年第 1 期。

④ 《中国专家不赞成教育产业化》，《中国青年报》1999 年 12 月 28 日。

府依法加大教育投入力度，仍旧是缩小地区间教育差距、实现教育机会公平的基本的保障条件。第三，进一步完善教育产业政策，依法规范发展教育产业中的产权和利益关系。要根据不同类型和阶段教育产业属性的强度，采取不同的政策、不同的成本补偿和收费办法。对于属于私人产品的民办教育和培训服务，应通过立法严格界定其营利性质，并在税收政策上按营利产业对待，与非营利的教育事业区别开来，以防"明渠不开，暗道丛生"。第四，合理分担教育成本，继续完善多渠道筹措教育经费的政策。第五，积极开发和培育教育辅助性产业（如教学仪器设备、教育图书、教育软件、文具等）的发展，鼓励参与国际竞争及引入国外智力和办学投资。第六，通过挖潜增效和学校后勤社会化改革，积极扩大高中及高中以上阶段教育的规模。第七，积极探索利用资本市场促进教育产业发展的新途径。如组建教育产业集团，加大校办产业直接上市的比重，发展民办教育促进教育产业的产权股份化和资本化，兴建科学园区，校园资产证券化，成立教育投资基金，发行教育债券，教育储蓄金进入资本市场，等等。①

（四）教育产业化被叫停

其实，"教育产业化"自被提出时就一直备受争议，支持者与反对者竞相争鸣。

支持者关注的是教育的效率与效益，认为提出教育产业化可以在保证加大公办教育投入的前提下，大力发展各类办学形式；可以在教育管理体制中引入市场机制、竞争机制，通过市场优化教育资源的配置，提高教育资源的使用效率；同时可以扩大教育供给，动员一切愿意投资于教育的经济资源，尽可能地满足当前中国家庭对教育的旺盛需求。

而反对者更加关注的是教育的公益与公平。他们认为，市场配置资源效率较高但不能实现公平，因此需要政府宏观调控，不能将市场机制完全移植到教育中来。教育是直接惠及亿万人民的最大公益事业之一，与老百姓的日常生活密切相关。他们坚决反对的原因是，担心教育产业化、市场化后，大幅度提高学费标准，甚至高于教育成本收费以获取利润，并给投资者以回报，这样的话，教育就将成为商品，付费者就消费，否则就拒之

---

① 国家教育发展研究中心编著《2000 年中国教育绿皮书》，第 79–83 页。

消费之外。在居民收入存在较大差别的条件下，低收入阶层家庭的子女将会因付不起学费而被拒之门外，引起教育的不公平。[①]

对于教育产业化的批评声音愈来愈强，而这个声音到 2004 年达到了最高潮。这一年的 5 月，国家审计署在对南京、杭州、珠海、廊坊四城市的"大学城"的开发建设情况进行了审计调查，发现了其中的重大问题，主要是违规审批和非法圈占土地问题，建设贷款规模过大存在偿贷风险。同年夏天，北京航空航天大学的"招生丑闻"被曝光，人们失望地发现，像北航这样操作的远不止这一家学校。一张入学通知书竟然要用数万元人民币来换取！[②] 于是，人们纷纷将矛头指向了"教育产业化"。

随即，教育部三位高官先后"异口同声"否认"产业化"。教育部部长周济说："现阶段中国教育事业的发展要反对'教育福利化'和'教育产业化'这两种倾向，现阶段必须坚持教育的公益性原则，教育发展要以政府投入为主。"之后，教育部副部长吴启迪在"中外大学校长论坛"上表示：教育部从来没有"教育产业""大学城"等提法。而 2004 年秋季开学时，教育部副部长张保庆做客人民网时也表示坚决反对"教育产业化"，认为"教育产业化了，就毁掉教育事业了"。2007 年 10 月 16 日，教育部部长周济在回答媒体记者有关教育产业化问题时更是对拒绝"教育产业化"问题一锤定音。他说，十七大报告当中明确指出，要坚持教育公益性质，加大财政对教育的投入，坚决反对教育产业化。我国教育应牢牢坚持三个基本原则：第一，教育是公益性事业，教育产业化是与教育公益性原则相违背的。第二，非义务教育的成本分担机制，与教育产业化有着本质的区别。第三，发展民办教育不等于教育产业化。不能把发展民办教育和教育产业化等同起来。因此，公共政策领域必须旗帜鲜明地反对教育产业化。

与义务教育的公共产品性质不同，高等教育因其准公共产品的特性其实在更长一段时间里一直面临着是否产业化的疑问。对于"高等教育不可产业化"，有很多学者从社会责任、人文关怀等方面进行了论述。钱学敏通过经济学中有关外部性的分析方法来说明高等教育不适合产业化的原因，他在《从经济学角度简析高等教育不宜"产业化"》一文中认为，高等教育

---

① 王秀成、王连森：《教育产业化学术论争：分歧与共识》，《山东师范大学学报（人文社会科学版）》2008 年第 2 期。

② 傅奇丹：《中国"教育产业化"论争综述》，《南昌教育学院学报》2006 年第 3 期。

是具有显著的外部性的准公共产品，若完全靠市场提供和调节，将导致有效供给的不足，进而导致消费的减少，社会净福利的损失。正是由于这种市场缺陷，发展高等教育需主要依靠政府投入，并通过鼓励私人办学增加供给，使高等教育的消费量接近于社会的需求量。①

当然，也有学者不同意对产业化的整体质疑，认为"教育产业化"其实是被泛化、异化和严重扭曲了，包括政府在内的各种利益主体普遍对其误读。现实原因是教育财政体系失衡和规范的教育财政转移支付系统缺位。但在这背后，中国教育改革的"经济主义路线"则是造成教育价值失衡、教育行为失范、教育品质恶化的根本原因。中国需要接受教育的人数世界第一，而政府的财力有限，完全依靠公办学校不能满足社会的需求。政府解决不了，又不让民间资本进入，其结果只能是很多人失去受教育的机会。所以，不是"教育产业化会毁了教育"，而是教育不该产业化的产业化了，需要产业化的反而没有形成产业。应该做的是，一方面坚决制止一些公办学校的所谓"产业化"以及在此名义下的高收费、乱收费；另一方面，大力支持社会力量投资办学。②

如今，关于教育产业化的讨论已经越来越少，似乎是曲终人散，但是不可否认的是，教育仍然还在公益与产业之间懵懵懂懂地摇摆着。随着市场经济对社会各层面各系统的全面渗入，教育面对市场经济的"四面楚歌"，意味着关于教育的"产业"问题仍会或隐或现地被关注。

六、对教师专业化的理论阐释

"百年大计，教育为本；教育大计，教师为本。"随着教育在经济社会发展中的地位和作用日益凸显，特别是近年来教育内部各项教育改革与实验的深入，如素质教育、新课程、创新教育等，教师作为教育改革的关键性因素，越来越引起人们的关注。在新世纪到来之际，教育界对教师这一职业重新进行了一次审视，虽然没有出现像教育产业化讨论那样的争鸣局面，但在教师的专业性、教师专业化、教师专业发展、教师教育等问题上深化了认识，在很多方面达成了共识。一些研究结论和观点正在深深地影响教

---

① 钱学敏：《从经济学角度简析高等教育不宜"产业化"》，《中国集体经济》2009 年第 3 期。

② 钟岷源：《学者称教育产业化存在误读被严重扭曲》，《南风窗》2007 年 2 月 21 日。

师政策、教师教育制度以及教师个体的行为。主要讨论的有以下几个问题。

（一）教师是专门职业还是普通职业

职业是依据人们参加社会劳动的性质与形式而划分的社会劳动集团。社会学家通常把职业划分为专门职业和普通职业。在专业社会学中对于专门职业这一概念有两种不同的界定：一种是把专业界定为具有一定的专业知识和服务理想的职业群体，一种是把专业界定为对自身职业具有控制权的职业群体。[①] 判定一个职业是不是专业，就是看其是否符合"专业"的标准以及"专业化"的程度如何。教师的工作是不是专业活动？人们回答这一问题的主要方式，也是先从理论上界定什么是"专业"，给出衡量"专业"的标准，然后对于教师职业所具备的专业条件的情况进行理论性、实证性的探讨。现在国际教育界广泛运用的，是利伯曼（M. Lieberman）定义的"专业"概念。他指出所谓"专业"，应当满足如下的基本条件：（1）范围明确，垄断地从事于社会不可缺少的工作；（2）运用高度的理智性技术；（3）需要长期的专业教育；（4）从业者无论个人、集体均具有广泛的自律性；（5）专业的自律性范围内，直接负有做出判断、采取行为的责任；（6）非营利，以服务为动机；（7）形成了综合性的自治组织；（8）拥有应用方式具体化了的伦理纲领。[②] 有的研究者还列出更多更细的条件和要求。它们都是"专业"的一种理想模型。

一般情况下，一个成熟的专业工作，应该具备以下六个特征与标准：第一，专业知能，即有一套完善的专门知识和技能体系作为专业人员从业的依据，这是构成专业的首要标准；第二，专业道德，即某一职业群体为更好地履行职业责任、满足社会需要、维护职业声誉而制定的自我约束的行为规范或伦理标准；第三，专业训练，需要经过长期的培养与训练（通常4—5年）；第四，专业发展，即需要不断地学习进修；第五，专业自主，享有有效的专业自治；第六，专业组织，即形成坚强的专业团体。[③]

如果严格地按照专业的标准去对各个职业逐一进行考察，恐怕没有一

---

① 袁振国主编《当代教育学》，教育科学出版社，2002，第78页。

② 筑波大学教育学研究会编《现代教育学基础》，钟启泉译，上海教育出版社，1986，第442页。

③ 王建磐：《教师专业化与教师教育政策的选择》，载袁振国主编《中国教育政策评论2002》，教育科学出版社，2002。

个职业完全符合要求，即便是律师和医生职业也是如此。但专业化水平高低还是有的。依据以上所说的专业标准和特征看当前我国中小学教师的专业化，可以说，现在教师职业发展已具有一定的专业水准，是一个部分的而非完全的专业，正在努力朝着完全专业的方向前进，是"形成中的专业"。理由是：（1）教师提供的教育服务在现代社会日趋重要，随着知识社会的到来，这种作用的重要性日益突出；（2）教师专业道德规范的要求一直非常强烈；（3）尽管对教师应掌握哪些知识存有争议，但青少年培养需要的专业化教师，各国已经都有专门的教育机构实施教师教育，教师专业训练的年限、程度日趋提高；（4）教师任用资格与在职进修日益制度化、法制化；（5）教师拥有的专业自主权有适度的保证；（6）教师的经济待遇和职业声望正在提高，过去并不被看好的教师职业这几年变得越来越"吃香"，出现了一个教师职位几十个人竞争的场面。所以，中小学教师的专业，实质上并不是有还是无的问题，而是专业化程度高与低的问题。教师职业是一个形成中的专业。与其他专业工作如医学、法律、工程相比较，略感逊色，但其地位高于半专业而接近完全专业，处在专业和半专业的中间状态。① 这是实然的结论，也就是说，是从教师的专业现状来考察的。但是，从教师的社会职能来看，教师是一个不可替代的专门职业，教师的工作应该成为一个完全的专业活动，教师应该是专业人员。这是事实与价值的问题。

1966 年，国际劳工组织、联合国教科文组织发表的《关于教员地位的建议》中提出，应该把教师工作视为专门职业。这是一种要求教师具备经过严格训练和持续不断的研究才能获得维持专业知识及专门技能的公共业务。在国际劳工组织制定的《国际标准职业分类》中，教师被列入"专家、技术人员和有关工作者"的类别中。1986 年，我国国家统计局和国家标准局发布的《中华人民共和国国家标准职业分类与代码》中，各级各类教师被列入了"专业、技术人员"这一类别。1993 年，八届人大四次会议通过的《中华人民共和国教师法》把教师界定为"履行教育教学工作的专业人员"，并首次提出"国家实行教师资格制度"，实行"教师职务制度"和逐步实行"教师聘用制度"，这就提出了另一个问题：教师专业化。

---

① 刘捷：《新世纪呼唤教师专业化》，《中国教育报》2002 年 12 月 19 日。

（二）教师专业化

教师专业化的基本含义是：第一，教师专业既包括学科专业性，也包括教育专业性；第二，国家有教师教育的专门机构、专门教育内容和措施；第三，国家有对教师资格和教师教育机构的认定制度和管理制度；第四，教师专业发展是一个持续不断的过程。

教师专业化既是一种状态，又是一个不断深化的过程。动态意义上的教师专业化是指建立专业标准，使教师从普通职业逐渐转化为符合专业标准、成为专门职业并获得相应专业地位的过程。它包括教师个体专业化和教师职业专业化，前者指教师在整个专业生涯中，依托专业组织，通过终身专业训练，习得教育专业知识技能，实施专业自主，表现专业道德，逐步提高自身的从教素质，成为一个良好的教育专业工作者，也就是一个人从"普通人"变成专业人员——"教育者"的过程；后者指教师群体专业化的发展和社会承认形式。教师个体专业化是教师职业专业化的基础，是教师专业化的根本方面。静态意义上的教师专业化是指教师这一职业群体的专业水准发展和完善的状况。有人提出如下教师专业化状态的指标：（1）专业智能；（2）专业训练；（3）专业组织；（4）专业伦理；（5）专业自主；（6）专业服务；（7）专业成长。[①]

为什么提出教师专业化？理由有三。（1）社会变迁与教师角色的转变要求教师专业化。当今社会，人类正在从过去传统社会强调物质、权力和政治转变到现代社会强调经济、文化和知识，"专家社会"已经出现。教育作为一种文化传播的基本模式，已经成为一种高度专业化的活动。而教师作为知识分子也变成了社会文化资本的生产者——文化知识生产的行动者和研究者，他们在传递、保存、交流、更新、创造文化知识中成为专家。同时，知识社会中生产、组织、人们的工作、知识的形态以及教育的特征都较以往发生了改变，社会对学校的期望、学校的功能、学习的意义、学生以及教师的角色，也要发生相应的改变。知识社会要求教师必须走向专业化。（2）世界教师教育改革和共同发展的趋势，要求教师专业化。进入20世纪70年代以来，世界众多国家主张要把教师变成一种特殊专业。美国20世纪70年代中期提出教师专业化的口号，以提高公共教育质量，推动

---

① 彭茜：《三十年来教师专业化的国际回顾与展望》，《外国教育研究》2002年第2期。

教学成为真正的专业。1986 年，美国的卡内基教育和经济论坛、霍姆斯小组相继发布《以 21 世纪的教师装备起来的国家》《明天之教师》两个重要报告，同时提出以教师的专业性作为教师教育改革和教师职业发展的目标。1989—1992 年，经济合作与发展组织（OECD）相继发布了一系列有关教师及教师专业化改革的研究报告，如《教师培训》《学校与质量》《今日之教师》《教师质量》等。1996 年，联合国教科文组织召开的第 45 届国际教育大会提出"在提高教师地位的整体政策中，专业化是最有前途的中长期策略"。我国在 1994 年开始实施的《教师法》规定："教师是履行教育教学职责的专业人员"，第一次从法律角度确认了教师的专业地位。1995 年国务院颁布《教师资格条例》，2000 年教育部颁布《教师资格条例实施办法》，教师资格制度在全国开始全面实施。2001 年 4 月 1 日起，国家首次开展全面实施教师资格认定工作，进入实际操作阶段。（3）我国教师素质的现状，也要求教师专业化。目前，中小学教师的教育观念、师德状况、知识结构、教育教学技能等方面还存在诸多问题，提出教师专业化是家长望子成龙的深切愿望，也是教育质量和教学效益的长远需要。[①]

华东师范大学钟启泉教授考察了西方国家教师专业化的历程，指出：（1）从历史发展看，教师教育体现了从"专业化"走向"反专业化"再到"专业化"的趋势。[②]国际教育界关于教师"专业化"的探索交织着现代主义与后现代主义思潮的冲撞，交织着这两种话语体系的解读。我国教育界更多关注的是现代主义（技术主义）范畴的"教师形象"，其实，后现代主义的"教师形象"也需要关注。（2）从制度层面看，教师"专业化"的实现是一个漫长的奋争过程。如果说美国教师"专业化"的观念与制度的确立经历了整整一个世纪，那么，日本也是一样。从战前绝对效忠天皇的"圣职论"，战后维护教师权益的"劳动者论"，到 20 世纪 70 年代以来得到教育界公认的"专业职责论"，也历经了一个多世纪。在日本，从"专业化"观念的确立到制度的落实，又经历了 20 年的岁月。因此，我国教师专业化也将是一个长期的艰巨的历程。

---

① 刘捷：《专业化：挑战 21 世纪的教师》，教育科学出版社，2002。史宁中：《教师专业化：21 世纪高师教育持续发展的生命力》，载袁振国主编《中国教育政策评论 2002》，教育科学出版社，2002。

② 钟启泉：《教师"专业化"：理念、制度、课题》，《教育研究》2001 年第 12 期。

他还指出并批评了教师专业化过程中几个错误的倾向。（1）以"工程化"驱动"专业化"。"工程化"管理思维方式的实质是强化行政监管的力度，限制了教师专业自主权的空间，甚至剥夺了教师研修的自主权。这与"专业自律""专业自主"这些教师专业化的关键概念相悖。（2）以"消闲化"驱动"专业化"。消闲类教育杂志以"消闲文化"去消解"教师文化"，是一种文化倒退。如宣扬教师是一种"职业"（而非"专业"），校长是"一校之魂"，等等。"消闲化"的要害在于以"非专业化""反专业化"去抗衡"专业化"。（3）以"行政化"驱动"专业化"。有效的学校文化不是基于由上而下的"命令—控制"，而是基于对教师专业发展主体地位的"促进—支持"。消除"行政化"的基本策略有二：一是转换教研室的职能，转变教研员的角色，使每一个教研室都成为课程改革的研究中心，使每一个教研员都成为"反思性教学"的研究者；二是倡导"大学与中小学的合作伙伴关系"，使研究者与实践者借助共同的"研究式实践"和"专业对话"，实现各自的专业发展。（4）以"技术化"驱动"专业化"。我国的"教师专业化"不能由"技术范式"来主宰，因为它的着眼点仅仅在于追求控制与效率。教师的"专业发展"应该具有如下特点：（1）专业发展含义的多面性：专业发展过程是教师经验与环境持续互动的过程；（2）专业发展方式的多元化：存在不同的学习方式与过程；（3）专业发展囊括认知技能与情意改变；（4）专业发展发生在人际网络及情境之中，它总是基于学校的具体情境。这是一种寻求教师的"人格化""个性化""文化化"的过程，"技术化"的要害就在于否定这种过程。[1]

（三）教师专业化的途径与模式

实施推进教育专业化，在宏观政策上，我们应当：（1）坚定实现教师专业化的信念。正如中国教育学会会长顾明远教授认为："专业化与开放性是我国教师教育当前面临的两大问题。教师是专门职业，必须经过专门的学习和训练。……社会职业有一条铁的规律，即只有专业化才有社会地位，才能受到社会的尊重。如果一种职业是人人可担任的，则在社会上是没有地位的。教师如果没有社会地位，教师的职业不被社会尊重，那么这个社

---

[1] 钟启泉：《"教师专业化"的误区及其批判》，《教育发展研究》2003 年第 4、5 期。

会的教育大厦就会倒塌，这个社会也不会进步。"①（2）建立教师专业化组织机构和制度，如国家、省、市以及学校的教师专业标准委员会，教师职业准入制度，从业教师的基本管理制度，等等。（3）提高教师的社会地位，特别要大幅度提高"高专业化水平教师"的经济待遇。（4）为教师专业化良性循环提供条件，如进修、培训等。② 在微观上，笔者认为，学校应当营造"学习化、专业化"的组织氛围，建立教师发展性的学校。理想的学校教育应该是：在师生共同的生活世界中教学相长，学生在教师的发展中成长，教师在学生的成长中发展。要充分利用计算机与网络，构建教师发展的新平台。另外，专业化水平的提高关键在于教师自己，教师应将教学生涯视为生命历程的重要部分，增强使命感，不断超越自我，活出生命的意义；要不断更新教育观念，自修自研，自我反思，博采众长，形成风格，争做教学专家，而不是教书匠。

钟启泉教授分析了教师的"专业化"存在的两种模式。一种是技能熟练模式——主张教师职业同其他专业职务一样，把专业属性置于专业领域的科学知识与技术的成熟度。认为教师的专业能力是受学科内容的专业知识、教育学、心理学的科学原理与技术所制约的。在这种模式中，"教学实践"被视为学科内容的知识与教育学、心理学原理和技术的合理运用。教师的专业程度就是凭借这些专业知识、原理技术的熟练程度来保障的。这样，教师进修的课程开发就是确定并组织有关教师职业的理论、原理、技术的"知识基础"。另一种是反思性实践模式——认为"教学实践"是一种囊括了政治、经济、伦理、文化、社会的实践活动。这种模式中的教师的专业程度是凭借"实践性知识"来加以保障的。这种"实践性知识"，是依存于有限情境的经验性知识，比起理论知识来说缺乏严密性和普遍性，却是一种鲜活的知识、功能灵活的知识；它作为一种"案例知识"而积累并传承，是一种以实践性问题的解决为中心的综合多学科的知识；它作为一种隐性知识发挥作用，是一种拥有个性性格的"个体性知识"。同其他专业相比，教师工作的最大特点是不确凿性（混沌性）、情境性，要求针对情境做出灵活应变的决策。因此，教师专业化应当更多地通过日常教育实践的创造与

---

① 刘微：《教师专业化：世界教师教育发展的潮流》，《中国教育报》2002 年 1 月 3 日。

② 陈志强：《教师专业化及其实现途径的探讨》，《职业技术教育（教育科学版）》2002 年第 16 期。

反思过程来实现。① 这两种模式勾画了两种不同的"教师形象"，各有其合理性。在教师教育和培训中，应当平衡这两种模式。

钟富坤分析了教师教育的学徒模式、技能熟练模式与反思性实践模式，与之对应的是工匠型教师观、技术型教师观和教师是专业人员、教师是研究者、教师是发展中的个体的教师观，并指出后一种模式是当今世界教师专业化的核心理念。②

有人归纳了国际上的六种教师培养范式：知识范式、能力范式、情感范式、"建构论"范式、"批判论"范式和"反思论"范式。③ 不同的范式突出强调教师素质结构中不同的成分，这对我们很有启示。

现实中，教师"专业"经常被替代，原因在哪里？有学者认为原因在于人们把教师专业发展的基点放在"学科知识"上，造成对教师专业特殊性的蒙蔽，缺失了教师专业化的特殊性的维度。④ 教师的知识结构在三个方面：教师的本体性知识、实践性知识和条件性知识。研究发现，教师的本体性知识与学生成绩之间几乎不存在统计上的关系，而实践性知识的高低，却是区分专家型教师与新教师的重要依据之一。因此，直接把"'如何教'的知识和能力"作为教师专业的基点较为妥当。

（四）教师专业发展的阶段

一个专业化教师的成长必须经过一定的阶段，有人提出"三阶段论"，即：求生存阶段、调整阶段和成熟阶段；有人提出"四阶段论"，即：求生、巩固、更新、成熟；有人提出"五阶段论"，即：新手、已入门者、胜任者、熟练者和专家。

陈琴、庞丽娟等人具体分析了教师专业成长的五个阶段及其发展重点：（1）准备阶段，即师范教育，获得最基本的教育专业理论和实践知识教育，提高教师的教育实践能力水平；（2）求生阶段，任职头一、二年，获得处理日常教学方面的特殊技巧和对儿童行为的指导能力；（3）巩固阶段，任职第三、四年，增强教师解决和处理儿童行为问题的能力，提高教师的教

---

① 钟启泉：《教师"专业化"：理念、制度、课题》，《教育研究》2001年第12期。

② 钟富坤：《教师专业化理论发展与教师教育模式的演变》，《教学与管理》2002年第11期。

③ 《中国教育报》2002年1月3日。

④ 孙阳春：《教师专业化：以何为基点》，《教育发展研究》2003年第1期。

育策略；（4）更新阶段，任职第四、五年，探索儿童教育的新趋势、新观念和新方法，调整、更新、充实和提高自己的能力；（5）成熟阶段，入职四五年后，通过多种途径（如参加研讨会、到大学进修等）进一步丰富、充实和提高自己。根据教师各人特点的不同，各阶段的年限会有所变化，并且在各个不同阶段也会有不同的发展内容和侧重点。[①]

还有学者划分了教师专业成长阶段的大致年限及其主要特征：（1）入职期。第1—3年，理想主义；有活力、接纳新观念、积极进取；与学生交往多，在模仿、"试误"中积累经验，但常伴有"挫折感"。（2）探索期。第4—9年，初步掌握教学法，不断改进教学技能，表现出自信和愉悦，关注学生并能有效管理教学。（3）创新期。第10—15年，有较高的教学与管理能力，尝试创新教学策略与技巧，善于反省和批判性思维，自我教学风格成型，有成就感。（4）调整期。第16—21年，在创新实践后趋于成熟与稳定，重新评估或怀疑、反省，年复一年的单调乏味的课堂生活及改革后的失望，或升职无望带来失望情绪，教学水平提升不快，呈现"高原期"现象。（5）微调期。第22—30年，经过怀疑和危机的状态，心理趋于平静，进一步尝试调整教学策略，能轻松完成教学任务，呈现"专家"心态，对专业投入开始减少，与学生关系开始疏远。（6）保守期。第30年后，经过微调后趋于保守，准备退休，有退缩意识和倦怠感，有时抱怨公众对教育的态度，抱怨学生、学校。[②]

教师专业化发展并不是自然而然、水到渠成，可能会遇到一些观念或思维习惯上的障碍。比如：（1）只专注于自身专业的局限思考；（2）观念和经验上的错觉；（3）将质量问题归因于学生、同行乃至外界；（4）处理问题时专注于个别事件，缺乏整体、动态的思维方式；（5）文化水平高，比较主观，满足于现状；（6）学校对教师缺乏关爱，努力的效果得不到及时的肯定。

（五）教师教育问题

教师专业化向传统教师教育的制度、模式、体系等提出了挑战。《国务院关于基础教育改革与发展的决定》中首次出现了"教师教育"的概念，

---

① 陈琴、庞丽娟、许晓晖：《论教师专业化》，《教育理论与实践》2002年第1期。

② 全疆发：《关于教师专业化的若干思考》，见 http：//202.113.166.230/hpky/jshzhuanyehua.htm。

以取代"师范教育"。要求对教师培养和培训的两个环节进行整合。过去的"师范教育"也包括对教师培养和培训两个部分，但是长期以来，培养和培训相对分离（师范大学、学院、学校以教师的职前培养为主，教育学院管教师的在职和职后培训），相互不沟通。"教师教育"要在终身教育思想指导下，按照教师专业发展的不同阶段，对教师的培养和培训通盘考虑，整体设计，体现了教师教育的连续性、发展性和一体化。

　　未来，我国教师教育应在以下几个方面进行改革和发展。一是教师教育体系的结构不断优化。其中包括：（1）职前培养层次上移，由三级向二级（专科、本科）或新的二级（本科、研究生）教师培养体系过渡。（2）高度重视和加强教师继续教育，推进教师教育一体化。二是教师教育体系进一步扩大开放，建立一个高水平、开放灵活的教师教育体系。除师范大学（学院）外，让综合大学参与教师培养培训；实行教师资格证书，面向社会遴选优秀教师。三是扩大高等师范教育规模，拓宽功能，加强培养、培训能力，质量进一步提高。四是教师教育信息化建设大大加强，要通过创办网站、教育资源库、举办网络学院等充分发挥计算机在教师教育培养和培训中的作用。五是推进教师教育的规范化、法制化。如修订《教师法》，制定《教师教育条例》，建立和完善教师准入制度、教师资格再认定制度、教师终身教育制度、教师教育机构资质认证制度、课程鉴定制度、质量评估制度以及教师教育经费投入保障制度等。六是改革教师教育的课程结构，重视培养教师的教学实践能力。在职前培养上，要改变传统的教育学、心理学、教材教法加短期实习的做法，增加教育学和心理学课程的比重，无论是培养还是培训都要重视实习、实践、反思等的作用，都要引入案例教学、行动研究、样本培训、反思性教学等教学模式，改变单纯课堂讲授的状况。

　　教师专业化在我国起步较晚，理论上的关注也就是在近三年来，目前还是一个崭新的研究课题。笔者在中国期刊网上搜索统计，有"教师专业化"一词为关键词的论文1996—1999年为5篇，2000年有6篇，2001年有30篇，2002年有136篇，2003年有149篇。现有的研究已经使专业化成为教师教育领域普遍接受的词汇，"专业""专业化""教师专业化""教师专业自主"等成为教师教育研究中的核心概念，并且成为教师教育发展的基本方向，增强了教师对自身职业特性的认识，出现了对教师专业发展培训方式的新探索，如反思性教学、行动研究和案例教学，特别是朱永新所发起的"新教育实验"逐渐摸索出了一条"专业阅读＋专业写作＋专业发展共同体"的教师专业发展的"三专"模式，这个模式暗合了目前国际上流行的教师专业发展潮流，如强调教师的学术背景，强调教师的教育反思，强调教师发展的生态环境等。对于教师专业发展，今后可能更应该加强对教师专业发展的具体途径和教师理念向实践转化的机制进行深入的探讨。

第九章　中国当代的教学思想

新中国成立以后，中国教育理论界在继承和发扬古代教学思想中的优秀遗产和解放区革命根据地优良传统的基础上，在学习苏联，而后又学习其他发达国家教学理论的基础上，为建立具有中国特色的教学理论体系而进行了艰苦的探索。尤其是十一届三中全会以后，教学思想开始从单一模式走向多元化，理论探讨与实验研究比翼齐飞，开始逐步走上了科学化、现代化和中国化的道路。

一、课程与教学基本理论问题的探索

教学的基本理论问题涉及教学的地位与作用、教学过程的本质与规律、教学活动中的教师与学生、课程与教育评价等许多内容，当代中国教学理论对这些问题的探索，也取得了一些积极的成果，这里拟就几个重要问题进行述评。

（一）教学的地位与作用

教学在学校活动中究竟应占据怎样的地位？学校教育的中心内容究竟是什么？对于这样一个几乎是常识性的问题，在不同的时期有着不同的认识。新中国成立后不久，随着镇反、肃反、土地改革、抗美援朝、思想改造等一系列运动的展开，一度出现了师生社会活动过多的情况。从1951年起，《人民教育》陆续发表了《坚决克服学校教育工作中的混乱现象》《教学工作是学校压倒一切的中心任务》等社论，强调"教师的主要工作是做好教学工作，学生的主要任务是学好各门功课。考察一个学校的成绩好坏，主要是看它完成教学计划的程度而定，此外没有也不应该有任何其他的标准"。在这种教学思想指导下，直到1957年，学校的教学中心并未受到动摇。

1957 年 6 月以后，政治学习和批判活动明显增多，不久又开始教育革命，生产劳动时间经常超过了教学时间，甚至取消或停止了教学活动。尽管有人对此提出异议[①]，陆定一和蒋南翔也在 1959 年 1 月的全国教育工作会议上提出了"理论—生产—理论"和"理论—实践—理论"的观点，但直至《高教六十条》颁布后才有所扭转。

从"文化大革命"开始到"复课闹革命"的一年多时间，教学思想的基调是把"革命"与"教学"对立起来，认为强调教学就是压制革命。复课以后，到底如何理解"学校以学为主，兼学别样"，在理论上并未得到明确阐述，以至于把 1972—1973 年和 1975 年的"以学为主"的做法诬为"黑线回潮"和"右倾翻案风"。1976 年教育理论上的拨乱反正，很重要的内容之一就是肯定学校应以教学为中心。

1979 年，许多学者在反思新中国成立 30 年教育发展的经验与教训时，再次突出了教学为中心的思想。例如杭苇说："总结 30 年来普通教育战线的经验教训，最根本的一条，则是学校要坚持'以教学为中心'，贯彻德智体全面发展的方针。实践证明，这是学校工作的规律，提高教育质量的规律。"他认为："学校工作之所以要坚持'以教学为中心'，这是由学校本身的性质、任务决定的。学校的对象是学生，学校是为学生学习而办的，教学是学校工作的根本任务，就像生产是工厂的根本任务一样，否则学校就不成其为学校了。"他还提出，"大力加强课堂教学，改进教学方法，并努力完成教学过程中的教育性"，是坚持"以教学为中心"的最重要的一条。[②]这条在今天看来似乎很平凡的道理，已成为人们共识的道理，是经过了曲折的历程后才得到的结论。

（二）教学过程的本质与规律

在相当长的一段时间内，中国教育理论界对于教学本质的认识是以凯洛夫的定义为依据的，即认为"教学，这首先是教师在学生们自觉与自动的参与之下，以知识、技能和熟练技巧的体系去武装学生的过程"。[③]也就

---

① 树屏：《学校教学活动应从理论开始》，《文汇报》1959 年 3 月 29 日。邹光威：《教学中理论联系实际的基本途径》，《文汇报》1959 年 7 月 29 日。

② 杭苇：《坚持以教学为中心，贯彻德智体全面发展的方针》，《上海教育》1979 年第 9 期。

③ 凯洛夫：《教育学》，沈颖等译，人民教育出版社，1953，第 53 页。

是基本上把教学视为认识过程，由于这个认识过程在认识的对象、速度、方式等方面不等同于人类一般的认识过程，所以又被称为"特殊认识过程"。在 50 年代后期，教育理论界有人提出教学过程也必须遵循"实践—理论—实践"的公式，相对忽视系统的书本知识的学习，导致了教学质量的下降，所以有人开始对教学本质进行深入的探讨。《人民教育》1961 年 8 月发表的许宗实的文章就认为："教学过程和人们认识世界的过程基本上是一致的，中小学学生的学习也是由感知具体事物开始，由感性认识逐渐深化达到理性认识的。"但同时又肯定了教学过程与人们的认识过程的区别：学生学习的大部分是间接知识，而不是获得直接经验；通过教学过程所要达到的目的，不只是传授知识，还要培养学生的共产主义道德品质和革命的思想观点，养成学生的技能技巧，发展学生的思维能力；在教学过程中教师起主导作用；教学过程中应照顾到学生的接受能力。并指出："我们决不能因为教学过程和认识过程实质上有相同之处，就忽视教学过程的特异之处，忽视间接知识，忽视教师在教学过程中的主导作用，以及为了学会运用和牢固地掌握间接知识的反复练习和实习，等等。"[1]

把教学过程的本质视为一种特殊的认识过程，不仅在当时有广泛的代表性，到现在为止仍然可以说是基本思路。直到 80 年代初才有人对此发难。如蒲心文撰文认为："这样一种教学过程的理论是十分不全面的、形而上学很严重的理论。因为它仅仅是从哲学认识论的角度去揭示教学过程，忽视了教学过程中其他成分，特别是心理成分方面的研究。"因此，他提出应对教学本质进行多层次、多级别、多类型的研究，以"取代传统教学论简单化、单一化、僵硬化的教学过程本质论"。例如，从认识论角度看，教学过程是一种特殊认识过程；从心理学角度看，是学生的全面心理活动过程和个性心理发展、造就全面发展人的过程；从解剖学、生理学的角度看，是学生身体、生理素质、健康发育、成熟的过程；从经济学的角度看，是运用教育的人力、物力、财力资源生产能力的生产过程，等等。[2] 这一理论被人们称为多元本质论。

多元本质论并未得到理论界的广泛认同，于是人们继续探求。有人提

---

① 许宗实：《理论联系实际是教学的根本性原则》，华东师范大学教育系教育学教研室编《教育学参考资料》（上册），人民教育出版社，1980，第 292–298 页。

② 蒲心文：《教学过程本质新探》《教育过程本质再探》，《教育研究》1981 年第 1 期、1982 年第 6 期。

出："教学过程是以教师为主导、以教育目的为指针，以教科书为学生认识的对象和手段，组织、启发、引导、支持、促进学生主动地掌握文化工具，认识客观世界，全面发展身心的一项社会实践。"① 也有人认为："教学过程是学生在教师的精心组织和指导下，对人类已有知识经验的认识活动和改造主观世界、形成和谐发展个性的实践活动的统一过程。"② 还有人做如下概括："教学过程是在相互联系的教和学的形式中进行的，以传授和学习文化知识为基础，以培养和发展学生的能力和健全的个性为目的、由学校精心组织起来的社会认识、实践的过程。"③ 尽管上述关于教学本质的定义仍可以推敲，但它们有两个共同点：一是强调了学生的主体作用，二是丰富了教学过程的内涵，反映了人们认识的深化。

随后，围绕对特殊认识说的质疑和多本质说的教学过程本质观点，教育界对教学的本质究竟是什么进行了一系列辩驳，并提出几种新的本质观，归纳起来，大约有以下这样几种：（1）发展说，认为教学过程是促进学生发展的过程；（2）传递说，认为教学就是传授知识经验的过程；（3）学习说，认为教学是学生（在教师指导下）的学习活动；（4）统一说，认为教学是教师的教和学生的学统一的活动；（5）实践说，认为教学是一种特殊的实践活动；（6）认识—实践说，认为教学过程是认识和实践统一的过程；（7）交往说，认为教学是一种特殊的交往活动；（8）价值增值说，用哲学价值论的观点探讨教学过程的本质，认为教学过程就是价值主体（学生、社会）追求和实现价值目标而展开的活动过程。尽管上面哪一种观点都不能全面揭示教学的本质，都有悖论，但它们都从一个侧面诠释了教学活动的本质，提供了新的视野，接近了教学的本质，深化了认识。

与教学本质相联系的问题是教学规律，有些研究者把规律理解为关系，认为讨论教学规律就是理清教学过程中的基本关系，如教与学的关系，间接知识与直接知识的关系，传授文化科学知识与思想品德教育的关系，占有知识与培养学生能力的关系，已知与未知、旧知与新知的关系，学和用的关系，教学过程中各种对应关系之间和各个工作环节之间的关系，等等。有的研究者则认为主要有四条基本的教学规律，即教与学辩证统一规律，

---

① 花永泰：《教学本质再议》，《教育研究》1986 年第 5 期。

② 郝森林：《教学过程本质的再认识》，《教育研究》1988 年第 9 期。

③ 吴也显等：《教学论新编》，教育科学出版社，1991，第 98 页。

教学与发展相互促进、辩证统一规律，教学的教育性规律，教师在教学中起主导作用的规律等。还有人把以下八个方面作为教学的规律：教学水平必然决定教学质量；违反学生认识过程的规律的教学必然失败；学生的身心发展有其客观规律，而且必然存在差异；学生的学习目的必然影响他们的学习成绩；在教学过程中，教和学双方必然产生相互影响的作用；知识技能的教学必然影响学生认识能力的发展；知识教学必然影响学生思想品德的成长；任何一门学科所包含的知识必然有其内在的逻辑性、系统性，不掌握前面的知识，后面的知识必然学不会。[①] 目前还有人试图把"适应与发展原理"作为教学的根本规律，人们在教学实践中对于规律的探索，本身就说明了教学活动自觉性的提高。尽管目前尚未达成共识（或许本身就无必要达成共识），但对于教学的认识无疑得到了深化。

（三）教学活动中的师生关系

师生关系问题是教学理论中的根本问题之一。杜威曾经把由教师中心转向儿童中心称为"教育上的哥白尼革命"。新中国成立初期，由于受凯洛夫教育学关于教师的主导地位和决定作用的影响，教育理论界普遍倾向于教师主导说。1952 年 10 月的《人民教育》曾发表了题为《教与学之间的矛盾哪一方面是主要的？》的文章，明确肯定："按教学的要求来说，教的方面应该是起主导作用的方面，即矛盾的主要方面；每个学校都要争取实现。因为只有这样，才能完成教学任务。"并指出：如果没有教师的主导作用，学生学习积极性的提高和学习任务的完成，都是不可想象的。1959 年初，《文汇报》曾就教师的主导作用进行了广泛的讨论。3 月 21 日的社论《论教师的主导作用》对讨论进行了总结，充分肯定"在教学过程中，教师有所传授，在接受之间教师总是起着主导作用的。不论教师所传授的是正确的还是错误的，教师的主导作用总是一种客观存在"。社论认为，教师不发挥主导作用是一种不负责任的表现。但也不能过分夸大教师的作用，不应压抑学生的积极性。1961 年第 17 期《红旗》发表了匡亚明《略论师生关系》的文章，观点大致与《文汇报》的社论相仿。

1964 年，毛泽东发表了《春节座谈会上的讲话》，对教学中的死记硬背、呆板僵化、填鸭式教学方法等进行了抨击，此后很长一段时间内，教师的

---

① 孙喜亭主编《教育学问题研究概述》，天津教育出版社，1989，第 274 页。

主导作用不再被强调。因为强调教师的主导作用，颇有影响生动活泼的学习气氛、压抑学生的主动性与创造性之嫌。而拨乱反正中重提在教学过程中教师的主导作用，则是20世纪70年代后期的事。从20世纪80年代开始，教育理论界把教师的主导作用与学生的主动性并列起来，提出"教学过程是教师和学生共同活动的过程，是教师引导下的学生学习的过程，既要有教师的主导作用，又要有学生的主动性"①。这部发行数百万册的教科书所提出的观点具有广泛的代表性。

在教师的主导作用论被普遍接受的同时，对它的怀疑也开始了。因为不管教师的主导作用是客观的必然性，还是主观的能动性，它都存在着理论上的缺陷。从客观必然性上讲，教师的主导作用实际上存在着两重性。有人提出，教师如欲发挥积极的主导作用，除必须具备良好的思想品德外，还须有广博而精深的知识，对学生有充分的了解，有教育科学的理论素养等。否则，这种主导作用会产生相反的结果，阻碍学生智力发展，扼杀学生的认知兴趣，损害学生身体健康等。②从主观能动性而言，教师的主导作用过于凸显，可能导致对学生的忽视，因为在这种教学思想指导下，"其所以研究'学'，多半还是为了教，从教出发，为教服务"。所以，"要真正摆正教和学的关系，把教为主导和学为主体真正统一起来，就必须对教为重心、教师讲授、学生听受的模式有所突破"③。

1986年以后，学界对"教师为主导，学生为主体"的观点也提出了批评。如张连捷等认为这种提法具有内在的矛盾性。首先，在教学过程中学生是主体，教师也是主体，同样，学生是客体，教师也是客体，这是一个双边矛盾运动过程。其次，任何事物的矛盾都包含着主次两个方面，其中一方居于支配地位，起主导作用，是矛盾的主要方面，而另一方则居于次要地位。再次，矛盾的主次方面是可以转化的，不是固定不变的。④郁中秀则指出：其一，教师主导与学生主体论述的不是同一性质的范畴。教师主导是在教与学的统一认识过程中，教师作用相对于学生作用而言；所谓学生主体，是学生在学习过程中相对于外部世界而言的。其二，教师和学生都

---

① 华中师范学院等五院校：《教育学》，人民教育出版社，1982，第128页。

② 张伟俊：《试论教师主导作用的两重性》，《教育研究》1982年第2期。

③ 王策三：《关于教学应教学生"学"的问题》，《光明日报》1983年1月2日、14日。

④ 张连捷、张启航：《论教学过程中教与学的矛盾运动》，《教育理论与实践》1986年第2期。

是认识的主体。其三，教师与学生这两个主体是相互合作的。[①] 这里实际上蕴涵了"双主体"的必然结论。

1990 年，《教育研究》分别发表了于珍彦《论教学主体的滑移位错》和王冬桦的《教学的双主体性问题的探讨》两篇文章，明确提出了教学过程的双主体理论。前者认为：一切教学活动都是以一定的教学目的为控制中心，以教与学二者的关系为主要矛盾，以具有确定性的教学内容为共有客体，以具有导向性的教学手段为连接媒介，"教先作为主体，主动地施教于学，学又自然地与教进行滑移错变为主体，并将教学内容能动地内化为己有，从而产生智能的不断积累的教学效应"。后者则指出，在教学过程中同时存在着两个主体，即教的主体——教师和学的主体——学生。"教学的主体具有双重性，即教师既是教的主体，又是学生学的客体；学生既是学习的主体，又是教师教的客体。教学主体的活动具有双向性。"师生在整个教学活动中互相影响和作用，推动着教学过程的发展。

纵观改革开放以来二十余年，随着教学在学校的中心地位的确立，师生关系问题一直是教学基本理论问题和备受关注的焦点之一，各种观点异彩纷呈，归纳起来大约有十种。现简述之。（1）教师唯一主体论，认为教学过程中只有教师一个主体，学生、教学内容等均是客体。（2）学生唯一主体论，认为教学过程中的主体只能是学生而不是教师，教师只是不可或缺的指导者，从而突出了学生在教学活动过程中的主体地位。（3）双主体论，认为教学过程中教师和学生都是主体，两个主体同时并存。（4）主导主体说，主张教学过程中教师是主导，学生是主体。具体说来有四重含义：学生是心理发展的主体，教师属于外部精神力量；学生是认识的能动主体，教师则为认识的客体；教师（教）是矛盾的决定方面，学生（学）便成为矛盾的被决定方面；教作为一种能动引导活动，学则成为一种积极主动的被导认识活动。[②]（5）三体论，强调不能只考虑教师与学生，还应对教学过程的其他因素给予关注。如于光远提出的教学过程中教育者、受教育者、客观环境发生相互作用的三角关系，黄济提出的教师、学生和教材的"三体"复杂关系。（6）主客体转化说，承认教学过程中存在着主客体，但认为这种主客体关系不是一成不变的，而是可以相互转化。主客体之间互为前提、

---

①　郁中秀：《对"教师主导，学生主体"的质疑》，《教育研究》1988 年第 6 期。

②　曹光灿：《关于学生为主体、教师为主导的新思考》，《课程·教材·教法》1990 年第 9 期。

互为规定、相互转化，教学认识活动就是一个客体到主体、主体到客体的不断转化过程。（7）复合主客体论，认为教育者与受教育者共同构成教育活动的复合主体，而不是平行的双主体。在复合主体内部又呈现出互为主客体和条件的复杂关系：教育者与受教育者相对教育活动的其他基本因素，他们都处于主体地位；就教育与受教育者的相互关系来说，他们又互为主客体，互为存在的条件；就每方自身来说，在教育过程中，从不同的角度看，各自同时既是这一活动的主体，又是另一活动的客体。而教育内容则是教育活动中教育者与受教育者共同认识、掌握、运用的对象，是教育活动中的纯客体。（8）过程主客体说，把教学理解为教和学的两个不同的活动过程，分别就两个过程的主客体状况进行分析。持该论者大多把教授过程的主体确定为教师，客体为学生；学习过程中的主体为学生，客体为教师和教学内容。（9）层次主客体说，该说运用层次分析的方法，对教学主客体状况进行分层考察。从宏观整体层次来看，教师、学生共同构成教学主体，与这一共同主体相对的客体是教材、教师、学生及其所处的校园物质和文化环境。从中观教与学耦合层次来看，在教授活动中，教师是主体，学生和教学内容是客体；在学生的学习活动中，学生是主体，教师和学习内容是客体，这两种不同性质的活动通过教师主体对学生主体的主导和学生主体对教师主体的超越机制有机地耦合在一起。从微观教学层次即具体的教学内部来看，教师和学生都不是处于固定的主体或客体地位，在不同的教学阶段，他们交替处于主体或客体地位，教学内容则始终处于客体地位。①

（10）主客体否定说，面对令人眼花缭乱的各种论说，该说认为以主、客体来解释和描述师生在教学中的地位与关系是不适当的，哲学对教育学的指导非常必要，但不应简单套用哲学术语，将"主体"概念引入教育学，把本来清楚的问题弄乱了，简单的问题复杂化了。② 有的认为用主客二元对立的思维模式描述师生关系会掩盖二者之间的真实关系，因为师生间是一种互主体性关系，是"你—我"关系，而不是"手段—目的""人与物""主体—客体"的关系。③

---

① 和学新：《教学主客体关系的层次分析》，《上海教育科研》1998 年第 1 期。

② 陈信泰、孙振东：《对近年来教育主体问题论争的意见》，《齐鲁学刊》1992 年第 3 期。

③ 金生鈜：《超越主客体：对师生关系的阐释》，《西南师范大学学报（哲学社会科学报）》1995 年第 1 期。

（四）课程的理论与实践

虽然从新中国成立之初全面引进和学习苏联的课程理论和教材开始，中国教育界就试图创建自己的课程理论，但真正开始系统研究，则是从 20 世纪 80 年代开始的。首先是人民教育出版社正式建立了课程教材研究所并创办了专门杂志《课程·教材·教法》，继而王伟廉的《课程研究领域的探索》、陈侠的《现代课程论》和钟启泉的《课程论》先后问世，使课程理论的研究进入了一个新的繁荣阶段。五十多年来在课程理论与实践方面的主要成就主要表现在以下几个方面[①]：

1. 关于知识与课程价值观的研究

在很长一段时间内采取的是偏重于阶级斗争的知识与课程，但在近二十年，现代化建设成为知识与课程的社会价值选择的标准，与此直接相关的科学技术知识和课程受到了重视，关系比较密切的社会学、政治学、法律、人际关系学等知识与课程也得以建立和发展。

2. 关于课程编制问题的研究

在很长一段时间，比较强调社会发展、政治形势对于课程的制约作用，较少考虑心理等因素，这种偏差后来得到逐步纠正，即主张正确认识马克思主义哲学的指导作用，在社会发展要求和个人发展要求的统一上确立课程编制的依据；认识和运用社会学、心理学、教育学与课程论指导课程的编订；教材的编写在坚持科学逻辑性、系统性的同时，重视对学生的身心特点和需要的考虑，并努力使教材为学生所乐学和便于自学。教材的科学性、思想性、艺术性和可教可学性的统一，受到了重视。

3. 关于课内活动与课外活动关系的研究

新中国成立初到 1958 年，从理论与实践上坚持的是以课内活动为主，以课外活动为辅，把课外活动看成是课内活动的补充和延伸。1958 年以后，课外活动实际上取代了课内活动的地位，提出用工厂、农村的"大课堂"来代替学校的"小课堂"。"文革"后重提"以课堂教学为主"[②]，但在恢复统一高校招生考试制度后，逐渐形成了追求升学率的风气，课外活动在学

[①]　张敷荣、张武升：《建国以来课程理论与实践的回顾与展望》，《华东师范大学学报（教育科学版）》1990 年第 4 期。

[②]　杭苇：《试论"以教学为中心"与德智体全面发展的教育方针》，《教育研究》1980 年第 1 期。

校受到忽视。有研究者为了呼吁把课外活动还给学生，提出了"第一课堂"与"第二课堂"（又称"第一渠道"与"第二渠道"）的概念，并主张把"第二课堂"纳入学校课程计划内。但也有人不同意用这个概念，其理由是："第二课堂"不具备"第一课堂"的本质特点，把它称为"课堂"，易于造成混乱；以前曾把课堂教学之外的活动称为"大课堂"或"社会课堂"，但均未成功，现在再提"第二课堂"，易犯历史错误，造成用"第二课堂"冲击和取代"第一课堂"；容易把课堂教学的做法搬到课外活动中去，变成课堂教学的"外移"。[①] 尽管研究者们对概念并未取得一致性意见，但重视学生的课外活动的丰富多彩，却是大家所提倡的。

4. 关于潜课程（hidden curriculum）的研究

潜课程又称潜在课程、隐蔽课程或隐形课程。20 世纪 80 年代后期我国学者发表了不少论文对此进行探讨，一般认为它是指那些非计划的学习活动，由学生在校生活中各种人际交往所形成的思维方式、价值观和行为方式，学校班级中长期形成的制度与非制度的文化，学校物理环境构成的物质文化等因素组成。[②] 研究者们还认为，潜课程具有以下几个特征：一是非预期性，即教师、教育管理者、教育部门的行政领导等往往难以事先预料到潜课程的具体内容及其影响的性质，许多猜测、推断具有一定的主观色彩；二是影响的潜在性，即潜课程一般不打上明确的"教育"标记，它是在丰富多彩的活动中，从心理、制度、物质等各个层面，对学生进行潜移默化的渗透与影响，学生往往也是"不知不觉地"接受了蕴含于其中的教育；三是形式的多样性，即由于学校生活的丰富多样性，学生受到的潜在影响也各不相同。[③] 关于潜课程的意义，有研究者认为它可以统领显著课程，表现出一种社会控制职能，并由此去保证学生的学习方向，为其提供相应的学习动力；可以调动师生的各种心理因素介入学习过程，以促进学生对显著课程的智力因子的顺利吸收；可以给学生以多方面的影响，并促进学生的全面成长。[④]

---

① 刘舒生：《课内活动与课外活动之我见——兼评"两个课堂"和"两个渠道"》，《课程·教材·教法》1986 年第 4 期。

② 吴也显：《潜在课程初探》，《教育研究》1987 年第 11 期。

③ 郑金洲：《隐蔽课程：一些理论上的思考》，《外国教育动态》1989 年第 1 期。

④ 叶学良：《不注重隐蔽课程的教育将是不成功的教育》，《教育研究》1990 年第 8 期。

5. 关于课程改革的研究

新中国成立初的第一次课程改革，主要内容与目标是确立社会主义课程论与实践体系，结果使课程纳入了社会主义轨道，但也形成了"大一统"的课程模式。1958 年进行的课程改革，在缩短学制、精减课程、减轻学生负担，以及重视社会"大课堂"教学方面有一定成绩，但忽视了系统的基本理论知识，削弱了正规的课堂教学的作用，使学生的科学文化素质受到影响。而 20 世纪 80 年代初开始的第三次课程改革，一是呼唤课程观念、课程内容与课程技术的现代化；二是要求课程结构的综合化，即各级各类教育中不同课程门类的相互联系与渗透和同一门类课程中各部分的相互联系与结构问题；三是主张课程的多样化，允许不同发展水平的地区根据自己的需要编制和使用课程。

6. 新课程改革的起源与发展

新课程，准确地说应是共和国历史上第八次课程改革，起步于 1996 年 7 月至 1997 年底教育部基础教育司的一次涉及 9 个省市的城市与县镇的 16000 名中小学学生、2000 名校长、教师和社会各界人士的一项关于基础教育现状的调查，从而于 1998 年形成了《基础教育课程改革指导纲要》讨论稿，并几经修改，教育部于 2001 年 6 月公布《基础教育课程改革纲要（试行）》。

《纲要》以课程的功能、结构、内容、实施、评价和管理等六个方面作为这次基础课程改革的具体目标。即：（1）改变课程过于注重知识传授的倾向，强调形成积极主动的学习态度，使获得基础知识与基本技能的过程同时也成为学会学习和形成正确价值观的过程；（2）改变课程结构过于强调学科本位、科目过多和缺乏整合的现状，整体设置九年一贯的课程门类和课时比例，并设置综合课程，以适应不同地区和学生发展的需求，体现课程结构的均衡性、综合性和选择性；（3）改变课程内容"难、繁、偏、旧"和过于注重书本知识的现状，加强课程内容与学生生活以及现代社会和科技发展的联系，关注学生的学习兴趣和经验，精选终身学习必备的基础知识和技能；（4）改变课程实施过于强调接受学习、死记硬背、机械训练的现状，倡导学生主动参与、乐于探究、勤于动手，培养学生搜集和处理信息的能力、获取新知识的能力、分析和解决问题的能力以及交流与合作的能力；（5）改变课程评价过分强调甄别与选拔的功能，发挥评价促进学生发展、教师提高和改进教学实践的功能；（6）改变课程管理过于集中的状况，实行国家、地方、学校三级课程管理，增强课程对地方、学校及学生的适应性。《纲要》还提出要"以学生的发展为本，发展学生个性，促进学生和谐发展"的核心理念。于是，普及性、基础性、发展性、创新精神、实践能力、自主探究、合作学习、综合课程等便成为新课程的热门词汇。

2001年各科课程标准相继出台，新课程培训者培训、新课程通识培训、新课程学科培训，分国家级、省级、地级三个层次有条不紊地展开。北京师范大学、华东师范大学、东北师范大学等的一批大学教授走进中小学校，与一线教师们展开平等的对话与交流。2001年秋天，38个国家级课改实验区在进行实验，实验教师以高涨的改革热情投入实验中。

这一轮课程改革是在吸收了世界各国课程改革的先进思想和深刻思考，特别是全面反思上一轮义务教育课程改革的成功与不足的经验基础上进行的，它既站在了世界教育（课程）改革和发展的前沿，又继承了我国基础教育的优良传统；弘扬中华民族传统文化，强调人文精神；在关注基础知识、基本技能的同时，倡导教学方式、学习方式的转变，在继承中创新；它完全符合否定之否定的辩证发展规律。"新课程"的改革与实践牵动了整个基础教育改革和发展。

新课程的实施已有六年多的时间，引起了基础教育教学面貌明显的变化。（1）学生变了。教师、家长和学生反映，学生明显喜欢学校，变得爱学习了，学生的综合素质也提高了。小学低年级学生的识字量明显增大，学生不仅从书本中识字，也从生活中、从各种学习资源中识字，并初步养成了主动识字的习惯。学生搜集信息和处理信息的能力、交流和表达的能力、质疑创新的能力、动手实践的能力较非实验班的学生都明显提高。（2）课堂教学变了。新课程的课堂教学已经开始由传统的知识性教学转向现代化的发展性教学。这体现在：第一，课堂教学目标变了，注重追求知识与技能、过程与方法和情感、态度与价值观三个方面的有机整合，形成三位一体的教学目标。第二，课堂教学活起来了，新课程的课堂中，学生被赋予了更多的自由和权利：独立思考、个性化理解、自由表达，并开放了课堂教学的"过程"和"时空"，使传统课堂上教师照本宣科满堂灌的"闷课"现象不复存在。（3）教师变了。新课程首当其冲地给教师带来了挑战，但同时也有力地促进了教师的专业化成长。通过学习和培训、实践和反思，广大教师已经逐步树立起了新的教育教学观念，如学生本位、学生主体的意识，"对话"的意识，课程开发与建设的意识等，并由此引起了教师角色的改变，教师逐步地成为教学活动的组织者、帮助者和合作者，成为教育教学的研究者，成为课程的建设者即课程主体，乃至课程本身。在新课程实验的学校里，教师在与学生、与新课程一起成长。①

当然，新课程改变实施中也存在一些问题，比如：相对于我国教育实际及教师的现状而言，观念是先进、超前的，但若教师来不及"洗脑"，可能会感觉茫然而无所适从，导致"穿新鞋，走老路"；采用"自上而下"的教改形式，专家的教育理论必须通过反复的教师培训，使课改第一线的教师理解并内化为自身的行为理念，变被动地执行上级的教改指令为主动参与、积极创新，但实际上培训的内容、形式、力量和方法尚有不足；东、西部地区及城乡教育条件（包括"硬件"和"软件"）差异巨大，而新课程吸收了现代文明甚至后现代文明的先进的课程与教育观念，对于尚处于农业文明或工业文明初期的西部和内地的学校和教师来讲，可能遭遇观念和设施上的障碍；另外，采取革命式的教育变革模式，推倒重来，也恐有操之过急之嫌。

但尽管如此，新课程改革还正在实施之中，时间也还比较短，成绩是显著的。

到 2007 年，新课程改革进入到全面推广的阶段，其标志性成果是 2007 年 8 月由教育部主导的中小学教师新课程国家远程培训项目的启动。这一阶段最明显的动向就是新课程改革从城市走向农村，从义务教育阶段延伸到高中一级。新课程改革从城市走向农村是基础教育改革的必然之路，也是体现教育的全民性的必然延伸，大量研究者由此提出各自的见解，分别从农村教师新课程培训的创新模式、小课题研究、农村基础教育的实施方法和手段、农村课程改革的理论依据，以及农村课程改革所存在的问题等方面进行了深入的分析和研究。如果说新课程改革从城市走向农村是空间上的横向延伸，那么新课改从义务教育阶段延伸到高中一级则是基础教育改革在纵向上的必然的逻辑的延伸，学者们相继从高中课程改革的基础性、高中课程评价制度、教师的角色转变以及高中课程教学方式的探讨等方面对高中新课改进行较为全面而深入的理论研究和实践研究。②

---

① 《中国教育报》2003 年 5 月 16 日。

② 麻昌港、袁愈旭、袁竹连：《我国新一轮基础教育课程改革研究综述》，《新课程研究》2010 年第 7 期。

高中新课程改革的最大变化是学生可以自主选课。即在完成必修课程的基础上，有很大的"课程选择权"，可以在一定的范围内"想学什么就学什么"。学生只要"每学年在每个学习领域都获得一定学分"。为了有利于学生选课，教育部将高中课程分为 8 大学习领域：语言与文学（包括语文、外语），数学，人文与社会（包括思想政治、历史和地理的一部分），科学（包括物理、化学、生物和地理的一部分），技术（包括通用技术、信息技术），艺术（包括音乐、美术），体育与健康，综合实践活动（包括研究性学习、社区服务、社会实践）。新课程还将同一学科的内容分为若干"模块"，教科书也按模块编写，一般一个模块 36 学时、2 个学分。

新课程改革在高中阶段的进展效果如何还有待观察，其在扭转高考制度的趋势以及高校招生的方向上能否有大作为也有待观察。

而在新课程改革实践反思方面，最先进行这方面研究的是彭泽平，他对我国新课改所存在的问题进行了严肃的检视；[1] 李芳甚至直接对教育部所制定的《基础教育课程改革纲要（试行）》在决策中所存在的问题进行拷问；[2] 刘建军认为新课改在实施过程中获得巨大成功的同时，也付出了不可估量的代价进行研究；[3] 陶青在对新课改全面反思、深刻批判的基础上，提出了通过教师教育与基础教育课程改革的合流对新课改进行重建。[4] 而新课程改革的理论也在不断的深化和反思，倪娟、李广州等人对新课改的实质进行反诘，严肃地提出了新课改究竟要改什么——是教学论还是教学实践的问题；[5] 赵玉生则从新课改的价值趋向方面进行研究，认为新课改的价值就体现在所具有的人文主义价值上，彭泽平也认为新课改价值转型的表征就是人性关怀，杨玉春、温勇等人则着重分析了建构主义教学观对我国新课程改革的影响问题，孙传远则通过对新课改的三次"学术争论"的回顾与反

---

① 彭泽平：《我国新一轮基础教育课程改革的问题检视》，《教学与管理》2005 年第 31 期。

② 李芳：《拷问新一轮基础教育课程改革——浅析〈基础教育课程改革纲要（试行）〉决策中的问题》，《当代教育科学》2007 年第 22 期。

③ 刘建军：《也谈新课程改革之代价——与孙天华、张济洲同志商榷》，《教育学报》2007 年第 1 期。

④ 陶青：《教师教育与基础教育课程改革合流：反思、批判与重建》，《教育理论与实践》2008 年第 13 期。

⑤ 倪娟、李广州：《课程改革：我们究竟要改什么——是教学论还是教学实践问题》，《教学与管理》2006 年第 31 期。

思，将这一阶段推向了新的高峰。[①]

与此同时，我国许多学者也对外国课程改革进行了介绍和评论，大部分集中在对教育经验、教育评价、教育比较、教育趋势等四方面的研究。教育经验研究方面，于慧颖对英国中小学"设计与技术"课程的成功经验进行介绍分析，由此提出了对我国新课改的有益启示；王艳玲从发达国家基础教育课程实施情况进行全面扼要的概述，为新课改的实施提供了大量的值得借鉴的经验。教育评价方面的研究也十分丰富，赵大成对澳大利亚小学生考评体系的评价进行阐述，为我国新课改的评价体系提供了重要的启示；陈霞全面梳理了英国1988年以来的国家课程评价政策，并指出了这些评价政策的利弊，为我国教育评价政策研究提供了有益的借鉴。在教育比较研究方面，陈晓端、龙宝新等人就中、英、美、加四国基础教育课程改革逐一进行比较考察，为我国新课改提供了广阔的研究思路。在教育趋势方面的研究也颇为丰硕，陈薇、杜泽娟等人从世界发达国家基础教育课程改革的发展趋势方面进行研究，为我国新课改的未来发展提供了重要的政策参考。齐放则着重分析了国外面向21世纪初等教育课程改革的趋势，并由此进一步提出了这些改革趋势为我国的新课改带来的新启示。汪凌通过分析法国基础教育课程改革的趋势，认为法国将从知识和能力两方面的共同基础着手进行基础教育课程改革，这为我们解决知识本位还是能力本位问题提供了新的思路。[②]

二、教学改革的理论研究

新中国成立以后，先后进行了多次有重大影响的教学改革。1951年前后在改革学制的同时，大量翻译使用了苏联的教材，应当说这也是一场不小的教学改革。但这并没有理论研究，当时也来不及做这一工作。在这种大规模的迻译中虽有形式主义与机械模仿的毛病，不可避免地存在一些缺陷，但总的说来对恢复教学秩序、提高教学质量是有一定意义的。

1958年，随着教育事业的"大跃进"，各级学校也掀起了"破除迷信，解放思想，大胆放手，改革教学"的热潮。报纸杂志陆续发表了不少教学改

---

① ②　麻昌港、袁愈旭、袁竹连：《我国新一轮基础教育课程改革研究综述》，《新课程研究》2010年第7期。

革的经验总结和成果报道,《人民教育》的短评将这些成绩概括为:(1)各学校发动教师,根据因地制宜的精神,对原教材做了改编或者调整、精简或者补充。特别是补充了联系政治、联系生产劳动的内容,大刀阔斧地砍掉古典课文,增加乡土教材。(2)学校和工农业生产部门组织协作,教师们放下知识分子架子,深入工厂、农村,拜工人、农民为老师,跟他们做朋友,并订立互教互学合同。(3)各校学生在教师的指导下,理论联系实际,脑力劳动结合体力劳动,创造性地把书本知识运用到实践中去。①

在教育与生产劳动相结合的号召下,师生过多地参加了工厂、农村的生产劳动,几乎不学习书本知识,师生的健康状况也受到影响。人们不得不重新研究教学改革中提高教学质量与参加生产劳动的关系。当时的江苏省委书记陈光撰文批评了用劳动取代教育的做法。他指出:"有人说,生产劳动就是教育,能够代替教育。这种说法看起来好像是赞成生产劳动的,其实不然。持这种说法的人,大致有两种人。一种人是对教学与生产劳动的内在联系和相互区别认识不清;另一种人,则是别有用心,故意歪曲,实质上是否定了生产劳动与教育的区别,也就否定了坚持教育与生产劳动相结合的方针,对于这种论点大有批判的必要。"他指出:"实践是一切知识的基本来源,生产劳动中出知识、出科学,这是真理。但是生产劳动中出的知识要经过抽象和概括,要由感性上升到理性,才能成为系统的科学,要达到这个目的,就需掌握一定的文化知识,就需要教育;同时,知识要传授,又需要教育。"②

在1960年二届人大二次会议上,陆定一做了《教学必须改革》的发言,提出要在全日制的中小学教育中"适当缩短年限,适当提高程度,适当控制学时,适当增加劳动",形成了比较系统的教学改革目标,并对量力性原则提出了批评。在这次会议上,叶圣陶也做了《适应大跃进的形势,中小学教科书必须改革》的发言,认为长期以来"有些教科书的内容思想性很差,不能很好地向学生进行政治思想教育","有些教科书的内容陈腐落后,没有充分反映我国生产建设日新月异的成就和现代科学技术的发展水平,赶不上社会主义建设的需要","有些教科书的内容偏浅,落后于学生智力的发展","有些教科书的内容重复、烦琐"。所以,提出要增加教科书的现

---

① 《进一步彻底地进行教学改革》,《人民教育》1958年第8期。

② 陈光:《高举党的教育方针的红旗,巩固与发展教育革命》,《人民教育》1959年第11期。

代内容，加大深度和难度，删减重复内容，打破旧教科书体系的条条框框。这样，在差不多一年的时间里，全国广泛开展了以缩短学制和提高教学难度为主要内容的教学改革运动。《人民教育》1960 年 5 月号开始设置了教学必须改革的笔谈栏目，发表了《教学工作能跃进，也能够多快好省》《教学改革的号召我们保证实现》等文章。

到 1961 年底，由于大跃进式、运动式的教学改革违背了教学规律，实践中出了许多偏差，人们试图在理论上进行新的探讨。《人民教育》1961 年 12 月的短评《总结教学改革经验》一文，就是这方面的尝试。该文指出："教学改革是根据党的教育方针提出来的，是为了更好地配合社会主义建设的需要的，是为社会主义建设服务的。对这一方向，一般是明确的。但是，对于教学改革中的具体问题，特别是在课程改革上，就发生了一些不同的意见。教学改革是一件复杂的、长期的工作，有不同意见是正常的、应当的。"该文还指出："教学改革主要是教学内容的改革。改革的好坏，主要是看能否提高教学水平，是否加强了中小学主要学科的基础知识的教学和基本技能的训练，为学生毕业后升学和就业打好必要的文化基础。"文章对于教学改革的"适当性"也进行了论述，认为少慢差费不行，一味贪多求快也不行，"只有搞得适当，才能稳步地前进"。在这种教学思想的指导下，到"文革"前，教学改革有了长足发展，并形成了若干颇有价值的教学经验总结。

1977 年以后对教学改革的理论探讨，首先是从教学方法开始的，起因是恢复高考后学生的负担过重。张健撰文指出：新中国成立后先后发生过四次学生负担过重的现象，即 1950 年前后，1958 年前后，1963 年、1964 年和恢复高考以后。产生这一现象的根本原因，在于未能正确理解党的教育方针，教学方法陈旧单一。为此他提出，在全面正确理解党的教育方针、提高教师素质的基础上，"学校要改进教学方法，提高教学质量作为经常性的中心工作来抓"。并建议要建立正常的教学秩序、严格教学计划，充分利用好每节课的 45 分钟，大力提倡启发式和坚决改进考试方法。[①] 这些建议具有代表性。20 世纪 70 年代末期和 80 年代初期，许多学校，如上海的育才中学、培光中学，北京的景山中学等，都在改进教学方法上下了功夫，创造了一些有特点的教学方法。

---

① 张健：《改进教学方法，提高教学质量》，《教育研究》1979 年第 5 期。

1983 年开始，教学改革被放置到整个教育改革的大背景上来认识。教育界的同仁清楚地意识到："教育改革如果忽视了教学改革，教育的目标就不能实现。"并且认识到，教学改革首先要在教学思想、教学观念上有所变革，如教学中传授知识与发展智力的关系、教师和学生的关系，教学内容中现代知识与经典知识的关系、理论与应用的关系，等等。如果这些观念仍然是陈旧的，单方面强调传授知识、教师的主导性、知识的经典性和理论或应用的重要性，教学方法的改革是很困难的。[①]

总的说来，十一届三中全会以来的教学改革是当代中国教学改革的黄金时期，教学改革在整个国家宏观改革的背景下广泛而深入地展开，涌现了一大批各类改革的试点与成功典型，其中既有单科的教学改革，也有小学、中学分段的整体教育教学改革；既有中小学连贯的整体教育教学的改革，也有一个地区的普教、职教、成人教育相互结合的整体改革试点。教学改革的理论与实践都取得了丰硕的成果，主要表现在以下方面[②]：

一是教学思想的科学化。教学改革过程中，注重教学思想的端正与教学观念的更新，学习现代教育科学并以此指导教改，摒弃陈腐的、落后的、片面的、僵化的教学思想。尤其重视了教学的教育性、发展性、双向性、主体性规律，重视了调查研究，不以某一权威的只言片语作为改革的依据，而以实践作为检验一切教学理论、观点是否正确的唯一标准。

二是教改目标的一体化。教学改革的总目标是提高民族素质，多出人才，出好人才，是为了使教育更好地为社会主义建设服务。在学校中，无论是各科教学的改革目标，还是每一单元或课时的教学目标，无论是学制课程的改革目标，还是教材教法的改革目标，都是围绕着总目标并为其服务的。各地增加职业技术教育的内容，开设劳动课或劳动技术教育课，编写乡土教材，开设选修课，组织学生参加各种课外活动与社会实践活动等，也是在总目标下展开的。教改的目标意识不断增强，且形成了一体化的目标系统。

三是教改设计的整体化。教学改革设计的整体化，就是运用系统论的观点来设计改革方案，把教改看作一项系统工程进行总体规划、全面安排。在教改中既注意到各科教学内部各组成部分的相互联系，又注意到教学与

① 蒋仲仁:《教育改革中的教学改革》,《教育研究》1985 年第 3 期。

② 周立人:《当前教学改革的特点和趋势》,《教育研究》1989 年第 2 期。

外部条件的相互联系，力求在教学改革中统筹兼顾，综合处理好各种矛盾，以取得最佳的整体效益。以小学语文教学的整体改革为例，就既要注意到培养学生识字、听、说、读、写的能力和良好的学习习惯，又要进行思想品德教育，从整体着眼进行单项训练。脱离语言训练，孤立地进行识字教学或孤立地进行思想教育都不会取得好的效果。正因为如此，这一时期的许多教学改革都是在"整体改革实验"的旗帜下进行的。

四是课程设置的综合化。所谓综合化，即改变过去课程单一、死板、僵化的局面，合并若干门学科，开设一些综合性课程。如在初中阶段开设社会科学和自然科学综合课，减少课程门类和必修课课时，以便让学生有较多的自由支配的学习时间；有些学校增设了电子计算机、人口教育、现代科技、科普知识、基本生产技术、农业生产知识、逻辑学、思维科学、文学、经济、家用电器、环境科学、缝纫、家政等选修课与职业教育课程，丰富了教学内容。

五是教学结构的立体化。在教学改革的浪潮中，有人提出了立体教育的新概念与新理论。这一理论强调一切教育教学活动的结构应该是多要素、多渠道、多层次的，提倡一种"三维式"的立体结构的教育。立体化的教学有三大优势：（1）教学目标进一步明确，在目标分解分类后更具体化，教学中把智力因素和非智力因素统一考虑，使知识的传授、能力的培养、情感的陶冶、意志的锻炼有机地结合起来；（2）教学途径进一步拓宽，多渠道的教学把课内、课外，校内、校外各种学习活动统一起来，互相补充，互相促进，互相渗透，开阔了学生视野，活跃了学生生活；（3）教学层次进一步分清，多层次的教学强调在传授基础知识的基础上，训练学生独立学习的能力和创造意识，排除了教师中心论、学生中心论、教材中心论的各种片面性。

六是智能训练的序列化。在教学改革中许多教师发现，知识学习一般是系统化、序列化的，但智能训练却有很大的主观随意性，所以主张根据具体学科的教学目的和任务、教学规律、知识的系统性，对一个阶段或全程的智能训练的内容、要求，按照科学的次序进行组合和排列，使整个的智能训练能够有计划、有序列地实施。

七是教学形式的多样化。不少教师和理论工作者认为，培养人才的教学工作是一项复杂的系统工程，企图用一种形式或一两种方式来组织全部教学活动是不可能的。每一门学科都应根据学科特点和学校特点、学生特点，尽可能采用多种多样的教学形式。如参观、访问、社会调查、现场教学等课外教学活动；在教师指导下，组织各种小组学习、个别学习以及学生的互教互学活动等；课堂教学中的自学、读读议议练练讲讲、探究研讨等形式。这些多样化的形式对打好双基、培养能力、调动学习自觉性与创造性是非常有益的。

八是教学方法的最优化。最优化的实质，就是用最少的消耗，取得最大的效益。近些年来，中国教育工作者创立或试行过许多种最优化的教学方法，如引导发现法、暗示法、情境法、六课型单元教学法、尝试教学法、问题教学法、自学辅导教学法、愉快教学法、综合教学法等，这些方法的基本精神，都是要使学生耗费较少的时间和精力，取得最大最好的学习效果。

九是教学手段的现代化。改变原始的、陈旧的、落后的教学手段，逐步地实现教学手段的现代化，是教学改革的内在要求。在教改过程中，许多学校采用了幻灯片、广播、电视、电影、录音、录像等现代化教学手段，对于改变注入式教学，进行启发式、形象化教学，以及提高教学效率和教学质量，无疑起了积极的作用。

十是教学评价的标准化。为了克服评价中的主观性、片面性和盲目性，标准化成为教改中的一个热点。如有学校力图用标准化考试来提高对学生学业成绩评定的效度和信度，还有学校制订了各科教学质量分类测试表和教学评估指标体系等。目前，研究者主要致力于如何使评价的标准更加全面、准确、客观、公正，以及如何使标准化的实施更加简便易行的探讨。

十一是教改实验的多元化。即不搞一花独放、一家独鸣，不强制推行一种教学改革或硬性安排某种教学改革实验，而鼓励广大教师和学校自觉自愿地进行各种教改活动，使教改呈现了多元化的格局。如小学作文教学的改革实验就有：以写作为中心，进行读写结合；以现行教材为主，作文教学分三步走，从一年级抓起，读写结合、拼音识字，提前读写、注重调动学生写作积极性和兴趣；从丰富学生生活入手提高作文效率，作文教学立体化，等等。从组织管理方面来说，也出现了多层次、多规格的情况。

十二是教学效果的乐学化。变"苦学"为"乐学"，是近年来课堂教学改革的主旋律。愉快教育、成功教育、快乐教学的实验如雨后之春笋，其基本精神与指导思想包括：让每个学生都享受到学习的快乐；创造愉快的课堂教学情景；师生合作的课堂教学；把握知识生长点，教授学科结构；在激起并满足学生的认识需要的同时，激起并满足学生的情感需要；重视寓教于乐的教学方法的改革，教给学法，教会学习；运用评价杠杆，加强反馈调节，重视因材施教；等等。[①]

三、教学实验的理论价值

在"文革"以前，中国的教学实验已有不同程度的展开，全国各省市在教学方面进行了多种改革的尝试，并取得了一批成果，如黑山县北关小学的语文教学改革、北京景山学校的多科教学改革、育才中学改进教学方法减轻学生负担的实验等。1979 年以后，开展教学实验的地区和学校如雨后春笋，实验的项目从单科、单项发展到多科、多项以至整体性的综合实验；就实验的目的、性质说，有探索性的，有验证性的，也有形成性的。实验分布点之多，人数之激增，均为前所未有。尽管有些实验还存在着目标不明确、因子（因素）不具体以及缺乏科学的设计等缺陷[②]，但总体来说是在健康地发展，教学实验中的理论探索的自觉性不断增强，所以许多实验本身就具有较高的理论价值。限于篇幅，这里仅简介其中几个主要的教学实验以及中国教育工作者独创的教学方法。

（一）顾泠沅小组大面积提高数学教学质量的教改实验

从 1977 年开始，上海市青浦县成立了以顾泠沅为首的数学教学研究中心组，开始大面积提高数学教学质量的实验研究，经过十余年的努力，青浦县的数学教学质量从 20 世纪 70 年代的全市最低水平逐年稳步上升，尤其是作为义务教育最后阶段的初中毕业班成绩，自 1984 年以来连续多年保持在较高的水平线上。他们的实验在理论上的贡献主要在于以下几方面[③]：

1. 揭示了教学的若干基本原理

一是情感意志原理。即认为教师应当以实际行动关心全班学生的成长，

---

① 张志勇、李如密：《教学改革的使命：变苦学为乐学》，《教育研究》1989 年第 2 期。

② 张定璋：《教育实验若干理论问题的思考》。王汉澜、王德如：《教育整体改革实验应该科学化》，《教育研究》1990 年第 7 期。

③ 上海顾泠沅数学教改实验小组：《大面积提高数学教学质量的改革实践与理论探讨》（上、下），《教育研究》1989 年第 9、10 期。

深入了解他们的生活习性、学习特点和兴趣爱好，建立深厚的师生情感，让学生"亲其师，信其道"；在教学中应努力做到以充沛的感情、专注的精神、坚强的毅力、丰富的想象、生动的语言、高度的概括能力、娴熟的演算技巧，从各个方面感染学生，使学生耳濡目染，激发学生学好数学的情感，勉励学生克服困难的意志。二是系统结构原理，即认为教师应努力让学生掌握知识的系统结构，而不是零星的知识，讲究课堂教学的层次、结构和张弛节奏，尽量使新知识与学生认知结构中已有的知识、经验建立合理的实质的联系；尽量使课与课之间建立精当的序列关系，以达到螺旋式的巩固提高。三是自主活动原理，即认为教师应当指导学生通过尝试、探究和交往等自主学习活动，把教学改革的基点放在使全体学生都能独立思考上，从而改变以往那种封闭的、割裂的、被动接受的旧教学模式，使接受式教学与活动式教学相互补充，使学得与习得相结合，达到"学而时习之，不亦说乎"的境界。四是反馈调整原理，即认为必须通过教师与学生之间的信息联系和信息反馈，有效地控制与调节教学过程，解决好全班划一的教学与各类学生的基础、需求、素质差异的矛盾。这四项原理分别揭示了情意过程与认知过程的统一，掌握知识与发展能力的统一，接受式与活动式教学的统一以及教学整体功能的规律。

2. 提出了教学目标分类的三维模式

通过实验，他们拟定了教学目标分类的三维结构模式：教与学的水平（3级水平）× 学习行为（3种行为）× 学习内容。（如图9-1）上述记忆水平的教学，目的在于识别或记住事实材料，使之再认或再现；说明性理解水平的教学，是由教师对知识和技能的讲授和解释，使学生领会，并能将学到的知识、技能在一定范围内的新情境中应用；探究性理解水平的教学，应有目的地引起新问题情境的认知冲突，要求学生亲自卷入。以教师和学生为中心共同参与提出和解决问题，共同进行研究和评价，其中教师起主导作用，学生则充分发挥自主学习的主动性，让他们面临适度的困难，以期获得对知识、技能的探究性理解，增强科学观点和有效的思考。

3. 形成了筛选教学经验的程序与方法

他们的实验主要有以下阶段。（1）调查（1977年10月—1980年3月）。调查的方法：通过听汇报、查教学计划、看历年教学总结、抽查学生作业和试卷、开座谈会、个别交谈等取得调查素材；根据教学目的、教学要求、内容组织、概念教学、能力培养、师生配合、方法特点和教学效果等八个因

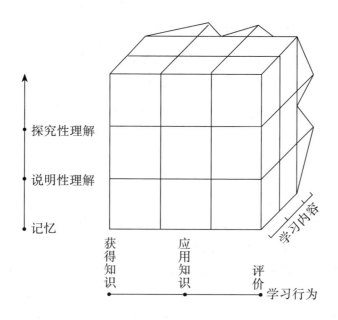

图 9-1 教学目标分类的三维结构

素综合考察课堂教学；测验并研究学生成绩分布情况，将不同学习水平的学生进行比较，以了解他们学习分化的情况以及知识、能力的不同特征；专门测量，如体质测定、思维测定、理解力测定等，通过分析比较，取得资料；其他特殊方法，如借用社会关系调查方法，绘制学生学习讨论关系图，由此进一步探讨如何发挥班级集体作用的问题。通过调查，积累了专题经验一百六十余项。（2）筛选（1980年4月—1981年8月）。筛选的顺序是：分析和总结优秀教学经验，结合施教对象的现状和要求提出计划→按预定计划在授课中实施这些经验→组织有经验的教师亲临教学现场，对执教情况进行系统的考察和评价→根据考察评价的结果，对原有的经验或成果进行淘汰、发展以及优化处理→再计划，再实施，再评价，多次往复，直至筛选出有效的教学措施。经过五十次左右的循环，选出了四条比较有效的教学措施：让学生在迫切要求之下学习；组织好课堂教学的层次；指导学生亲自尝试；及时提供教学效果的信息，随时调节教学。（3）实验（1981年9月—1984年8月）。用自然实验法在初中进行，实验组与对照组各为五个教学班，三年共积累了四万多个原始数据、数十万字的文字资料，最后取得了比较肯定的初步结论。（4）推广（1984年9月—1987年8月）。分若干层次组织推广运用。

（二）邱学华的尝试成功教学理论与实验

尝试成功教学理论是尝试教学法的发展。江苏省常州市教育科学研究所的邱学华老师，从 1980 年起进行尝试教学法的实验研究，由于其有明确的指导思想和基本操作程序，易学易用，效果显著，受到了全国各地广大教师的欢迎。应用尝试教学法的教师约有 32 万人，受教学生达 1500 多万人。实验班教师共写文章 32000 多篇，公开发表 1500 多篇，区县以上公开课 45000 多节，其中有 2400 多节课获奖。[①]尝试教学理论的贡献主要表现在以下几个方面：

1. 继承和发展了中国古代教学论重视教学的社会功能的传统，着眼于培养学生的探索精神，着力于大面积、大幅度提高教学质量

该理论创始人能跳出狭隘的增智益能的圈子，而重视教学的社会意义。主张"从小培养儿童'试一试'的精神，长此以往，逐步形成一种敢于探索的精神。他们长大后，对于不懂的事物、不会做的工作，都会有让我'试一试'的精神"，而这种精神正是"一个国家，一个民族兴旺发达与否的重要标志"[②]。这些平凡、朴实的语言，反映出一个教育改革家即使在进行微观的、局部的教学改革时，也力图有一个高的起点和开阔的视野。

尝试成功教学理论着力于大面积（适用于不同地区，尤其是农村）、大幅度（适用于不同学生，尤其是成绩中差生）提高教学质量，并取得了巨大成功。中国是一个人口大国、农业大国，农村小学占了绝大部分的比例，大面积、大幅度提高教学质量的关键首先在农村。现代教育家陶行知、梁漱溟等早已认识到这一问题，但真正取得成效的可能首推尝试教学法，除社会与时代因素外，也因为邱学华考虑到农村学校师资水平相对较低、教学设备相对较弱、教学经费相对较少、学生水平参差不齐等特点，而尝试教学方法"易学易用"，"照顾了教师目前的需要"[③]，"几乎每个教师都能掌握，每个学生都能适应"（刘佛年语）。这是尝试成功教学理论的生命力所在。

2. 尝试成功教学理论提出了以尝试为核心的教学模式，揭示了达到尝试成功的六个条件和六项原则，构建了比较完整的教学理论体系

该理论继承了中国古代教学论重视审问与笃行的传统，在教学的各个

---

① 邱学华主编《尝试教学法新进展》，气象出版社，1992，第 1 页。

② 邱学华：《尝试教学法》，福建教育出版社，1988，第 11—12 页。

③ 邱学华：《邱学华数学教育文集》，江苏教育出版社，1991，第 6 页。

环节上紧扣"问"（问题）与"行"（练习），对"问"进行尝试性的"行"，提出了以尝试为核心的教学模式：

准备练习 ⇨ 出示尝试题 ⇨ 自学课本 ──┐

└⇨ 尝试练习 ⇨ 教师讲解 ⇨ 第二次尝试练习

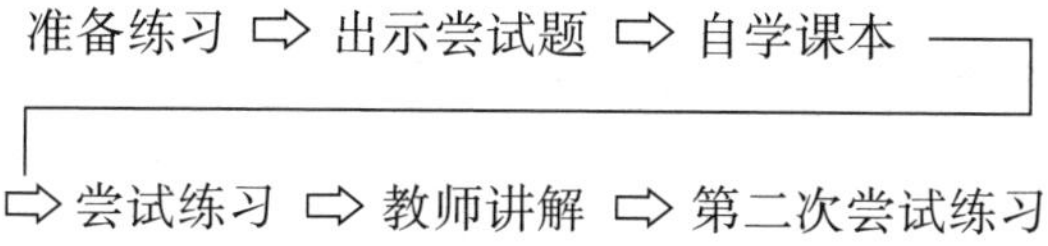

图 9-2　以尝试为核心的教学模式

在这个模式中，练习占了一半的环节，而从准备练习开始，学生就进入了一个问题情境之中。因为准备练习提出的问题，不仅是对过去所学知识的简单复习性练习，而且把旧知识与新知识之间的内在联系揭示出来，为过渡到尝试题的正迁移铺路架桥。这样，从准备练习题到尝试题，学生的思维为问题所激活，从而使下面的自学课本和尝试练习有明确的针对性。

尝试成功教学理论提出了达到尝试成功的六项条件，即发挥学生的主体作用、教师的主导作用、课本的示范作用、旧知识的迁移作用、学生之间的互补作用和师生之间人际互动的情意作用。关于尝试成功教学理论的原则，主要包括尝试、指导、结构、互补、反馈和情意等六项原则。尝试原则，就是要求学生先进行尝试练习，其特点是先练后讲；指导原则，就是要把教师的指导与学生的尝试有机地结合起来，减少学生的盲目尝试错误；结构原则，就是要根据学生的认知结构以及各学科的知识结构，用旧知识做铺垫，运用旧知识的迁移作用，使学生初步掌握新知识，形成一个新的知识结构；互补原则，就是在尝试活动中必须充分发挥学生之间的互相补充作用；反馈原则，就是要及时反馈学生的尝试活动，如发现错误，可及时调节，给予第二次尝试机会，确保尝试成功；情意原则，就是要十分重视情感作用，注意协调尝试活动中师生之间、学生之间的人际关系。

（三）李吉林的情境教学理论

情境教学理论是江苏省南通师范第二附属小学特级教师李吉林提出的教学思想。从 20 世纪 80 年代初开始，她就尝试把这一理论运用于小学语文教育，并取得了优异成绩。[①]李吉林认为，教学活动应顺乎儿童发展规律，

───────────

① 李吉林：《语文教学上的创设情境》，《教育研究》1981 年第 8 期。

点燃他们智慧的火花，滋润他们情感的幼芽，让他们显示各自的聪明才智和潜在的力量，从中获得认识的乐趣、审美的乐趣、创造的乐趣、探究的乐趣、道德向上的乐趣。情境教学恰恰可以满足上述要求，它可以变单一的"听分析"为多侧向感知，变复现式的记忆为灵活地运用知识，变封闭式读书为广泛储存。

情境教学理论主要包括以下四方面的内容[①]：

1. 带入情境，在探究的乐趣中持续地激发学习动机

情境教学理论认为，学生是学习活动的主体，其能否主动地投入，是教学成败的关键。在教学中，应针对儿童既蕴藏着的学习主动性，这种主动性又有可能消失的可变的心理特点，用各种形式激发学生的学习动机，或创设问题情境，造成悬念，让儿童因好奇而要学；描绘画面，呈现形象，产生美感，因爱美而要学；揭示实物，在观察中引起思考，因探究而要学；联系儿童已有的经验，产生亲切感，因贴近生活形成关注而要学；触及儿童的情绪领域，唤起心灵的共鸣，因情感的驱动而要学。这样，通过探究→满足→乐趣→内发性动机的程序，保证儿童在接触新课时，带着热烈的情绪，主动地投入到教学活动中来。

2. 优化情境，在体验审美的乐趣中感知教材

情境教学理论认为，引导儿童从感受美的乐趣中感知教材是重要的突破口，从"美"入手，较从字词入手整体，较从思想内容入手形象，较从篇章入手更贴近儿童的生活。在教学中，应重视丰富形象的感染，真切情感的体验和潜在智慧的启迪，不断地强化儿童的动机，使道德教育、思想教育、审美教育有机地融为一体。李吉林用下图来表示：

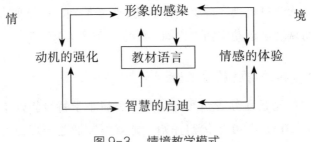

图9-3　情境教学模式

① 李吉林：《情境教学：学得生动活泼的有效途径》，《教育研究》1991年。

3. 凭借情境,在创造的乐趣中,自然地协调大脑两半球的相互作用

情境教学追求的不仅是在审美的乐趣中有情有意地感知教材,而且还要在此过程中竭力发展学生的创造才能。情境教学由于本身具有的形真、情切、意远、理蕴的特点,巧妙地把儿童的认知活动与情感活动结合起来,从而达到平衡、协调大脑两半球的相互作用。在教学中,教师凭借情境展现的生动形象,带着与作者相共鸣的真切的情意,全身心地进入情境。这个"情境",已不是简单的"物"与"形"组成的场景和画面,而是渗透着、饱含着教师的情感。情感成为情境教学的纽带。

情境教学注重感觉的训练,直觉的培养,创造的发展,其中渗透着形象、情感、想象,给儿童带来无限的快乐与活力,促使右脑兴奋、激活。同时,引导儿童有机地将形象与课文语言(词)结合起来,通过朗读、复述及一系列的运用、推敲、鉴赏等语言活动,加深对教材语言的理解;并通过教材语言,引入对作品内在情感的体验,对教材思想观点的概括、认识。由于大脑两半球兴奋变换,使儿童不断获得新鲜感,兴奋的情绪得以持续,课堂上自然呈现出生动活泼的景象。

4. 拓宽情境,在认识周围世界的乐趣中,平衡两个信号系统的发展

情境教学根据儿童认识世界、学习语言的规律,注意儿童与大自然的接触,引导他们由近及远、由表及里地渐次认识周围世界。李吉林在实验班特设了观察说话、写话课及课外活动,为儿童接触大自然,接触周围世界,保证两个信号系统的平衡提供了条件。在教学中,老师带儿童去感知春天的生机、夏天的繁茂,体验秋天的奉献、冬天的孕育;去观察太阳怎样使人类从黑暗走向光明,月亮怎样跟着地上的孩子在云朵里穿行的微妙动态;感受日出的气势、光亮、色彩、炽烈,体验月行的恬静、温柔和所展现的神话般想象的意境。在接触大自然的过程中,注意启迪智慧与审美教育、道德教育的有机结合。

2008 年 11 月,首届李吉林"情境教育"国际论坛在江苏南通举行。作为第一位以自己名义发起国际教育研讨会的小学教师,李吉林老师极具中国特色的教育思想吸引了来自美国、英国、日本等国及教育部、中国教育学会、北京师范大学等数十所高校的近百名教育专家学者参加。李吉林老师以《中国情境教育建构及其独特优势》为题做了精彩报告。在这个报告中,李吉林老师突出体现了中国文化对"情境教育"建构的积极影响,并简要介绍了"情境教育"的主要特质:

1. "情境教育"讲究"真",给儿童一个真实的世界,符号学习与多彩生活链接。情境的观察,不仅为儿童提供思维和想象的材料,而且对处于生命早期的儿童敏锐感受能力的培养,满足对周围世界认识的强烈欲望都是十分有意义的。

2. "情境教育"追求"美",给儿童带来审美愉悦,在熏陶感染中生成主动学习的"力"。在富有美感的情境中,课堂是美美的,儿童的心里也是美美的。因为愉悦让孩子的智慧迸发出如此灿烂的火花。美的、神奇的情境,是启迪孩子潜在智慧的最佳境界。情境课程中正是运用艺术的手段创设生动的情境,连同优选的周围世界中美丽的大自然、社会生活中光明美好的情境,都从不同角度为儿童营造了一个丰富的学习环境。

3. "情境教育"注重"情",与儿童真情交融,情感伴随认知活动。儿童是最富有情感的,而且是最易于被激起的。教育教学应该利用儿童心灵的这种最可贵的特点,所以,情境教育非常重视以教师、教材或其他教学资源中所蕴含的丰富的情感因素触及儿童的心灵。"情境教育"由于是以情动情,让孩子受到熏陶感染,所以有效地培养和发展了儿童的审美情感及道德情感。

4. "情境教育"突出"思",给儿童宽阔的思维空间,尽力开发潜在的智慧。每一个大脑健全的儿童都潜在着智慧,理想的教育完全可以而且也应该充分开发儿童潜能,使他们一个个变得智慧起来。儿童的思维能力、语言活动和认知水平无不受其思维活动的支配、调控,连同儿童的情感都与思维紧紧地连在一起。"情境教育"从审美、情感和思维空间三方面提出培养发展创造潜能的举措,即:在审美愉悦中,培育开发潜能的土壤;在和谐的师生关系中,让情感点燃智慧的火花;在认识周围世界的典型场景中,拓宽思维空间,让儿童的思维飞起来。

（1）在审美感受中,儿童的需求得到满足,就会产生欢乐感,儿童的思维也在无限自在的心理世界中积极展开,潜在的创新的种子就很易于在这宜人的审美场中萌动、发芽,显示出一种积极的驱动。

（2）儿童的思维活动往往受到外界环境的影响,教师热情的期待和鼓励,在儿童内部,在他们的心理上会形成一种使自身潜在力量得到尽可能大发展的倾向。老师倾注殷切的期待,"期待"转化为"自信"。

（3）学科情境课程中人为优化的情境,则是最适宜儿童谈天说地的宽阔的思维空间,能有效地激起学生的想象和神往。儿童虽不能达到诗人思维的水平，但是他们的想象力可以神通江河湖海，意攀高山白云，同样可以达到思接往昔、憧憬未来的境界。

在 2009 年第 3 期的《教育研究》上，李吉林老师发表了《情境教育的独特优势及其建构》一文，再次强调，"情境教育"顺应儿童天性，突出了"真、美、情、思"四大元素，以"儿童—知识—社会"三个维度作为内核，构筑了具有独特优势的课程范式。她还指出，"情境教育"从脑科学最新成果中找到了理论支撑。即儿童的脑是敏感的，需要一个丰富的环境；儿童的脑具有极大的可塑性，需要不断提高神经元联结的频率；儿童的脑优先接受情绪性信号，积极情感伴随的学习活动可获高效。总之，"情境教育"构建了将儿童情感活动与认知活动结合起来的独特的教育模式，这一模式把认知与情感、学习与审美、教育与文化综合地在课程中体现了出来，找到了一条全面提高儿童素质的有效途径。[①]

（四）卢仲衡的自学辅导教学理论与实验

中国科学院心理研究所卢仲衡主持的自学辅导教学实验，是从 1965 年开始进行的，在 80 年代初已推广到全国 25 个省市的近 200 个实验班，取得了良好的教学效果。

所谓自学辅导教学，就是学生在教师的指导和辅导下进行自学，获得知识、发展能力、形成自学习惯的一种学习方式。为了使自学辅导教学取得优异的效果，卢仲衡等首先阐述了编写自学教材的八条有效的学习心理学原则：（1）适当步子，从小步逐渐过渡到大步；（2）当时知道结果；（3）铺垫原则（推陈出新，从旧知识推出新知识）；（4）直接揭露本质特征；（5）从展开到压缩（如初做一类新的运算性质的题时，要求尽量展开，写出详细的过程，随着熟练而逐渐过渡到压缩，这是一种从外部到内部的内化过程）；（6）尽量采取变式复习，避免机械性重复；（7）按步思维的原则；（8）可逆性联想。

自学辅导教学实验把学生分为四种基本类型：敏捷而踏实（快而准）、敏捷而不踏实（快而不准）、不敏捷而踏实（慢而准）和不敏捷而不踏实（慢而不准）。第一种类型的学生能很快学完老师规定的内容，理解正确，练习速度快。可让他们在课堂上阅读课外参考书，做课外习题等，引导他们向

---

① 张荣伟：《新中国教育实验改革》，天津教育出版社，2010，第 269–270 页。

深广发展。第二种类型的学生思维不甚缜密，虽然也能很快阅读完教材并做完练习，但错误较多，对内容理解也很不深刻。可对他们加强指导检查，进行"他检"（老师和其他人经常检查他们的学习情况）和"自检"（培养其自我检查的好习惯，增强其责任心）。第三种类型的学生有时会因为跟不上讲课的速度而影响学习成绩，但在自学辅导教学中则不受这种限制，可以反复阅读，课堂上学不完可以课后继续学，所以在自学中成绩较好，通过大量阅读和做题，因熟练也会加快速度。第四种类型的学生自学有很大困难，也缺乏自信心。但由于自学辅导教学在课堂上，老师有时间及时对学生指导和辅导，并可重点辅导他们，可使他们逐渐走上轨道，增强自学的信心，提高学习兴趣。

从初一开始的自学辅导教学大致可分成四个阶段：第一阶段主要是教授学生阅读方法。要求学生基本会阅读教材，能正确理解词义，并学习概括段意。这一阶段一至两周。第二阶段主要是让学生适应自学辅导教学这种学习方式，逐渐形成自学习惯。这一阶段大约是两个月。第三阶段主要是在学生比较适应自学辅导教学形式、初步形成自学习惯的基础上，加强其学习过程的独立性。这一阶段半年至一年。第四阶段主要是使学生完全适应自学辅导形式，形成良好的学习习惯，在自学过程中充分发挥学生的独立性。

在自学辅导教学中，教师要起到启发指导、检查督促和辅导提高的作用。在课堂上还必须做到：（1）坚持让学生自学；（2）学生自学时老师尽量不打断他们的思维；（3）提问小结一定要注意全面检查学生的学习情况；（4）课堂议论要根据学生和教材特点采取不同形式；（5）板演目的在于使学生作业书写格式规范化，不宜过多地使用；（6）检查作业主要是检查学生作业书写格式是否规范化，是否认真核对答案，是否按时完成作业等，可当堂抽改作业；（7）测验后老师一定要认真批改试卷，分数可不必记上分数册，只用于了解学生的学习情况。

（五）吕敬先的小学生语文能力整体发展实验

吕敬先的这项实验从 1962 年开始，到 1988 年结束，除"文革"10 年中断外，约进行了 16 年。为了使实验具有普遍意义，选择了普通学校、普通教师、普通儿童（包括农民子弟）、普通教材的条件下进行实验，并取得了很好的效果。

　　吕敬先的小学生语文能力整体发展实验具有比较明确的基本指导思想，主要体现在以下几方面：（1）把儿童思维和语言的共同发展作为语文教学的中心任务，即充分运用形象思维和抽象思维相互转化、相互促进发展的规律，发展形象思维和抽象思维能力；充分运用思维和语言相互促进发展的规律，发展思维和语言。（2）通过语文教学结构的整体改革，即改革教学指导思想、要求、内容、方法、教学活动形式（课型、课外活动）及教学评价等要素，促进语文能力的整体发展。在横向联系方面，全面进行听说读写能力的训练，发展智力；在纵向联系方面，促使各个阶段儿童语文能力的发展能够相互贯通和衔接。（3）遵循口头语言和书面语言，内部语言和外部语言相互作用、相互促进发展的规律，以智力技能训练为核心，培养语文独立学习能力。（4）结合语文学科特点进行德育和美育，根据儿童个性心理整体发展的规律，以道促文和以文促道，达到文道统一。（5）语文教学与丰富多彩的生活相联系，扩大发展儿童思维和语言的领域，促使儿童快乐、主动地学习和身心的全面发展。[①]

　　以小学低年级的识字教学为例，他们以动脑识字为主，培养分析综合字形的智力技能；采取小集中与分散相结合的方式识字；结合游戏方式识字；形、音、义整体识记，识字又识词；使儿童牢固掌握拼音、基本笔画、偏旁部首、基本字、汉字构字的基本规律、笔顺规则等，为集中归类识字和独立查字典识字打好基础；通过在读写中运用学过的字，巩固识字效果；提前学会使用字典，培养独立识字能力等方法，使一年级下学期儿童能掌握一千多字，能借助字典及运用猜字、问字的方法，独立阅读儿童刊物《小朋友》《中国儿童》及文字配画的图书。

　　再以小学中高年级的作文教学为例。该实验主要通过观察指导课、观察课、写作指导课和评改课的组合搭配，培养观察与选材、构思与表达、自评与自改的能力。观察指导课主要是指导儿童拟定观察提纲，教儿童学会选择观察内容，确定观察目的和重点，并学会在观察中思考，充分展开想象，唤起真实感受。观察课则主要是让儿童通过自己的亲身实践，亲自观察获得素材，教师及时引导儿童写素材笔记和观察日记积累素材。写作指导课主要是培养儿童的构思与表达能力，这种能力的训练首先是渗透在观察过程中，观察有目的、有重点、有顺序，构思与表达才能有中心，重

---

① 吕敬先：《小学生语文能力整体发展实验》，教育科学出版社，1991，第158页。

点突出，有条理。在此基础上指导儿童拟定写作提纲、口头作文，在说的基础上进行书面作文。评改课着重培养学生的自评自改能力，往往根据不同阶段的作文教学要求和针对普遍存在的问题确定评改重点，围绕重点进行讲评，并加以修改，以提高儿童的评改能力和表达能力。实验班的学生经过训练，一般都能写记叙文、说明文、应用文等不同体裁的文章，并能自己编辑、采访，自办板报、报纸和文集。学生的语文能力得到整体的发展。

（六）黎世法的最优中学教学方式实验

从 1979 年 10 月起，武汉师范学院的黎世法教授开始探索一种在一定条件下，能保证教学活动处于最佳状态的中学教学方式，为中学生的学习和中学各科教学提供一般的理论和方法依据，以达到高效率地培养中学生的自学能力，大面积地提高中学教学质量，减轻中学生的学习负担，促进学生全面发展的目的。他首先通过对武汉地区 43 所中学的 10350 名中学生学习情况的认真调查研究和系统分析比较，总结出他们若干带有共性的成功的学习因素，并根据这些成功的学习因素的内在联系，归纳出一个学习方法体系，即八个前后紧密联系的学习环节：制订计划→课前自学→专心上课→及时复习→独立作业→解决疑难→系统小结→课外学习。

这个学习方法体系的基本精神是最大程度地发挥学生的主动积极性，高效率地培养和发挥学生的自学能力，使学生高质量地掌握基础知识和基本技能，从而全面开拓学生的智力，使学生成为学习的主人。中学生在运用八个环节学习书本知识时，必须遵循十条学习心理规律，即内因律、基础律、理解律、运用律、改错律、结合律、精学律、智能律、脑效率和勤奋律。

最优中学教学方式从宏观上讲，是一种"八环节"与"六课型"紧密结合的教学活动体制。"六课型"是根据八个学习环节的六个主体环节，即"课前自学→专心上课→及时复习→独立作业→解决疑难→系统小结"而分别提出的相对应的六种课型，即自学课、启发课、复习课、作业课、改错课、小结课。这样，就将学生的基本学习活动纳入了教师指导下的课堂教学。完成每一教学单元的教学内容，都必须依次通过上述六种课型进行教学，使课堂教学方式适合学情的要求。学生在课外按"八环节"进行自学，以配合课内"六课型"的学习；课内"六课型"的教学，对学生课外"八环节"的自学，在学习内容和学习方法上起着指导和促进作用，从而实现了整个教学方式的最优化。它揭示了一个教学活动规律：教学方式一定要适合学情。

从微观上讲，在"六课型"单元教学过程中，学生解决任何不懂的学习问题，都必须通过"自学—启发—复习—作业—改错—小结"这六个要素才能完成认识过程。"六因素"是一个能对学习效果进行自我调节的可控认识系统。在"六课型"的教学过程中，学生的学习必须遵循自学主体原则、运用资料原则、优势协调原则、脑手结合原则、全面发展原则等；教师的指导也必须遵循发展智能原则、因材施教原则、精讲精练原则、教学育人原则、有效劳动原则等。所以，从本质上讲，最优中学教学方式是从学生学习的实际出发，以学生的学习模式为基础的教学理论。

（七）魏书生的教学理论与实践

魏书生是辽宁省盘锦市的中学教师。他以卓有成效的教育实践和对教育理论的认真探索赢得了全国十大杰出青年、全国优秀教师、全国优秀班主任、全国中青年有突出贡献的专家等殊荣。

魏书生具有比较明确的教学思想，把培养面向未来的建设人才作为教学的基本出发点。他说："我想的是 20 年后我们国家的一代新人。"并指出：那些 90% 不能直接升入大学的学生注定要成为 21 世纪国家建设的主力军，他们学会了怎样学习，就有可能比较从容地面对未来世界出现的新知识构成，完成祖国交给他们的任务。正因为如此，魏书生对自我教育、自学能力非常重视，认为"人具有了自我教育的能力，就有了自我调整的能力，使思想荧光屏的图像趋于清晰、真切，把世界万物都放在应有的位置上，就能使自己始终站在人民的立场上去迎接困难，永远带着开朗乐观的情绪奔向明天，把最大的精力献给人民和祖国"[①]。民主与科学的观念也是魏书生教学思想的重要内容。他认为，教学民主是教育民主的具体体现，主张"教师要真诚地认识到自己是为学生服务的，既然教师是为学生服务的，那就必须把学生当作学习的主人"。在教学过程中，"教师要树立教学民主的思想，就要控制自我中心意识，就要明确对学生指责、埋怨、强迫命令，就等于在师生心灵之间挖鸿沟，只能增加师生之间不理解、不信任的程度，

---

① 《辽宁教育》编辑部：《年轻的教育改革家——魏书生》，辽宁人民出版社，1984，第 68 页。

只能降低教学效率"①。教学民主主要是解决学生愿学的问题，调动学生学习的主动性与积极性。但是，要真正使学习卓有成效，还必须根据学习的科学规律办事，应"更多地向科学要教育教学质量，而不是用延长自己的工作时间、提高劳动强度、加大工作数量的办法来提高质量"②。基于这样的认识，魏书生致力于课堂教学的科学化与教学管理的科学化。在课堂教学科学化方面，他主张对语文知识结构、语文能力结构和学与教的规律进行研究，并自觉根据这些规律进行教学；在教学管理科学化方面，他主张建立计划系统、监督检查系统和反馈系统，使三个系统有序地进行。

在教学改革中，魏书生以培养学生自学能力为中心，创造出一系列新的教学方法。主要有六步教学法、四遍八步读书法、习惯培养法等。六步教学法主要由定向（确定学习重点，引导学生学习知识，归纳知识系统）、自学（指导学生按科学规律和方法自学）、讨论（把学生按座位前后左右四人分组，讨论解决自学中不懂的问题）、答题（由其他小组在教师引导下，解答讨论中仍未解决的问题）、自测（依教学要求，学生自己出题，自答、自评，自己检查学习效果）和自结（学生在下课前自己总结学习过程和主要收获）。关于培养学生学习习惯的方法，一是"首次慢动"，即用学生脑子里上进的火花去推动他大脑机器的旋转，第一次推动不要太急，启动就胜于静止。二是"逐渐加速"，即让学生进行自我竞赛，今天的自我要胜过昨天的自我，把学生企图拖拉的心理消灭在萌芽状态。三是"系统计划"，即让学生根据自己的实际制订出自己的年度及月、日计划，经过学生自己讨论出来的计划是真正的自己的计划，老师不再是逼迫学生学习的监工，而是协助他驶向理想彼岸的船工。四是"控制时空"，即首先提倡自控，每个人定期填写心理病历与学习病历，注明该病名称、发病时间、发病原因、治疗方法等，其他如定期更换座右铭、自我总结、统计闲话闲事闲思时间等，也是有效的自控方法；其次是互控，在空间上夺取不良习惯的地盘。五是"进入轨道"，即形成了良好的学习习惯，像冲破阻力进入空间轨道的飞行器，基本上可以靠惯性运转。

---

① 魏书生:《魏书生教育文选》, 辽宁教育出版社, 1989, 第124页。

② 同上书, 第31页。

（八）冯忠良的结构—定向教学理论与实验

北京师范大学的冯忠良教授从 20 世纪 60 年代开始，在北京西城区的小学进行实验，先后经历探索性实验（1961—1963）、综合性实验（1973—1975）、检验修正（1980—1981）和推广应用（1986—1990）等阶段，在小学数学、语文，中学数学、物理，大学理工课程，工厂企业与技术院校的技术培训等方面取得了显著效果。[①]

结构—定向教学理论包括结构化教学与定向化教学两个组成部分。结构化教学，就是要确立以构建学生的心理结构为中心的教学观点。心理结构是主体行为的内在调节机制，是认知、情感和动作经验的统一体，也是能力结构与品德结构的有机合成。定向化教学，就是要依据心理结构形成与发展的规律，实施定向培养，减少教学的盲目性，避免走不必要的弯路，从而提高教学效能。由于心理结构的形成是有规律的，实施定向培养也是有可能的。

为了优化教学系统以大幅度提高教学效能，结构—定向教学思想主张根据相应的规律，改革教学的目标系统、教材系统、教与学的活动系统以及教学成效的考核评估系统，从而构建起一种结构化、定向化的教学体制。在教学目标及其执行原则方面，该理论认为必须遵循教育方针制约原则（体现教育方针对人才规格及其造就途径的规定）、活动分析原则（结合对活动的系统分析进行）、类化经验原则（确定能力与品德的构成要素并把各种要素分门别类）、系统化原则（体现各种教学目标之间的连贯性）和明确化原则。在教材及其设计原则方面，该理论主张必须遵循一体化原则（要求教材的各组成要素能分别按不同的类型或层次进行整合，能成为具有内在联系的整体）、网络化原则（要求教材各要素之间的上下左右、纵横交叉联系要沟通，要突出各种知识、技能和行为规范的结点和连线）、程序化原则（要求教材必须体现心理结构分步构建的规律，确切规定教学进程中的具体要求，体现教学活动的动态过程）、最佳化原则（要求教材的设计与编排必须符合最佳学习要求，最有利于心理结构的形成与发展）和可接受原则（即教材的可行性，其内容要求与形式同学生已有发展水平之间的距离要适当，跨度要适中，要落实于"最近发展区"）。在教学活动及其设计原

---

① 冯忠良：《结构—定向教学实验研究总结》，《北京师范大学学报（社会科学版）》1992 年第 5 期。

则方面，该理论认为必须遵循教学空间决定性原则（教学设计要考虑学生已有经验状态与教学目标之间的差距）、互动性原则（体现教依据于学、学受导于教的相互制约关系）、程序优化原则（依据学习规律确定教学活动的步骤、内容、方式、方法、时序等）、方式方法多样化原则（教学活动的组织形式及课堂类型与教学方法不应局限于某一方面，而应依据学习的需要与各种方式方法的特点，灵活应用，相机配合，使教学获得最佳成效）等。在教学考评及其设计原则方面，该理论也提出了可靠性、适时性和促进性等原则。

（九）叶澜的"新基础教育"实验

华东师范大学基础教育改革与发展研究所所长、上海市新基础教育研究所所长、教育学原理博士生导师叶澜教授主持的"新基础教育"研究，早在 1986 年就形成了基本的理论框架，1990 年小规模的实践性研究也已开始。到 20 世纪 90 年代，"新基础教育"实践研究已经遍及上海、山东、福建、广东等多个地区。自 1994 年开始至 1999 年为理论和实践上的探索阶段，经过五年的探索性实验，从 1999 年下半年开始进入推广性、发展性研究阶段。在这个阶段，"新基础教育"研究获得了很大发展，从项目的辐射范围到参与研究的学校和师生数量以及"新基础教育"研究在境内外的影响，都在不断扩大。

所谓"新基础教育"研究的"新"，是建立在对当前我国社会发展方向的分析以及社会发展对教育提出的新的时代要求的分析基础上，建立在对当前我国基础教育发展状况的分析基础上，并在与学校教育实践的互动过程中确立起来的。

（1）从研究的目的或目标看，"新基础教育"研究是社会转型时期为实现基础教育学校的转型而进行的。它是以创建新基础教育理论和 21 世纪新型学校为显性目标，以改变师生在学校的生存方式为深层目标而开展的一项大型研究。

（2）从研究的基本性质来看，"新基础教育"研究是一项综合整体开展的、变革理论与变革实践相互依存、相互构成的，极具复杂性的创生型研究。这实际上是三个主要的判断：第一，它的性质是综合整体的；第二，理论与实践在过程中是相互依存、相互构成的；第三，是极具复杂性、创生性的研究。

（3）从研究的基本路径看，"新基础教育"是通过"研究性变革实践"来实现新型学校的创建的。

（4）从研究的价值取向看，"新基础教育研究"的核心价值观以人的主动和健康发展为本。"新基础教育"形成的教学共同价值观的核心理念是：当前我国基础教育中课堂教学的价值观需要从单一地传递教科书上呈现的现成知识，转变为培养能在当代社会中实现主动、健康发展的一代新人。

（5）从研究对学校教育活动变革的要求看，"新基础教育"的活动观以动态生成为核心。所谓"生成"，一是指资源生成，一是指过程生成，这两个生成是"新基础教育"推广性、发展性阶段的重要理论。

（6）从对教师队伍的要求看，"新基础教育"在研究中形成富有创造智慧的新型校长、教师和研究人员，并通过他们培养新人。这里，要特别强调创造智慧。第一，创造智慧不只是认知能力，而首先是一种生存态度。有创造智慧的人，一定是有勇气的人。第二，要有博大的爱心，没有爱，就没有教育者深层的内在动力。

"新基础教育"研究的核心教育理念是以生命教育为主题，重视主动与互动，强调师生双方生命价值的实现。"把课堂还给学生，让课堂充满生命活力；把班级还给学生，让班级充满成长气息；把创造还给教师，让教育充满智慧挑战；把精神生命发展主动权还给师生，让学校充满勃勃生机。"

"新基础教育"研究的教育价值观是以人的主动、健康发展为本，强调未来性、生命性和社会性。

"新基础教育"研究的学生观强调注重学生发展的潜在性、主动性和差异性。要求教师在教育中尽最大可能努力探寻、调动学生积极性，让学生逐渐成为自己发展的主人。

"新基础教育"研究的教育目标体现了时代发展要求：

（1）认知能力：具有捕捉、判断和处理信息的学习与创造能力，自我认识和自我调控的能力，立体、动态、多元统一的综合思维能力以及体悟人生与生命的内省思维能力。

（2）道德面貌：在积极向上的人生价值观的指导下，形成热爱祖国、热爱中华民族的崇高感情，培养社会公德及公民责任感和义务感，成为既有理想抱负，又能处理好个人与群体关系，愿为中国社会主义现代化事业做出贡献的未来新人。

（3）精神力量：自信、自强；有迎接挑战的冲动与勇气；有承受挫折、战胜危机的顽强意志；热爱生命，能在改变和完善外部世界的过程中，同时不断完善和超越自己，实现终身学习和终身发展。

"新基础教育"的重点在课堂。

由于叶澜教授坚持不懈的追求，"新基础教育"在中国产生了最为广泛的影响。一是学生变了，学生的自主能力、社会交往能力、自我教育能力都比较高，自信心、责任感也明显增强。实验班的教师有时去代非实验班的课，会感到对那里的学生状态很不适应，相比之下，实验班的学生有更好的主动发展态势。二是教师变了，他们不仅学生观变了，学科教育价值观变了，而且有了面对现实、迎战问题，面对自己、不断超越的勇气和力量，有了透视实践、提升自我的能力，越来越感受到教师职业的内在尊严与快乐。三是校长变了，由被动应付或迎合各种外在要求变为自主、主动地思考学校的变革与发展问题，发现和创造自己的特色。教师和校长们的创造智慧，因"新基础教育"研究的投入而渐渐或加速发展起来。不仅个体的人变了，而且人与人之间的关系状态也变了，尤其是教育中最基本的人际关系——师生关系发生了明显的变化。师生关系由过去的"二元对立"变为"二元共生"，不以谁为中心，不在抽象的意义上讲谁决定谁，而是在生命与生命的互动中，在不断的变化与生成中同生共长，互相视为伙伴而与之"相遇"。

专家们对"新基础教育"给予了很高的评价。他们认为，新基础教育对教育的反思视角是全新的，它从文化视角深入研究课堂教学和班级建设，提出了教育的"生命观"，新基础教育研究将理论思考与现实行动相结合，使理论与实践的发展积极互动，共生共长。这种研究体现出一种探索创新的精神，一种脚踏实地的精神，一种追求奉献的精神。这种精神让中国教育理论工作者和教育实践者获得了自信，走出了浮躁心态和对西方理论的盲目借用。2004 年至 2009 年，"新基础教育"研究开始对理论、实践进行总体反思和提炼的阶段，很明确地将研究重心由"课堂"转向了"基础教育改革与学校整体性转型性变革"上来。就学校内部的改革试验而言，"新基础教育"研究选择了三个方面：一是教学方面，开展以课堂教学为基础的试验改革，初中主要以语文、数学、外语三门学科，小学以语文、数学和思想品德课为主要课程；二是班级建设新模式的研究；三是学校管理模式的改革。"新基础教育"实验改革主要定位在学校转型性研究，目的在于构建21 世纪所需要的符合时代发展的学校。"新基础教育"的研究与实践，以对当代中国基础教育现状的反思为起点，以对基础教育的理论与实践进行整体创造性的重建为旨归，在推进当代基础教育改革与学校整体性转型性变革，在打通基础教育改革与中国教育学理论重建之间的内在关联等方面，做出了独特的探索与贡献。① "新基础教育"研究是对中国教育未来发展方向的一种探索，对中国教育的发展具有巨大意义。

（十）新教育实验的理念与实践

新教育有一个长长的过去，却只有一个短短的现在。

说新教育有一个长长的过去，是因为它可以追溯到 19 世纪末英国的"新学校运动"、20 世纪初美国的"进步主义教育运动"，以及 1919 年 2 月在中国以《新教育》杂志的创刊为标志持续多年的"新教育改革运动"。

在中外教育史上，与新教育三个字联系在一起的教育家和学校可谓数不胜数。从雷迪、蒙台梭利、沛西·能、皮亚杰、怀特海、杜威到陶行知、陈鹤琴，从阿博茨霍尔姆学校、夏山学校、巴学园到芝加哥实验学校等，100 年以来，那些最伟大的教育家和最伟大的学校，许多都与新教育有关。中国的新教育正是在传承中诞生，源于先贤，根植田园，汇聚同仁，倾情孩子，关爱生命，朝向未来的教育改革实验。

说新教育只有一个短短的现在，因为它诞生于 21 世纪初叶，至今只有 10 年的时间。20 世纪 80 年代后期开始，中国基础教育存在的片面追求升学率、择校热等问题非常严重，社会对于教育的不满也日趋严重。1987 年 12 月，全国人大教科文卫委员会和国家教委成立了"端正教育思想，深化教育改革"研究与对策领导小组；1988 年 5 月，发布了《关于减轻小学生课业负担过重问题的若干规定》；1999 年，中共中央、国务院颁布了《深化教育改革全面推进素质教育的决定》。

与此同时，官方和民间的教育改革探索也应运而生。以行政推动为主要特征的"新课程改革"、以专家引领为主要特征的"新基础教育"和以共同体参与为主要特征的"新教育实验"是最为突出的代表。

新课程改革的立意明显在"课程"，试图以"课程"为重要抓手，培育我们民族的创新精神与实践能力，2001 年 6 月正式颁布的《基础教育课程改革纲要(试行)》可谓这一轮教育变革的行动指南，《为了中华民族的复兴，

---

① 张荣伟：《新中国教育实验改革》，天津教育出版社，2010，第 275–277 页。

为了每位学生的发展——〈基础教育课程改革纲要（试行））解读》则进一步表达了这一轮教育变革的基本精神。新基础教育以"课堂"为重要载体，《教育研究》1997年第9期刊载了叶澜教授的《让课堂焕发出生命活力》一文，可谓其明确的行动宣言。而新教育实验的逻辑起点则显然在"教师"。新教育实验是以教师成长为起点，以营造书香校园等六大行动为途径，以帮助新教育共同体成员过一种幸福完整的教育生活为目的的教育实验。

新教育实验可以追溯到1999年。受《管理大师德鲁克》关于"理论何时才有价值"的影响，朱永新教授来到江苏常州湖塘桥中心小学讲学带徒，提出了"新教育"的基本理念。

2000年，在《我的教育理想》一书中，朱永新提出了"理想教育"的基本思想。书中对现行教育的批判、反思及对行动的渴望，引发了民间教育思想者的热情响应，新教育实验的基本思想逐渐开始形成。

2002年6月18日，新教育实验的网络平台、后来被誉为"中国教师的精神家园""中国最大的网络师范学院"的"教育在线"网站成立。短短一个月，聚集了众多教师。同年9月，第一所新教育实验学校在苏州昆山市玉峰实验学校正式挂牌成立。新教育实验的基本理念和六大行动的雏形在这所学校开始实践。

2003年7月，新教育实验首届研讨会在昆山玉峰实验学校召开。这次被媒体称为"中国教育的丐帮会议"，吸引了来自全国各地的校长和教师参加。第一批新教育实验学校在会上正式挂牌。

2004年4月，全国教育科学"十五"规划重点课题"新教育理论的实践推广研究"开题会暨新教育实验第二次研讨会在江苏省张家港高级中学和常州武进湖塘桥中心小学举行。时任中国教育学会常务副会长的陶西平先生说："新教育实验会像一条鲇鱼，把中国教育这缸水搅起来！"

2004年7月，新教育实验第三届研讨会在江苏宝应县翔宇教育集团举行。同年9月，河北石家庄桥西区成立"新教育实验区"，以行政推动的方式参与新教育实验。

2005年7月，新教育实验第四届研讨会在四川成都举行。这次会议的主题是新德育，新公民与新生命教育开始进入新教育实验的视野。

2005年11月，新教育实验第五届研讨会暨"北国之春"新教育实验与教师专业发展研讨会在吉林市第一实验学校举行。

2006年7月，新教育实验第六届研讨会在北京清华附小、中关村一小和六一中学举行。会议的主题"过一种幸福完整的教育生活"日后成为新教育实验的核心价值追求。这次会议被媒体称为"新教育实验的进京赶考"。会议前后成立的新教育研究中心与新教育实验总课题组，为会议做出了重要贡献。

2007年7月，新教育实验第七届研讨会在山西运城新港学校举行，会议的主题是"共读、共写、共同生活"。新教育实验的儿童课程在会议上正式亮相，第一批新教育的榜样教师在会议上讲述了他们的成长故事。同月，新教育研究院正式成立并召开第一次理事会议。

2008年7月，新教育实验第八届研讨会在温州苍南第一实验小学举行。会议的主题是"知识、生活和生命的深刻共鸣"。会议对新教育的理想课堂进行了比较深入的研究，提出了新教育实验的有效教学框架和理想课堂的三重境界。

2009年7月，新教育实验第九届研讨会在江苏省海门市举行，主题是"书写教师的生命传奇"，用生命叙事的理论系统阐述了教师的职业认同与专业发展。来自全国多个新教育实验区、多所实验学校的一众代表齐聚江海门户，共话教师发展。

2010年7月，新教育实验第十届研讨会在河北石家庄桥西区举行。会议的主题是"文化，为学校立魂"。会议对新教育实验的学校文化建设，从使命、愿景、价值观、校风、校训、制度、仪式、节日、庆典、建筑、故事等方面进行了全面的研究和展示。同年9月，新阅读研究所在北京成立，先后推出了"中国小学生基础阅读书目"和"中国幼儿基础阅读书目"等成果，并荣获2011年全国阅读推广机构大奖。

2011年9月，新教育实验第十一届研讨会在内蒙古鄂尔多斯东胜区举行。会议的主题是"以人弘道，活出中国文化的根本精神"。会议对"己所不欲，勿施于人；己立立人、己达达人"的中国文化的根本精神和新教育的文化使命进行了深入探讨。同年11月，新教育亲子共读中心在北京成立，后更名为新父母研究所，目前已经在全国20多个城市建立了"萤火虫工作站"。

2012年7月，新教育实验第十二届研讨会在山东淄博临淄区举行。会议的主题是"缔造完美教室"。会议对新教育完美教室的意义、价值、内涵、建设等进行了深入研讨，并评选了十佳新教育完美教室。在这次会议上，华严集团的董事长徐锋先生代表集团给新教育捐赠了100万元人民币。他在致辞中说："新教育是在给一个病人——中国教育，做一次准确的基因修复。大家从事的，是一项注定要走进历史的、伟大的、关系中国教育成败的基因修复工程。"他希望，不远的将来，新教育不再是"草根运动"，而真正变成"政府行为和国家意志"。到那时，新教育将改名为"中国教育"。

目前新教育已经开发并初显成效的有十大行动和三大课程。

新教育实验的最初的六大行动具体指：营造书香校园、师生共写随笔、聆听窗外声音、培养卓越口才、构筑理想课堂、建设数码社区。通过六大行动，新教育实验倡导通过阅读，让师生与人类的崇高精神对话；通过共写随笔，让师生体验生活，反思自己，超越自我，共同编织有意义的生活；充分利用校外的教育资源，引导学生关心社会，激发学生形成多元的价值观，培养他们创造的激情等。

近年来，新教育实验又陆续推出了推进每月一事、缔造完美教室、研发卓越课程、家校合作共建等四大行动。推进每月一事，就是通过每月一项活动，关注一个主题，培养一个习惯的方式，教给学生一生有用的东西。它整合了阅读、学校各种主题活动和节日庆典等内容，尤其注重艺术、体育、口才等内容，为学生的生命奠基。

缔造完美教室和开发卓越课程，就是将愿景、文化、课程等融合在一间教室里，让师生汇聚在伟大事物的周围，穿越在伟大事物之间，唤醒故事和经典，编织诗意的生活，最终让教室里的每一个生命走向卓越。

家校合作共建，就是通过亲子共读、新父母学校等形式，充分发挥父母等社会力量在教育中的作用。

新教育实验的三大课程具体指：儿童课程、教师课程、理想课堂。新教育儿童课程的标志性词语是：晨诵、午读、暮省，它是新教育实验倡导的一种回归朴素的生活方式。晨诵是一个结合了古典诗词、儿歌与儿童诗、晨间诵诗的复合课程。目的在于丰富儿童当下的生命，通过晨诵，养成一种与黎明共舞的生活方式。午读的核心是"毛虫与蝴蝶——新教育儿童阶梯阅读研究"项目，该项目认为教育是唤醒，也是给予，阅读能够唤醒这种蕴藏着的美好与神奇。新教育认为无论是民族文化的特质，还是普世文明的价值，都需要教师和家长按符合生命成长的规律，慢慢地通过阅读，通过故事传授给孩子。儿童阶梯阅读研究，就是为每一个儿童找到他此时此刻最适合的童书。

新教育的教师课程包括职业认同和专业发展两个方面。职业认同是根据生命叙事的理论，为教师寻找自我的镜像，作为人生的榜样；鼓励教师勇敢面对生活中的各种挑战和困难等。专业发展项目是以"三专"（专业阅读＋专业写作＋专业发展共同体）为支撑内容。新教育实验认为，不同学科与发展阶段的老师，需要阅读不同的专业书籍。为此，新教育实验注重研制一张"新教育教师专业阅读地图"，构建一个理想的教师知识结构模型，从而更有效地解决不同水平与学科的教师分别该读什么和怎么读的问题，以及专业阅读如何为专业实践服务的问题。新教育认为，教师必须学会通过专业阅读，站在大师的肩膀上前行；通过专业写作，站在自己的肩膀上攀升；通过专业发展共同体，站在集体的肩膀上飞翔。

新教育实验对于理想课堂的追求是：它想拥有应试课堂话语同样想要的成绩，但希望是以更人道的、人性的、科学的方式来实现。因此，新教育已经在有效课堂的教学框架方面进行探索，并提出了课堂教学的三种境界——第一重境界：落实有效教学框架，为课堂奠定一个坚实的基础；第二重境界：发掘知识这一伟大事物内在的魅力；第三重境界：知识、社会生活与师生生命的深刻共鸣。

作为教育 NGO 组织，公益性和学术性是新教育的根本特征。新教育以提高中国（特别是边远地区以及农村）儿童的阅读能力以及中国教师的专业化水平为核心目标，先后开辟了贵州新教育推广项目、新教育童书馆项目、新教育移动图书馆项目、完美教室项目、"毛虫与蝴蝶"新教育儿童阶梯阅读项目、新教育种子教师计划等一系列公益项目。从 2003 年开始，新教育人的足迹一直在西部跋涉，"灵山——新教育西部行"活动一直没有中断，陕西定边，宁夏中宁，四川遂宁，内蒙古阿兰旗，新疆奎屯，贵州凤冈、遵义、威宁等地都留下过新教育人的足迹。

立足田野，以学术提升公益的品质效率，将爱心、激情与理性、专业融为一体，相互促进，让有限的公益资源最大限度发挥效益，是新教育公益的重要特征。汶川大地震不久，新教育人就前往重灾区四川北川进行培训，送去了灾后儿童急需的童书、音乐盒等，为孩子医治心灵的创伤，并且在那里建立了新教育实验区。

正因为新教育的理想魅力和扎实的实验研究成果，它的影响力不断扩大。到目前为止，新教育实验已经走过 10 年历程，全国 24 个省市自治区中有多所实验学校，无数的教师和学生参加了新教育共同体。

新教育实验引起了全国媒体的广泛关注。《南风窗》《人民日报》《解放日报》《光明日报》《中国青年报》《人民政协报》《人民教育》《中国教育报》《教育研究》《中华儿女》《经济观察报》《21世纪经济导报》、中央电视台、中国教育电视台等50多家媒体对新教育实验进行了深度的报道。《南方窗》最早敏锐地把新教育实验作为中国的"新希望工程":"可以断定的是,作为一场对抗'教育异化'的实验,理想主义者试图从源头上救赎中国教育危机的努力,起码可以视作以'人的教育'为旨要的'新希望工程'的剪彩仪式。"2004年2月20日的《中国教育报》这样评价新教育实验:"'生于毫末'的新教育实验虽然尚未成就'合抱之木',却已成为当今中国教育改革的一支奇葩。"

2007年11月,中央电视台《新闻调查》栏目以"心灵的教育"为题,专门介绍了新教育实验。他们认为,相对以分数为主要导向的应试教育,新教育注重与人类的崇高精神对话,强调一个人的精神发育史就是他的阅读史,并且通过晨诵、午读、暮省的儿童生活方式,让学生拥有一个博爱而敏感的心灵,重塑他们的精神世界的蓝图。

2012年,《中华儿女》和《校长》杂志分别用30页和150页的篇幅专题介绍新教育实验。《校长》杂志的主编李斌先生在前言中评论说:"新教育实验的成败,将在很大意义上影响甚至决定中国教育,乃至中国社会未来的格局。"也许历史终会证明,这个说法并不夸张。

2012年2月,山东日照日报评选的2011年度日照十大民生新闻中,《新教育实验让日照孩子"幸福学习"》名列第四。

新教育实验在国际上也引起了广泛的关注。2009年3月15—18日,应韩国政府"Brain Korea"项目邀请,朱永新在韩国全北大学做了"新教育——过一种幸福完整的教育生活"的专题讲演。2010年《朱永新教育文集》(十卷本)的韩文版正式出版发行。

2008年,日本学者撰写的《沸腾的中国教育改革》一书由日本东方书店正式出版,其中有专章介绍了新教育实验。2012年,朱永新教育文集《我的教育理想——新教育之梦》等作品由日本东方书店正式出版。

2012年,"朱永新教育作品"(16卷)被世界上最大的教育出版集团麦格劳-希尔引进英文版权,面向全球发行。《中国新教育》一书被阿拉伯思想基金会引进阿拉伯文的版权。

新教育实验的愿景是努力成为中国素质教育的一面旗帜,全力打造植根于本土的新教育学派。这个梦想,正在逐步成为现实。正如作家童喜喜所说，新教育实验的成功，归根结底在于它是抛开纷纭复杂的外部原因，从挖掘教师内心、点燃每个人灵魂深处的理想之火开始，使得教师着重进行眼下所能采取的行动，用点滴作为改变自己、改变身边小世界，从教育困境中突围。

（十一）其他教育实验与实践

主体教育实验："主体教育"思想缘起于20世纪80年代初，最初是顾明远教授提出"学生既是教育的客体，又是教育的主体"这一重要观点。之后，黄济、王策三、王道俊、郭文安等一批著名教授纷纷发表了关于"主体教育"的不同见解，为"主体教育"实验的深入开展奠定了重要的理论基础。① 从1992年起，由北京师范大学裴娣娜教授领头，一些中青年教育专家、学者广泛参与，开始了全面、深入的"主体教育"实验。总体看来，裴娣娜教授主持的"主体教育"实验是一项集理论探索、服务实践、培养教育专业研究人员三位一体，带有一定开拓性且层次较高的教育实验，其主旨是解决人的现代化发展问题，即探索中国教育的现代化发展以及中国人现代素质提高的现实路径。这项实验因其选题立论高，理论构思较完善，实验研究方法较合理，实验研究范围广以及研究队伍实力强而受到国内教育界的广泛关注。十几年来，这项实验依托高校、科研单位、教育行政部门以及100余所中小学组建了教育科研共同体，经过了理论构思与低年段实验、延伸扩展、专题研究、全面发展四个发展阶段，取得了一系列认识成果。

生本教育实验：生本教育是华南师范大学郭思乐教授创立的一种教育思想和方式。生本教育是为学生好学而设计的教育，也是以生命为本的教育，它既是一种方式，更是一种理念。生本教育特点为：（1）突出学生；（2）突出学习；（3）突出合作；（4）突出探究。以这种理念为指导，在祖国内地、香港、澳门等地100多所中小学、职业中学、幼儿园等进行实验，成效显著。近年来，郭思乐着重研究生本教育的体系、相关哲学、课程、教材等，特别探讨生本教育在推进素质教育和实现教育均衡的理论与实践。

生命化教育实验：1993年，中国人民大学教师黄克剑和教育学者张文质对话时，提出了教育的三个向度：授受知识、开启智慧、点化或润泽生命。从此，一种以生命治学问，以生命统摄教育，以生命成全每一个具体、

① 王道俊、郭文安主编《主体教育论》，人民教育出版社，2005。

健全的生命为旨归的新的教育理念，开始进入教育研究与实践领域。2001年，一项命名为"生命化教育"的课题实验，正式在福建省城乡学校渐次展开。在"生命化教育"的积极倡导者张文质老师看来，生命化教育的理念，本身就需要用一种生命的方式去直面教育的现实，去理解教育的困难；同时，用这样的生命在场的方式成全的不仅是受教育者，每一个教师也将因为自己的生命实践而不断地去确认自己工作的意义，确认自己存在的价值，从而不断获得生命本身的丰富感、满足感和成就感。

杜郎口教学改革实验：如果要选择一所学校作为教学改革实验的样板的话，杜郎口中学无疑是最有代表性的。据说，每天到学校参观的人络绎不绝，经常有几百人同时出现在校园中，一年"门票"的收入就达到150万元。在西祠胡同的网站上，曾经有一个叫"阳春白雪九月间"的网友以《山东杜郎口中学的"神话"》为题写道：仿佛在一夜间，"杜郎口"如飓风般席卷全国。

纷至沓来的人们，怀着"朝圣"的心，从四面八方，几乎在同一时间，汇聚杜郎口。"破译""解密""探访""考察"……甚至"怀疑"，不同的人，揣着不同的想法，寻找自己所期望的。

他们叫醒耳朵，打开心灵，调动所有的神经，从杜郎口中学的大门口开始，从校园每一个角落、每一面墙壁开始，从花朵般的脸庞和成长的身影开始……在激情燃烧的课堂里，在轻柔曼舞的草尖上，在被田野染成绿色的清风里，在孩子们清澈明亮的眼神里，在校长因劳累而沙哑的嗓音里……他们耳听目染，寻找、发现、探究，他们如饥似渴，感受、吮吸、采撷，不同的人，得出同样的结论——"奇迹"！

有人戏谑着概括形容这个"奇迹"："学生反了，课堂散了，老师也不管了，四周全是黑板了！"人们把这样的"奇迹"，称为"杜郎口牌"奇迹。

他们百思不得其解，既然是这样一个"奇迹"，为什么却能缔造出真正的奇迹？

而在《杜郎口"旋风"》一书中，有许多关于这个传奇学校的描述：

"杜郎口中学的每一间教室里都有前、后和侧位三块黑板，而前面的主黑板上，无一例外地写着诸如'我的霸气谁能敌，快乐课堂我称帝'……""学生的课桌摆放很另类，不是传统的'排排坐'，而是每一间教室的课桌都堆成了六个方块，每个方块都放着一个掉了瓷的破搪瓷缸子，里面盛满了五颜六色的粉笔头。不过令我们诧异的是，所有的教室里都看不见讲桌，自然也没有讲台！""课堂上发言的都是学生，他们嗓门奇大，像是喊出来的，孩子们的普通话很'普通'，带有明显的鲁西方言痕迹，却又无一例外饱蘸了热情和自信。有时候会同时站起来好几个人，同时响起几个声音，老师也不制止，谁的声音响亮谁就获得了发言权，所以发言声此起彼伏，每个发言结束之后孩子们都相互给予掌声，还有的对前一个发言者进行点评……""终于轮到老师说话了，老师的话还没停，孩子们操起就近书桌上的粉笔头，冲上去呼啦啦抢着爬黑板，先在黑板的最上方写上自己的名字，然后再根据自己的理解板书课上学过的知识点。后来我们才知道，这个独特的环节叫'反馈'。虽然教室三面都是黑板，但还是有些没抢到黑板的同学，不过他们也不闲着，有的拿着粉笔在墙壁上写，还有的蹲在地上写，教室的地上写满了又干脆跑到教室外面，在走廊的地面上写，老师不制止，更不呵斥批评。"

杜郎口中学曾经连续 10 年成绩全县倒数，镇里每次人大代表评议都给学校亮黄牌，学生流失现象十分严重。1998 年春，初三年级有个 60 人的班，中考前只剩下了 11 人；全校一年升入高中的不过 10 个人。就是在这样的背景下，一帮"农民"开始了自己的"教育起义"。

起义的领袖是崔校长。他觉得要提高升学率只有两个途径，要么老师教得好，要么学生学得好。但是教得好不能代替学生学得好。他一头扎进课堂里，越听越生气，一个月后，在全体教师会上宣布了一条纪律：从今天开始，实行"0+45"制度，教师一句话不准讲，谁讲了就是教学事故！他拍着桌子说：充满废话的课堂不仅浪费了学生的时间，而且还扼杀了学生学习的热情，导致了厌学和辍学，这样的课堂还有什么保留的价值吗？

后来，在专家的帮助下，学校总结出一套比较体系化的教学基本模式，即"三三六"或"10+35"模式。它的指导思想是相信学生，依靠学生，解放学生，发展学生。它的课堂模式是"三三六"或"10+35"，即三个特点：立体式、大容量、快节奏；三个模块：预习、展现、反馈；六个环节：预习交流、认定目标、交流合作、展现启示、交叉巩固、达标测评。所谓的 10，是指教师讲解 ≤ 10（分钟）；所谓的 35，是指学生自主 ≥ 35（分钟）。

这个模式主要的精神有以下几个方面：(1) 预习（或自学）是最重要的环节。学生没有预习的课不准上，学生预习不好的课不能上。预习就是正课，自学就是正课。(2)"先学后交，当堂达标"。"先学后交"与"先学后教"音同字不同，"交"是更宽泛的"教"，体现了合作学习、交流学习、交叉学习。教室都是方阵式排位，四桌 8 人一组，没有散兵游勇，没有孤身作战，没有"独立思考"（开小差），且平行分组，均衡搭配。（3）目标性、目的性强。有预设目标，有预习提纲。体现了目标教学的精髓。（4）课堂评价直接实际，导向明确。用学生每节课参与的人次数（参与度）来评价本节课。（5）学生建立"一帮一"学习制度。共同捆绑记分，形成"共同体"，从帮与被帮两学生的成绩、品质、行为、习惯等各方面的进步衡量。

其实，杜郎口也好，洋思也罢，他们教学改革的关键都是把课堂真正地还给学生，把思考真正地还给学生，把学习的主动性真正地还给学生。这是有效教学的灵魂。杜郎口旋风的背后，说明了我国以高考为导向的传统教学模式已经把教育引向了歧途，民间变革的需求非常强烈。

此外，由美学家赵宋光教授设计的综合构建教学新体系实验，黑龙江省语言文字工作委员会丁义成等进行的"注音识字，提前读写"实验，上海市实验学校的中小学教育整体改革实验，北京市朝阳区幸福村中心小学马芯兰老师"四性教学法"等，也都具有较大的影响，在理论上也有所建树，限于篇幅，不一一评述。

四、国外教学理论的介绍与研究

中国当代教学思想的发展，也是一个不断吸收国外教学理论的精华，并结合中国教学实践不断完善与建构的过程。尤其是 1978 年以后，中国开始比较大规模地介绍和翻译国外教学理论的名著，其中许多新思想、新观点启发了不少教育工作者，像赞科夫、巴班斯基、沙塔洛夫、阿莫纳什维利、布鲁纳、布卢姆、洛札诺夫、根舍因等，都在不同程度上影响了中国的教学思想与教学实践。

（一）赞科夫的教学思想

赞科夫早年致力于心理学研究，他的《记忆》《论教学中语言和直观性相互作用的问题》等论著在 20 世纪 50 年代就已被译成中文。从 1957 年起，他成立了"实验教学论实验室"，从事"教学与发展"的研究。他的《教学论与生活》《和教师的谈话》《教学与发展》《小学新教学体系的实验》等书在当时的苏联被誉为"教师必备书"，这些著作从 20 世纪 80 年代初开始也相继被译成中文。

赞科夫认为，传统的教学理论只注重使学生掌握知识，而他的理论则试图尽可能地提高教学的效果，促进学生的一般发展，也就是以智力发展为主的，包括情感、意志品质、性格、集体主义的个性特征的发展。发展当然要有知识与技能的掌握，但观察力、思维能力、实际操作能力，特别是思维能力更重要。他认为要求一律化就会抑制个性的发展，主张努力使全班学生包括"差生"都得到发展。他反对贫乏、陈旧的教学内容，主张以高难度进行教学，因为"儿童的智力也像肌肉一样，如果不给以适当的负担加以锻炼，它就会萎缩、退化"。他引进了维果茨基的心理学理论，强调教学要创造"最近发展区"。他反对在教学中进行"多次的单调的重复"和"迫使儿童反复咀嚼已知的材料"，主张以高速度进行教学，"以知识的广度来达到知识的深度（巩固性）"，使教学不断地前进，不断地以丰富多彩的内容丰富儿童的智慧，使他们更深刻地理解所获得的知识，把这些知识纳入一个广泛的体系。[①]他反对过多的对感性经验的依赖，主张在教学中理论知识起主导作用；反对学生停留于对教材的理解水平，主张学生要理解教学过程本身，即学会怎样学习。

赞科夫对差生问题进行了实验研究，发现他们有以下几个比较普遍的特点：一是"自我中心主义"，不服从别人的要求，不管别人的利益；二是缺乏学习愿望，甚至对学习、学校、教师有反感；三是观察力薄弱。教师也往往把他们视为"包袱"，加班加点。赞科夫指出，"对于'后进生'，更加需要在他们的发展上下工夫"，其中最重要的是减轻他们的心理负担，首要的是建立他们的自信心。

赞科夫的教学思想对中国的教学思想产生了重要影响。1978—1979年，华东师范大学的杜殿坤教授首次把赞科夫的"小学教学新体系"与教学和发展的思想比较系统地介绍到国内[②]，1980年出版的《和教师的谈话》第1次印刷就超过了15万册。80年代初我国教育心理学界关于"培养能力、发展智力"的声势浩大的研究与实验，不能不认为是受了赞科夫教学思想的影响。在中国，从凯洛夫式的以传授知识为主的教学思想，开始向注重培养智能为主的教学思想过渡，除了中国社会发展自身的要求，赞科夫等国

---

① 列·符·赞科夫：《和教师的谈话》，杜殿坤译，教育科学出版社，1980，第283页。

② 杜殿坤：《赞科夫的教学论思想》，人民教育出版社《外国教育丛书》编辑组编《中小学教学改革的理论和实际》，人民教育出版社，1979。

外教学思想的影响，是不可忽视的外部因素。

（二）布鲁纳的教学思想

布鲁纳是美国哈佛大学的心理学家，"结构主义教育"学说的代表人物之一。他的重要著作《教育过程》，早在 1973 年 5 月即在中国出版发行，但由于当时适逢"文化大革命"的动乱，未引起人们的重视与研究。直到 1979 年，《教育研究》杂志陆续翻译了他的《论教学的若干原则》（1972）、《教育过程·再版序言》（1977），并发表了研究他的教育思想的论著，如《布鲁纳的课程论》《布鲁纳的教学论及其现实意义》《"发现学习"的界说与评议》，至 1989 年出版他的另两部专著《教学论探讨》（1971）和《教育的适合性》（1973）的中译本，以及人民教育出版社编辑出版的《布鲁纳教育论著选》），他的教学思想引起中国学者的广泛注意，"发现法"教学也成为许多中小学教师的日常用语。

布鲁纳的教学思想主要由四个部分组成。第一，学习任何学科，主要是要使学生掌握该学科的基本结构。所谓基本结构，是指基本原理或基本概念，同时也要掌握研究这一学科的基本态度或方法。第二，任何学科的基础知识都可以某种形式教给任何年龄的学生，例如高等数学知识也可以直观的方式教给小学低年级学生。第三，应重视发展直觉思维能力。在发现、发明、解决问题的过程中常常是由直觉思维"猜测"出正确的答案，然后由分析思维去检验它、证明它。第四，学习的最好动机，乃是对所学材料本身发生兴趣，不宜过分重视奖励、竞争之类的外在刺激。显而易见，他的教学思想已涉及"教什么""什么时候教"和"怎样教"这样一些最基本的问题，上述第一点就是对教什么的回答，第二点是对什么时候教的回答，第三、四点则是对怎样教的回答。在"怎样教"的问题上布鲁纳特别推崇"发现法"，主张学习者用"自己的头脑亲自获得一切知识的一切形式"，并认为"发现并不限于寻求人类尚未知晓的事物，确切地说，它包括用自己的头脑亲自获得知识的一切方法"。

在此基础上，布鲁纳提出了四条教学原则[1]：

（1）动机原则。即强调学习的内因，重视主动学习，激发独立思维，引起学习兴趣。

---

[1] 杰罗姆·S.布鲁纳：《论教学的若干原则》，邵瑞珍译，《教育研究》1979 年第 5 期。

（2）结构原则。即强调基本知识的学习，重视概念原理的掌握，并使之能广泛迁移。

（3）程序原则。即强调知识的序列，化繁为简，化难为易，减少知识难度，提高学习效率。

（4）强化原则。即强调重视教学反馈，及时调整教学措施，及时强化，加深对教材内容的理解记忆。

布鲁纳的教学思想是美国教育理论界面对 1957 年苏联人造卫星上天的对策反应，是伍兹霍尔会议唯理论战胜经验论教学思想的结果。虽然他的理论有脱离社会实践，脱离学生生活经验、知识水平等缺陷，操作起来也有很大的困难，但他强调教学必须适应现代社会的发展，强调发展学生的智力与调动学生的主动积极性，反映了现代教学论的发展趋向，对中国当代教学思想的发展也产生了积极的影响。

（三）巴班斯基的教学理论

巴班斯基是苏联教育科学院院士，他于 20 世纪 60 年代初在顿河—罗斯托夫地区创造了克服大面积留级现象的先进教学经验，并运用现代系统论的原理和方法研究教学理论，提出了教学过程的最优化理论。

所谓教学过程的最优化，就是指教师有目的地选择组织教学过程的最佳方案，这一方案能保证在规定的时间内，使教育、教学和发展任务的解决达到可能范围内的最大效率。最优化的标准有两条。第一是效果标准，即每一学生在某一时期内，根据可提出的任务，尽自己最大可能所能达到的教育、教学和发展方面的水平。第二是时间标准，即学生和教师都必须遵守学校卫生学及有关文件规定的课堂教学和家庭作业的时间定额，如果超过规定的学习时间，就会影响学生的身体健康，从而影响学生的学习成绩和智力发展，也就谈不上真正的最优化。

最优化教学有六个基本环节。第一环节是教师对教学过程进行系统的研究，即研究学生（考虑他们的年龄、性别、学习水平等）、学生集体、教学条件、教师本身的可能性等，掌握教学的社会目的和任务，使教学目的的任务具体化；第二环节是考虑全班学生的特点，使教学内容具体化；第三环节是教师筹划教学手段，考虑已查明的系统特点，选择最优的教学形式和方法；第四环节是在教师的教学影响和学生本身的学习认识活动的统一过程中，师生在教学上的相互影响；第五环节是采用日常检查和自我检查的方法，了解学生对知识、技的掌握情况，机动地调整教学过程的进程；第六环节是教师和学生分析教学过程一定阶段的成果、查明尚未解决的任务，供下一轮过程参考。

巴班斯基认为，教学方法的优选必须符合教学规律和原则，符合教学目的和任务，符合教学内容和特点，考虑学生和教师的可能性。他还指出，最优化不等于理想化。从最理想的教学效果而言，自然是所有的学生都获得优秀的成绩，其发展和教养程度都达到最高水平。最优化只是一个相对的概念，指在一定条件下教师和学生所能达到的最高水平。例如，差生达到及格可算最优，优生取得良好的成绩则不能算最优。条件差的学校达到某种水平可算是最优，条件好的学校达到同样的水平，则不能算最优。[①]

巴班斯基的教学最优化理论对中国当代教学思想产生了一定影响，他的重要著作《教学教育过程最优化问答》（教育科学出版社，1986）、《教学教育过程最优化》（同上）、《教学过程最优化——一般教学论方面》（人民教育出版社，1986）、《教育学》（人民教育出版社，1987）先后被译成中文，张定璋、吴文侃等著名教授也大力宣传推行巴班斯基的教学思想，使教学的系统观念与优化观念渐为人们所接受，许多教学改革与教学实验，基本上就是在优化的思想指导下进行的。

（四）布卢姆的教学思想

布卢姆是仅次于美国教育家布鲁纳而对中国当代教学思想产生重要影响的教育家。他的重要著作《教育目标分类学》（罗黎辉等译，华东师范大学出版社，1986）、《布卢姆掌握学习论文集》（王钢等译，福建教育出版社，1986）、《教育评价》（邱渊等译，华东师范大学出版社，1987）等译介给中国教育界后，产生了广泛的社会影响。布卢姆关于掌握学习（mastery learning）的理论，对中国当代教学理论中学会学习思潮的形成，无疑是雪中送炭。目前方兴未艾的学习学、学习策略学的研究，也在很大程度上是上述思潮的进一步发展。

所谓掌握学习，布卢姆认为，其意义在于，对于一个学生来说，应该使他所学的所有学科都能得到高分数；对于一个班的学生来说，应该使全班

---

① ［苏］巴班斯基：《论教学过程最优化》，吴文侃等译，教育科学出版社，1989。吴文侃：《巴班斯基论教学过程最优化的基本标准和实施办法》，《外国教育动态》1981 年第 6 期。

的学生都能得到高分数；对于一门学科来说，所有的内容都能精通。为了达到这种境界，他制定了如下的"学习策略"。第一，要有好教师。要为学生选择一位不满足于传统教学，对教学质量要求高标准的老师，他能够不按"正态曲线"规定分数等级来评定学生成绩，提供适应于个别差异的学习方法。第二，要有好的教材。教材要适应于学生的文化水平，深浅适度，如果不能通晓教科书中的概念，可以使用"练习册或程序化的教学单元"。第三，除班级的群体教学外，可以采用能力分组的小组研究和个别指导的研究方式。不同学生需要不同类型的教学方式，才能使不同学生通晓相同的教学内容，达到相同的教学目标。第四，为每个学生提供掌握学习所需的时间，允许每个学生得到他学习一门学科所必需的时间，改变学习方法以便赢得更充裕的时间。第五，根据不同的教材和不同的才力，采用不同的教学方式。第六，把群体学习与个别指导结合起来，在群体学习的基础上辅以频繁的反馈与个别化的矫正性帮助。

布卢姆的教学思想把重点放在对教育目标的分层次的规定并对各层次目标达到的手段上。教育目标包括认知领域、情感领域和动作技能领域，这就是他的教育目标分类学理论。他把情感作为一个重要的教学变量，认为"掌握学习"可以引起情感的三个方面的变化："学生对学习感兴趣，并喜欢进一步学习；认识到自己的能力和价值，改善自我概念；熏陶学生素质，形成终身学习的兴趣。"[①]而要达到教育目标所规定的领域，必须经过知识→领会→运用→分析→综合→评价等环节。

（五）加德纳的多元智力理论

加德纳（Howard Gardner）是美国哈佛大学的发展心理学家，他所提出的多元智力（Multiple Intelligences）理论在当前美国教育改革的理论和实践中产生了广泛的积极影响，并且已经成为许多西方国家 20 世纪 90 年代以来教育改革的重要指导思想。

传统的智商（IQ）理论和皮亚杰的认知发展理论都认为，智力是以语言能力和数理—逻辑能力为核心的、以整合方式存在的一种能力。加德纳在批评上述两种理论的基础上提出，人具有多种智力，而且人的多种智力都与具体的认知领域或知识范畴紧密相关而独立存在。加德纳在 1983 年出

---

① 万云英等：《当代国外教学流派》，湖北教育出版社，1989，第 85 页。

版了《智力的结构》，在书中提出了一个新的智力定义，即"智力是在某种社会和文化环境的价值标准下，个体用以解决自己遇到的真正难题或生产及创造出有效产品所需要的能力"。加德纳的这一智力定义特别强调了智力是个体解决实际问题或生产及创造出社会需要的产品的能力。在加德纳看来，智力的基本性质是多元的——不是一种能力，而是一组能力，其基本结构也是多元的——各种能力不是以整合的形式存在，而是以相对独立的形式存在，如它们都有着不同的发展规律并使用不同的符号系统。在《智力的结构》一书中，加德纳指出了他所谓的多元智力框架中相对独立存在着的七种智力，这七种智力分别是：（1）言语—语言能力；（2）音乐—节奏智力；（3）逻辑—数理智力；（4）视觉—空间智力；（5）身体—动觉智力；（6）自知—自省智力；（7）交往—交流智力。近年来加德纳又提出了一种自然智力，即人们认识世界、适应世界的能力，是一种在自然世界里辨别差异的能力。

加德纳并不认为存在于个体身上的智力类型仅仅限于上述几种。在他看来，个体到底具有多少种智力是可以商榷和改变的。他认为他所提出的八种智力的观点，在某种程度上还只是一个理论框架或构想。他不仅不否认其他智力的存在，而且提出人身上可能还存在着其他的智力，如灵感、直觉、幽默感、烹调能力、创造能力和综合其他各种能力的能力等。按照加德纳的观点，某种能力是否可以成为多元智力中的一种，需要看它是否得到足够证据的支持；如果有，就可以在多元智力的框架中增加它们。

根据加德纳的多元智力理论，作为个体，每个人都同时拥有上述相对独立的八种智力，我们每个人身上的这八种相对独立的智力在现实生活中错综复杂地、有机地以不同方式、不同程序组合在一起。个体身上存在的八种智力的不同组合使得每一个人的智力都有独特的表现方式，而正是这八种智力在每个人身上以不同方式、不同程度的组合使得每一个人的智力各具特点。即便是同一种智力，其表现形式也是不一样的。例如，同样具有较高逻辑—数理能力的两人，其中一个可能是数学家，而另一个可能是文盲，但他有很好的心算能力。正是这种在个体身上体现的智力差异性，使得我们每一个人看起来都"与众不同"。

加德纳的多元智力教育观主要表现为以下几个方面：

1. 积极的学生观

加德纳认为，每个人都或多或少具有八种智力，只是其组合和发挥程度不同。在正常条件下，只要有适当的外界刺激和个体本身的努力，每一个个体都能发展和加强自己的任何一种智力。每个学生都有自己的优势智力领域，有自己的学习类型和方法，学校里不存在差生，全体学生都是具有自己的智力特点、学习类型和发展方向的可造就人才。学生的问题不再是聪明与否的问题，而是在哪些方面聪明和怎样聪明的问题。适当的教育和训练将使每一个儿童的智能发挥到更高水平。因此，教育应该在全面开发每个人大脑里的各种智能的基础上，为学生创造多种多样的展现各种智能的情景，给每个人以多样化的选择，使其扬长避短，从而激发每个人潜在的智能，充分发展每个人的个性。

2."对症下药"的施教观

加德纳的多元智力理论认为，不同的智力领域有自己独特的发展过程并使用不同的符号系统，因此，教师的教学方法和手段，应该根据不同的教学内容而有所不同。其次，同样的教学内容，教学时应该针对每个学生的不同智力特点、学习类型和发展方向"对症下药"地进行。由于学生智力表现形式的多样性和复杂性，因而无论什么时候，不论多么优秀的教师，都不可能找到一种适合于所有学生的教学方法。因此，如果教师能够根据不同学生的特点，不断地变换教学方法和手段，学生就有机会利用适合他的智力倾向的方法来学习，使每个学生都能得到全面充分的发展。

3. 全面的评价观

加德纳认为，因为每个人的智力都有独特的表现方式，每一种智力又都有多种表现方式，所以，我们很难找到一个适用于任何人的统一的评价标准，来评价一个人的聪明和成功与否。正如我们无法指出如丘吉尔、莫扎特、爱因斯坦、毕加索、柏拉图和迈克尔·乔丹谁更聪明，谁最成功，我们只能说他们各自在哪个方面聪明，在哪个方面成功，以及他们各自怎样聪明，怎样成功，因为我们不能说上述八种智力哪一种重要，哪一种不重要。它们在个体的智力结构中都占有重要的位置，处于同等重要的地位，只不过表现的程度和方面不一样而已。

因此，加德纳主张，教育评价应该是通过多种渠道，采取多种形式，在多种不同的实际生活和学习情境下进行的，确实考查学生解决实际问题的能力和创造出初步的精神产品和物质产品的能力的评价。教师应该从多方面观察、评价和分析学生的优点和弱点，并把这种由此得来的资料作为服务于学生的出发点，以此为依据选择和设计适宜的教学内容和教学方法，使评价确实成为促进每一个学生智力充分发展的有效手段。

目前，我国正在进行的教育改革，其根本问题就在于教育观念的更新。加德纳的多元智力理论无疑给我们提供了一条新的思路。在这种情况下，我国对于多元智力的研究开展得非常热烈。像《多元智力理论及其对我们的启示》(《教育研究》2000 年第 9 期)、《"多元智力"：教育学的关注与理解》(《全球教育展望》2001 年第 12 期)、《多元智力课程述评》(《比较教育研究》2001 年第 4 期）等各种各样的文章不时见诸报刊，从教育观、课程观等不同的角度对多元智力进行了研究。目前，我国多元智力理论研究在理论和实践两个层面上都结出了丰硕的成果。具有代表性的有霍力岩根据她在北京、深圳等地的经验写成的《实践中的多元智力理论》丛书：《多元智力理论与多元智力课程研究》、《智慧的课程——利用多元智力发掘学生的全部潜力》和《自然智力——校园中的科学》等，孟庆茂教授基于多年实践写成的《多元智力的教与学》，曾晓洁的《多元智力理论与学校教育改革》，等等。

多元智力理论在美国教育改革的理论和实践中产生了广泛的积极影响，并且已经成为当前美国教育改革的重要理论基础之一。现在，美国有上百所学校自称为多元智力学校，还有难以数计的教师以多元智力理论为指导思想进行课堂教学改革并取得了突出的成绩。运用多元智力理论分析我国的教育问题，对于我们树立积极乐观的学生观、"对症下药"的教学观和灵活多样的教育评价观，促进我国的教育改革和学生全面素质的提高有着重要的积极意义。①

（六）建构主义的教学理论

建构主义（constructivism）也译作结构主义，其最早提出者可追溯至瑞士的皮亚杰（J.Piaget）。皮亚杰认为，儿童是在与周围环境相互作用的过程中，逐步建构起关于外部世界的知识，从而使自身认知结构得到发展。儿童与环境的相互作用涉及两个基本过程：同化与顺应。同化是指把外部环境中的有关信息吸收进来并结合到儿童已有的认知结构（也称"图式"）中，即个体把外界刺激所提供的信息整合到自己原有认知结构内的过程；顺应是指外部环境发生变化，而原有认知结构无法同化新环境提供的信息时所引起的儿童认知结构发生重组与改造的过程，即个体的认知结构因外部刺激

① 霍力岩：《影响新中国教育的外国教育家》，天津教育出版社，2010，第 261–262 页。

的影响而发生改变的过程。认知个体（儿童）就是通过同化与顺应这两种形式来达到与周围环境的平衡：当儿童能用现有图式去同化新信息时，他是处于一种平衡的认知状态；而当现有图式不能同化新信息时，平衡即被破坏，而修改或创造新图式（即顺应）的过程就是寻找新的平衡的过程。儿童的认知结构就是通过同化与顺应过程逐步建构起来，并在"平衡—不平衡—新的平衡"的循环中得到不断的丰富、提高和发展。这就是皮亚杰关于建构主义的基本观点。建构主义教育的另一个主要代表人物是美国哈佛大学心理学教授布鲁纳，他曾经在皮亚杰理论的影响下领导了美国的中小学课程改革运动。他出版了被誉为"最重要的和最有影响的教育著作之一"的《教育过程》，强调了重视基本结构的教学和提出发现的学习方法。此外，在皮亚杰理论的基础上，柯尔伯格在认知结构的性质与认知结构的发展条件等方面做了进一步的研究；斯腾伯格和卡茨等人则强调了个体的主动性在建构认知结构过程中的关键作用，并对认知过程中如何发挥个体的主动性做了认真的探索；维果茨基创立的"文化历史发展理论"则强调认知过程中学习者所处社会文化历史背景的作用，在此基础上，以维果茨基为首的维列鲁学派深入地研究了"活动"和"社会交往"在人的高级心理机能发展中的重要作用。所有这些研究都使建构主义理论得到进一步的丰富和完善，为实际应用于教学过程创造了条件。

1. 建构主义的学习观

建构主义认为，知识不是通过教师传授得到，而是学习者在一定的情境即社会文化背景下，借助其他人（包括教师和学习伙伴）的帮助，利用必要的学习资料，通过意义建构的方式获得的。由于学习是在一定的情境即社会文化背景下，借助其他人的帮助即通过人际间的协作活动而实现的意义建构过程，因此建构主义学习理论认为"情境""协作""会话"和"意义建构"是学习环境中的四大要素。建构主义提倡在教师指导下的、以学习者为中心的学习，也就是说，既强调学习者的认知主体作用，又不忽视教师的指导作用，教师是意义建构的帮助者、促进者，而不是知识的传授者与灌输者。学生是信息加工的主体，是意义的主动建构者，而不是外部刺激的被动接受者和被灌输的对象。

2. 建构主义的教学观

建构主义认为，教师在传授科学知识之前应认真考虑学习者原有的知识经验，使要学习的科学知识落在学生可能的建构区范围之内，并与学生的经验紧密结合。教材所提供的知识不再是教师传授的内容，而是学生主动建构意义的对象；所利用的媒体也不再是帮助教师传授知识的手段、方法，而是用来创设情境、进行协作学习和会话交流，即作为学生主动学习、协作式探索的认知工具。教师在教学过程中不仅是知识的提供者，更是一个协助者、促进者，以学生为中心，利用情境、协作、会话等学习环境要素充分发挥学生的主动性、积极性和首创精神，最终达到使学生有效地实现对当前所学知识的意义建构的目的。

近十多年来，建构主义思潮引起了我国教育理论界的关注。如北师大陈琦和张建伟在《华东师范大学学报（教育科学版）》1998 年第 1 期上发表了《建构主义学习观要义评析》，何克抗在《学科教育》1998 年第 3—6 期上发表了《建构主义——革新传统教学的理论基础》。前者围绕学习心理的核心问题评述了建构主义的学习观，后者则从教育技术学的角度论述了建构主义理论与现代教育技术的结合对改进教学的意义与影响。类似的还有，肖川的《从建构主义学习观论学生的主体性发展》（《教育研究与实验》1998 年第 4 期），毛新勇、孙长根的《建构主义教学对教师和学生的影响》（《上海教育》1999 年第 1 期），徐建成的《"两自一归纳"：一种建构主义理论教学模式》（《教育评论》2001 年第 4 期），方建锋、汪再慧的《建构主义：从牧羊人到指路人》（《上海教育》2002 年第 15 期）等文章都从不同的角度对建构主义进行了比较探讨。此外，有关建构主义著作的中译本及专著也开始涌现，大大推动了建构主义在我国的发展。如《教育中的建构主义》（[美]莱斯利·P.斯特弗著，华东师范大学出版社，2002）、《走进中小学科学课：建构主义教学方法》（[美]大卫·杰纳·马丁著，长春出版社，2003）、《认知科学建构主义与数学教育》（郑毓信、梁贯成编著，上海教育出版社，1998）、《建构主义教育观与中学数学素质教育》（吉丹如著，扬州大学出版社，2001）等。

在我国正在实施的新课程改革中，源于皮亚杰的建构主义成为探索课程建构的重要参考因素。在我国，皮亚杰的认知发展理论成为儿童心理学、发展心理学、教育心理学等诸多心理学和教育学教材的独立章节，成为心理学和教育学研究者的"必修课"。

（七）佐藤学的学习共同体理论

佐藤学是日本著名教育家，也是对中国影响最大的国外教育家之一。

他曾经担任过日本教育学会会长，东京大学教授，是美国教育科学院外国院士。主要著作有《美国课程改造史研究——单元学习的创造》（1990）、《学习，其死亡与再生》（1995）、《教育方法学》（1996）、《课程论评——走向公共性的重建》（1996）、《教师这一难题——走向反思性实践》（1997）、《教育方法》（1999）、《学习的快乐——走向对话》（1999）、《教育时评——1997—1999》（1999）、《设计教育改革》（1999）、《改变教学，学校改变》（2000）、《"学习"再考》（2001）、《学校的挑战——创建学习共同体》（2006）等。

作为"付诸行动的研究者"，佐藤学的足迹遍布日本全国和世界各地的学校。每到一处，他都深入课堂，与教师一同研究教学，倡导创建"学习共同体"。三十余年如一日，每周至少两天深入学校，听了数万堂课。他应该是听课最多的教育理论家。

佐藤学的《静悄悄的革命》是他的作品中最早翻译介绍到中国的著作。在这本书中，他的许多观点让中国的教师耳目一新。如关于"倾听的课堂"，他提出，互相倾听是互相学习的基础。教师往往想让学生多多发言，但实际上，仔细地倾听每个学生的发言，在此基础上开展指导，远远比前者更重要。因为倾听这一行为，是让学习成为学习的最重要的行为。善于学习的学生通常都是擅长倾听的儿童。只爱自己说话而不倾听别人说话的儿童是不可能学得好的。如"关注每一个孩子"，他提出，应该让教室里的学习成为每个学生都能得到尊重，每个学生都能放心地打开自己的心扉，每个学生的差异都得到关注的学习。

佐藤学认为，学校教育，面临的问题主要是"在学校现场，能力主义与竞争主义、基于数值目标的评价与管理、教育机会不均等、学历的层级落差扩大等事态不断蔓延；在政策层面，则进一步强化了应试主义教育、竞争主义学习环境、管理主义学校管理，从而招致了教师的疲惫和儿童的厌学，家长和公众也丧失了对于学校的信赖"。以往的学校改革是把学生当作教育变革的对象（客体），忽视了学生作为改革的"主角"的作用与责任。其实，如果学生没有成为"主角"，没有构筑"合作学习"的关系并与教师合作推进改革，那么，学校改革的目的是不可能实现的。

在此基础上，佐藤学提出了创建"学习共同体"的改革哲学。这个哲学是由"公共性""民主主义"和"卓越性"三个原理组成的。所谓公共性，是指学校是各种各样的人共同学习的公共空间，是为了实现所有儿童的学习权。佐藤学认为，学校和教师的责任并不在于"上好课"，而在于实现每一位学生的学习权，提供学生挑战高标准学习的机会。

公共性原理是由"民主主义"原理支撑的。佐藤学认为，公共教育的学校的使命就在于实现民主主义社会，学校本身必须是借助"民主主义"构成的社会。因此，学校必须成为个性交响的场所。在这种学校里，学生、教师、校长、家长，每个人都是"主角"（protagonist）；每个人的学习权和尊严都应受到尊重；各种各样的思考方式与生活方式都应受到尊重。

卓越性原理是指学校必须是追求"卓越性"（excellence）的场所。无论是教师的"教"还是学生的"学"都必须是卓越的。这里所谓的卓越性并不是指谁比谁优越，而是指无论何等困难的条件下都能各尽所能追求最高境界。

要实现这三个原理，对于教师而言，应该"高举三面旗帜——尊重每一个学生的尊严，尊重教材的发展性，尊重自己的教育哲学"[1]。

此外，对中国当代教学思想的建构产生过较大影响的国外教学理论还有保加利亚洛札诺夫的暗示教学法、德国瓦·根舍因的范例教学理论、美国卡尔·罗杰斯的非指导性教学理论等。[2]其他如伙伴教学理论、合作教学理论、开放教学理论、纲要信号图示教学理论，也对中国的教学实践产生过一定的影响。尤其是 20 世纪 80 年代以来，中国当代的教学思想在广泛学习国外教学理论的优点的同时，加强了选择性，教学思想的主体意识更清晰、自觉性更强，对中国教育科学的繁荣与发展做出了积极贡献。

---

① 佐藤学：《学校的挑战——创建学习共同体》，钟启泉译，华东师范大学出版社，2011，第 3 页。

② 方展画：《罗杰斯"学生为中心"教学理论述评》，教育科学出版社，1990。

第十章　中国当代的德育思想

德育，经常也被称为思想品德教育或政治思想教育，是思想教育、政治教育和道德教育的总称。中国是一个伦理本位的国家，历来把德育放在十分重要的地位。重视德育也是解放区教育思想的特质之一。早在1939年，毛泽东在《中共中央军事委员会关于整理抗大问题的指示》中就指出："学校一切工作都是为了转变学生的思想。"新中国成立后，毛泽东仍反复强调："没有正确的政治观点，就等于没有灵魂。"在《工作方法六十条（草案）》中，他又指出："思想工作和政治工作，是完成经济工作和技术工作的保证，它们是为经济基础服务的。思想和政治又是统帅，是灵魂。只要我们的思想工作和政治工作稍为一放松，经济工作和技术工作就一定会走到邪路上去。"在这样的指导思想下，教育中的德育至上主义成为中国社会的基本特点之一，也使当代德育思想打上了明显的中国社会的印记。

一、德育基本理论问题的探索

德育的基本理论涉及德育的意义与价值、德育的任务与内容、德育的过程与规律、德育的效率与效果、德育的目标与功能等若干问题，当代中国德育理论对这些问题均有涉及，限于篇幅，这里仅就几个最基本的问题做一些述评。

（一）关于德育的意义与价值

1949年以来，中国的教育理论界一直强调以马克思主义为指导，强调对青少年学生进行共产主义思想教育，帮助青少年学生解决世界观与人生观问题，使他们"又红又专"，成为朝气蓬勃的新一代。这是当代德育思想的基调。

教育理论界对德育意义与价值的认识，基本上是按照毛泽东的思路发展的。在"文化大革命"前，德育在学校教育中毋庸置疑是头等大事。人们认为，提高教学质量固然重要，"但是，政治是一切工作的灵魂，学校必须贯彻党的教育方针。学校教育和教学，都必须服从于政治，服务于政治。办什么性质的学校？教育的方针是什么？教育任务是什么？学习什么？应该由什么人去教？怎样教学？我们不能离开社会主义的政治来回答这些问题。师生如果没有正确的政治方向、政治目的，教学如果没有正确的政治观点，则一切教学就等于没有灵魂。"①这种认识几乎成为教育理论界的思维定式，是一种非常普遍的思想方法。直到20世纪80年代，仍有不少人持这种观点。如有人指出："社会主义学校教育的各个组成部分，各自有其不同的任务，都是年轻一代全面发展教育极端重要的和不可缺少的。但就它们之间的相互关系而论，德育相对于其他方面，包括相对于智育，不能不占首要地位。"②

平心而论，强调德育的意义与价值，作为中华教育思想的基本特点，是有其两重性的。它既形成了中国人特有的道德精神与伦理人格，也易使这种精神与人格膨胀而产生虚伪性或逆反性。"文革"中的事实告诉人们，单方面强调精神、道德的作用，并不能真正地使人们形成先进的思想观念，相反会滋长"假、大、空"的恶习。所以，"文革"后人们普遍对"精神万能""道德万能"表示怀疑和恐惧③，甚至产生了"德育无用""精神无能"的思想倾向，单方面追求物质利益。强调德育的极致必然导致了它的反面：对德育的忽略和丢弃。这就向德育理论提出了一个新的迫切的问题：究竟如何看待德育的作用？在新的历史时期，德育的意义与价值体现在什么地方？对此，德育学者鲁洁从思想觉悟与物质利益、意识与行为、政治与业务等三方面进行了探索。

鲁洁指出：批判的武器不能代替武器的批判，思想教育代替不了对不合理制度的改革，不可能仅仅依靠它自身的力量去改变整个社会的意识，最终决定人们精神面貌和思想状况的是物质资料的生产和分配。过去，思想教育之所以经常不能发挥它应有的效能，很重要的一点，就是因为教育往往脱离了甚至背离了人们的切身利益，从而变成了空洞的说教。但是，"如

---

① 徐鲁：《中小学教育的根本目的在于培养坚强的革命后代》，《人民教育》1963年第7期。

② 赖立赓：《谈谈德育在社会主义学校教育中的地位》，《上海师范学院学报（哲学社会科学版）》1984年第2期。

③ 宋人、犁辛：《全国伦理学讨论会侧记》，《教育研究丛刊》1980年第3期。

果仅仅是物质利益而没有相适应的思想教育，人们对于这种利益的认识就只能处于一种直感的水平，不可能意识到这种利益的深层意义和内在联系，从而也就产生不出社会主义所需要的觉悟来"。因此，"由物质利益所形成的直接感受需要转化为社会主义所需要的思想觉悟，就必须以思想教育为中介"。她对思想品德教育的意义与价值进行了如下的概括：不仅具有规范行为的功能，而且更主要的是它还有提高认识、改变思想的功能；不仅具有引导人正确认识客观世界的功能，而且具有引导人正确认识主观世界的功能；不仅具有协调现存关系的功能，而且还具有先导的功能。[①]

有人还对以往德育只关注道德教育维护生产关系的方面，社会历史发展和道德进步之间存在着二律背反的观点提出了异议。指出道德作为社会意识形态之一，虽然属于上层建筑范畴，但作为道德表现的集体主义、组织性、纪律性等，则来源于生产中人们的分工协作关系。"因此它们也强有力地直接反作用于生产力，它维系和调节着作为工人的每一个体的生产到位的及时性，以及自己的与别人的操作行为的协调性，使自己的劳动力作为一种物质力量在相互联结的生产过程中发挥出来，从而确证了这部分道德发展生产力的功能。"由此，对德育内容的生产力价值提出了要求，主张必须按照发展社会主义市场经济的要求，对德育内容进行适当更新，如社会主义法制观念和社会主义民主观念，社会主义政治参与意识，社会主义竞争意识，社会主义的纪律观念、时间观念、效益观念、信息观念，等等，都必须提到德育的议事日程上来。[②]

（二）关于德育的任务与内容

确定德育任务一般需考虑两个因素的制约作用：一是社会发展的要求，即社会的政治经济发展对于培养人才的质量规格的具体要求，德育任务的确定有利于教育目的的实现；二是学生身心发展的特点。但确定德育任务的主体是人，所以就不可避免地受到人们的认知因素的制约，也就是说，受到人们对于社会要求和教育对象身心特点认识的制约。新中国成立初期，政务院曾提出学校德育的任务是"树立社会主义的政治方向，培养辩证唯物主义世界观基础和共产主义道德"。这与目前许多教育学教材的提法大致

---

① 鲁洁：《关于思想教育作用的断想》，《教育研究》1985 年第 9 期。

② 马兆掌：《试论道德教育的发展生产力功能》，《教育研究》1990 年第 4 期。

相似。但由于受到苏联教育思想的影响，当时的教科书大多把德育的任务规定为培养共产主义道德意识、道德情感、道德行为习惯和道德意志品格。1958年又把阶级观点、劳动观点、群众观点和辩证唯物主义观点作为德育任务，当时教育部在《关于加强中学思想政治教育的几个问题的通知》中，对于集体主义、学校纪律、时事政策等也提出了明确的要求。"文化大革命"中，德育的任务更简单化为"灭资兴无"。

从上述对于德育任务的提法可以看出，过去往往对社会要求方面考虑得较多，而对人的发展方面相对忽视。所以，班华等提出要注意学生思想品德结构对于德育的制约性，认为不仅仅社会要求的复杂性决定了德育任务的多样性，教育对象及其品德结构的复杂性也决定了德育任务的多样性。班华说："忽视德育任务受品德结构的制约是不对的。通常说学校德育的对象是青少年，其实更确切地说是青少年的思想品德结构。这正是德育不同于智育、体育的地方。比较全面地认识品德结构，有助于比较全面地理解德育任务问题。"① 因此，德育任务既要包含思想、政治、道德方面的内容，也应把发展品德的知、情、意、行容纳进去，还必须具有符合当今社会发展要求的品德能力。具体来说，品德能力为：（1）以道理思维为主的思想品德认识能力，包括对各种人际关系、思想关系、道德关系进行观察、比较、理解的能力，以及道德判断和道德推理的能力；（2）把道德认识、道德情感转化为道德行为的思想品德践行能力；（3）自我教育的能力与习惯，如自我调节、自我监督、自我修正、自我学习、自我改造、自我陶冶等；（4）分辨能力、抵制能力和斗争能力。

德育内容是德育任务的具体化。长期以来，一般规定为：马克思主义基本理论教育，共产主义理想教育，无产阶级爱国主义和国际主义教育，集体主义教育，热爱劳动和爱护公共财物的教育，自觉纪律教育和遵守法纪教育，尊敬师长、团结友爱和文明行为习惯教育，阶级教育，辩证唯物主义世界观和人生观教育，等等。这些德育内容对于大、中、小学生都"一视同仁"，缺乏针对性。因此，从20世纪80年代开始，有许多研究者开始探索德育内容的层次分解问题②，华东师大"学校思想政治道德教育大纲研

① 班华：《思想品德结构与新时期德育任务》，《华东师范大学学报（教育科学版）》1986年第2期。

② 胡卫：《道德教育内容层次分解》，《上海教育（中学版）》1986年第3期。吴奇程：《小学思想品德教育中的循序渐进问题》，《教育研究》1984年第6期。

究"协作组制订的《小学、中学、大学思想、政治、道德大纲》[①]，就是层次分解的具体成果。在研究德育内容的序列化方面，主要产生了以下三种观点。一是同时反复说，即对各种不同年龄的青少年学生，同时反复地进行同一内容（如"五爱"）的教育，不同的仅仅是要求程度和教育方法的区别。这种做法虽符合各种社会道德规范的联系性和个体道德实践的同时性，但易出现简单重复、老生常谈等弊端。二是结构迁移说，即在进行一种德育内容的教育时，找出一个具有迁移作用的内容作为序列的开端，发挥"一种学习对另一种学习的影响"。三是阶段形成说，即用阶段连续观点先列具体内容，进行排列，然后按阶段进行分配。如幼儿阶段以道德素质为内容进行"好孩子教育"，小学阶段以爱学习为中心内容进行"好学生教育"，初中阶段以正确的道德观念为中心内容进行"良好公民教育"，高中阶段以政治教育为中心进行"人生观与世界观教育"等。[②] 这对于克服德育内容的泛化和成人化，加强其针对性，无疑是有益的探索。

在德育内容的研究方面，如何处理好形势教育与基础文明教育、思想教育的系统性和层次性的关系，也是一个十分重要的理论与现实课题。在很长一段时间，中国的德育是把形势教育放在首位的，甚至把形势教育与系统的德育对立起来，使德育内容随着形势的变化而亦步亦趋。《人民教育》1957 年 9 月号的社论《必须向中等学校学生大力进行社会主义思想教育》，就对当时对形势教育重视不够提出了批评："最近两三年来，学校忽视了对学生进行政治思想教育，或者只注意了系统性和完整性而忽视了现实性和战斗性，这是不对的。我们必须克服这种错误和缺点。"《人民教育》1958 年发表的另一篇署名文章更明确地说："有人认为：'政治理论教育必须有系统地进行，结合政治运动进行思想政治教育，对提高师生的思想觉悟，只能头痛医头，脚痛医脚，不能从根本上解决问题。'这是借口政治理论教育的系统性，反对在学校中对师生进行总路线的教育，反对在政治理论教育中贯彻有的放矢、理论和实际相结合的方针。这种观点是完全错误的。"其理由是："如果我们学习了马克思列宁主义却不解决立场问题，对国家当前的革命和建设的问题漠不关心……那么，这样的政治理论教育不管形式上多么严

---

① 《华东师范大学学报（教育科学版）》1986 年第 2 期。

② 孙喜亭主编《教育学问题研究概述》，天津教育出版社，1989，第 323–325 页。

密、有系统，都是违背马克思主义教育的根本原则的，都是有害无益的。"①

"文化大革命"以后，理论界对德育内容的唯形势是从提出了疑问。有人提出："道德教育工作，千头万绪，极为复杂，究竟应该从何处着手呢？我认为，还是先从最基本的道德教育，即社会公德教育抓起。这是不断提高整个社会道德水平的基础一环。"②还有人在反思过去德育内容的失误时指出："过去我们的思想政治教育工作是在特定的历史条件下进行的，带有这样一些特点：第一，偏重于成年和青少年，而不大注重儿童和幼儿；第二，偏重于思想启蒙和思想改造，而不大注重有计划有系统的培养；第三，强调围绕中心工作，通过运动方式，而不大注重受教育的年龄特点与心理特征；第四，强调阶级斗争为纲，强调政治挂帅，而不大注意道德规范、道德素质的教育；第五，由于以上四点，又导致另一个特点，即强调批判、检讨，而不大注重发展、培养、熏陶的教育方法。"③他的批评可谓切中肯綮。这对人们进一步思考德育内容确定的理论依据，很有启发。

（三）关于德育的过程与规律

关于这一问题的讨论，1978 年以前开展得很少，只有 1957 年史国雅发表了《建立在马列主义认识论基础上的德育过程》一文。该文认为共产主义教育中的德育过程和教学过程是以马列主义的认识论为基础，都是解决知与行的问题。④作者说："就马列主义认识论来说，德育过程也是认识过程，因为它也包括认识和实践两个方面。毛主席告诉过我们认识过程是：实践、认识、再实践、再认识。所以，德育过程也应当是：道德实践、道德认识、再道德实践、再道德认识。这种形式也是循环往复地如螺旋一样地向前发展。无论就一个人的道德进行说，或就一个社会的道德进行说，如果正常的话，都是按照这个形式以至无穷地向前发展。"不难看出，这是以毛泽东《实践论》的基本公式为蓝本而提出的德育过程论。

十一届三中全会以后，随着德育实践的发展，德育理论的建构问题被提到议事日程上来。王逢贤首先发表《学校德育过程特点初探》一文，认

① 卢达君：《当前学校中思想政治教育的迫切任务》，《人民教育》1958 年第 12 期。

② 宋惠昌：《关于社会主义道德教育中的几个问题》，《教育研究丛刊》1989 年第 1 期。

③ 冷冉：《德育过程的阶段说》，《教育研究》1982 年第 10 期。

④ 《山西师范学院学报》1957 年第 4 期。

为当人们对德育过程的特点和规律处于盲目状态时，必然会影响德育工作的效果。他把德育过程定义为教育者根据受教育者思想品德形成的规律，对受教育者的知、情、意、行几方面进行有组织有计划的影响，使他们形成一定的德育任务内容所要求的思想品德的过程。据此，他把德育过程的特点和规律概括为以下几个方面：（1）德育过程具有多种开端；（2）各种思想品德形成的同时性和德育过程的圆周式发展；（3）德育因素的广泛性和德育过程的社会性；（4）思想品德形成中的积极因素和消极因素同德育过程中的塑造与改造；（5）德育过程是教育和自我教育相结合的过程。[1]

班华的研究则试图揭示德育过程与教学过程的区别，知识形成与品德形成的不同。他认为，教学过程主要是依据学生的认识规律进行的，而思想品德教育过程则主要是依据学生思想和道德品质形成发展的规律进行的。道德品质的形成及知、情、行的问题，比认识发展规律复杂得多。他进而把德育过程的规律表述为：（1）活动和交往是教育过程的基础；（2）学生心理（思想）内部矛盾是思想品德发展的动力；（3）思想品德的形成是长期的积累过程。[2]

王铁军则根据学生思想品德形成过程的结构以及对其中各种因素、各种关系的分析，揭示出思想品德形成的过程是主客体因素相互平衡、相互协调的过程，思想品德形成的内部过程是受教育者的思想品德结构逐步形成、不断完善的过程，思想品德形成的过程是内部思想矛盾斗争的过程。教育者为了促进受教育者实现积极的内部转化，必须着重做到以下几方面：（1）探索青少年学生道德动机发展的层次性，充分发挥道德动机在内部转化过程中的决定动因的作用；（2）寻找情感"共鸣点"，充分发挥情感在内部转化过程中的催化剂作用；（3）培养和发展青少年学生的道德判断和道德选择能力，发挥其在内部转化过程中的定向作用。[3]从上述对于德育过程的研究中，我们可以看出，德育研究的一个重要发展趋势是逐步从外在因素向内部因素逼近，从社会影响向心理结构逼近，德育研究正愈来愈多地吸收品德心理学的研究成果以丰富自身。

---

①　《教育研究》1979 年第 3 期。

②　班华：《思想品德教育过程》，《教育研究》1980 年第 3 期。

③　王铁军：《简析思想品德形成的内部规律》，《教育研究》1986 年第 4 期。

（四）关于德育的方法与时机

中国当代德育思想中关于德育方法的探讨，主要集中在"体罚"和"灌输"两个问题上。1952 年，中央人民政府教育部发出《关于废止对学生体罚的指示》。文件指出，"体罚（包括变相体罚）是封建主义、帝国主义、法西斯主义奴化儿童的野蛮方法之一"，并要求各级教育行政领导部门把废止体罚作为工作的重要任务之一。此后，各地教育行政部门组织教师（特别是小学教师）学习教育部的指示，处理了一些体罚事件。但是，有些教师对这个问题还认识不清，于是《小学教师》月刊开辟专栏讨论。首先发表了吴正礼的《我不同意绝对废止体罚》，文章不赞成对儿童施行过重的体罚，但又认为"为了提高教学效果，更有效地使儿童遵守纪律，把功课学好，在一定的情况下偶尔施行轻微的体罚还是可以的，需要的"。他用大量材料说明了以下理由：（1）施行轻微体罚易使儿童改正错误；（2）家长要求严格管理孩子；（3）便于维持课堂秩序，进行教学。接着，该刊在 12 月号上又发表了徐特立撰写的《小学校的体罚问题》专论，对体罚明确表示反对。此后，该刊共收到 1749 件来稿，在讨论专栏发表了 17 篇，其中同意吴文的有 6 篇。① 除了吴文提到的理由，还有一些理由，如认为绝对废止体罚的时机还不成熟；城市可以废止体罚，农村则不能废止；大多数儿童不需要体罚，可对于特别顽皮的儿童就必须体罚；体罚是对儿童负责的表现等。反对者则认为新中国不能建立奴隶秩序，要培养主人翁的精神，要培养学生的自觉纪律，这都是靠体罚所无法实现的。该刊编辑室在分析了主张体罚的根源之后，对教师提出了以下要求：（1）必须研究怎样培养儿童的自觉纪律，善于运用纪律和集体的力量，促使每个儿童发挥他们的主动性与创造性，鼓舞他们的前进心；（2）必须研究如何适当地运用惩罚，但必须认识惩罚与体罚的本质区别，前者是在尊重儿童人格的前提下对违反纪律者的处分，而后者是用暴力来强迫儿童盲目屈服的手段；（3）必须认真学习理论，掌握教导儿童的方法。

卢浚在 1964 年第 4 期《学术研究》上发表的《对学生进行奖惩的心理分析》，从理论上对体罚进行了探讨。认为体罚和变相体罚都是用粗暴简单的办法对待学生，其结果不但不能将他们教育好，反而会给他们留下恶劣

---

① 华东师范大学教育系教育学教研室：《教育学参考资料》（下册），人民教育出版社，1984，第 21 页。

的后果。他指出："体罚和变相体罚使学生身体痛苦、心理恐怖，是折磨学生，是对其人格的侮辱，个别学生还曾因此愤而自杀。用暴力抑制儿童的行为，不能使他们从思想上明确是非，不可能培养自觉纪律。体罚和变相体罚，只能使学生形成卑怯的性格，丧失自尊心和自信心，甚至变成老油条，自暴自弃，顽皮的更顽皮。打骂学生使学生对教师产生反感和敌意，因怕受罚而说谎，厌恶学习而逃学。儿童易受暗示，教师打骂学生，学生也就学会了不尊重别人，用暴力对付别人，变得残忍无情。这些都说明体罚和变相体罚的后患不小，会给教育工作造成更大困难。"该文发表以后，虽然教育实践中仍有体罚事件发生，但在理论界对此已形成共识，没有什么歧义了。

关于"灌输"的讨论是近期的事。讨论的根本分歧点是对列宁在《怎么办》中的一段话的理解。这段话的原文是："工人本来也不可能有社会民主主义的意识。这种意识只能从外面灌输进去。"[①] 对此，德育理论界长期以来已广泛接受，并提出了德育工作的"灌输原理"[②]。1989 年，韩向前对这个原理提出了"质疑"，认为把列宁的某一个别论述当成是一条普遍真理，并作为德育的理论依据，这"曲解了列宁论述的本意，不符合革命导师的一贯思想，因而是不妥当的"。文章指出，列宁的这段话是在特定的环境下用比较"简单激烈"的言词驳斥经济派的"自发"论调，强调理论工作重要性的个别的片断的论述，并不能代表列宁的全部和一贯的思想。而且，列宁这段话并不是在专门提出和阐述所谓"灌输原理"，马克思、恩格斯也从未有过"灌输原理"。作者还论述了奉行这一原理给德育实践带来的弊端，如不尊重学生，否定自我教育，压抑理智，反对创新，背离民主与科学等。[③]

1990 年 2 月，卢晓中也在《教育研究》发表争鸣文章，该文认为列宁那段话中的"灌输"，就其本意是指宣传和教育，而不是韩文理解的"注入式""满堂灌"和"我打你逃"的意义。[④] 在德育工作面临新形势、新任务

---

① 列宁：《列宁选集》（第一卷），人民出版社，1995，第 317 页。

② 陆庆壬主编《思想政治教育学原理》，复旦大学出版社，1986，第 25 页。

③ 韩向前：《"灌输原理"质疑》，《教育研究》1989 年第 10 期。

④ 卢晓中：《灌输应当是思想政治工作的一个重要途径——兼与韩向前同志商榷》，《教育研究》1990 年第 2 期。

的今天，灌输方法并未过时，关键在于正确理解其内在含义并运用于工作实践。作者还提出了"使灌输方法卓有成效地进行"所"必须考虑"的三方面情形与三项原则。即：灌输的社会思想意识的性质、数量、形式、内容，教育者主体内部心理机制的诸因素的积极性、主动性水平以及主体双方之间的心理调适程度，灌输过程中施教决策的科学性、教育性水平以及教育媒介诸如方式、手段、途径、时机选择等因素的有效程度；坚持双向交流的原则，坚持灌输与疏导相统一的原则，坚持灌输过程中的鉴别与批判的原则。同期杂志还发表了蒋学东的《"灌输"四忌》一文，对"硬灌""空灌""盲灌""猛灌"提出了批评。

这次争鸣的双方其实并没有本质的分歧，尤其是在德育的基本方法的见解，双方基本是相通的，只是对列宁原文的理解有所不同而已。

怎样把握德育工作的最佳时机？有人对此进行了深入的探讨，认为它不是德育过程中的偶然因素，而具有其自身的特点和规律。作者指出，德育时机具有短暂性、外观性、饥渴性、突发性、差异性等特点，在德育工作中，要善于把握学生思想和行为的兴趣点、兴奋点、利益点、荣辱点、潮流点、情感点、求异点、殊遇点、疑惧点、变化点，因势利导地进行教育。[1]

二、德育改革的理论研究

十一届三中全会以后，中国社会发生了巨大的变革，对德育工作也提出了尖锐的挑战。德育不仅在内容、形式、方法上，而且在整个思想方法、指导观念上都不能不进行彻底的变革。正如杨贤君所说："目前学校的德育无论在学校的内部关系方面，还是在学校的外部关系方面都有不相适应的地方。"学校内部的不适应，主要表现在德育和智育的关系上，如智育已形成了一套比较稳定的制度、要求、内容、体系和方法，对教师和学生都有比较完整的检查和考核标准，而德育却没有。外部关系的不适应，则主要表现在面对复杂多样、生动形象的社会影响缺乏有力的和积极的反馈能力，显得单调、薄弱。[2] 杨德广则把这种挑战概括为"变"与"不变"的矛盾。

---

[1] 白铭欣：《论德育时机》，《教育研究》1987 年第 9 期。

[2] 杨贤君：《新形势下德育改革刍议》，《教育研究》1986 年第 4 期。

所谓"变",一是 80 年代的形势变了,改革、开放、新技术革命是三股巨大的潮流,对"突出政治"的传统提出了挑战;二是思想政治工作的任务变了,不再是以阶级斗争为纲,而是为两个文明和四个现代化服务;三是学生的要求变了,由强调政治标准变为适应"三个面向";四是工作对象的状况变了,现在的学生有明显的时代特点。然而,我们传统的观念没有变,工作方法没有变,德育内容没有变,工作队伍没有变。如果德育工作不进行大的改革,就无法取得预期的效果。[①]

首先引起人们注意的是世界范围内的新技术革命浪潮。新技术革命对于人们道德观念与价值观念产生了巨大的冲击。如过去的德育实践以从事繁重艰苦的体力劳动为荣,现在则以劳动的科学性和技术革新为荣;过去崇尚的是简陋古朴、艰苦奋斗的生活,现在却追求美化和现代化的目标;过去强调的是人的欲望的节制,现在则重视人的合理需要的满足;过去以安分守己、少与人交往为好孩子的准则,现在则以一定的交往能力为培养目标,等等。这些变化对德育也提出了若干新的要求。正如鲁洁所说:"以往我国曾长期通过闭关自守的'保护性'措施来'净化'意识形态。这种方针显然已经无法继续贯彻,它既不符合由科学技术发展所形成的空间状况和交往状况,同样也违反我国按照发展科技的需要而要长期实行的开放政策。"为此,"德育要从简单灌输某些信条和养成某些行为的工作'重点'上,转移到着重培养学生的道德思维和判断上来"[②]。

袁振国则认为,科学技术每次大的革命,不仅极大地推动了生产力的发展,推进了生产方法的变革,而且它把自己的影响渗透进社会有机体的所有毛孔——政治、哲学、心理、宗教、道德、教育、思想方法等。如第一次技术革命推翻了几百年积累起来的工匠手艺,剧烈地破坏了原有的社会关系,也以摧枯拉朽之势横扫了小农经济的传统意识。第二次技术革命促进了生产的大发展,加速了生产社会化、国际化的进程,使资本主义发展到垄断阶段。

与此相应,分配、教育、通讯等走向群体化,时间、结构、语言的运用趋向标准化,文化、风俗、习惯趋向互相交融。而正在向前发展的新的技术革命,对社会生活和文化教育的影响将更加深刻和全面了,尤其是在

---

① 杨德广:《浅谈新形势下大学生思想教育中"变"与"不变"的矛盾》,《教育研究》1985 年第 3 期。

② 鲁洁:《新的科技革命和思想品德教育》,《教育研究》1984 年第 12 期。

价值观方面，会产生更加激烈的振荡与冲击：在人的价值观方面，它提出了更多地重视个体的价值、个体的独立性、创造性的要求；在政治价值观方面，它促使人们厌恶脱离经济建设的政治运动，反对个人崇拜；在经济价值观方面，它要求改变重义轻利、重农抑商的取向，重利益、重实效；在科学价值观方面，它要求重视科学知识、技术，重视知识分子，崇尚创造性、批判性思维；在伦理价值观方面，它要求彻底摆脱人身依附观念和等级意识；在审美价值观方面，它要求打破整齐划一的审美标准，按照自然的本性让美丰富多彩；在行为价值观方面，相安无争、平均主义、服从的观念必然要让位于竞争、多劳多得、自我负责的取向。显然，传统的德育观念和方法是不适应这种变化的。所以，要变过去"是什么、怎么做"的教育为"为什么、怎么想"的教育，变"师生"关系为"师友"关系，变单一化为多样化，变理论与现实相脱离为理论与实际的统一。①

改革开放对德育工作提出了新的挑战。1985年6月教育部中学司召开的中学生思想政治工作研讨会上，陶祖伟做了《学校德育改革的探讨》的发言。这个发言分析了中国在"以跨越式的步伐跃进到了一个开放的、改革的新时期"后，学生思想的若干新的变化。（1）要求开放，要求自主。即对"统、管、卡"很不满意，要求参与社会活动，要求少一些限制，要求允许他们做一些他们自己愿意做的事情。（2）要求新的生活方式。集中体现在"美"与"乐"两个字上，希望生活能丰富多彩，生机勃勃。（3）要求发展友谊，发展社交。（4）要求新知识、多信息、快节奏，不满意老一套，不愿意慢吞吞，什么事情总是要新要快。② 对于变化了的学生，尚未变化的德育就显得不适应了：一是德育目标（政治思想工作的目标）显得陈旧、笼统；二是德育任务有时要求得过急，甚至要求立竿见影；三是德育方法、手段不适应，显得过死，比较强调灌；四是道理上苍白无力。因此，在德育的改革中，特别强调和提倡开放性、自主性、渗透性、科学性和系统性。

所谓"开放性"，是指在德育内容上既要讲书本知识，又要涉及实际；既要让大家知道我国的情况，又要懂得国际和世界的情况；既要让学生看到眼前，又要让他们去憧憬未来；同时还要特别注意纷繁复杂的社会现象在学

---

① 袁振国：《价值观的变化与思想品德教育》，《教育研究》1985年第7期。

② 瞿葆奎主编《教育学文集·德育》，人民教育出版社，1989，第397-418页。

生中引起的信息反馈。在教育计划上，要给学生留有充分的自由活动的余地。在教育渠道上，应突破课堂教学的范围，去参与社会活动。在人际关系上，要有指导地发展学生的正当社交。在德育形式上，应更多地强调有意义的、有吸引力的活动，减少一些"必须"和"不准"的指令。在评价标准上，应处处强调创新精神，鼓励培养敢于向传统观念挑战的品格。

所谓"自主性"，就是德育工作的"四自"："自觉"，使学生觉悟到时代的使命；"自理"，让学生自己管理自己的事情，克服依赖性；"自教"，有一种自己克服自己缺点的能力；"自强"，自强不息、不达目的不罢休的精神。

所谓"渗透性"，就是德育不能单渠道的一层皮，它应渗透在智育、美育、体育、劳动技术教育及学校每个人的工作里。这样，德育工作才有力量，学生生活在这样的环境中，就会受到陶冶感染，逐步形成良好的品格。

所谓"科学性"，就是德育不能没有科学，不能只是凭感想、凭体验，"甚至过去最灵验的办法，身教胜于言教也不行了"。过去的"忆苦思甜"与"阶级分析"的武器已失效了，必须换成"科学"与"民主"，要用科学的道理去说服学生。

所谓"系统性"，就是既要有系列性，按不同年级来排不同层次的内容，又要有整体效应，使学校这个大系统中的每一个要素及要素之间的联系有助于德育目标的实现。

十三大确立了社会主义初级阶段的理论后，德育理论中出现了一个新的热点。宋宝权认为，社会主义初级阶段是中国社会主义发展的一个特殊阶段，是一种不完善的、不成熟的形式；学校思想教育首先要姓"社"，但不是以前的"社"；名"初"，而不是名"高"。德育要与这姓"社"名"初"相适应。由此反思过去的学校德育，就不难看出那种超越阶段、违背规律，以陈旧、过时、脱离实际的概念裁定生活的情况迄今仍未绝迹，仍然存在着把将来能办到的事情随意放到今天来办，把对少数先进分子的高标准随意扩大为对全体社会成员"一刀切"的现象。[①] 他提出，在德育中到底"是让学生从小听话、驯服、明哲保身，还是好强、逞能、敢于竞争；是因循守旧、目光短浅、安于现状、知足常乐，还是勇于开拓、锐意创新、具有危机意识、常思进取；是信奉等级观念、人身依附，还是追求人格上

---

① 宋宝权：《关于社会主义初级阶段学校思想教育的思考》，《上海教育》1987 年第 9 期。

的独立、自主与平等；是习惯于自我封闭，在自给自足中自得其乐，还是善于交往，善于与人协作，重视发展各种横向联系；是节奏迟缓，作风拖拉，崇尚空谈，还是珍惜时间，讲究效率，重实干、讲实效；是一心追求对'铁饭碗''大锅饭'的依赖，还是具有对改革的较强的心理承受能力，敢于接受生活中的各种挑战，敢冒一定的风险"。这直接影响到德育的效果，如果我们的德育铸造的是前者而不是后者，我们就要被现代化的进程所淘汰。①

杭苇则不同意这种观点。他认为，社会主义初级阶段，"社会主义"是一般，"初级阶段"是个别。初级阶段所采取的特定措施和政策，是依据一定的历史条件制定的，"为了发展多种经济成分，而暂时采取的政策，是非本质的、表面的现象；加速发展生产力以有利于建设社会主义现代化，才是'社会主义初级阶段'的本质"。正因为如此，作为社会主义国家，就应以共产主义去教育学生。"现阶段的学校思想教育首先必须坚持集体主义教育，并在集体生活中培养和提高集体主义精神，因为这是社会主义的思想基础，没有集体主义就没有社会主义，集体主义同样是共产主义思想体系的基础。……其次，必须坚持以共产主义思想体系向学生进行理想教育，使他们了解'今天'和'明天'的关系，也才能了解人类历史发展进程，最终实现共产主义，以此作为自己的奋斗目标。"②

这两种对立的观点都有相当的代表性，所以这一争论受到了人们的广泛注意。随着讨论的不断深入，人们开始注意到，德育观念的诸种分歧，往往涉及德育的科学化问题，即能否把德育置于科学理论指导之下，按照客观规律办事。有人在反思过去德育效果不尽如人意的原因时指出："这些年来，主要是由于受了'左'的错误的影响，没有把思想品德教育作为一门科学来看待。表现在工作方针上，是强调了'灭资兴无'而忽视了儿童德、智、体全面发展；在教育内容上，强调'以阶级斗争为主课'，忽视了共产主义道德教育和做人的'基本功'训练；在教育方法上，社会化、成人化、一般化，忽视了学校工作的特点和儿童的年龄特征和个别差异；等等。"③

---

① 宋宝权：《从天上回到地面——围绕商品经济转变观念》，《上海教育》1988 年第 1、2 期合刊。

②③ 杭苇：《共产主义思想体系是学校思想教育的核心》，《上海教育》1988 年第 1、2 期合刊。

　　尽管有人把科学化视为 1978 年以来德育理论发展的最主要特征，[①]它也的确是德育改革的基本走向，然而对于科学化的认识还是经历了一个相当长的过程。如有人认为："思想政治教育工作同经济工作，同其他科学技术工作一样，也是一门科学，而且是党性和实践性很强的一门综合性的科学。它有自己明确的研究领域，有自己坚实的理论基础，有自己广泛的实践意义，有自己特有的客观规律，有不同于其他科学的种种特征。我们应当把它称为思想政治教育学。"[②]这里所说的科学化，其实是把德育有它自己的研究特点、理论基础、实践意义和自身的客观规律，作为科学化的标准了。也有人把德育的科学化理解为："以辩证唯物主义和历史唯物主义的基本原理作指导，运用心理学、教育学、社会学、行为科学以及政治经济学等学科知识，按照青年的思想产生、变化、发展的客观规律去开展思想政治工作，最大限度地调动青年的积极性，把他们培养成为合格的四化建设人才。"[③]这里所说的科学化，则是把能否调动青年学生的积极性作为标准了。还有人把能否形成有体系的德育内容作为科学化的标准："加强儿童思想品德教育的科学性，关键在于建立一个比较完整的既反映共产主义道德规范和社会主义社会生活准则，又符合儿童的年龄特征和思想品德特点的教育内容的科学体系。"[④]

　　经过多年的研究与探索，教育理论界虽然对许多德育问题尚有争论，但对科学化问题已形成了若干共识。1990 年 11 月 27 日在杭州召开的全国德育学术讨论会上，许多学者对德育科学化发表了意见。[⑤]这些意见集中在以下四个方面：

　　第一，加强德育科学理论的建设。认为德育科学化的实质是指德育工作要在科学理论的指导下，按照客观规律办事。这就对德育科学理论的建设提出了新的要求，尤其是要加强对教育对象生理、心理、知识、品德状况的研究，寻找德育要求与青少年思想取向之间的交汇点，探索青少年品德内化过程的规律。

　　第二，建立科学的德育工作模式。这个模式是建立在道德主体形成过

---

①④　吴奇程：《加强儿童思想品德教育的科学性》，《教育研究》1981 年第 6 期。

②　　樊万清：《思想政治工作是一门科学》，《东北师范大学学报（教育版）》1986 年第 4 期。

③　　王敬璋：《青年政治思想工作要科学化》，《教育研究》1981 年第 4 期。

⑤　　王炳仁整理《全国德育学术讨论会主要论点综述》，《教育研究》1991 年第 2 期。

程的"构建说"的基础之上的。根据"构建说"的理论，学校德育工作的模式应实现由"内塑型"模式向"外展型"模式的转化。因为"内塑型"德育模式的特征是强调受教育者接受教育者的要求，严格按教育者的要求发表言论和采取行动，忽视受教育者的自我学习和自我评价，忽视教育要求的针对性。然而，"外展型"的德育模式是以培养社会道德生活主体为目标，以道德主体形成过程的"构建"原理为实践依据，它主张根据社会道德生活的要求来构建个体道德素质；调教育者与受教育者相互作用和影响，强调发挥受教育者自我教育的积极性，重视受教育者有目的有计划地参与社会道德生活实践，并在实践中完善自己的道德形象；同时也注意教育的针对性，重视教育的"最佳期"。也有人提出必须注意"他律"和教师在德育中的作用。

第三，形成科学的德育方法。德育方法的科学化关键是革除形式主义和成人化倾向，做到：重视受教育者的自主性，把教育和自我教育结合起来；重视受教育者心理素质的发展，把品质教育与心理教育结合起来；重视品德能力培养，把品德规范教育与品德能力培养结合起来；重视品德践行，把说理教育与品德践行结合起来；重视暗示教育，把明示教育与暗示教育结合起来。

第四，建立科学的品德评价体系。首先是要正确认识评价的目的和作用。评价的目的固然是为了使教师进行品德教育有更坚定明确的方向，更好地选择和组织德育方法，帮助学生发扬优点、克服缺点；更重要的是为了使学生进一步地认识自己、了解自己，看到自己的个性特点与品德发展状况，确定今后的奋斗目标。其次，要有科学的评价标准，这个标准至少有三方面的内容：(1)社会政治思想道德标准；(2)德育大纲和学生行为规范用来确定分层次的评价标准；(3)评价是一个过程，要有连贯性和经常性，不能仅看学生一个时期的表现。评价应该反映学生的行为和社会的要求之间的关系，而不能只是简单地评分，采用"量化"，要取慎重态度。当然，德育的科学化是一项长期的任务，在理论与实践方面均有待于进一步深入。

20世纪末，互联网在我国悄然兴起，并以十分迅猛的速度得到发展。据中国互联网络信息中心统计，截止到2000年12月31日，上网人数已达2250万人。[①]网络的出现对人类社会而言是一次意义深远的革命，必然对社会的政治、经济、文化、价值观念、道德意识等产生冲击，教育也不例外。

---

① 谢海光主编《互联网与思想政治工作概论》，复旦大学出版社，2000，第3页。

　　江泽民同志指出："信息技术特别是信息网络技术的发展，为我们开展思想政治工作提供了现代化手段，拓展了思想政治工作的空间和渠道。要重视和充分运用信息网络技术，使思想政治工作提高时效性，扩大覆盖面，增强影响力。"①江泽民同志的讲话，为网络时代的德育工作指明了方向。广大学者和教育工作者就网络时代的德育工作进行了探索，提出了许多有价值的教育思想。

　　学者们大多从网络与网络德育的特点出发，探讨了网络对德育的影响。陈洪涛认为，网络有五个特点：多元性、开放性、虚拟性、交互性和即时性。②刘守旗认为：网络道德与既有道德最明显的区别，在于它们赖以存在的物质基础不同。既有道德的基础是物理空间，它的运行主要依靠人们的是非观和社会评价；网络道德的基础则是电子空间，它是人们进行物质、情感、信息交往的电子世界。与既有道德相比，网络道德必将呈现出自主、开放、多元等一系列特点和趋势，从而更加合乎人性，更能促进人和社会的自由全面发展。③

　　网络是一把双刃剑，它给德育带来全新机遇的同时也带来了严峻的挑战。这一点在学术界已达成共识。

　　网络给德育带来了机遇。李翠泉认为，网络给青少年思想观念系统以积极的影响，有利于青少年形成多元化观念、全球意识、效率观念等；交互性、个性化的网络有利于青少年个性的发展和自我意识的完善；网络作为一种德育手段，为学生开展自我教育活动创造了条件；网络作为一种沟通途径，有利于促进师生双方的沟通，提高德育实效。④黎刚则对学者们关于网络给德育工作带来的机遇进行了概括性的论述。他说，学者从不同的角度，分析了网络对思想政治工作的影响。一是有些学者将视角集中于教育主体，认为网络思想政治教育中的教育主体出现了新变化，即非主体化，教育主体与教育客体地位的平等性，使教育主体不是提供"说服"，而是提供"影响""选择"和"引导"，因而更具人情味、亲和力，也更具有取得教育效果的魅力。二是有些学者将视角集中于教育内容，认为网络中思想

　　① 《江泽民在中央思想政治工作会议上发表的重要讲话》，《中国青年报》2000 年 6 月 29 日。

　　② 陈洪涛：《网络社会的德育课题》，《广西大学学报（哲学社会科学版）》2000 年第 5 期。

　　③ 刘守旗：《网络社会的儿童道德教育》，《江苏教育》2001 年第 5 期。

　　④ 李翠泉：《网络时代德育面临的机遇与挑战》，《徐州教育学院学报》2001 年第 2 期。

教育工作具有如下新特点：因多媒体技术的存在，教育内容的形态从平面走向立体，从静态变为动态，从现时空趋向超时空；因网络的超信息量，教育内容变得丰富而全面，并且具有可观性和可选择性；具有极高的文化和科技含量，教育内容和政治性本质隐含在历史文化知识和现代科技信息之中。三是有些学者将视角集中于教育方法，认为网络德育工作要借助于计算机、多媒体等一切手段，向网民提供信息，并引导网民正确选择信息，将传统的思想教育方法现代化。[①]

　　网络给德育带来的挑战。谢海光认为网络给人类社会带来的消极和负面的冲击主要有：人际关系疏离，黄色风暴席卷，文化冲突毕现，经济犯罪日增，成为赌博的乐园，贫富差距和知识鸿沟加大，出现信息焦虑，等等。[②]黎刚概括了学者们对网络给德育工作带来的挑战。他说，学者基本达成以下三方面的共识：国际意识形态的渗透和影响日益加剧，国内舆论导向的控制和管理难度加大，传统思想政治教育观念、方式落伍。[③]

　　针对网络德育的特点和网络给德育工作带来的机遇和挑战，许多学者提出了网络时代德育工作的建议和对策，概括起来是五个字：堵、防、建、疏、变。堵：运用技术手段阻止"危害数据"的进入；防：建立健全法制，发挥法律的规范作用，这是防止网络出现问题的有效手段；建：一是建立网上思想政治阵地，二是建立网上思想政治工作的队伍；疏：加强素质教育，培养和提高网民对有害信息自觉抵制的意识和能力；变：思想政治教育工作者要转变观念和工作方式，不断创新，使网络德育充满生机和活力。[④]

　　曹劲松对网络道德问题进行了专门的探讨。他认为，由于目前网络立法还不健全，相应的法制体系的规范作用尚不能发挥，因而，建立网络道德规范，加强网络道德建设，就显得更加紧迫。网络道德问题的特点是：网络开放导致信息多元，网络虚拟导致人格虚伪，网络兼容导致上网成瘾，网络无序导致网络侵犯。网络道德规范的主要内容有：明辨真伪不轻信，保持真诚不撒谎，履行责任不妄言，遵守协议不侵权，提高警惕不放任，拒绝诱惑不沉溺。当前网络道德建设的主要环节是：提高网络道德的认识水平，加强网络道德的心理调适，规范网络道德的行为表现，健全网络道德

　　①③④　黎刚：《网络思想政治工作问题研究综述》，《中共济南市委党校济南行政学院济南市社会主义学院学报》2000 年第 4 期。

　　②　谢海光：《互联网时代与我们的使命》，《思想理论教育》2001 年第 8 期。

的维护机制。[①]

　　总之，目前，教育界对网络德育有了高度的重视，并进行了一定深度的研究，但研究中重复性研究较多，有思想深度的论文不多。因此，网络德育的研究需要有更广阔的视野，进行跨学科的研究，只有这样，才能有新的突破。

三、德育实践的理论创造

　　德育思想的发展是在德育实践的基础上进行的，离开了丰富多彩的德育实践，德育思想就成了无本之木、无源之水。在德育实践中，许多具有丰富经验的德育工作者，把自己的经验上升为理论，并形成了颇具特色的德育思想。这种来源于德育实践的理论创造，又反过来指导着德育实践，对中国教育产生了积极的影响。要详细地研究和评论这些理论创造几乎是不可能的，这里只能择其要者加以介绍，虽有挂一漏万之虞，但亦可窥一斑而知全豹。

（一）冯恩洪与"淡化教育痕迹"

　　冯恩洪在20世纪80年代初已是小有名气的上海市模范班主任，《文汇报》曾介绍过他的德育工作经验，1985年，他提出"淡化教育痕迹"的观点。首先是要淡化教育者的角色痕迹。冯恩洪指出，现在的德育，角色分工太明，你是受教育者，我是教育者，因此上课开会，就是我说你听，其实成功的教育应该是忘记角色的教育。其次要淡化教育的成人化痕迹。冯恩洪认为，我们的德育常常是在最严肃、最郑重的气氛中进行的，这种成人化的教育形式，忽视了青少年的生理、心理特点，忽视了他们的个性差异。实践早已证明，有效的教育往往是在不知不觉中完成的，所谓要"寓教于乐"，就是这个道理。再次要研究改善教育的"动态环境"。冯恩洪任建平中学校长后，就努力改善这个环境，它由"物质""人际"与"心理"三个环境组成。所谓物质环境，是指校园、家园、乐园、花园融为一园，使学校的一切文娱体育教学设施为学生成才提供最大方便；所谓人际环境，是指师生之间互相尊重、互相理解、互相承认、互相学习、互相谅解，"用爱来

---

① 曹劲松：《网络道德建设初探》，《道德与文明》2002年第2期。

交换爱，用信任来交换信任"；所谓心理环境，是指物质、人际环境的进一步内化，在全校形成投之以桃、报之以李的尊师爱生的良性循环。

这种"淡化教育痕迹"的做法，更易收到"润物细无声"之效，受到学生的欢迎。[①]

（二）李燕杰与"青年是我师，我是青年友"

在 20 世纪 70 年代末 80 年代初，面对德育工作"老办法不能用，新办法不会用，软办法不顶用，硬办法不敢用"的困境，北京师范学院的李燕杰对探索新的德育方法进行了思考。他从清朝画家石涛《黄山图》的"黄山是我师，我是黄山友"中得到了启发，拟定了他自己做青年工作的座右铭："青年是我师，我是青年友"，"学生是我师，我是学生友"。并从石涛"搜尽奇峰打草稿"中悟出了"只要深入了解青年，掌握了青年的思想、感情、脉搏，就一定会和青年产生共鸣，并且和青年人逐步找到共同语言，做到心心相印"[②]。基于这种信念，李燕杰深入青年，了解青年，千方百计地和青年人交朋友。从大学生、工人、士兵，到农村青年、待业青年、残疾青年以至失足青年，先后交了数千朋友。他得出了结论："当今一代青年虽然也有缺点，有错误，有先天不足，但他们的主流、本质是好的。我们只有看清他们的主流和本质，才会对他们产生深厚的感情，增强和提高教育他们的责任感。"[③]并提出要把青年人看作自己的亲生儿女，爱护他们，帮助他们，真正做到"如师如友，亦师亦友"，平等相待，寻找共同语言，谋求相互理解，架起沟通的桥梁。

在德育的途径上，李燕杰主张把德育寓于智育和美育之中。他认为，教书育人如同琴师操琴，在教与学的过程中，应拨动青年的心弦，刺激之、兴奋之，安慰之，鼓励之；每次授课，每次谈话，每次报告，都应力争让青年人如同看优秀的影剧一样，沐浴在春风化雨之中，熏陶渐染，潜移默化，在思想与才智上都得到提高。他还提出在德育内容上要"取之于古人，用之于今天"，"取之于青年，用之于青年"等。尽管后来出现了"蛇口风波"，但李燕杰对青年学生德育工作的探索以及"青年是我师，我是青年友"的理论创造，仍是很有价值的德育思想。

---

① 陈亦冰：《关于德育困惑的思考——与特级教师冯恩洪谈话录》，《中国教育报》1988 年 12 月 3 日。

②③ 李燕杰：《你要关心祖国的未来么？首先要关心青年一代》，《工人日报》1982 年 4 月 27 日。

（三）任小艾与爱的教育

在 20 世纪 60 年代，教育理论界曾对"母爱教育"提出了批评，70 年代末，又对"母爱教育"进行平反。历史似乎又回到了原点。这说明德育工作具有其自身的客观规律，爱，就是德育最基本的规律。只有十年教龄的任小艾认识到这个规律，从而取得了成功。她说："没有水，就不会有鱼；没有情感，没有爱，也就没有教育。如果教师不从内心深处热爱自己的学生，没有父母般亲昵的温存和睿智的严格要求相结合的那种爱，那么，就很难教好自己的学生。"①她提出，教师的爱体现在对知识的认真传授，对理想的激发，对学生的全面素质的培养和无微不至的关怀。

任小艾认为，教师的爱应洒在学生集体中。每一个学生都是集体中的一个成员，是组成教学班的最小单位。教师的爱应该渗透到每一个学生心里。不论是学习优秀的学生，还是学习一般的学生，都应对他们施以"平等、热忱、持之以恒"的爱。要组织丰富多彩的活动，让班集体成为孩子们友爱的乐园。

任小艾还认为，在德育中对学生施以的"爱"不是无原则的顺从，一切随意于学生，也不能只是温文尔雅、笑容可掬地迁就、妥协于学生。应该把"爱"也冠以"科学"二字，要科学地爱学生，不是偏激地爱，也不是溺爱，而是具有严肃公正、严格要求为内容的厚爱。所以，她提出要"以爱动其心，以严导其行"。这种爱表现在"关怀、理解、支持"六个字上，尤其要理解学生的精神世界，理解和接受学生对教师的感情，理解和满足学生们的正当要求，关心学生的学习与生活的各个方面。只有这样，才能建立起民主、平等的师生关系。

（四）"联合体"与"渗透教育"

1990 年 10 月，在成都召开了全国部分省市重点中学实验中学研究会（简称为"联合体"）的第四届年会，年会研讨的主要课题是"如何落实德育的首要地位，处理好德育首要地位和教学中心地位的关系"。在这次年会上，代表们对教学中渗透德育的问题进行了广泛的探讨，一致认为有意识与无意识、主动与被动、自觉与不自觉，效果大不一样。在教学中渗透德育要强调以下问题：（1）学科的目的教育；（2）学科内容的思想性；（3）学

---

① 任小艾：《我的班主任工作》，光明日报出版社，1989，第46–47页。

科内容的历史纵深感;(4)学科内容的思想方法论;(5)学科内容的现实针对性;(6)学科教育中敏感部分的剖析;(7)学科内容的情感教育;(8)学科内容中认识美和审美的教育;(9)学科内容的争议性;(10)学科内容前景的远瞻。

在"联合体"诸学校的渗透德育的教学实践中,他们总结出以下经验:"教师要上好渗透德育课,其基础是应能讲清讲好教材,否则,渗透德育再好,也是无力的,甚至是无效的。其关键是必须具有高度的育人意识和强烈的渗透欲望,否则,传授知识再好,渗透德育的效果也是有限的。"关于渗透德育的基本途径,他们总结为以下四条:一是深入发掘教材中的教育内涵,认真找出教育点;二是充分运用教学中的认知素材,准确阐明相应的教育观点;三是努力联系学生的有关实际,有针对性地展开引申教育;四是尽力提炼引申教育中的哲理成分,并予以自然地发挥与精练地概述,以使渗透德育达到一定的广度、深度、力度与效度。

关于操作方法,他们主张:"渗透时机要把牢,渗透观点要准确,渗透语言要简明,渗透情感要朴实,引申教育要适度,发挥哲理要贴切。总之,成功进行渗透德育的教学,有赖于教师具有良好的整体素质,以及教学功底与教育能力的完美结合。"[①]

"联合体"由13个省市的17所学校组成,他们不仅探索了渗透德育的理论问题,而且在教学实践中进行了尝试,《中学渗透德育教案精萃》就是这种尝试的成果。这本书对语文、数学、外语、物理、化学、生物、历史、地理、音乐与体育十门学科,进行渗透教育的所需条件、实施思路、渗透途径、操作方法、掌握时机与控制度量等问题进行了有益的探讨。

四、国外德育理论的介绍与研究

中国当代德育思想的发展,是离不开对国外德育理论的介绍与研究,并从中汲取可资借鉴的内容的。1949年以后,先后被介绍到中国的德育理论有许多种,早期有马卡连柯、克鲁普斯卡娅、加里宁等重要代表人物,1978年后则有更多的学说被引进,如存在主义的德育思想、科学人道主义

---

① 全国部分省重点中学、实验中学教育研究会:《中学渗透德育教案精萃》,上海科学技术出版社,1992,前言。

的德育思想、实用主义的德育思想、新托马斯主义的德育思想、文化主义的德育思想、人格主义的德育思想、教育人类学的德育思想、社会学习论的德育思想、价值澄清论的德育思想、行为主义的德育思想、认知主义的德育思想等，几乎都有专文加以介绍。

其中大多由于文化差异和价值观不同等原因，对中国的德育实践并未产生什么影响，在德育理论界也未引起共鸣。这里只选择一部分对中国德育实践产生过影响的国外德育学说加以述评。

（一）马卡连柯的德育思想

马卡连柯的学说在中国教育界产生过广泛的影响，他的著作几乎无一遗漏地被译介给中国读者。"在各级师范学校的教育史和教育学课本中，也载有介绍马卡连柯教育思想和实践的专门篇章。广大教育工作者，特别是中小学教师，曾认真地学习他的教育学说，尤其是他有关集体主义教育、纪律教育和劳动教育的理论，以及他那终生献身于教育事业的大无畏精神和在改造人的斗争中的革命毅力与高度的政治责任感、对无产阶级教育革命事业的无比忠诚，以及大胆的革新精神，对我国教育界发生过较大的影响。"[1]

马卡连柯的德育学说对中国德育实践影响最大的，就是"在集体中通过集体和为了集体而进行教育"的原则。马卡连柯在《我的教育观点》中曾指出："如果没有集体，没有集体教育，那么，使用个别方法的结果就有养成个人主义者的危险，也只能有这样的结果。""只有当一个人长时间地参加了有合理组织的、有纪律的、坚忍不拔的和有自豪感的那种集体生活的时候，性格才能培养起来。"所以，马卡连柯提出了集体是教育的基础，同时又是教育的目的、对象和手段的理论。在《教育的目的》一文中明确提出了"平行教育影响"的学说："学校集体就是苏维埃儿童社会的细胞，它首先应当成为教育工作的对象。在教育单个人的时候，我们应当想到整个集体的教育。在实践中，这两个任务只有同时用一个共同的方法来解决才行。每当我们给个人一种影响的时候，这种影响必定同时应当是给集体的一种影响。相反地，每当我们涉及集体的时候，同时也应当成为对于组成集体的每一个个人的教育。"马卡连柯还论述了这一原则的具体方法与条件，如教师在集体教育中的组织作用与领导作用，形成集体的舆论，培养

---

[1]　何国华、燕国材：《马卡连柯教育思想研究》，湖南教育出版社，1986，第261页。

儿童对集体的责任感、义务感和荣誉感等。

马卡连柯提出的尊重与要求相统一的德育原则，也早已为中国教育界所接受。他在《我的教育经验中的若干结论》中说："我的基本原则（我认为这不仅是我个人的基本原则，也是所有苏维埃教师的基本原则）永远是尽量多地要求一个人，也要尽可能地尊重一个人。实在说，在我们的辩证法里，这两者是一个东西。对我们所不尊重的人，不可能提出更多的要求。当我们对一个人提出很多要求的时候，在这种要求里也就包含着我们对这个人的尊重，正因为我们向他提出了要求，正因为他完成了我们的要求，所以我们才尊重他。"马卡连柯认为，这个原则就是要尊重儿童的人格，就是信任他们的力量和能力，就是尊重他们的活动和这种活动的成果，就是把他们当作正在发展中的人来看待，就是正确地估计他们的自觉性和独立性，就是在教育过程中既不对他们事事迁就，有求必应，听之任之，形成自流；也不对他们过分监护，一味禁止，包办代替，严加指责。

马卡连柯的德育思想，尤其是上述两大原则，经过 20 世纪 50 年代的广泛传播，已被消化吸收成中国德育理论的有机组成部分。中国教育学的教科书，几乎无一例外地写上了上述两条原则。在德育实践中，强调集体纪律、强调严格要求也已成为当代中国德育的基本特色。

（二）苏霍姆林斯基的德育思想

在对国外教育家德育思想的译介与研究方面，苏霍姆林斯基具有突出的地位。从 20 世纪 70 年代末开始，他的著作被大量迻译过来，比其他外国教育家论著的总和还要多，一时间可以说出现了一种"苏霍姆林斯基现象"。

苏霍姆林斯基把马卡连柯称为精神上的导师。的确，他与马卡连柯的教育思想有许多共同之处。他们的最大共同点，就是坚持人道主义的基础，充满对儿童的热爱，尊重学生、信任学生，把学生的精神世界的和谐发展放在第一位。在苏霍姆林斯基看来，全面发展的教育不单是社会发展的客观需要，而且是现代社会生活中孩子们获得个人幸福的根基。全面发展的必然真谛是各方面的和谐发展，所以，"教育者在关心人的每一个方面、特征的完善的同时，任何时候也不要忽略人的所有各个方面和特征的和谐，都是由某种主导的、首要的东西所决定的。在一个全面发展的、活生生的、有血有肉的人身上，体现出力量、能力、热情和需要的完满与和谐，教育者在这种和谐里看到这样一些方面，诸如道德的、思想的、公民的、智力的、创造的、劳动的、审美的、情绪的、身体的完善等。在这个和谐里起决定作用的、主导的成分是道德"①。

与马卡连柯特别重视集体教育稍有差异的是，苏霍姆林斯基更重视集体与个体的协调，强调个别影响、个别差异和个性发展。他所说的全面发展也是面向全体学生的全面发展。正如苏霍姆林斯基所说："培养全面发展的个性的技巧和艺术就在于，教师确实善于在每一个学生面前，甚至是最平庸的、在智力发展上最有困难的学生面前，为他打开精神发展的领域，使他能在这个领域里达到顶点，显示自己，宣告大写的'我'的存在，从人的自尊感的泉源中吸取力量，感到自己并不低人一等，而是一个精神丰富的人。"② 在道德教育中，与马卡连柯强调外在的严格要求也有所不同，苏霍姆林斯基更强调个人的道德自觉，重视道德信念、道德情感和道德习惯的形成与培养，认为一个人道德修养的成熟境界，就是"信念在他的生活中已变为能不断激发他创造新的道德行为的一种独立的精神力量"③。

无疑，苏霍姆林斯基是继马卡连柯之后，对中国当代德育理论与实践影响最大的教育家。他的德育思想对形成和推动 20 世纪 80 年代教育改革中的人文思潮，也起了重要的作用。德育工作中对于人的主体性与自觉性的强调，除西方人本主义的影响外，或许不能忽视苏霍姆林斯基的影响。

（三）柯尔伯格的德育思想

对我国德育研究产生较大影响的另一位学者是美国发展心理学家和道德教育学家柯尔伯格（Lawrence Kohlberg）。他把认知心理学的研究方法与成果用于德育的研究，发现了道德发展的一些普遍规律。他把人的道德发展分为以下六个阶段。阶段一：以惩罚与服从为定向阶段，表现为以行为对自己身体上所产生的后果来决定这种行为的好坏，而不管这种后果对人有什么意义和价值。阶段二：以工具性的相对主义为定向阶段，表现为人们之间的关系是根据像市场地位那样的关系来判断的，而不是根据忠义、感恩或公平来衡量。一、二阶段属于"前习俗性道德水平"。阶段三：以人与人

① 瓦·阿·苏霍姆林斯基：《给教师的建议》，杜殿坤编译，教育科学出版社，1981，第 227 页。

② 同上书，第 228 页。

③ 瓦·阿·苏霍姆林斯基：《帕夫雷什中学》，赵玮等译，教育科学出版社，1983，第 210 页。

之间的和谐一致或者"好男孩好女孩"为定向的阶段，表现为认为凡是讨人喜欢或帮助别人而为他们称赞的行为就是好行为。阶段四：以法律与秩序为定向的阶段，表现为服从权威、固定的规则和维护社会秩序。三、四阶段属于"习俗性道德水平"。阶段五：以法定的社会契约为定向的阶段，评价行为表现为以个人权利和已为整个社会批判考核而予以同意的标准。阶段六：以普遍的伦理原则为定向的阶段，表现为根据良心和普遍的公正、互惠、人权平等原则等来评价道德现象。五、六阶段属于"后习俗性道德水平"。他还主张要根据儿童道德发展水平的不同阶段采取相应的德育方法，尤其强调了解儿童当前的道德发展的阶段水平，唤起儿童真正的道德冲突和在成人问题情形上的意见不一，向儿童揭示高于他所属阶段的那个阶段的道德思维方式。[①] 并同其追随者从内容和形式上创立"道德两难讨论"的道德教育方法：通过道德两难题材（故事）诱发认识冲突和积极思维，引导学生不断发展或建构他们的道德世界观，同时促进道德行为的发展。

柯尔伯格的德育思想的核心内容，是强调提高儿童的道德判断能力。教育者应遵循道德发展阶段的特点，循循善诱地促进学生的道德发展；学校、社会和家庭应创造良好的条件，提供稍微超过儿童现有水平的德育内容供他们讨论，以促进他们的思维模式较快地向更高的水平发展。这一理论对于促进中国德育工作的科学化，促使德育理论对品德发展内在规律的研究，起了重要的启蒙与示范作用。中国当代德育思想的科学化思潮，无疑受到了柯尔伯格的影响。

对中国当代德育思想产生影响的还有皮亚杰、班图拉、埃里克森等。与中国传统德育思想相比，西方道德教育理论总体上体现出以下几个特征：（1）重视主体性，反对灌输。西方哲学自康德开始转向，注重主体性的弘扬和彰显。其德育理论也主要在民主、自由、尊重人格的社会价值取向下提出，反对极权、专横、灌输，主张给儿童极大的选择自由，强调德性的自主建构。（2）人本主义被普遍接受，其道德教育多在纯人性的、纯人际关系的基础上展开，企图在人本主义大旗下超越政治、党派、宗教势力以保存自己的活动空间和活动对象。（3）注重操作模式研究。在提出基本原理的同时，提出供实践工作者运用的操作模式。（4）注重微观研究。大多

---

① Kohlberg L. & Turiel，E.，*Moral Development and Moral Education . In Lesser*，S. G.（Ed.），Psychology and Educational Practice，1971。

钻研道德教育问题中非常具体的一个方面，并把自己的理论建立于实验研究基础之上。（5）派别众多，各执己见。^① 目前，中国德育理论界对外国德育学说的介绍与引进，逐渐表现出较强的主动性、选择性与批评性，这将对中国德育理论的构建产生重要影响。

---

① 袁桂林：《当代西方道德教育理论》，福建教育出版社，1995，第 295 页。

第十一章　中国当代的教育心理思想

教育心理思想是中国当代教育科学的重要组成部分，也是从微观层次对教育现象及其规律进行深入研究的教育理论。在中国教育科学研究队伍中，心理学与教育学的两支队伍携手共进，对教育心理诸问题进行了比较全面的研究。由于中国的心理学研究者大多集中于师范院校，与教育具有天然的联系，使中国的教育心理学成为心理科学研究中的一支劲旅和教育科学研究的生力军。

一、知识、智力、非智力因素的"三部曲"

新中国成立以后，我们以凯洛夫的教育学为蓝本。凯洛夫教育学中虽然也指出，教学不仅是传授知识，也应发展学生的智力等，但从全部的教学过程来看，他基本上强调的是知识传授过程。在后来的教育革命或教学改革活动中，也有特别强调培养学生分析问题、解决问题的能力的，但因为当时把能力的培养同实际的工业劳动和农业劳动挂起钩来，同培养阶级斗争的警觉性联系起来，能力只有在"三大革命"运动中才能得到很好的培养，书本知识反倒成为发展能力的阻碍，结果这种能力只能成为空乏无物的主观想象。

1977 年恢复高考以后，书本知识的学习自然成为教学活动的核心，而且逐渐产生了以掌握书本知识为中心甚至为唯一目的的片面追求升学率的现象。与此同时，国内外形势和教学理论的发展都对传统的知识教学发起了强烈的挑战。新技术革命的兴起，社会进程的加快，信息传播和大众媒介的发展，使得知识急剧膨胀起来，同时知识的有效使用周期又明显缩短，它不断被新的知识取代，出现了被称为"知识爆炸"的现象。在教育理论界，国外新的教学思想，如布鲁纳的"认知结构"理论、赞科夫的"一般发展理论"、根舍因的"范例教学思想"，以及维果茨基的"最近发展区"

思想、奥苏伯尔的"有意义学习"理论等纷纷涌了进来，它们无不强调培养学生智力的重要性。尤其是赞科夫的教学与一般发展思想，它强调教学应促进学生以思维能力为核心的一般发展，而当初凯洛夫教育学的教学论部分就是由他执笔的。他是从凯洛夫教学思想体系走出来，并改造甚至批评原有思想的，这对于苏联和中国都产生了极大影响。

当知识、智能问题引起注意不久，杜殿坤即对如何讨论和研究这个问题提出了几点看法。首先，他不主张为智力、能力的概念花费太多精力和笔墨，而主张沿用大家熟悉的"独立地分析问题和解决问题"的含义；其次，他认为在教学工作中主要应发展观察能力、思维能力、自学能力和动手能力；再次，对于如何从根本上解决既掌握知识又发展能力的问题，他提出主要要对教材、教法、师资培训、考试方法进行改革。同时，他还提出了进行教育实验、总结先进经验、借鉴国外经验和研究成果的建议。[①]

刘佛年在一次讲演中较早地系统阐述了发展智力的问题。他认为，发展学生的智力关键有四点：一是学好基本知识和基本技能要同发展智力结合起来，只有实现这种结合，所学的知识和技能才是活的知识，才是能够灵活运用的技能；二是在获得"双基"的过程中，要根据具体学科发展观察力、记忆力、思维力、想象力；三是智力同技能结合起来，就会成为很有用的能力，对于学生来说，尤其要注意发展他们的自学能力与独立工作能力；四是对学习差的学生更要培养他们的智力。[②]朱作仁[③]、冯之俊与张念椿[④]以及顾明远[⑤]等，也分别结合语文教学、知识爆炸和现代化建设等问题，对发展智力提出了自己的看法。

经过一两年的讨论和普及，在教学过程中不但应重视知识的传授，而且应重视智力的发展和能力的培养，差不多已成共识。但随着讨论的深入，形成了这样的分歧：在教学中到底是传授知识更重要，还是培养智力更重要？由此也就引起了知识与智能关系的讨论。

讨论中有两种倾向性的意见。一种意见强调知识的意义，认为"能力

---

① 杜殿坤：《关于探讨发展学生能力问题的几点意见》，《光明日报》1980 年 1 月 14 日。

② 刘佛年：《有关发展学生智力的一些问题》，《教育研究》1981 年第 3 期。

③ 朱作仁：《略论培养儿童能力》，《小学教学研究》1981 年第 1 期。

④ 冯之俊、张念椿：《"知识爆炸"与发展智能》，《中国青年》1981 年第 1 期。

⑤ 顾明远：《现代化建设与智力开发》，《瞭望》1982 年第 3 期。

始终是建筑在知识基础之上的，两者是同步的，知识质量的高低决定着能力的高低"。"所谓聪明、智慧、能力的高强等，并非超知识的、不可捉摸的、神秘化的东西，而是完全建筑在思考加工后的知识基础之上的。"就是能力发展中的"迁移"现象，也不能代替具体知识，如果没有个别的具体知识的补充，原理原则仍然不能有效地分析和解决个别的具体问题。[①]

另一种意见则强调智力与能力的重要性，认为"能力的培养应当成为教学的核心。教学的根本任务就是通过知识技能的传授达到培养能力的目的"[②]。《教育研究》1985年第1期发表的《确立以"发展能力"为重点的教学论——从特级教师的教学经验看教学理论的发展》一文，也支持这一论点。

但不管是强调知识还是强调智能，这两者都有逐步融合的趋势。强调智能的人也关注知识本身具有的智能意义，强调通过知识的传授来实现培养智能的目的；强调知识的人同样也关注怎样与智能培养结合起来，使知识传授的过程同时成为智能培养的过程。如吴康宁在一篇文章中开篇就说："教学的目的不仅是传授给学生知识，更重要的是发展学生的智力。"而全文着重讨论的却是知识的智力价值，指出："知识与智力有着天然的联系。从获取知识的角度来看，这种联系表现在，无论是前人探索新知识还是后人学习新知识，都必须偿付一定的智力劳动。知识，总是人的智力劳动。知识，总是人的智力劳动的产物。正是人的智力劳动提供了智力价值之本，使知识的智力价值得以产生并得到体现。"[③]但知识的智力价值并不是完全一样的，由此，有人讨论了知识的智力价值的类别、智力价值的级别和相对性。如吴广夫认为："知识转化为能力是有条件的。有客观因素（知识本身的特殊性），也有主观因素（教、学两方人员的特殊性等）。"[④]根据这样的思路，他提出了这样一些在教学过程中使知识传授和智能培养有机结合起来的问题：（1）什么知识最有利于转化为能力？（2）知识在什么条件下转化为能力？（3）知识转化为能力的过程到底是一个怎样的过程？什么因素在这里起关键作用？（4）教师怎样指导学生才能最有效地将知识转化为能

---

① 杨祖宏、谢景远：《知识是能力的基础》，《上海师范学院学报》1981年第4期。

② 张德良：《教学的核心是培养能力》，《北京教育》1981年第12期。

③ 吴康宁：《知识的智力价值及其教学意义》，《教育研究》1981年第2期。

④ 吴广夫：《知识转化为能力与知识的智力价值》，《教育研究》1984年第10期。

力？（5）学生怎样学习才能最有效地将知识转化为能力？

文章最后说："知识、智力价值、能力是具有天然联系的不同概念。单独一门知识或一段知识不能培养出健全的能力，但它们能提供形成能力的智力价值。某种能力的形成是由多门类知识和活动长期地提供智力价值所致。这就是为什么我们在教育学中特别强调'全面发展儿童个性'。"

燕国材在《智力与学习》一书中也讨论了知识与智力的辩证关系，认为两者是互相依赖、彼此促进的关系。"智力是掌握知识的条件或武器，知识又是发展智力的基础或工具。排除智力，掌握知识，只能是徒托空言；排除知识，发展智力，也只能是一句废话。"在教育实践中，就要注意以知识的内在结构为基础，有目的有计划地去发展智力；同时必须遵循智力的基本规律，有目的有计划地去掌握知识。[①]

在1983年以前，智力与能力的研究达到了高潮，湖北人民出版社1983年出版的《智力研究文摘》一书，收录了不少重要的研究成果。与此同时，教育心理学界提出了非智力因素的概念，使知识、智力、非智力因素的三部曲形成了系列。

早在刘佛年关于智力问题的演讲中，就已提到了需要、兴趣、情感、意志在认识世界中的作用，提议要注意培养学生的好奇心、求知欲、学习的兴趣、学习的愿望，重视培养学生的自信心等。吴福元在1982年的昆明心理学会议上也提出过智力的三个亚结构的理论设想，即遗传素质亚结构、认知亚结构和动力亚结构，其中的动力亚结构就是指兴趣、动机、情感、意志、性格等。但正式提出"非智力因素"的概念而且有较大社会反响的，是燕国材在《光明日报》（1983年2月11日）发表的《应重视非智力因素的培养》一文。文章认为，中国教育界在对发展学生智力特别重视的同时，相对忽视了培养学生的非智力因素。而"在学校中，我们既要注意发展学生的智力，同时，又要重视培养学生的非智力因素。只有当这两方面都得到了较好的培养和发展时，才能保证多出人才"。他还提出了这样的公式："在其他条件相等的情况下，一个人的成功 = 智力因素 + 非智力因素。"也就是说，一个智力水平很高的人，如果他的非智力因素没有得到很好的发展，往往不会有多大的成就；反之，即使一个智力水平中等的人，如果他的非智力因素得到了很好的发展，也会取得很大的成功。后来，他在与朱永

---

① 燕国材编著《智力与学习》，教育科学出版社，1981，第6~7页。

新、袁振国合著的《非智力因素与学习》（湖北教育出版社，1987）一书中，全面地分析了非智力因素对学习的动力、定向、引导、维持、强化等作用，讨论了智力因素与非智力因素相辅相成的关系，并具体研究了兴趣、情感、意志、动机、性格等因素的构成及其培养方法。

1985 年以后，教育心理学界开始了对非智力因素的实证研究。如丛立新调查了北京市西城区第 159 中学和二龙路中学的 1984 年高中毕业班的文科快班和理科快班，共 121 名学生。其调查结果表明，在智力水平不同的三个组中，非智力心理因素优秀者达到高考分数线的人数都高于非智力因素不良者。智力水平较高组和中等组都达到了显著性水平，智力较低组未达到显著性水平，但 X^2 值与显著性标准十分接近，处于临界值。如两个理科考生的智商均高达 136，其中非智力因素优秀者成绩为 500 分，远远超过高考分数线，而非智力因素不良者，却只有 355 分，尚不到分数线水平。同时，一些智力中等而非智力因素优秀者，成绩可以与智力较高的学生并驾齐驱；一些智力中等而非智力因素不良者，成绩则会下降到智力较低学生的水平。[①] 又如，吴福元等人对上海师范大学 1985 年 9 月入学的一年级 5 个系的 238 名学生进行了调查，结果也表明："学习活动是智力因素与非智力因素共同参与的过程。学习成绩是智力因素与非智力因素相互作用的产物。智力因素对大学生学习成绩虽有很大影响，但影响力已不如中小学明显。随着入学时间的增长，非智力因素对大学生学习成绩的影响有逐渐递增的趋势。从某种意义上来讲，非智力因素对大学生学习成绩的影响比智力因素还大。"[②] 也就是说，非智力因素虽不直接介入学习的认识活动，但它形成了个性的意识倾向中的学习态度。积极的个性品质能促进和推动智力的充分发挥，而消极的个性品质则阻碍和干扰正常的智力活动。

非智力因素与智力的发展和学习成绩的提高有着十分密切的关系，这已得到了理论和调查研究两方面的确认与验证。但对于一个人来说，发展非智力因素是否具有更深刻的哲学意义呢？其本身是否具有本体论的意义呢？是否它本身就是人的发展的终极价值的一部分呢？袁振辉的《论教育中理性因素与非理性因素的互补关系》一文，在一定程度上涉及这一问题。文章在肯定理性因素在教育中的重大作用的同时，概述了忽视非理性因素

---

① 丛立新：《非智力心理因素对学生学业成就的普遍影响》，《教育研究》1985 年第 4 期。

② 吴福元等：《大学生智力因素和非智力因素与学习成绩关系的研究》，《教育研究》1987 年第 5 期。

的作用在教育上造成的不良后果，指出了唯理性教育模式的局限性。在此基础上，作者从不同的角度进一步阐述了教育中逻辑与直觉、认知与情感、科学与艺术的互补关系，特别提出了同时重视理性教育与非理性教育对于健全学生完整人格的意义。他指出："'智力存在于人格的总体之中'，这是现代心理学和教育学提出的一个十分重要的论点，本来，能力二字是从能够做什么演变而来，所以本身就具有实践的性格，是建立在和人格不可分离的关系之中的。"因此，要健全完整人格，就必须改革传统的唯理性教育模式，实施整体性教育，使受教育者在德、智、体、美、劳和知、情、意、行诸方面协调发展。这样，传授知识也好，培养智能也罢，发展非智力因素也行，最后都会殊途同归，统一到培养和发展学生良好的个性品质，促进他们身心和谐发展的大目标上来了。

二、从升学教育向素质教育的跨越

素质教育是 20 世纪 80 年代后期中国教育界颇为流行的一个名词，也是影响很大的一个教育思潮。进入 80 年代以后，人们渐渐发现升学教育的诸多弊病，并试图通过发展智力、培养非智力因素等途径，来减少升学教育的负面影响。直到 1988 年 2 月，柳斌在《人民教育》发表《提高劳动者的素质是基础教育的根本任务》一文，才正式提出了素质教育的问题。

柳斌通过对国内外经济发展的考察，认为世界上真正靠资源优势走上富裕之路的国家是很少的，究其根本，科技的发展、经济的振兴，乃至整个社会的进步，都取决于劳动者素质的提高和大量合格人才的培养。所以，在教育上必须进行相应的改革，实现以下三个根本转变：（1）要把单纯培养少数拔尖学生成才转变为提高全体学生的素质；（2）要把单纯地注意智育转变为注重德智体美的全面发展；（3）要把片面地为升学服务转变为为社会主义建设服务。

王海明确提出了必须把升学教育转变为素质教育的模式。[①] 他指出，我国人口素质低已经构成对经济现代化和政治民主化的巨大障碍，工业生产效率低下，农村经济粗放经营，职业道德观念淡漠，以致各种安全事故屡屡发生，改革所伴随的一系列社会问题几乎都可以从人的素质低中寻求原

---

① 　王海：《从升学教育到素质教育》，《教育理论与实践》1989 年第 4 期。

因。"在当今世界的发展中，教育愈来愈成为争雄世界的战略产业，人的素质高低成为衡量一个国家综合国力的一项重要指标。而我国至今仍有 2 亿多文盲、半文盲，使我们的现代化建设一开始就备受掣肘，举步维艰。从这个意义上讲，我们现在面临的问题千头万绪，但根本的问题是一个人力资源开发问题，11 亿人口的东方大国蕴藏着无穷尽的智慧和力量，如何开发这一丰富的'脑矿'，将沉重的人口负担转化为巨大的人力资源，关系我们现代化事业之成败。"

燕国材教授也是比较全面论述和宣传素质教育理论的学者之一，他先后在《解放日报》《现代中小学教育管理》等报刊发表十余篇论文，对素质教育的意义、目标、内容、途径等进行了系统的阐发。关于素质教育的意义，他认为有以下四个方面。

首先，素质教育符合当前世界教育改革的总趋势。他指出，从 20 世纪 50 年代起，国外掀起了一次又一次的教育改革浪潮。在这一浪潮中，各教育改革派及其代表人物的主张虽各不相同，但其最根本的一点是一致的，即主张把教育与发展结合起来，通过发展个性教育，发展和提高学生的素质，以适应我们这个时代的发展需要。我们也必须根据自己的国情与社会发展的需要，提出具体的素质教育目标与要求。

其次，素质教育有助于贯彻全面发展教育的方针。他认为，把全面发展教育理解为德、智、体，或德、智、体、美、劳的发展，是没有把握全面发展教育的精髓。"只有把全面发展落实到人的素质的全面提高上，只有把全面发展教育与素质教育联系起来，才会有真正意义的全面发展和全面发展教育。在这看来，可以说素质教育乃是全面发展教育进一步的具体化，是贯彻全面发展教育的必由之路。"

再次，素质教育深化了我国的教育目的。《中共中央关于教育体制改革的决定》指出，教育体制改革的目的，就在于"提高民族素质，多出人才，出好人才"。这里的"提高民族素质"，就是指要提高全民族的身体素质、政治素质、思想素质、道德素质、专业素质和心理素质；而所谓"多出人才"，就是要提高全民族的素质，以保证所培养人才的数量（"多"）；所谓"出好人才"，就是在众多的具有一定素质水平的人才的基础上，再进一步提高其中的部分人，使他们具有更高的素质水平，以保证所培养人才的质量（"好"）。总之，"无论振奋民族精神，或培养不同领域、不同层次的人才，归根到底，都是要提高、发展和培养其素质水平"。

最后，素质教育有助于克服教育理论和实践方法的某些片面性。他认为，素质是一个完整结构，其所包含的各种素质具有相互促进和相互促退的关系，而素质教育的提出与实施，必然要求人们全面地、整体地去考虑教育的理论和实践问题。[①]

关于素质教育的内容与目标，以及素质教育各要素的内在结构，燕国材在《向素质教育转轨是深化教育改革的必然趋势》一文中也做了比较全面的论述。他认为，素质教育主要有以下六项内容[②]：

一是身体素质的教育，其目标是了解人体系统的结构和机能的基本知识；身体健全和身体健康；积极参加体育运动，自觉锻炼自己的身体；养成个人和集体的卫生习惯，具有一定病理的和药物的知识。身体素质教育是全面素质教育的前提和基础。

二是政治素质的教育，其目标是掌握社会发展及其规律的基础知识，坚信只有社会主义才能救中国、才能发展中国，拥护党的路线、方针和政策，遵纪守法，认真学习马列主义和毛泽东思想，树立共产主义的远大理想。政治素质教育主要是解决政治立场问题。

三是思想素质教育，其目标是掌握辩证唯物主义的基本观点和方法，对唯心主义和形而上学采取批判态度，善于评价和自我评价，善于正确地发现问题、分析问题和解决问题，不断吸收并善于运用新认识方法和技术。思想素质教育主要解决认识方法问题。

四是道德素质的教育，其目标是形成正确的人生观（包括幸福观和价值观）；培养爱国主义和民族自尊心、自豪感；热爱人民，为人民服务；养成文明的行为和习惯；对封建和资产阶级的伦理道德采取扬弃态度。道德素质教育解决品德行为问题。它与政治素质教育、思想素质教育一起，乃是素质教育的统帅和方向。

五是专业素质的教育，其目标是具有本专业的专门知识和技能；具有广博的知识基础；具有一定的文化修养；养成好学深思的习惯；热爱科学，相信科学。专业素质教育是必要条件。

六是心理素质的教育，其目标是发展智力（包括能力），培养非智力因素，具有系统的心理学基本知识，讲究心理卫生，具有建立良好人际关系

[①]　燕国材：《关于素质教育的几个问题》，《教育科学研究》1990 年第 2 期。

[②]　《中小学教育管理》1990 年第 2 期。

的知识和技能。心理素质教育是内部根据。

关于素质教育的实施，燕国材认为关键是要了解学生的素质水平，明确培养素质的具体目标，充分发挥学生的主体作用，形成和谐的教育气氛，同时还要注意素质的整体结构和各自特点。有不少研究认为，要提高学生的素质，很重要的一条是提高教师的素质，高素质的教师才能胜任素质教育的工作。程少堂在分析了我国教育中教师素质存在问题的基础上，指出如果不大幅度提高中小学教师队伍的素质，中央提出再好的教育改革措施，在素质低下的教师那里，也难以得到认同，教育改革也只能是天方夜谭，学生素质的提高更是一句空话。

那么，一个优秀教师应具备哪些基本素质？有人认为首先是三种精神，即爱生精神、负责精神和奋斗精神。其次是要有培养人才的热心与能力，做到爱才有心、重才有诚、育才有术、选才有方、用才有道。再次，教师应该具有良好的个人修养，如友善的态度、尊重每一个学生、耐心、兴趣广泛、保持整洁的仪表、公正、宽容、有幽默感、对他人关心、灵活、讲究方式方法等。

还有人提出，提高教师素质的关键是鼓励中小学教师走上学者化的道路。第一，要使中小学校长都学者化。校长要做教育家，做学问家。中小学校长的学者化，是中小学教师学者化的先声。

第二，大胆提倡并鼓励中小学教师搞教育科研。认为应形成一种追求理论研究的促进机制，唤起教师探索和分析自己工作的兴趣，培养他们进行创造性探索和创造性研究的精神。

第三，尽快使中小学教师确立现代意识。生活在教育现代化进程中的教师，并不一定就是现代化教师，只有具有现代教育思想、教学艺术的教师才称得上是现代化的教师。所以，应采取多种途径，广泛地宣传现代化的教育思想，使之成为促进教师学者化的巨大动力。

第四，清除传统文化和观念中片面强调"理论联系实际"的影响。不少中小学校长和主管领导片面强调理论联系实际，结果在本来就缺少理论的中小学教师队伍中出现一种"小家子气"的倾向，导致微观研究的水平徘徊不前，中小学各科教学基本仍处于前科学状态。所以，要使中小学教师队伍走上学者化的道路，就得使研究水平长期停滞于短期行为之中的现状得以改观，就得立"学"立"派"，全力以赴地进行宏观的理论概括。

第五，建议建立重点中小学互派访问教师、普通中小学向重点中小学派遣访问教师的制度。这样既能把对方的好经验学回来，也会把自己的好经验带过去，通过智力的、教育思想的、教学方法的"杂交"，形成优势，对中小学教师学者化将发生积极而重大的作用。

第六，应允许中小学教师队伍中已经学者化的优秀教师实行跨地区的"优化组合"，即允许他们组织一批教育思想、教育观念一致或相近，学识水平相当的教师自己办学。

第七，积极推行教师任课制的改革。让学生自己选择任课教师，能充分调动学生的学习积极性，形成一个自激机制，加快教师学者化的进程。

第八，建议尽快制定有关政策法规，保证在职教师培训的顺利实施。完善的教师培训制度应当包括对教师的考核、晋升和奖惩，而不仅仅是培训，这样的培训制度将大大提高中小学教师队伍的素质，促进普通教育改革的深化和发展。

第九，建议鼓励留学生回国后去中小学工作 2—3 年。

第十，要形成一个使中小学教师学者化的良好的社会导向和社会机制。[①]

上述关于提高教师素质的设想，有些尽管尚不一定成熟，但由于它的立足点是全面提高学生素质，是从升学教育模式向素质教育模式转轨和跨越过程中的思索，所以具有十分重要的现实意义。

如果说 20 世纪 80 年代只是提出了"培养素质"的要求和"素质教育"的概念，90 年代以后则就"素质"与"素质教育"问题进一步展开了深入的讨论和实践，如素质的含义、素质的结构、素质的特点，素质教育的含义、素质教育的内容以及素质教育的特点及其与全面发展教育的关系、与应试教育的关系等。燕国材认为，素质教育是以往教育特别是我国当代教育逻辑发展的必然结果。半个世纪以来，我国当代教育虽经多次波折，但有一条十分明显的发展逻辑，这就是：从偏重"双基"（1949—1978 年），即掌握基础知识与形成基本技能，发展到强调智力（1979—1982 年），即发展智力与培养能力；再发展到重视非智力因素（1983—1989 年），即把非智力因素与智力结合起来；最后发展到培养素质（1990 年以来），即加强素质教育，全面提高学生的素质水平。素质教育整合了前三个阶段的教育思想和教育任务。[②]1997 年之后，我国开始了对东南亚经济危机的反思和对知识

---

① 程少堂：《提高教师素质是深化普教改革的关键》，《教育论丛》1990 年第 1 期。

② 燕国材、刘振中：《素质教育论》，江苏教育出版社，1997，第 29 页。

经济的讨论。"创新"是一个民族进步的灵魂成为国人的共识，创新教育也随之提出，并被认为是素质教育的核心。今天，虽然有人对素质教育这个概念提出过一些质疑，但素质教育的观念已经深入人心，它正在我国教育领域中引发一场深刻的变革。

三、教育心理研究的理论与实践

如前所述，教育心理研究是教育科学领域的一支生力军。它涉及教育心理的基本理论、品德心理、教学心理、教师心理等诸多问题。由于它挂上了"心理"两字，教育理论界往往容易忽视它的存在。近年来教育心理界愈来愈多地涉足传统的教育理论规定的地域，并卓有成效地提出了影响整个教育理论与实践的观点或思潮，前两节所述的非智力因素与素质教育的理论，都在教育界产生了巨大的反响，使人们不得不对教育心理的研究刮目相看，或许，这正是教育科学心理化的趋势。

（一）教育心理学的基本理论研究

在教育心理学的基本理论中，最重要也是争论最多的莫过于学生身心发展的因素与动力问题。

关于影响学生身心发展的基本因素问题，中国教育界和心理界在批判遗传决定论、环境决定论、教育万能论和意志自由论的基础上，形成了"遗传是人身心发展的生物前提""环境和教育对人的发展起决定作用"的共识。几乎在任何一本教育学、心理学、教育心理学的教科书中，都可以找到上述文字。但几乎都没有详细论述它们具体所起的特殊作用，尤其是对它们之间的内在关系进行分析仍显不够。

为此，丁瑜试图解开它们的内在关系之谜。他认为，在遗传、环境和教育三因素对人发生影响作用的时候，在顺序上呈现着一种阶梯关系。这种阶梯关系表现为：（1）速度递进，即当遗传素质的自然展露转为环境的影响作用时，当环境影响又转为有目的有组织的教育影响作用时，人的身心发展（特别是心理发展诸方向）的速度和节律表现为骤然加快。（2）逐级质变，即当下一级阶梯转入上一级阶梯的作用时，就使人的身心发展获得一种全新的质。遗传素质对身心发展起的促进作用以及所发生的结果，只带有生物性意义；环境因素使之带有社会性；教育的作用，则使之带有时代性。而且，"鉴于遗传素质在人类个体身上表现出来的一般整齐性，以及社会主义环境因素呈现着空前同一性，可以认为，教育的现实作用更为重要，并更带有决定性意义"。

全德在《影响人身心发展的一些因素》一文中认为，我国学者关于遗传前提和环境、教育决定作用的观点，"实质上是举着批判环境决定论的大旗宣扬环境决定论"①。作者认为，由于人的发展是多方面的，而且这个发展过程是一个复杂多变的过程，在这个发展过程中必然有许多因素在起作用，不仅遗传、环境和教育是影响人身心发展的因素，而且变异、心理因素、自然因素和实践活动也是影响人身心发展的因素，"而且所有的因素都不能单独地决定人的发展，它们只是影响人身心发展的必要条件，它们都是交互在一起共同起作用的，只不过在不同的个体以及在不同的发展阶段各自所起的作用有大小之分而已"。

关于学生身心发展的动力问题，主要有三种基本观点：

一是华东师范大学胡寄南教授的观点。他认为人的社会性与生物性的对立统一是心理的内部矛盾，它引起了心理的发展……生物性与社会性的不断矛盾运动，成为学生心理发展的动力。②

二是北京师范大学朱智贤教授的观点。他认为新的需要与儿童已有心理水平的内部矛盾，推动了儿童心理的发展。人有多种形式的需要，在活动过程中，一种需要满足了，又会产生新的需要，所以需要经常代表新的一面，比较活跃的一面。已有的心理水平是过去反映活动的结果，人们已形成的认识水平、情感状态和心理特征，就是人的已有心理水平，它代表旧的一面，比较稳定的一面。这两者的互相依存和矛盾统一的运动，推动着人的心理发展。③

三是中国科学院心理研究所潘菽教授的观点，他认为人的意向活动和认识活动的对立统一，构成儿童心理的内部矛盾，推动着儿童心理的发展。他指出："认识活动是人们对客观世界的反映活动，人们对客观事物的感觉、知觉、想象、唤起联想、思考等都是认识活动。意向活动是人们对客观世

① 《教育理论与实践》1986 年第 1 期。

② 胡寄南：《论人的社会性和生物性矛盾的对立统一是人的心理变化发展的动力》。胡寄南：《胡寄南心理学论文选》，学林出版社，1985。

③ 朱智贤：《儿童心理学》（上册），人民教育出版社，1979，第 72–75 页。

界做出的对待活动。人们对客观事物的注意、欲念、意图、情绪、谋虑、意志等都是对待或处理客观事物的意向活动。"[1]

除上述观点外,刘范还概括了若干内部矛盾,如社会环境向儿童提出并为他所接受的要求和为了完成它们所必须掌握的技能与熟练程度之间的矛盾,新的任务和早已形成的思维及行为习惯方式之间的矛盾,儿童行为水平与意识水平之间的矛盾等,也是推动儿童心理发展的动因。[2]全德的文章认为,以上各种观点都是"单一动力论",其实,人的身心的内部矛盾至少可以分为三类,即主体与主体之间的矛盾、主体与客体之间的矛盾和客主体与主体之间的矛盾。主体与主体之间的矛盾,是由于主体在实践活动中产生某种需要,而这种需要与他已有的心理水平之间产生了不平衡状态;主体与客体之间的矛盾,是主体为了完成客体提出的任务或满足客体提出的要求,在实践活动中表现出一种力求完成任务或满足要求的心理状态,这种心理状态与原来的心理状态之间就产生了不平衡状态;客主体与主体之间的矛盾,是客体向主体提出的要求,引起主体的需要,这些需要与主体原有心理水平之间产生了不平衡状态。人的身心正是沿着"不平衡→平衡→不平衡"的方向继续向前发展的。

此外,近些年,北京师范大学的王亚鹏、董奇教授对大脑的研究也取得了很大进展。他们研究认为,可塑性是大脑的主要属性之一,在动物和人类毕生发展的进程中,中枢神经系统都有一定的可塑性。有关大脑可塑性的研究对于揭示大脑活动的规律、进行临床矫治和干预以及教育教学实践都具有十分重要的意义。当前的认知神经科学研究从分子、细胞、皮层地图以及神经网络等层面研究了大脑可塑性的表现模式、内在机制及其影响因素,但是仍有许多值得探讨的问题。在大脑发生可塑性变化的过程中,大脑的结构和功能到底发生了哪些变化?这些变化是如何产生的?大脑在加工不同任务时可塑性的表现模式、内在机制及其影响因素是特异性的,还是受到共同的机制的调节?成熟和经验各自在大脑可塑性的过程中扮演着什么样的角色,二者如何通过交互作用影响大脑可塑性的表现形式、内在机制及其影响因素?目前都不是十分清楚。此外,从理论上讲,有关大

---

[1] 潘菽:《心理学简札》(上册),人民教育出版社,1984,第7-8页。

[2] 刘范:《认识发展问题》,全国高校儿童心理学教学研究会编《当前儿童心理学的进展》,北京师范大学出版社,1984。

脑可塑性的研究对于教育教学实践具有重要的启示，但是当前有关大脑可塑性的研究并没有很好地与教育教学实践结合起来。如何结合课堂教育教学实践开展大脑可塑性的研究，以便指导教育教学实践的科学化和实效化，大幅度提高教育教学质量，是摆在认知神经科学工作者、教育实践者面前的一项急切的任务。[①]

（二）品德心理的研究

1949 年以后，中国教育、心理学界学习苏联经验，而相对忽视了对西方有关品德研究成果的重视，但由于苏联心理学中有关品德的研究尚处于摸索阶段，描述性的观察报告与空泛的议论较多，可资借鉴的东西较少，造成了品德心理学的一度落后。[②] 即使如此，还是有一些教育心理学者对品德心理问题进行了探索。在 20 世纪 50 年代，由北京师范大学起始而后在全国师范院校推广的"个性鉴定"工作，就是其中之一。它要求每个师范生在实习期间对一个中、小学生的性格、能力和问题行为及其形成原因做出分析与确认，并提出教育建议。由此收集到的大量个案材料对于后来的品德心理研究或实验，颇有参考价值。20 世纪 60 年代发表了一批质量较高的论文，如贺宗鼎、查子秀等的《低年级学生自觉纪律性形成过程的初步探讨》（1962），章志光、朱文彬的《小学生课业责任心形成的实验研究》（1964），谢千秋的《青少年道德评价能力的一些研究》（1964），聂世茂的《榜样对比对少年学生自我评价的作用》（1966），源良佐、李端吾的《革命英雄故事对小学生道德意识形成的作用的初步研究》等。这种着力于实验研究的势头，由于十年动乱造成了中断。

1978 年以后，品德心理的研究出现了生机，其中以南李北章的研究较有代表性。南方以上海师范大学李伯黍为代表，成立了儿童道德发展研究组，开展了四个方面的研究。一是大范围地检验皮亚杰模式，同时对其进行一定的修正和发展。他们先后对行为责任的道德判断[③]、公正观念的发

---

① 王亚鹏、董奇:《脑的可塑性研究:现状与进展》,《北京师范大学学报（社会科学版）》2007 年第 3 期。

② 章志光:《大陆品德形成的实验研究及其问题探析》。高尚仁、杨中芳编著:《中国人·中国心》,远流出版公司,1991,第 172-173 页。

③ 李伯黍、叶慧珍、徐增钰:《儿童对行为原因和后果的道德判断的初步研究》,《上海心理科学通讯》1980 年第 5 期。儿童道德发展研究协作组:《国内 18 个地区 5—11 岁儿童道德判断发展调查》,《心理科学通讯》1982 年第 1 期。

展[1]、惩罚观念的发展[2]等进行了验证性实验，从总体上支持了皮亚杰关于儿童道德认知分阶段逐步演进的理论，也发现在上述品德发展方面，中国儿童从不成熟的判断转入成熟判断的年龄，普遍地早于皮亚杰资料中的转变年龄，提前的程度不等，约为 1—3 年。[3]

二是结合中国社会的实际情况，探索中国儿童的一些特殊的道德观念的发展。关于公私观念，陈会昌、李伯黍的研究表明，中国 5 岁儿童已经具有一定的公私关系的分辨能力，但大多是围绕着自身的快乐与痛苦做出判断的；7—9 岁儿童则从笼统地区分公与私的水平过渡到具备集体意识水平；11 岁儿童已能达到从抽象的集体主义原则去评价的水平。[4]关于集体观念，他们的研究表明，我国小学一年级儿童已开始出现集体意识，认为为集体的动机好于为个人的动机的判断随年龄的增长而递增。[5]还有人对 7—16 岁儿童责任观念、儿童友谊观念、爱祖国观念、爱劳动观念等进行了考察，发现了一些中国学生道德认知的规律与特点。[6]

三是进行了国内各民族儿童道德发展的跨文化研究。顾海根等对各民族儿童的公正观、惩罚观和公有观进行了跨文化研究，发现了一些富有意义的成果。除道德观念的总趋势与汉族相同外，在公正观方面，对无意的人身伤害，各族儿童的反应基本一致，对有意的人格侮辱，各族儿童的反应有显著差异，如蒙古族儿童较多以服从作为公正判断的原则，彝族儿童多数主张平等对待，土家族和苗族儿童则服从和平等各半，维吾尔族儿童则多数以公道作为公正原则；在惩罚观方面，六个少数民族儿童主张强制性和回敬性惩罚的人数比例显著高于汉族儿童，而主张批评性惩罚的人数比例显著低于汉族儿童。与汉族儿童相比，维吾尔族和壮族儿童公有观发展较早，而藏族儿童公有观发展较晚，蒙古族儿童根据行为意向性判断行为好坏的能力发展较慢，土家族和苗族儿童在意向性不变的情况下认为损坏

① 儿童道德发展研究协作组：《少年儿童公正观念发展研究》，《心理科学通讯》1983 年第 1 期。

② 李伯黍、卢家楣、程学超、张承芳：《儿童心目中的惩罚研究》，《心理科学通讯》1984 年第 5 期。

③ 李伯黍主编《品德心理研究》，华东化工学院出版社，1992，第 195 页。

④ 陈会昌、李伯黍：《关于儿童对公私财物损坏的道德判断的研究》，《心理学报》1982 年第 3 期。

⑤ 李伯黍等：《小学儿童集体观念发展研究》，《心理科学通讯》1985 年第 1 期。

⑥ 陈会昌：《儿童责任心发展研究》《发展与教育心理论文选》，北京师范大学出版社，1985。李伯黍：《儿童友谊观发展调查》，《心理科学通讯》1986 年第 6 期。陈会昌：《儿童爱劳动观念的发展研究》，《黑龙江教科通讯》1986 年第 6 期。

私物的行为更坏的人数比例，在 9 岁组和 11 岁组都较高，苗族儿童随着年龄增长，这一比例有逐步提高的倾向。[①]

四是对儿童道德发展的干预研究。他们于 1982 年考察了我国学校道德教育中常用的两种方法，即表扬奖励和表扬说理的方法，在促进儿童道德判断定向上的作用，以及这两种方法同控制组相比较，究竟何者更为有效。结果表明，短期训练确实有效地改变了儿童原来的判断走向，5 岁组和 6 岁组儿童大多能从行为的意向性上做出判断，7 岁组的儿童则全部获得了成熟的反应。而且，"表扬—说明"要比"表扬—奖励"的方法在对儿童做出意向判断上有更大的促进作用；同时，在促进判断原则迁移上，说理法也优于奖励法。[②]

北方则以北京师范大学的章志光教授为代表，运用"教育—社会"心理实验法对学生道德行为表现的心理结构及其与社会条件、教育方式的关系进行动态研究，与此同时也通过教育经验总结法了解学生的问题行为及其矫正方法。其代表性的研究成果如下。

一是章志光等人进行的个人在班集体中的地位及其对品德影响的心理分析。他们采用莫雷诺的社会测量法，测查了小学四年级两个班、初一年级三个班、高一年级两个班共 286 名学生的伙伴选择，通过绘制靶形图与矩阵图以了解班级内的人际关系，分析伙伴选择的理由以判明其相互吸引或排斥的心理原因；然后选择部分典型学生做个案调查，以了解其在班级内的地位对其心理与品德的影响；最后在两个平行班内对实验班内的 8 名学生进行角色地位的调整，以引起班级结构的变动，两个月后再对实验班进行一次社会测量，以便动态地考察班级结构的变动对学生心理变化所起的作用。

研究结果表明：（1）在一个 40 人左右的班级里，非正式的小团体一般有 7—12 个，其规模是 2—6 人，其性质大多是积极性的。（2）小团体形成的原因，在小学主要是空间条件（居住及座次接近或来自同一班级），在初中还涉及个性条件及学习上的互助，在高中则更多涉及品德与性格等。（3）各班都有人缘型、嫌弃型和中间型。人缘型学生一般有能力，责任心

---

① 顾海根、岑国桢、李伯黍：《汉族与少数民族儿童道德发展比较研究》，《心理科学通讯》1987 年第 5 期。

② 岑国桢、李伯黍：《训练对儿童道德判断的影响的实验研究》，《心理学报》1982 年第 4 期。

强，学习好，乐于助人，品德好等；嫌弃型主要是品德、纪律不良，给集体或别人带来麻烦，学习漫不经心，成绩差，不善交往等。（4）6 名中间型学生和 1 名嫌弃型学生，在实验期间被集体任命为各级干部以提高角色地位，另 1 名不受欢迎的班长被改任科代表以下降其角色地位。经过两个月的实施，其心理品质及人际关系均有改进，复测时被同学做肯定选择的数量，4 名略有增加，3 名有较大增加，其中一名达到靶形图的核心，成为人缘型学生。①

二是张吉连进行的榜样教育有效途径的比较研究。他选择了初中一年级三个班 88 个 13 岁的学生为被试者，先以"道德故事情境量表"测查了被试者的道德判断与自我评价水平。再以"正直测验"（按标准卷给自己的数学试卷判分）查明被试者的诚实行为情况，作为初测。然后给全体被试者放映主题为有过错者悔改自新的电视片，作为形象化道德教育的榜样内容。接着将被试者分为三大组，采取不同方式进行后续教育，有榜样—认识组（对电视内容进行讨论、作文、教师小结）、榜样—卷入组（除上述方式外加上与榜样人物对比）和榜样—练习组（除采取与卷入组同样的方式外，还要求每周做两件学习榜样的好事）。结果表明，经过一段时间后，三组被试者的道德判断与自我评价在教育后都有提高，前后差异显著，而以榜样—练习组进步最大。②

三是石秀印进行的关于情绪在儿童品德教育中的作用的研究。他在小学四、五年级，以票数有限只能请部分学生看电影为由，选择那些不顾别人、争先报告的 160 名学生为被试者，每批 40 名，各分成表扬—情绪组（看情绪性电影前给予表扬）、指责—情绪组（看情绪性电影前给予批评）、情绪组（光看情绪性电影而不加褒贬）和控制组。结果发现，有 31% 的被试者，由先前争看电影而转变为让别的同学去看新电影，其人数以表扬—情绪组最多（占该组人数的 59%），情绪组其次（35%），指责—情绪组与控制组最少（分别为 15.4% 和 13.2%）。这说明，道德教育要尽可能带有情绪感染色彩，使学生保持良好的心境，不失时机地激起学生对正面人物的善行在认知的基础上做出积极的情绪评定和对不良行为做出消极的情绪评

---

① 章志光：《大陆品德形成的实验研究及其问题探析》，载高尚仁、杨中芳主编《中国人·中国心——发展与教学篇》，远流出版公司，1991，第 175–177 页。

② 张吉连：《榜样教育有效途径的比较研究》，《心理学报》1984 年第 1 期。

定等。

其他如李辽关于青少年移情及其与亲社会行为的关系的研究（李辽，1988）、王新玲关于北京市一所中学学生价值系统与道德判断的调查研究（1987）、寇彧关于中学生的职业价值观及其价值系统的研究（1988）、张吉连关于小学生"控制点"与责任行为关系的实验研究（1988）、金盛华关于差生教育的角色改变方法研究（1989），以及国内其他学者关于云南西双版纳傣族自治州拉祜族和哈尼族的青少年品德形成的调查研究（张世富，1984）、关于道德判断中儿童意向性认知特点的研究（程元善、张厚粲，1987）等，都是品德心理的重要研究成果。

（三）教学心理的研究

教学心理的研究虽不像品德心理那样分成南北两大流派，却也是百花齐放，成就斐然。尤其是在汉字学习心理的实验研究、中学数学自学辅导的实验研究、超常儿童心理发展与教育的研究等方面，做了大量的工作。

1. 汉字学习心理的实验研究

1949 年后，较早对汉字学习心理进行实验研究的是中国科学院心理研究所的沈晔，他明确提出字形的掌握是初入学儿童学习汉字的难点的看法，为尔后的研究开了一个风气。[①]

万云英等在 1962 年也采用自然实验法和系统观察，发现初入学儿童熟记字形需经历一个曲折复杂的发展过程。并指出，除对少数笔画少、结构简单的基本字掌握较快外，一般都是从粗略轮廓的辨认到逐步分化，最后形成正确的视、听、动觉表象，全部掌握字的形、音、义三者统一联系的复合体。[②]朱作仁通过对小学生识字教学程序的研究，发现了儿童理解字义的过程中存在三种不同的意义联系系统：一是在一定的语言系统中构成主要的、基本的意义联系系统；二是潜在的、通过教师启发诱导才显露出来的意义联系系统；三是儿童意识中尚未分化的意义联系系统。[③]沈德立的研究则表明，在没有插入材料（未学过的课文）学习的情况下，形音联系要比形义联系保存得好；而在有插入材料学习时，情况正相反，形义联系比形音联

---

① 沈晔：《小学一年级学生在语文课中识字问题的初步探讨》，《心理学报》1959 年第 6 期。

② 时容华、万云英：《三种识字的方法对比的实验研究》，《人民教育》1962 年第 4 期。

③ 朱作仁：《小学低年级识字教学程序之心理研究》，《心理学报》1964 年第 4 期。

系保存得好。[①]

关于儿童识字时采用的识记方法，万云英和朱作仁的研究均发现，儿童一般是根据形声字偏旁标义，基本字标声的特点帮助识记，或通过赋予字形本身以某种意义来帮助识记，或借助儿童自己独特的联想作为记忆的支柱，或通过机械识记等来识记汉字。

在识字教学方法的比较研究和有效教学策略的研究方面，中国教育心理学工作者也进行了艰苦的探索。其中影响较大的是集中识字与分散识字的学术争鸣。在我国，传统的识字教学大多从发音、辨形、书写（笔顺、分析结构）到讲解字义几个程序进行，很少根据儿童心理特征和汉字特点而采用不同的教学方法。由于它是一个字一个字孤立地进行教学，一般又称为"分散识字法"。1958 年，辽宁省黑山县的教导员贾桂枝在北关小学尝试按汉字特征归类组织教材，采用先识字，后读书，"集中教学，分散练习"的识字教学方法进行实验，经过证明比过去用分散识字教学效率提高一倍。[②]20 世纪 70 年代后，北京、南京、上海、黑山等地继续进行了两种识字教学的实验，1978 年 8 月 5 日《光明日报》以整版篇幅刊登了黑山县李锋老师的集中识字经验和南京师院附小斯霞老师的分散识字教学经验，肯定了两种争论已久的方法。

不久，万云英系统总结了两种识字教学方法的优缺点，并认为如果双方能互相学习，取长补短，求同存异，各展千秋，可殊途同归，提高识字效率。她指出，集中识字教学的优点在于，一定量的汉字，便于归类对比和突出汉字结构规则，例如形近字、同音字归类和基本字带字，由于突出异同，便于儿童分析、比较、分化、辨认和理解，掌握了规律，更能举一反三，触类旁通，化难为易，减少难点，同时能有利于儿童有计划地编码、组合、储存和检索。缺点是过分集中，容易使相似字产生泛化、混淆现象，一次集中数字过多，使学生负担过重，易产生超限抑制，同音字归类尤甚。分散识字教学的优点是"字不离词，词不离句，句不离篇"，寓识字于阅读，学用结合，符合儿童的认知特点。同时，识字课与阅读课紧密衔接，容易激发学习兴趣，加深理解和巩固。其缺点是不易归类对比，不利于运用汉

---

① 沈德立：《关于汉字形音和形义联系的巩固性问题的实验研究》，《天津师院学报》1980 年第 3 期。

② 李婴：《集中识字见闻》，《人民教育》1962 年第 4 期。

字规则，不便加强对比教学，从而使识字信息量加大，难点增加。[①]

在识字教学方面，20世纪80年代"注音识字，提前读写"的新的方法出现了，也产生了较大影响。1982—1984年，黑龙江省三个市县的三所小学，在6个一年级教学班进行了"注音识字，提前读写"的实验，教学方法是先用4—6周的时间学好汉语拼音（要求直呼拼音），然后在这些基础上以较快速度学习注有汉语拼音的课文，在阅读课文中学识生字，一个学期教读近百篇短文，识五六百个新字词。一年级下学期在继续大量阅读课文并随课文识字的基础上，开始练习写小短文，鉴于儿童掌握的字词不多，允许儿童写作文时用拼音代替。二年级时阅读的课文难度增加、数量增多，每周进行看图或命题作文练习，取得了显著成效。万云英从理论上总结了"注音识字，提前读写"的优点，认为它：（1）适合儿童认识心理发展的特点和要求，能调动儿童学习的积极性；（2）符合儿童学习汉字的心理规律，使汉字的形、音、义三者相辅相成，相互促进；（3）符合系统论的原则，把识字、阅读、写作三方面的教学有机地统一在一个整体之中，使整个教学体现了整体化、条理化、层次化。她也指出了"注音识字，提前读写"的局限性，如拼音教学阶段学生负担过重；由于教学要求高，学生接受能力有差异，因而易出现两极分化，优等生和差等生差距较大；大量阅读，频繁作文，加重了教师的负担等，所以这也需要进一步实验、提高和完善。[②]

2. 超常儿童心理发展与教育研究

以中国科学院心理研究所查子秀为代表的中国超常儿童研究协作组，从1978年开始进行了全国性的协作研究，追踪调查了几百名超常儿童和少年，并与几千名常态儿童和少年，在类比推理、创造性思维、观察力、记忆以及某些个性特征（如好奇心、坚持性等）方面进行了动态的比较研究，概括出超常儿童与常态儿童在上述各方面发展的异同，如好学爱问、好奇心强、有浓厚的认识兴趣、求知欲旺盛、个性强、自信，干一件事能排除

---

① 万云英：《关键在于抓住规律——试论两种识字教学方法的精华及其心理学依据》，《教育研究丛刊》1980年创刊号。

② 万云英：《儿童学习汉字的心理特点与教学》，载高尚仁、杨中芳主编《中国人·中国心——发展与教学篇》，远流出版公司，1991，第438–440页。

各种干扰坚持完成等品质。[1]

协作组还编制了"鉴别超常儿童认知能力测验",为鉴别超常儿童提供了中国自己的参照指标和手段。这套测验具有以下特点:一是单项测验,便于对超常儿童不同认知方面发展情况进行了解;二是重点突出思维,使鉴别超常儿童抓住了主要方面;三是结合反应的结果和反应的过程、形式和特点进行考察,兼顾了质和量的统一,可以更全面深入地揭示发展的实质。他们还编制了鉴别超常儿童个性特征的问卷,为考察超常儿童个性品质提供了工具。这些测验除作为鉴别选拔超常儿童的指标外,许多单位也应用它们作为教育咨询的工具。

超常儿童心理发展与教育研究协作组,在全国范围内成立了十多个中小学及幼儿超常儿童实验班、十多个大学少年班,对超常儿童和少年进行适时的因材施教,并为教育干预和深入研究超常儿童心理发展创造了条件。他们还编写了《智蕾初绽——超常儿童追踪研究》[2]等超常儿童研究专集,具有较大的社会影响。

3. 儿童、青少年个性心理与教育的研究

关于学生个性心理与教育的系统研究,韩进之领导的协作组做了大量工作。他们从 1983 年到 1985 年进行的中小学生自我意识的研究取得了令人满意的成果。他们首先进行学前儿童的自我意识研究,发现中国儿童的自我评价、自我体验和自我控制等因素随年龄增长而发展。自我评价开始发生的年龄期为 3—4 岁之间,自我体验开始发生的年龄期为 4 周岁左右,自我控制开始发生的年龄期为 4—5 岁之间。在性别差异方面,自我评价无男女差异,而自我体验和控制的发展水平,5—6 岁的女孩强于男孩。在中小学生自我意识的发展方面,小学一至三年级发展速度较快,三年级以后逐渐减慢,在整个发展过程中,有三个上升期(小一至小三、小五至小六、初三至高一)和三个平稳期(小三至小五、小六至初三、高一至高三)。中小学生的自我评价随年级升高而增高,但到了初三以后,发展缓慢。研究还发现,自我评价的具体性与抽象性,因外部评价转向内心世界评价,所以二者都随年级的升高而发展,但它们表现出不同步性。即初中一年级以

---

① 超常儿童研究协作组:《关于超常儿童初步调查和追踪研究的几个问题》《中国心理学会第二届年会发展心理、教育心理论文选》,人民教育出版社,1980,第 339 页。

② 中国超常儿童追踪研究协作组:《智蕾初绽——超常儿童追踪研究》,青海人民出版社,1983。

后抽象性评价继续原速发展，而内部评价能力发展的速度变得缓慢。[①]

关于中国学生的需要研究，杨丽珠曾调查了 1080 名中小学生的需要，获得了以下结果。第一，中国中小学生需要结构的发展是多维度、多层次的统一整体，可分为 7 项 28 种，即生理与物质生活需要、安全与保障需要、交往与友谊需要、尊重与自尊需要、课外活动与精神生活需要、学习与成才需要、奉献与创造需要等。第二，中小学生的需要在不断发展，这与他们身心的发展以及环境、学校和社会向他们提出的要求有密切关系。第三，中小学生具有优势需要。如小学二年级学生强度最大的前五种需要为：（1）维持生存最基本的水、空气、阳光等的需要；（2）对身体健康、体魄强壮的需要；（3）对好老师、好课本、学好功课的需要；（4）对父母和老师的爱的需要；（5）为寻求更新铅笔盒、新书包而学习的需要。初中二年级学生的需要则为：（1）交诚实正直的朋友的需要；（2）对丰富知识、多方面能力、优秀品质的需要；（3）进入理想学校的需要；（4）对维持生存最基本的水、空气、阳光等的需要；（5）对父母和老师的爱的需要。重点校高二年级学生的需要为：（1）求丰富知识、多方面能力、优秀品质的需要；（2）交诚实正直的朋友的需要；（3）升入理想学校或有个好工作的需要；（4）尊重与自信心的需要；（5）信任与理解的需要。作者还指出，教育工作者和家长要根据儿童需要发展的特点，创造良好的客观环境，给予恰当的教育，循循善诱、培养和满足他们合理的需要，克服不合理的需求，使儿童身心得到健康发展，形成健康的个性。[②]

关于学习动机的研究，规模最大的一项工程是 1981 年由朱智贤教授指导组织的国内十省市在校青少年理想、动机和兴趣的调查研究。该项研究调查了 10059 名中学生，发现他们的学习动机有四种基本类型：一是学习动机不太明确，例如学习只是为了应付家长、老师的要求，或者为了混日子，混毕业可以找到工作，占 14.70%；二是学习是为了履行社会义务，例如为了班集体、团组织，或不给集体丢脸，或为了入团，或不受指责等，占 17.6%；三是为了个人前途，占 23.4%；四是为了国家和集体的利益，占 44.3%。研究还发现，中学生的学习动机与理想有密切关系，它们之间的相

---

① 韩进之:《大陆儿童与青少年自我意识发展研究》，载高尚仁、杨中芳主编《中国人·中国心——发展教学篇》，第 18–81 页。

② 杨丽珠:《中小学生需要倾向性发展研究》，辽宁师范大学教育系内部资料，1988。

关系数为 0.814。[①]

（四）教师心理的研究

关于教师心理的研究，较早进行的一项实证调查是刘兆吉等《对 120 名优秀教师和模范班主任心理特点的初步分析》。他们对河北、江苏、上海、四川、西藏、内蒙古等省市自治区的 120 名优秀教师和模范班主任的优秀事迹材料进行了分析，从中归纳出他们的一些典型的、有代表性的心理品质各 14 条（参见表 11-1，表 11-2），其中有 11 条是大致相同的。[②]

表 11-1　中小学、幼儿园七十四名优秀教师心理特点统计表

号数	优秀教师的心理特点	人数	百分比
1	忠诚党的教育事业	74	100%
2	对学生有深厚的情感	74	100%
3	有克服困难的坚强意志	69	93.25%
4	善于了解学生个性的观察力	60	81.08%
5	进行思想政治教育的能力	51	68.92%
6	组织能力	55	74.32%
7	师生关系好，有威信	65	87.83%
8	有坚强的责任感	70	94.59%
9	教育后进生与改造乱班的能力	50	67.56%
10	全面掌握教材和运用教材的能力	74	100%
11	因材施教的能力	60	81.08%
12	引起学生学习兴趣和积极性的能力	70	94.59%
13	启发学生思维和解决问题的能力	50	67.59%
14	思维的创造性和独立性	60	81.08%

[①] 青少年理想、动机、兴趣研究协作组：《国内十省市在校青少年理想、动机和兴趣的研究》，《心理学报》1982 年第 2 期。

[②] 《心理学报》1980 年第 3 期。

表 11-2　中小学四十六名模范班主任心理特点统计表

号数	优秀教师的心理特点	人数	百分比
1	忠诚党的教育事业	46	100%
2	对学生有深厚的情感	46	100%
3	有克服困难的坚强意志	46	100%
4	善于了解学生个性的观察力	36	78.26%
5	进行思想政治教育的能力	46	100%
6	组织能力	46	100%
7	师生关系好，有威信	46	100%
8	有坚强的责任感	46	100%
9	教育后进生与改造乱班的能力	46	100%
10	熟悉所担任学科教材和运用教材的能力	46	100%
11	因材施教的能力	44	95.65%
12	热爱班主任工作	46	100%
13	大公无私的性格	43	93.47%
14	善于做好家长工作的能力	41	89.13%

　　此外，余强基通过对中小学生对教师的态度的调查分析，对学生心目中的教师进行了深入细致的研究。结果表明，小学生最喜欢的教师，在活动技能方面，多数选择讲课有趣的和喜欢体育活动的；在性格、作风方面，多数选择严格的、耐心的和公正的；在品质能力方面，多数选择知识丰富的和能为同学着想的。中学生最喜欢的教师，在活动技能方面，多数选择讲课有趣的和喜欢体育活动的；在性格特点方面，多数选择和蔼的和严格的；在思想作风方面，多数选择公正的和认真的；在工作态度方面，多数选择对学生学习负责和能为学生着想的；在学识能力方面，多数选择教学方法好和讲课明白的。中小学生对最喜欢的教师，选择讲课有趣的人数随着年级的增高越来越多，到高中达 70%。

　　根据他对 763 名中学生的调查，发现中学生最不喜欢的教师有 30 种情形（按人数多少为序）：（1）教学不负责任，东拉西扯无计划，只顾自己讲，不管学生懂不懂；（2）讲课死板，照本宣科，枯燥无味，不明白；（3）粗暴不讲理，讲话刻薄，讥讽挖苦人；（4）偏听偏信，处事不公正，小题大做；（5）主观，不调查研究就下结论批评人；（6）讲完课就走，不与同学接近，不关心同情人；（7）不能以身作则，言行不一；（8）不认真批改作业；（9）对学生要求不严，只管教课，不管课堂纪律；（10）态度严肃、不和蔼，整天脸无笑容；（11）留作业过多、过难；（12）不耐心，不愿意回答学生的问题，不给学生辅导；（13）经常拖堂；（14）只重视学习，不关心学生的其他课外活动；（15）不喜欢体育活动；（16）不精通本职工作，不虚心，自高自大，经常吹牛；（17）只喜欢学习好的学生，对学习差的学生另眼看待；（18）不懂装懂，知识贫乏，一些课外常识答不上来；（19）打骂同学，不爱学生；（20）不民主；（21）用固定眼光看人，把同学看死；（22）不耐心帮助犯错误或后进同学；（23）不了解同学心里想什么；（24）说话不算数，不守信用；（25）动不动就请家长；（26）对学校集体活动不积极；（27）不讲卫生；（28）对同学不真诚，说假话；（29）不爱劳动；（30）爱打扮，生活不朴素；等等。①

（五）心理教育的研究

心理教育是 20 世纪 80 年代以来我国学校教育工作中涌现出来的新生事物。

早在 1978 年，世界卫生组织在前苏联的阿拉木图召开国际会议，重点讨论了与"健康观念"有关的问题，发表了著名的《阿拉木图宣言》，提出"2000 年人人健康"的口号，号召"人人为健康，健康为人人"。这一思想也贯彻到了学校教育之中。而健康的内涵已有很大变化，它包括生理（身体）健康、心理健康和社会健康三个方面，应当是生理的、心理的和社会适应的完善状态，而不仅仅是没有疾病和缺陷。

自 20 世纪 80 年代以来，随着国际竞争向科技竞争和人才竞争的转向，人们越来越认识到，这场竞争实际上是一场民族素质的竞争。所以，《中国教育改革和发展纲要》指出：要由"应试教育"转向全面提高国民素质的轨道，面向全体学生，全面提高学生的思想品德、文化科学、劳动技能和身

---

① 余强基：《中小学生对教师的态度的调查分析》，载中国心理学会发展心理、教育心理专业委员会编《发展心理 教育心理论文选》，北京师范大学出版社，1985，第 204-218 页。

体心理素质，促进学生生动活泼地发展。这里就明确涉及一个心理教育的问题。随后，国内学者对心理教育的基本内涵、地位、任务、内容和实施原则等问题进行了深入探讨。

什么是心理教育？燕国材认为，所谓心理教育就是培养心理素质与防治心理疾病的有机结合。它包括积极和消极的两个方面。积极的方面是，培养心理素质，促进全面发展。具体包括：（1）发展学生的智力；（2）培养学生的能力；（3）培养非智力因素；（4）让学生掌握心理活动的初步知识；（5）使学生讲究心理卫生，保持心理健康；（6）让学生具备建立并保持良好人际关系的知识和技能；（7）提高学生的心理承受力，以适应急剧变化的社会环境；（8）使学生掌握有效的学习方法，养成良好人际关系的知识和技能。消极的方面是，防治心理疾病，保持心理健康。心理疾病的范围是十分宽广的，从广义上看，应包含这么四个层次：心理失常—心理障碍—心理变态—精神病。中小学生的心理疾病一般都属于前两个层次，心理教育的重要任务就是要防治这两个层次的心理疾病。[①]班华倡导"心育"这一概念，认为心育就是心理教育，是有目的地培养受教育者良好的心理素质，提高心理机能，充分发挥心理潜能，进而促进整体素质的提高和个性发展。把通常所说的兴趣教育、能力教育、情感教育、意志锻炼、性格培养等均归属为心理教育，是心理教育的重要组成部分。[②]

关于心理教育在教育体系中的地位，燕国材针对有人提出的"心理教育是全面发展教育的一个组成因素"的观点，指出心理教育固然重要，但不宜成为全面发展教育的一个组成因素，因为心理教育是上位概念，智育等是下位概念，两个方面不宜平列。并且心理教育主要是通过智育、德育和美育来进行的，心理教育没有智育等那样的独立性，如果硬要闹独立性而与智育等平列，那反而会削弱它的教育价值。他还认为心理教育是广义德育的一个组成部分，心理教育与政治教育、思想教育、道德教育是平起平坐，但又密切联系，相辅相成的。[③]高岚认为我们的学校教育中不是没有"心理教育"，而是没有系统与独立的心理教育，"心育"多被纳入了德育的范畴。但就当代社会的发展、当代教育的发展以及当代人的发展而言，应该有体系分明和独立的心理教育。因为，心理教育的一些内容和目标，

---

①③　燕国材：《关于心理教育的几个问题》，《江西教育科研》1993 年第 2 期。

②　班华：《心育刍议》，《教育研究》1991 年第 5 期。

心理教育的意义和价值，是其他几种教育所不能取代的。所以，心理教育应该在我们的学校教育中占有重要位置。①

关于心理教育的任务，班华认为有三大方面：（1）培养各种优良的心理品质，包括智能品质、情感品质、意志品质以及其他各种优良的个性品质；（2）心理咨询或心理指导，包括升学指导、职业指导、学习方法指导、人际关系咨询等；（3）维护心理健康，这是心育的基础性任务。根据中小学生心理发展的年龄特征和当前的心理健康状况，应加强以下几方面的心理教育和指导：（1）学习心理指导；（2）情感教育；（3）性心理教育；（4）人际关系指导；（5）健全的性格教育；（6）耐挫能力的教育。② 而陈家麟认为心理教育的任务可分为实践任务与理论任务两个方面。就实践任务而言，又可分为消极实践任务和积极实践任务。前者是防治心理疾病，增进心理健康；后者是优化学生的心理素质，促进全面发展。就理论任务而言，心理教育还应促进整个心理科学理论的发展。然后，他具体地列出了心理教育的内容：（1）使学生掌握在不同年龄阶段的心理特点、发展任务和应对策略的知识；（2）培养学生的能力（自学能力、应试能力、心理承受能力、创造能力等），发展学生的智力（进行诸如观察能力、记忆能力、思维能力、想象能力、注意能力等的训练）；（3）依据一定的心理学原理对学生进行科学的学习心理指导（诸如学习方法指导、学习兴趣培养、学习习惯养成、学习疲劳预防等）、人际关系指导、升学指导等；（4）对学生进行心理卫生（包括性心理卫生）教育，使学生掌握有关心理卫生知识，保持和增进心理（包括性心理）健康；（5）对学生进行动机、兴趣、情感、意志、性格等非认知因素教育，在帮助学生矫治情感、性格等方面障碍的同时，优化上述非认知因素。③

关于学校心理教育的原则，陈家麟提出六项，即启发自觉原则、协同工作原则、学生主体原则、平等对待原则、点面结合原则、累积成功原则。④ 关于心理教育的途径，班华概括为三个方面：（1）各种教育、教学活动，包括课外教学活动，这是学校中学生心理品质形成的基本途径；（2）开设专门的心育课程，进行专门的心理训练，如在课内或课外开设心理学常

---

① 高岚：《论学校中的心理教育》，《华南师范大学学报（社会科学版）》1996年第3期。

② 班华：《心育刍议》，《教育研究》1991年第5期。

③④ 陈家麟：《学校心理教育论略》，《徐州师范学院学报（哲学社会科学版）》1996年第1期。

识、心理卫生、青春期心理讲座等;(3)环境陶冶,包括校园的物质环境、精神文化氛围、人际关系等。[1]

心理教育的研究为我国心理教育的实践起到了重要的指导作用。近年来,社会转型过程中各种社会冲突不可避免地影响到学生的心理发展,而学校教育自身存在的一些问题(如应试教育、歧视差生、体罚等)更加重了学生的心理负担。系列调查表明,我国中小学生存在心理障碍的比例较高,虽然有些调查本身存有疑问,但从各地报道的情况来看,学生心理障碍的发生率呈上升趋势是肯定的,因此,心理教育是未来教育研究和实践过程中的一个重要环节和领域。

---

[1] 班华:《心育刍议》,《教育研究》1991 年第 5 期。

第十二章　中国当代教育改革理论的探索

当代中国教育的发展史，在本质上讲就是一部教育改革史。1951年前后改半殖民地半封建的旧教育为新民主主义的教育，1958年纠正教育脱离生产劳动且一定程度忽视政治的弊端，1960年改"少慢差费"为"多快好省"的教育，1964年开始的改革是要反对修正主义教育路线，1977年开始则是要解决教育为社会主义现代化建设服务的问题，20世纪80年代末90年代初推行由应试教育向素质教育转轨的改革与实践，90年代后期的高等教育招生"并轨"和大众化进程。尤其是1977年开始的教育改革，已汇入汹涌澎湃的世界教育改革大潮之中，成为世界性的教育改革运动的重要组成部分。与此相适应，中国当代教育界对于教育改革的理论探索也表现出日趋浓厚的兴趣，不仅对中国教育改革的历程与成败得失进行了深刻反思，而且对教育改革的模式、策略等问题进行了全方位的研究，形成了颇具特点的中国教育改革理论。

一、教育改革指导思想的变化

教育改革总是在一定的指导思想下展开的。从总体上说，1977年以前中国教育改革的指导思想，出于政治因素的比较多，出于经济因素的比较少，而更少的是出于人的因素的考虑。同时，指导思想大多是以会议决议、政府文件的形式公布，政策性特征比较明显。其任务只是解释和宣传，而不是进行探讨。1977年以后的教育改革，在指导思想上有了明显的变化，即出于经济因素和人自身的因素的比重在逐渐上升，教育理论界的参与度不断地加强，教育改革的参照系不断完善。

20世纪50年代初，在接管了旧学校以后，首先进行的是学制改革。1951年8月，中央人民政府政务院颁布了《关于改革学制的决定》。《人民日报》1951年10月3日发表的社论《为什么必须改革学制》阐述了学制改革的指导思想：学制是社会生产发展和科学发展状况的反映。在各个时代，各种社会的教育系统中，都有各自不同的学制。"旧中国的学制，抄袭了资本主义国家的学制，反映了半殖民地半封建社会的地主官僚买办资产阶级的反动思想，与中国人民的实际需要相违背。劳动人民在旧中国的文化教育上是没有权利、没有地位的。"而新学制最鲜明的特点之一，表现在它对小学学制的改革。旧学制的六年小学分为两级，全国小学适龄儿童有90%得不到完全的初等教育。新学制取消了两级，改为五年制，"这就保证了城市和乡村一切劳动人民的子女都能够享受完全初等教育的平等机会"。新学制还确定了各种形式的干部学校、补习学校和训练班的地位，"这就保证了对工人、农民的教育和对旧知识分子及一般工作人员的再教育"。

　　院系调整也是出于同一指导思想。1951年11月，教育部召开了全国工学院院长会议，拟订全国工学院院系调整方案，后来综合性大学也陆续进行了调整。其重要出发点是认为，"旧中国遗留给我们的高校，原来是半殖民地半封建社会的产物。它是适合于帝国主义和反动统治阶级的需要的。在这些学校中，过去所遗留下来的那种对于帝国主义的依附性，一部分教师的那种对于英美资产阶级文化的盲目崇拜，那种脱离实际的、教条主义的恶习，那种资产阶级教育思想的深厚影响，那种因院设系、因人设课的现象"，严重地阻碍着我国高等教育方针的贯彻。[①]

　　与此同时，对知识分子的思想改造开始了。1951年11月30日，中共中央发出了《关于在学校中进行思想改造和组织清理工作的指示》，要求在学校教职员和高中以上学生中普遍开展学习运动，号召他们运用批评和自我批评的方法，进行自我教育和自我改造。当时认为，知识分子的主导思想是资产阶级思想，如个人主义、宗派主义，而这些思想如不克服，任何教育改革都不能成功。所以，教师的思想改造不仅是当时教育改革的重要方面，而且是教育改革的关键。[②]

　　显然，1951年前后教育改革的指导思想的着眼点，首先是它的政治意义，而改革的参照系则是苏联。1952年以后提出全面学习苏联教育，从领导体制、教研活动到少先队，从教学大纲、教科书到教学方法，其范围并不仅限于教育本身。由于过于着重教育改革的政治功能，教育实践就不可

---

① 《人民日报》1952年4月16日社论：《积极实现全国工学院调整方案》。

② 钱俊瑞：《高等教育改革的关键》，《人民教育》1951年第12期。

避免地产生若干失误。正如周恩来于一届人大四次会议上在《政府工作报告》中指出："教育部门在实行教育改革的时候，也发生过若干的偏差，主要是否定了旧教育的某些合理的部分和解放区革命教育的经验没有做出系统的总结，加以继承，并且在学习苏联经验的时候同我国实际情况结合不够。"

1957 年的反右运动使政治形势发生了急剧变化，教育改革被赋予更为强烈的政治使命。1958 年 9 月 19 日颁布的《中共中央国务院关于教育工作的指示》认为，过去九年教育上的主要问题是"在一定的时期内曾经犯过教育脱离生产劳动、脱离实际，并且在一定程度上忽视政治、忽视党的领导的错误"。为了纠正这一错误，提出了教育为无产阶级政治服务，教育同生产劳动相结合的教育方针，这自然也是这一时期教育改革的重要指导思想。

1960 年 4 月 9 日，陆定一在二届人大二次会议上做了《教学必须改革》的发言，提出了"适当缩短年限，适当提高程度，适当控制学时，适当增加劳动"的教育改革指导思想，目的在于"多快好省地发展我国的社会主义教育事业"，以克服教育上的"少慢差费"。所以，当时采取了若干改革措施，如将中小学 11 年的学制缩短至 9 年或 10 年一贯制，编写了一套高容量、高难度的全日制学校新教材等。由于上述四个"适当"很难同时兼顾，学生负担也因此日益沉重，1961 年起就开始逐步进行调整。

作为"大革文化教育命"的"文化大革命"，教育改革已演变为教育革命，其根本任务是"打破资产阶级的一统天下""彻底肃清刘少奇反革命修正主义教育路线的影响"，改变"资产阶级知识分子长期统治我们学校的现象"，使学校成为无产阶级专政的工具。这一时期教育革命的指导思想，是毛泽东的《五·七指示》。即："学生也是这样，以学为主，兼学别样，即不但学文，也要学工、学农、学军，也要批判资产阶级。学制要缩短，教育要革命，资产阶级知识分子统治我们学校的现象，再也不能继续下去了。"所以，有了工农兵进驻学校，解决教育的领导权问题；有了开门办学，以保持与三大革命、工农群众的联系；有了结合大批判教学，以确保把转变学生的思想放在首位；有了从工人农民中培养技术人员，以培养工农阶级自己的知识分子。

粉碎"四人帮"以后，教育思想界进行了拨乱反正的工作。但最初的"乱"是指"文化大革命"之"乱"，而"正"则是指"文化大革命"前的十七年之"正"。所以，教育理论上出现了回到十七年的思潮。与此相对应的是对十七年教育的反思与批评，认为十七年的教育在当时就存在许多问题，而在新形势下则必须进行教育改革。大家首先感到的是教育结构的不合理，继而是教学内容、方法的陈旧落后，后来又出现教育缺少活力，这些是我国教育的突出问题，从而对教育体制、教育模式、教育观念的改革提出了要求。1985 年 5 月 27 日，中共中央颁布了《关于教育体制改革的决定》，提出了"教育体制改革的根本目的是提高民族素质，多出人才，出好人才"的教育改革指导思想。《决定》指出：十一届三中全会以后，我国教育事业得到了恢复，开始走上了蓬勃发展的道路。但是，"轻视教育、轻视知识、轻视人才的错误思想仍然存在，教育方面的'左'的思想影响还没有完全克服，教育工作不适应社会主义现代化建设需要的局面还没有根本扭转。特别是面对着我国对外开放、对内搞活，经济体制改革全面展开的形势，面对着世界范围的新技术革命正在兴起的形势，我国教育事业的落后和教育体制的弊端就更加突出了"。《决定》分析了教育上存在的问题，并提出了从教育体制改革人手，从根本上改变教育现状的设想，主要措施是：把发展基础教育的责任交给地方，有步骤地实行九年制义务教育；调整中等教育结构，大力发展职业技术教育；改革高等学校的招生计划和毕业生分配制度，扩大高等学校办学自主权；加强领导，调动各方面积极因素，保证教育体制改革的顺利进行；等等。

这一时期教育改革有两个直接的动因：一是经济体制改革、商品经济发展的冲击；二是新技术革命的浪潮与现代化形势的紧逼。有人撰文指出，革除僵化的模式，是教育体制和经济体制改革的共同任务。[1] 在经济上是"政企不分"，在教育上则是政府对学校管得太死；在经济上是"条块分割"，在教育上则是学校归属众多部委和地方政府所有；在经济上是"忽视商品生产、价值规律和市场的作用"，在教育上则是忽视人才供求市场的调节作用；等等。有人则更直截了当地认为："教育改革从根本上来说，就是要使教育适应正在形成中的有计划的商品经济所提出的要求。"而且强调，经济体制改革中的许多经验，"也是可以为教育体制改革所借鉴的"[2]。还有人提出，经济发展有指令性计划、指导性计划和计划外生产，"教育也应该做到既有统

---

[1]　李进才、娄延长：《试论教育体制与经济体制改革的关系》，《武汉大学学报（社会科学版）》1985年第 1 期。

[2]　赵伟：《教育改革要借鉴经济改革的经验》，《人民日报》1986 年 8 月 3 日。

一计划，又有灵活措施，要允许多层次、多规格、多渠道、多形式办学，使人才的培养多元化"。并把商品经济中的竞争原则、多劳多得原则等运用到教育领域。[①]

邓小平1983年为景山学校的题词发表后，教育界对"三个面向"展开了讨论，在某种程度上成为这一时期教育改革的主题和指导思想。夏禹龙等撰文认为，教育面向现代化，关键是教育内容的现代化和教育方式的现代化，强调"要扩大对各个领域国际知识的传播""重视对各国语言的教学""加强教育、文化和科技"的国际交流等。[②]也有人指出，面向现代化，首先是"要把教育和我们的经济建设联系起来"；面向世界，就是"要把我们的教育同世界科学技术的发展联系起来"；面向未来，就是"要把教育同党的十二大确定的翻两番的目标联系起来，同建设高度的社会主义物质文明和精神文明的目标联系起来"[③]。

许多文章专门探讨了以电子、材料、能源、计算机、宇宙科学、海洋科学、遗传工程等为核心的新技术革命对现代教育的要求。如顾明远撰文分析了新技术革命的六大特点：科学、技术和生产的日益一体化；缩短了新的科学技术在生产中物质化的时间，使科学成为直接的生产力；学科之间的相互作用，复杂问题的综合研究加强；自然科学和社会科学的结合；新的科技成果在生产上的应用使社会劳动分工发生新的变化；新的科技革命改变了劳动的性质和内容。因此，它对教育投资和教育概念的理解、教学和教育与社会的联系、学生的发展和教师的素质，都提出了新的客观要求。[④]

还有文章则从更广阔的现代化背景上讨论了教育改革的方向。如何宗传撰文指出，现代教育发展的过程，就是教育的普及化和学习型社会形成的过程，是教育结构多样化的过程，是强调课程的知识性的教学内容现代化的过程，是职业技术教育受到重视、兴起终身教育思潮的过程，是教会学生自己学习、着重培养能力的过程，是高等教育加快发展和改革的过程。[⑤]

---

① 徐名滴：《教育改革要有利于社会主义商品经济的发展》，《教育研究》1987年第4期。

② 夏禹龙、刘吉、姚昆田：《教育要面向现代化，面向世界，面向未来》，《人民日报》1984年1月30日。

③ 刘冰：《以"三个面向"指导农村教育改革》，《教育研究》1984年第12期。

④ 顾明远：《新的技术革命和教育的现代化》，《北京师范大学学报（社会科学版）》1984年第5期。

⑤ 何宗传：《现代教育发展的动向和对教育改革的启示》，《辽宁师范大学学报（社会科学版）》1984年第5期。

连瑞庆则着重考察了"现代化社会"的特征：知识化和智能化，信息化与自动化，社会结构的多样化和开放性。继而考察了不同发展水平国家教育体制改革的总体趋向：基础教育不断加强，普及义务教育的年限与质量不断提高；越来越重视职业技术教育，中等教育向综合化和社会化方向发展；由一次性学校教育向终身教育发展；在教育管理体制上采取集中与分散结合的方式；采取各种措施提高教师的社会地位和素质。①

进入 20 世纪 90 年代以来，随着计算机与互联网的迅速普及，全球性的信息化浪潮正以巨大能量改变着人类社会的发展进程。传统经济学理论已经无法对发展中的新经济现象做出科学解释和预测。知识创新对经济增长和社会发展的作用，已超过了资本和自然资源。1996 年，美国信息技术产业占其国内生产总值的 10%，超过汽车、钢铁、建筑业等传统产业而成为最大产业；从事信息产业的微软、IBM、英特尔等公司已经取代了三大汽车公司当年的地位。20 世纪 80 年代中期之前的世界富豪排行榜中，前十名几乎全是石油大亨；而 90 年代中期之后，排在世界前十名的富豪一半以上都与信息高技术产业有关。人类历史上一种崭新的经济形态——知识经济已见雏形（有人称之为"后工业经济""信息经济""高技术经济"）。欧洲经济合作与发展组织明确定义其为"以知识为基础的经济"（knowledge based economy），并预测知识经济将在 21 世纪全面形成。在此社会经济背景下，特别是在东亚爆发经济危机和我国成功加入 WTO 的情况下，中国教育界内外对未来教育的改革与发展展开了热烈讨论。因为知识经济的发展主要依靠新的发现、发明、研究和创新，其核心在于创新。创新是民族进步的灵魂，是国家兴旺发达的持久动力，创新教育则是知识经济对教育提出的时代要求。为此，党中央和国务院就科教兴国战略和建立国家创新体系作出了重要部署。在全国人大九届一次会议记者接待会上，朱镕基总理向世界宣布"实施科教兴国战略是本届政府最大的任务，我们有决心把科教兴国的方针贯彻到底"。因此，"创新教育""终身教育""学习型社会"成为这一时期教育改革的核心观念。

当人们把教育改革的出发点和经济结构、生产力发展要求联系起来，把契合经济建设的要求作为教育改革的指导思想的同时，教育理论界开始提出一个更为深沉的问题：教育除它的社会功能（经济功能、政治伦理功能）

---

① 　连瑞庆：《现代化与教育体制问题》，《教育研究》1986 年第 2 期。

外，它的内在价值（发展人自身）应放在什么地位？

早在 20 世纪 80 年代初，刘佛年就撰文从人的发展的角度探讨教学改革问题。他指出，教育应使受教育者在各个方面都得到发展，在各主要方面（如德、智、体、美、劳）的各种因素都得到发展，知识技能（不仅有广度，还有深度和高度）、情感、意志、个性与智力都应得到发展，把提高每个学生的各种心理能力作为奋斗目标，教学改革就能有"指挥若定"的气派，不屈服于一时的压力，随波逐流。①

袁振国在反思中国当代教育的改革历程时也写道：前三十年的教育改革不仅很少考虑经济的要求，而且也很少考虑人的自身发展的要求。个人的兴趣爱好，个人的发展需要，个人的性格，个人的价值和权利，个人的独立性、创造性，很少受到重视，"强调的是人的阶级性和统一性"。有时候似乎在强调人的个人自由，比如说指责旧教育压抑人、摧残人，比如说鼓励学生造老师的反，其实那是用另一种统一模式规范学生，而绝不是鼓励学生独立地、自主地发展。"所以，我们今后思考教育改革的时候，必须把发展人自身作为重要的出发点之一。"② 胡克英在分析了教育理论界"见物不见人，重物不重人"和"权力至上，重权不重人"的两种倾向后指出："人是教育的对象，人是教育的出发点和归宿；人又是教育和自我教育的主体；因材施教，依靠教育和自我教育的统一过程来发展儿童的个性，这是教育的最高价值和伟大力量之所在。"③ 朱永新也认为："在教育中树立'大写的人'而不是'小写的人'，无疑应该成为我国教育改革的突破口，应该成为中国新教育的一块基石，我们再也不能不重视人的呻吟、人的呼喊了！"并指出，要真正地使人成为中国教育的基石，就必须从培养具有鲜明个性、主体意识、生活乐趣和创造精神的人开始做起。④

但是，教育改革中这种人本取向的教育价值观，很快沉寂了下去。在 20 世纪 90 年代初的几年里，教育界甚至到了"谈人色变"的地步，原因是怕沾上资产阶级自由化和资产阶级抽象人性论的嫌疑。1989 年 5 月，《中国社会科学》编辑部、《教育研究》编辑部、全国教育学研究会教育基本理论

---

① 刘佛年：《全面发展和教学改革》，《教育研究》1980 年第 5 期。

② 袁振国：《建国后三十年教育改革的历史反思》，《上海教育科研》1988 年第 3 期。

③ 胡克英：《"人"在呼唤》，《教育研究》1989 年第 3 期。

④ 朱永新：《困境与超越——当代中国教育述评》，广西人民出版社，1990，第 178 页。

专业委员会联合筹备召开了"教育与人"研究，1990 年 8 月召开的是"教育·社会·人"学术讨论会，之后教育界还对前一阶段关于"教育与人"的研究进行了一些反思和批判。1992 年之后，随着政治、经济形势的变化，特别是社会主义市场经济体制的确立，教育改革关注的实际上是教育与市场经济的关系，对"教育与人"的关注和研究更少了。但是，随着哲学界人学研究的兴趣及整个社会科学界的思想解放，教育改革实践和理论研究中对人的关注重新受到重视，素质教育的推行、人文教育的开展等都体现了这一倾向。但人们更加辩证地理性地看待教育改革与发展中的这两种价值取向了。夏正江认为真正的个人主义哲学与真正的社会主义哲学具有内在的一致性。[①] 从健全的个人主义哲学出发的教育目的与从健全的社会主义哲学出发的教育目的也并不矛盾，任何走向极端的教育改革指导思想或价值取向都是错误的。

　　从上可见，中国当代教育改革的指导思想经历了一个逐步变革的历程，其基本特征是视野不断开阔，改革的参照系不断完备，认识不断深化，改革的重点由外部浅层向内部深层过渡。

　　纵观西方几个经济大国的教育改革历程，吸取其经验教训，或许对我国当前教育改革历程会有所裨益。20 世纪以来，世界教育改革浪潮此起彼伏，有关教育改革的理论层出不穷，流派众多，但如果根据历史发展阶段和其理论的性质来看，大致可以划分为三大阶段和三种性质的教育改革理论：即哲学—政治学阶段、经济学—社会学阶段和学科独立阶段。[②] 所谓哲学—政治学阶段主要指 20 世纪初至 40 年代末，指导教育改革实践的理论主要是美国的实用主义哲学和资本主义的民主主义理论，如美国和欧洲的"进步主义教育运动""新教育运动""改造主义教育运动""教育民主化运动"等。同一时期苏联的教育改革则主要是在马克思主义哲学和列宁、斯大林的国家政治学说指导下进行的。所谓经济学—社会学阶段，指 20 世纪50 年代至 70 年代的教育改革主要是在有关的经济学和社会学理论指导下进行的。这一时期，几乎所有国家的教育改革都不同程度地受到舒尔茨人力资本理论的指导和操纵。西方国家还受到社会学中的结构功能主义、冲突论和解释论学派的影响。而心理学理论，虽然对教育改革也有相当大的

① 夏正江：《教育理论的哲学基础的反思——关于"人"的问题》，上海教育出版社，2001，第 201 页。

② 扈中平等主编《现代教育学》，高等教育出版社，2000，第 213 页。

影响，但从来没有成为从整体上影响教育改革发展方向和规模的指导理论，只是一个作为达成改革目标与方向的工具理论而已。所谓独立学科阶段，是指从 20 世纪 70 年代开始，教育改革被作为一个专门的问题，综合了各门学科的知识和方法来进行研究，受到了教育理论家、其他学科的理论家、各国政府、国际组织和国际教育机构的重视。像联合国教科文组织公布的《学会生存》《教育——财富蕴藏其中》等以教育改革为专门研究对象的著作纷纷问世，对世界各国教育改革的实践、理论和政策影响重大。

以美国为例，从 19 世纪后期至 20 世纪前半叶，其教育改革是以"传统教育"向"现代教育"的转变为标志，以杜威的实用主义教育理论为指导，其基本走向放弃传统教育目标的学术化和精英化，使教育目标生活化和大众化，教学内容放弃了学科化、系统化和理论化而经验化、实用化和实践化。这对教育融入现实生活，使学生尽早具有公民意识，使教育既推动经济发展，又使学生个人获得谋生技能等都具有积极意义。从 20 世纪 50 年代末到 70 年代中期，其教育改革总的来说是从学术至上到"回到基础"，可以分成两个阶段：先是《国防教育法》的颁布，加强"新三艺"（数学、自然科学和外语）的教学，加强教育技术，增补教学和科研经费，以科南特的要素主义教育和布鲁纳的结构主义课程论为教育改革的指导思想，被称作学科结构运动；20 世纪 60 年代后期又兴起"生计教育运动"以纠偏先前改革的弊端，形式上是将职业教育与普通教育结合起来，而实质却是实用主义教育的复苏，"个别化教学""儿童中心""活动中心""经验中心"和"从做中学"等比之实用主义教育有过之而无不及。这样的教育又造成新的问题，难以适应美国社会的要求。到 1976 年，在美国又掀起了一场大规模的教育改革——恢复基础教育运动。

进入 20 世纪 80 年代后，国际形势的变化，使美国这一时期教育改革的政治意味逐渐淡化，人们对人和教育本身的认识日益深化，在继续强调教育的经济功能的同时，教育的文化功能得到加强，完善人格、弘扬人性、尊重人性、培养全面发展的人等教育理念重新受到人们的重视。

可以看出，美国 20 世纪的教育改革历程，也经历了一个反反复复、否定之否定的过程，不同的时期，教育改革的价值取向有不同的倾斜。现在人们更倾向于多维度、全方位地审视教育，教育改革力求寻取多门学科的理论指导。

其实，以培养"经济人"或"政治人"为目标的教育与教育改革，和以培养"抽象人"或"纯粹人"的教育与教育改革都失之偏颇。教育改革必须在培养"人力"与培养"人"之间取得平衡，才能取得最佳的教育改革效应。

二、教育改革模式的研究

"模式"一词是从一般科学方法论或科学哲学中引用的，英文是 model，原义具有"模式""模型""典型""范型"等意，指用实物或符合的形式将原物、活动、理论等仿制、再现或表示出来。也可引申为特征或风格。在教育理论界，教育模式一般是一国或一地区的教育长期形成的特征和风格，而教育改革模式则指教育改革以何种形式展开[①]；也有人把它定义为"是在教育改革实践中产生的一种设计和组织教育改革的理论"[②]。无论在什么意义上的教育改革模式的研究，都是教育改革理论探索的关键问题。

较早对教育改革模式进行研究的是谈松华、徐海鹰等。他们在《中国教育模式改革初探》一文中指出：我国经济体制改革从根本上触及了僵化的经济模式，从而开始了经济发展的新路。"与以往经济模式相适应的教育体制、教育体系、结构以及教育内容和方法，实际上构成了一种特有的教育模式。不从总体上改革这种模式，教育改革就很难有突破性进展，教育事业也很难迈开新的步伐。"文章分析了中国现有教育模式的主要特点有以下几点[③]：

一、统一。这表现在教学计划、教学大纲、教学内容、培养规格、招生考试等方面，都是由全国统一规定，各校统一执行的。

二、集权。这表现在管理体制上，教学怎么搞，学校怎么办，决定权集中在教育行政部门手里，而作为办学实体的学校无法决定自己的命运。

三、封闭。这不仅表现在教育与世界隔绝上，也表现在学校教育与社会脱节上。从专业设置、培养目标、教学内容到教学评估，教育内部自成一体，缺乏与社会沟通、调节的机制，学校与社会生活相互隔绝。

四、呆板。这不仅表现在教育内容和方法上，也表现在教育体系上。学生只能按照小学→中学→大学这样的既定线路拾级而上，各类教育之间

---

① 袁振国：《教育改革论》，江苏教育出版社，1992，第 157 页。

② 王宗敏、张武升等：《教育改革论》，河南教育出版社，1991，第 90 页。

③ 《文汇报》1986 年 12 月 16 日。

缺乏横向沟通和交叉，学生发展和选择的天地十分狭窄。

具有以上特点的教育模式，很明显地受到了来自两个方面的挑战：一是教育外部的挑战，即多元化发展的社会经济模式与单一化发展的教育模式之间的矛盾和冲突；二是教育内部的挑战，即教育发展的个性原则与教育模式的共性原则之间的矛盾和冲突。这就对教育改革提出了迫切的要求，而"教育模式改革的中心，就是要增强教育主动适应社会发展的能力，给人的发展提供尽可能充分的余地"。

吴忠魁、张俊洪合著的《教育变革的理论模式》一书，是关于教育改革模式研究的专论。该书指出：任何社会实践活动，总需要一定的理论加以指导。[①]教育改革若没有对教育现状的准确的理论分析和判断，没有对教育改革措施的周密深入论证，没有建立于这种理论分析、判断、论证之上的、并用理论加以控制的改革目标，任何教育改革都只能是一种非理性的盲目冲动。所以，作者详尽地考察了世界范围内比较有影响的教育改革的理论模式，以期为中国当代教育改革的理论构建提供一些参考依据。

作者认为，国外教育改革的理论模式大致有四种，即进化论模式、结构功能模式、系统化模式和民主化模式。进化论模式有传统进化论和新进化论，在教育改革与发展的问题上，两者在以下方面表现出一致性。第一，强调历史意识。认为现行的教育改革是以往发展的结果，没有对历史的反思和了解，就不可能有对现实的正确认识。在确定教育改革的目标、方针、步骤时，就不能仅以现实的需要为依据，而必须深刻洞悉历史发展到今天所达到的程度，以及它给现实的变革提供的可能性和必要性。第二，要求动态地看待教育变革和设计教育改革。认为教育是一个动态系统，这一系统内的变革与系统外互动的过程永远不会终止。变是绝对的，不变是相对的。昨天的变革是今天变革的基础，今天的变革是明天变革的准备。第三，变革具有阶段性和序列性。认为序列性构成教育演进的链条。进化论的模式强调"适应"与"继承"的概念，重视教育与社会发展相适应，与过去的传统相继承。

结构功能模式，是以改革教育结构，发挥教育功能为主要内容的教育改革理论。就结构功能模式与进化论模式比较来看，进化论模式是从纵向的发展变化上研究教育变革，结构功能模式则是从横向、从教育的构成上

---

① 吴忠魁、张俊洪：《教育变革的理论模式》，四川教育出版社，1988。

看待教育改革的意义和价值。结构功能模式在研究教育改革时具有方法论的意义，即它主张把教育结构中可控制的可变因素与教育结构体内外其他可变因素之间的功能相关性联系起来，如社会结构与教育机会均等程度，教育与统治阶层形成等的功能关系。这种关系可以概括为"X 与 Y 相关"或"X 变动 Y 也变动"等形式。这种功能相互关系的分析，可以帮助实施变革的人们认识一个机构的变革是如何影响到其他机构的变革的。在对于教育改革的对象和目的的认识上，结构功能模式把教育结构看成是整个社会结构的一部分，同时把教育自身视为一个独立的结构体，因此认为教育改革的成功取决于：（1）社会的稳定与发展在受到阻碍时向教育提出变革的要求；（2）社会其他部门产生协同性变革。人力资本理论作为结构功能模式中的一种重要教育改革论，强调学校教育的质量是经济发展的重要因素之一，教育具有巨大的经济效益；认为人力资本的投资是最高投资，没有对人的大量投资，经济增长以至整个现代文明就不可想象；人力资本理论的核心是提高人口质量，关键是教育投资。

系统化模式强调在教育改革的组织和实施过程中，必须明确构成改革的各要素及其相互关系。认为构成教育改革的要素包括：（1）改革的目标和目的要素。从总体而言，教育改革的目标是单纯的，即通过改革使教育更为完善，更能适应社会需要，从而使教育本身和社会得到发展。但具体来看，目标永远属于理想世界，永远也不可能真正达到，只能是无限地趋近。因此，在教育改革中总是把总体目标化为若干具体目的，如教育方针、原则，教育结构和管理体制，教育功能及各功能之间的关系，课程、方法、组织形式，评估制度和手段等。这些具体的目的是为总目标服务的。（2）考虑、设计和进行教育改革的主体要素。主体要素通常包括教师、学校、地方有关部门、国家的教育行政部门等，在其中的任何一个方面成为主体的情况下，都应采取系统的观点，考虑自身与其他方面的相互关系和影响，并努力协调好相互关系，使相互影响成为良性影响。（3）教育改革的过程要素。系统化模式认为改革是构成改革的各要素的动态变化过程，任何一个要素通过改革过程都会产生完全或局部的质变，而不完全同于开始之前的各要素。而当各要素之间的常态关系被打破，系统的组织机能无法恢复常态平衡时，改革就会背离原先制订的目的、计划和组织，从而使改革的过程产生质变。（4）教育改革的方法要素。一般采取的方法有：改革主体自行控制、组织改革过程的方法，从提出改革的要求、制订改革计划到组织实施、根据反馈进行评估等均由改革主体自己进行；工作和过程顾问方法，吸收改革主体之外的人员协助进行改革，或吸取来自主体之外的非指令性建议；多主体方法，在改革过程中由若干部门共同承担主体职责；国家指令性改革方法；等等。

系统化模式的最基本原理是整体性原理，即认为教育改革取得成功的根本因素，取决于教育改革的设计者和决策者是否具有对改革全局的了解，是否具有多向思维的品质，是否与改革的实施者具有密切的联系，也在根本上取决于教育改革的实施者是否具有把改革过程的相关因素组织起来的能力等。作为系统化模式的典型，终身教育已引起了人们的广泛注意。

民主化模式是当今世界共同的教育改革趋势。"教育机会均等"已逐渐取代"争取人人受教育"成为教育民主化的主题。在几个世纪的教育民主化进程中，普及义务教育使愈来愈多的人进入曾经是权力和地位象征的学校，它使教育民主化有了最充实的内容。但在普及义务教育之后，机会均等的教育并不能够保障他们在取得成功上的机会也均等，尤其是学前教育、妇女教育、残疾人教育及其他社会教育的民主化，仍是整个教育结构的民主化的奋斗目标。在发达国家，高等教育的民主化改革日益发展，如建立多种教育结构，以不同层次的高等学校来适应不同水平的学生；建立各种开放、业余和函授的高等学校；改革招生制度，取消普通综合大学的入学考试；等等。作者还运用民主化模式分析了我国存在的城乡教育机会不均等、男女性接受教育的机会不均等、国内不同地区的教育机会不均等等问题，并对中国教育改革进一步深化的问题进行了研究。

袁振国在《当代中国教育的二重变奏》一文中，分析了中国当代教育改革的两种典型模式。一种是学术模式，其中心内容是倡导学术的学习，以获得知识为目的，因此对非学术的兴趣活动和课外活动比较忽视，可见学术模式是以学校为中心、知识定向的模式；一种是革命模式，其中心内容是倡导社会的学习，以为革命服务为目的，因此革命模式反对脱离社会生活实践，是以社会为中心、行动定向的模式。任何一个国家的教育改革，都是这两种模式的转换、摇摆、交替的过程，这就是所谓"二重变奏"。[①]

作者用教育改革的模式转换来考察当代中国教育的改革历程，认为教育模式的相互转换和震荡，在中国当代历史上有四个回合（1949—1957，

---

① 《上海理论内刊》1988 年第 4 期。

1958—1960，1961—1966，1966—1976），1976 年以来则是一次新的持久的反弹。袁振国指出，社会主义的任务一般有两个主题，一个是革命的主题（取得社会主义和共产主义的胜利），一个是发展的主题（现代化和国家建设）。当革命的主题占压倒优势的时候，培养红色接班人就成为教育的首要任务，整个教育的模式就显示出革命的特征；当发展的主题突出的时候，培养有文化、有知识的下一代就成为教育的主要任务，整个教育的模式就呈现出学术的特征。由于革命和建设在当代中国历史上经常是对立和转换的，教育受政治经济的制约，因此教育的发展呈现出左右摇摆的现象也就在情理之中了。

袁振国还总结了中国当代教育改革的经验教训，尤其是模式转换的主观随意性等，被视为今天教育改革的禁忌：

（1）不能一哄而起、大起大落，搞群众运动；

（2）不必整齐划一，不可强求一律，不能急于求成，不要急功近利；

（3）增强学校的自主性，保持教育的独立性；

（4）教改必须依靠教师、知识分子；

（5）在各教育模式间保持必要的张力，不要简单地、全盘地否定一种教育模式，而应审慎地从中吸取合理因素；

（6）破除红与专相对立的思维方法。

崔相录根据我国新时期教育改革的实际，归纳出六大基本模式：（1）困境—试点—推广模式；（2）典型—总结—推广模式；（3）决定—贯彻模式；（4）法规—执行模式；（5）分区规划、分类指导模式；（6）联动模式。[①]

另外，也有人从教育改革的主体与领导方式的侧面，归纳出当前我国教育改革的三种模式：中央集中统一改革模式，地方教育部门和学校改革模式，横向联系改革模式。从教育改革涉及的范围分析可归纳出单项改革模式、综合改革模式、整体改革模式和个体改革模式等四种教育改革模式。[②]

当然，教育改革并没有固定的模式，在选择某种模式时，如果能综合其他模式的长处，有意识地进行改革，不失时机地推进改革的进程，是把教育改革模式的理论研究运用于改革实践的必由之路。

---

① 崔相录主编《东方教育的崛起——毛泽东教育思想与中国教育 70 年》，河南教育出版社，1993，第 620–626 页。

② 王宗敏、张武升等：《教育改革论》，河南教育出版社，1991，第 104–112 页。

三、教育改革重点的理论分析

在不同的历史时期，教育面临的任务是可能有所不同的，教育面临的改革课题，自然也有轻重缓急之分。因此，在不同的历史时期有不同的教育改革重点，这是教育发展的基本特征之一。

1977 年以前，中国教育的发展经过了一个曲折的过程，教育改革的重点也不断地变更。就总体而言，教育改革重点是自上而下地由国家领导人的讲话决定的，教育改革的形式也基本上是以运动的形式出现的。所以，很少有对教育改革重点的理论分析。1977 年以后，虽然早就出现了教育改革的文字和意识，但改什么、怎么改，并不是一下子就清楚的。当时最现实的问题是，恢复高考以后普遍出现了学生负担过重、片面追求升学率的倾向，学校向社会输送的人才结构很不合理。所以，结构改革和教学方法改革自然就成为中心。但是，仅仅靠改革结构和教学方法是否真的就能解决片面追求升学率的问题呢？是否就真的能实现多出人才、快出人才、出好人才的目标呢？事实证明，它们是难当此重任的。从 1982 年开始，教育理论界开始酝酿教育体制的改革问题。

1982 年 5 月，《教育研究》杂志社的记者在广州教育学院召开了座谈会，教育体制改革成了讨论的中心议题。大家都认为，教育体制改革是大势所趋、势在必行。严永晃认为，教育体制之所以必须改革，是因为"随着经济体制和政治体制的改革，必须相应地进行教育制度的改革"。另一方面，"一提教育改革，立刻就一窝蜂要办职业学校"，又造成了许多新问题，这些问题需要从体制入手进行改革。杨素英认为："教育体制改革，一定要同劳动制度、人事制度的改革密切配合。"孔棣华则提出，教育立法"无论从哪方面考虑都需要有这一条"①。这是比较明确地提出要进行教育体制改革的座谈会。理论界的呼声对于《中共中央关于教育体制改革的决定》的诞生，应该说产生了一定的影响。

《决定》发表后，关于教育体制改革的理论文章日渐增多。《教育研究》以"教育的盛会，改革的纲领"为题，约请了刘道玉等以笔谈的形式进行了讨论，确认了把教育体制列为改革重点的意义。也有文章从理论的深层次分析了教育体制改革的必要性。如许晓平撰文说，我们可以把教育管理

---

① 《教育体制改革势在必行——广东教育学院座谈摘要》，《教育研究》1982 年第 9 期。

分为宏观管理和微观管理，中央和地方教育主管部门的关系，以及各级政府主管部门与学校的关系，属于宏观的范围；而学校内部的管理，则属于微观的范围。"没有宏观上的首先突破，微观改革难以迈开大步。因此，宏观改革也就被推到了首要的地位。"[①]作者认为，教育管理体制的宏观方面，从管理关系上说，有两大基本关系，即中央和地方教育主管部门的关系、各级教育主管部门与学校（简称"政学"）的关系。改革就是要从职权方面理顺这两大基本关系。在这两大基本关系中，后者是迫切需要解决的重点，理顺政学关系，应是宏观的教育管理体制改革的关键环节。作者论证，中央主管部门与地方各级主管部门的关系，实质上就是各级政府对学校管理方面的责权分配关系。所以，最根本的还是政府主管部门与学校的关系。几十年来的教育改革，着眼点都是放在调整中央和地方主管部门的关系上，而没有重视调整政府主管部门与学校这一更为根本的关系。政学不分，以政代学，这一宏观管理上的根本性弊病没有消除。当前教育上的弊端，千头万绪，都与政学关系不当、学校缺乏自主权有一定联系。

文仲梓则从教育体制与经济体制的相互关系，讨论了教育体制改革的重要性。他认为，"现在的一套教育体制是和改革前的一套经济体制相适应的"。如果说，改革前的经济体制不承认社会主义经济是商品经济，不尊重价值规律，把计划生产与商品生产对立起来，过于强调集中统一，实行条块分割、部门分割，因而是一种封闭、半封闭的经济体制，是一种缺乏生机和活力，同社会生产力要求不相适应的僵化模式，那么，教育体制也是这样一种模式。旧的经济体制的诸多弊端在教育体制中都有明显的反映。

（1）旧的教育体制片面强调教育为政治服务，突出以阶级斗争为纲，脱离经济生活，教育同社会缺乏血肉的联系；过分强调所谓指令性教育计划，往往不符合社会和经济发展的规律；教育与科研、生产活动脱节，教育部门与实际部门脱节，校际之间，校内各系科、各专业之间缺乏有机联系。与经济体制一样，是一种封闭、半封闭的模式。

（2）学校不仅缺乏独立的人权、财权以及招生、分配的权力，甚至没有教学、科研和参与社会生产活动的自主权。国家统得过多、过死，诸如统一学制、统一课程、统一教材、统一大纲、统一课时、统一考试、统一

---

① 许晓平：《理顺政学关系是教育体制改革的关键环节》，《北京师范大学学报（社会科学版）》1985年第5期。

招生、统一分配以及各方面的统一规定，人称"一统天下"，束缚了学校和教职员的手脚，整个教育机体变得缺乏生机和活力。

（3）条块分割，部门所有，机构臃肿，结构不合理，人才积滞，教育手段落后，以及"大锅饭""铁饭碗"等制度，束缚了师生员工的积极性、创造性。

针对上述问题，作者提出："教育体制改革的关键问题是简政放权。开放式的经济体制，要求开放的教育体制，要求发展多种形式和多层次的教育。经济上实行国家集体个人一起上，发展教育也要广开门路，实行多种方式办学，等等。"①

也有人认为："教学改革在整个教育改革中占有重要地位，并将成为整个教育改革的中心。"②其理由是，中央关于教育体制改革的决定揭示的教育的三个主要弊端（教育管理权限过于集中，教育结构不合理、基础教育薄弱、质量不高，教育思想、教育内容、教育方法陈旧），其中两个与教学改革密切相关。作者指出，中央决定从教育体制改革入手，但"入手"以后还要做什么？这是一个十分重要的问题。从长远的观点看，应把教学改革作为中心任务。"决不能因为当前正在进行教育体制改革，就把教学改革放在一边；而应该尽可能地把教学改革和教育体制的改革适当地结合起来。而且，随着形势的发展，当我们的教育体制改革达到基本上适应现代化建设的要求时，教学改革就将成为也应当成为整个教育改革的中心。"作者还指出，教学改革是国家大事，不能只是把它当成一个学校内部的问题或所谓"微观"问题。因为教学水平的高低，质量的好坏，都直接影响到国际竞争和国家未来的命运。同时，教学改革本身也是一个复杂的"系统工程"，要投入足够的力量，当作一件大事来办，才能真正解决问题。

还有文章认为，教育思想的变革是教育改革的重点。如顾明远在《教育改革的关键在于教育思想的转变》一文中指出，任何一项改革都要以一种思想为指导，教育改革也不例外。③诸如教育目的论、人才观、学生观、教学论都属于教育思想的问题，只有这些教育思想端正了，教育内容、方法的改革才能顺利进行，教育中的弊端才能克服，《中共中央关于教育体制

---

① 文仲梓：《经济体制改革与教育改革》，《教育研究》1985 年第 3 期。

② 江山野：《教学改革是一件大事》，《教育研究》1986 年第 2 期。

③ 《教育研究》1986 年第 4 期。

改革的决定》所赋予我们教育工作者的任务，才能完成。《教育研究》杂志社从 1986 年第 4 期开辟专栏，进行端正教育思想的大讨论，发表了 40 篇左右的文章，就"端正教育思想是全社会的共同任务"（梅克）、"要有一个正确的指导思想"（张燕镜）、"当前教育思想不端正的几种倾向及其产生原因"（徐鹏）等问题进行了争鸣讨论，使教育思想的改革与端正一时间成为教育理论的热点，并由此（几乎在同时）产生了更新教育观念和反思传统教育的理论兴趣。如《教育研究》在 1986 年就先后发表了孙喜亭的《对教育的再认识》，袁振国、朱永新的《浅论教育观念的现代化》，黄学明的《学习唯物辩证法，更新教育观念》，严先元的《历史的反思与教育观念的现代化》等多篇论文，把教育思想的变革推向高潮。

从 1987 年开始，教育改革出现了整体化的趋势。[①] 首先，教育呈现出从"微观"到"宏观"、从"硬件"到"软件"的整体改革趋势，从教材教法的改革发展到整个体制的改革，发展到教育思想的转变；其次，所有层次的教育都在进行改革，从初等教育到中等教育、高等教育都出现了综合改革的趋势；再次，不同形态的教育同时都在进行着改革，学校教育走向非制度化，进一步与社会生活相契合，社会教育走向正规化，发挥着愈来愈大的作用。同时，教学改革的实验也呈现出整体化趋势。首先，出现了针对学制、课程、教材、教法、考试方法、课外活动等诸多方面都进行改革或实验的整体教学改革，以使学生在知识、智能、体质、教养等方面都得到协调发展；其次，即使是单项教学实验与改革，也是在整体观念指导下进行的。

中国当代教育改革的整体化趋势，具有十分重要的意义。它意味着教育改革进入了一个新的健康、深入、全面发展的阶段。从理论上讲，如果只是认识到局部上存在的弊端，如果只从局部着眼进行改革和调整，是不能从根本上解决问题的。只有从整体上，全面系统地进行改革，才能从根本上解决问题。所以，整体化的趋势，表明了教育改革理论日趋成熟。

与此同时，关于教育改革的理论探讨开始有一种把改革本身作为研究对象的意识，这可以称为"改革学"或"改革论"的研究。这方面的研究成果较重要的专著如袁振国的《教育改革论》和王宗敏等的《教育改革论》，虽然在 20 世纪 90 年代初才出版，但他们的研究早在 80 年代就进行了，其中的一些成果也发表于 80 年代。此外，在 20 世纪 80 年代，教育理论界把

---

① 巩其庄：《简论我国教育改革的整体化趋势》，《教育研究》1987 年第 11 期。

改革作为研究重点的趋向也比较明显，发表了大批研究成果。如有人专门探讨改革过程中社会发展与教育改革、继承与革新、借鉴与创造、渐进与质变的辩证关系[1]，有人探讨在教育改革中加强教育科学研究的改革问题[2]，有人对中小学教育整体性改革的实验进行评论[3]，也有人提出对改革本身应该进行系统的、深刻的理论思考。如徐海鹰的文章指出，对于教育改革的范围、目标、重点、思路、动力等问题，都必须从理论上给予明确的回答。他认为，在教育改革的研究中，"教育改革的总体目标和具体目标都显得不够清晰，尤其是缺乏一种切中时弊、抓住本质的开拓性和建设性。例如，新的教育管理体制与原有体制的主要区别是什么？加强宏观管理的具体含义是什么？实行简政放权的衡量标准是什么？扩大学校办学自主权的合理界定量是什么？诸如此类，都存在着可紧可松、可上可下、可大可小的模糊性，给教育改革的实施和操作带来了难以克服的困难和障碍"[4]。

1990 年 1 月 16 日，国家教委主任李铁映在工作会议上，就"以实施九年义务教育为重点，深化改革，大力加强基础教育"等问题做了阐述。他认为："基础教育是整个教育的基础，是提高民族素质、搞好两个文明建设的奠基工程，是 90 年代整个教育事业发展与改革的重点。它不但关系着整个教育事业的发展，而且关系到整个中华民族素质的提高，关系到社会主义现代化建设的成败。"[5] 他还指出，2000 年前中国基础教育发展的总目标是：坚持社会主义方向，面向 21 世纪，初步形成以九年义务教育为重点的，与高等教育、职业技术教育和成人教育相协调的，适应社会主义现代化建设需要的中国基础教育体系。不难看出，这里所说的教育改革的重点，已经是面向未来的教育改革，是带有战略性的教育改革了。

---

① 刘一凡：《教育改革中的几个问题》，《教育研究》1987 年第 2 期。

② 吴畏：《在教育改革中改革和加强教育科学研究工作》，《教育研究》1986 年第 2 期。

③ 宛士奇、戴汝潜：《中小学教育整体改革实验述评》，《教育研究》1988 年第 11 期。

④ 徐海鹰：《对教育改革的现实思考》，《教育研究》1988 年第 8 期。

⑤ 《中国教育报》1990 年 3 月 13 日。

第十三章　中国当代教育发展战略的研究

与教育改革紧密联系的另一个重要理论问题是教育发展战略。一般认为，教育发展战略是国家或政府在一定历史时期内为实现其社会发展总目标，而做出的有关教育发展的全局性、长期性的谋划。[①] 如果说改革是着眼于当前，着重于结构、观念上的调整，那么发展则是着眼于未来，着重于数量上的增加和规模上的扩大。发展战略的研究，在当代中国是从 20 世纪 80 年代正式开始的，以大规模的人才需求预测为契机，教育规划与教育发展战略的研究也被提到议事日程上来，尤其是区域性与行业性的教育发展战略研究，更是方兴未艾。如《上海教育发展战略研究报告》《珠江三角洲教育发展战略研究报告》等，均取得了令人满意的研究成果。这使中国当代教育的发展逐步摆脱无序性、盲目性和短期性行为，而走向有序和自觉。

一、教育发展战略的历史反思

20 世纪 80 年代以前，中国虽然没有教育发展战略的提法，但在教育发展的重要时期，无论是国家的教育决策还是教育理论界的研究，许多是对教育的发展起全局性、长期性和根本性影响的，具有战略意义的，可以视为战略抉择。用这一标准来看，新中国成立以后的教育发展战略主要有三次重要的抉择。[②]

第一次是 1952 年开始的，以学习苏联教育经验为特征的战略抉择。1949年至 1952 年，经过三年恢复国民经济和巩固人民民主专政的阶段，党中央提出了进入社会主义改造和建设时期的路线：要在一个相当长的时期内，逐

---

①　厉以贤：《教育发展战略的一些理论问题的探讨》，《教育研究》1990 年第 8 期。

②　刘一凡：《建国以来几次教育发展战略抉择的思考》，《教育研究》1990 年第 8 期。

步实现国家的工业化，并逐步实现国家对农业、手工业和资本主义工商业的社会主义改造。这条总路线把建设国家放在十分重要的地位，而由于缺乏必要的建设经验，向苏联学习就成为当时的基本国策。苏联的教育经验被认为是其优越的社会主义制度及高度工业化的反映，是苏联高度文化科学水平及高度政治思想水平的表现。苏联的教育经验表现在思想体系、培养目标、专业设置、教学计划、教学大纲、教材、教学方法、教学组织等方面的有机联系。为此，中国决定全面学习苏联先进经验，改造原有的旧教育，培养国家建设所需要的劳动者及专门人才的教育发展战略。

第二次是 1958 年开始的，以"教育革命"为特征的战略抉择。到 1958 年，中国的社会主义改造已取得了重要成果，中国共产党第八届全国代表大会第二次会议提出了"解放思想，破除迷信，建设具有现代工业、现代农业、现代科学技术的社会主义国家"的总任务，并确定了"鼓足干劲，力争上游，多快好省地建设社会主义"的总路线。毛泽东在《论十大关系》中也提出要建设适合中国国情的社会主义，有分析有批判地学习包括苏联在内的外国经验。在教育发展上，选择了解放思想，破除迷信，以苏联为借鉴，多快好省地发展教育事业这样一个战略决策，并提出了教育必须为无产阶级政治服务，教育必须与生产劳动相结合，使受教育者在德、智、体几方面全面发展，成为有社会主义觉悟的、有文化的劳动者的方针。中共中央、国务院的《关于教育工作的指示》，在某种程度上就是上述战略思想的反映。

第三次是 1978 年开始的，以"面向现代化，面向世界，面向未来"为特征的战略抉择。中国共产党十一届三中全会以后，经过拨乱反正，全面改革，中国社会进入了一个新的历史发展时期。这一时期的总路线是领导和团结全国各族人民，以经济建设为中心，坚持四项基本原则，坚持改革开放，自力更生，艰苦创业，为把我国建设成为富强、民主、文明的社会主义现代化国家而奋斗。1983 年，邓小平在为景山学校的题词中更明确地提到了教育发展的战略问题："教育要面向现代化，面向世界，面向未来。"这样，就把中国教育的发展与社会主义现代化的现实与未来，与国际环境的今天与明天紧密联系起来，成为具有全面性、长期性、根本性和前瞻性的教育发展战略的指导思想。在这一基础上，教育界基本上形成了"提高教育质量，注重办学效益，调整教育结构，坚持协调发展，增加教育投入，优化教师队伍，实行区域规划，加强社会参与"的发展战略。战略的总目标则是：建立起适应社会主义现代化建设需要，面向 21 世纪，适应国际竞争，具有中国特色的社会主义教育体系。

对于上述教育发展战略，在不同的历史时期就已开始不同程度的反思了。如对于第一次战略抉择，1956 年第 1 期的《人民教育》就发表了《为加速发展教育事业和提高教育质量而奋斗》的社论，指出："从事业发展上看，各项教育发展的速度过于缓慢。首先表现在扫盲工作上。1953 年纠正了扫盲工作中盲目冒进的偏向，但因为当时有些干部没有把'盲目冒进'的含义和界线划清，结果挫伤了群众的积极性，在干部中产生了严重的消极退缩情绪。""造成这些缺点错误的根本原因，是各级教育部门，特别是教育部的领导干部存在严重的保守主义思想，对于革命形势认识不足，对于实现社会主义革命缺乏足够的思想准备，安于现状，对整个国民教育工作缺乏全面规划，强调客观困难多，发挥主观能动性和依靠群众力量不够，'稳步有余，前进不足'。"号召"首先是大力开展扫除文盲运动"，"其次是增加小学的招生任务"，鼓励"中学教育必须大量发展"。也有人认为 1952 年的教育发展战略是比较符合实际的，是实事求是的措施，波浪式的前进方式并不是教育发展的规律。①

20 世纪 80 年代初，系统地反思当代教育发展战略问题的文章渐趋增多。如邵宗杰通过对浙江省教育事业发展 30 年的考察，指出教育事业的发展和教育发展战略的制定是不能违背客观规律的。他认为，在以往 30 年中，一是普通教育必须有计划地逐步地发展的规律没有得到严格的遵循，经常出现"大起"和"大落"现象。"突然的高速发展，给师资、校舍、设备和经费等各方面都造成了很大的困难。数量的突然膨胀，加剧了办学要求与办学条件之间的严重脱节，产生了尖锐的矛盾。……按照'人有多大胆，地有多大产'的客观唯心主义来办教育事业，必然要受到惩罚。一切以时间、地点和条件为转移，有怎样的师资、生源、设备和校舍等条件，就有怎样的教育质量。这样的突然发展，不可避免地要付出教育质量严重下降的代价，而'挤'了小学挖了基础，大批小学教师被抽调到中学任教，造成'两败俱伤'。"二是各级各类学校的互相衔接、互相促进及按比例发展处理得不够妥当，必须使其协调发展。三是教育与经济发展有脱节现象，提出"教育事业的发展必须与经济发展相适应，教育事业经费在国家财政

①　苏人：《中、小学教育发展问题的我见》，《人民教育》1957 年第 5 期。

支出中应占一定比重并有较快增长"[①]。

袁驼等人则以山东省教育发展的情况为例，剖析了中国当代教育发展战略中的"左"倾思想。他们认为，山东省1958年以后的教育工作，"左"的错误突出地表现在两方面：一是没有把教育事业放在整个国民经济建设中统一规划；二是教育内部重大学、轻小学，大、中、小学比例失调，普教与职教严重失调。[②]

比较全面剖析和反思当代中国教育发展战略问题的是刘一凡。他在《教育研究》1990年第8期上发表了论文《建国以来几次教育发展战略抉择的思考》。该文从教育发展战略研究的角度，对新中国成立以来的教育发展战略抉择进行了反思，提出了以下几点经验教训。

第一，研究教育发展战略，要观察和分析国际环境的现状、发展趋势及其影响。他认为，我国与国际社会，无论在政治斗争、经济竞争、科学与技术的进步、文化的发展与嬗变等方面，都始终存在着双向的制约与影响。以往的战略虽然也考虑到国际环境因素，但偏重于政治因素，不够全面和系统。还应考虑到经济发展、合作与竞争、科学与技术的发展、文化教育发展等多种因素，开阔视野，适应潮流，博采众长，使教育发展战略研究有一个世界范围的参照系。

第二，研究教育发展战略，要认真调查处于社会主义初级阶段的中国国情，把教育纳入经济与社会发展的系统之中。刘文指出，教育是中国社会大系统中的子系统，不可能脱离整体而单独存在。不调查经济与社会发展的总情况，也就难以谋划教育发展的战略。过去的教育发展的战略抉择，一般是以党和国家所制定的某一时期政治、经济和社会发展的总目标为依据的。姑且不论这些总目标是否切合实际情况，即使是正确的，也还有个总目标对教育发展的确切需求及国家对教育投入的可能性。这里缺乏科学的、定量的分析。所以，应当对中国的政治体制、经济体制、人口的增长与控制、科技的进步以及文化传统与文化繁荣对教育的影响进行动态的调查，做出定性和定量的分析。

第三，研究教育发展战略，要总结我国教育发展的历史经验，分析教育的基础、现状及今后可能的发展趋向。教育发展战略的研究应客观分析

---

① 邵宗杰：《普通教育发展中的几个问题》，《教育研究》1980年第3期。

② 袁驼、范训诰、董操：《从中国的国情出发普及小学教育》，《教育研究》1981年第6期。

历史经验，切忌否定一切或肯定一切。刘文认为第一次战略抉择，从政治上、思想上揭露原有教育制度的本质是必要的，但批评过了头。"不仅形成推倒重来的态势，而且排除了批判地继承原有教育中有益的因素的可能性，结果给教育带来了损失。"第二次战略抉择，肯定了新中国成立后教育工作的成绩，提出要解放思想、破除迷信，以苏联的经验、教训为借鉴，建立适合我国需要的教育体系，但在战略措施上，不是在原有基础上逐步改革，而是改弦易辙、另起炉灶，这同样给教育发展带来了不良的后果。所以，在注意总结历史经验的同时，还要注意对教育的基础、现状和发展前景进行客观估量与科学分析，尤其要调查教育发展水平、教育结构、教育体制与机制、教育投入、教育的物质条件、教育的经济效益与社会效益、教育质量、教育内容、教育方法与教学制度等。

第四，研究教育发展战略，要对战略的基本内容进行周密的调查、深入的研究和科学的论证。文章认为，过去在处理"思路与措施"的关系时，往往注意理顺思路，但却忽视了有相应的、切实可行的措施去实现思路；在处理"规模与条件"的关系时，往往忽视可能的投入，要求规模偏大，速度过高，造成不可估量的损失；在处理"数量与质量"的关系时，过去往往只注意教育总量的增长、外延的扩大，而不注重教育质量的提高、内涵的充实；在处理"投入与效益"的关系时，过去由于忽视办学条件，往往缺乏教育投入的标准，因而在高等教育事业发展中出现过招生数量的三次大起大落，影响了正常的教学秩序和培养质量。所以，研究教育发展战略，必须有投入与效益各自的目标、指标体系、具体措施和检验标准。

第五，研究教育发展战略，要从中国的实际出发，认真了解和汲取国际上有益的经验。文章指出："以前两次战略抉择都处于闭关锁国的条件下，很难从世界各国制定的教育规划中吸收营养。"而事实上，教育经济学、政治学、决策学、科学学、社会学、系统论、控制论、生态科学、环境科学等，都对教育战略研究具有启发和借鉴意义。

在历史反思的过程中，人们对教育发展战略这一概念的基本内涵、结构与研究领域也进行了探讨。教育发展战略是对教育领域中的全局性问题的总体谋划，它对教育发展的全局能起指导作用，但相对于社会整体而言，它又是子目标，它必须符合并实现社会发展的总目标。谈松华认为："就我国教育领域而言，现阶段具有战略意义的总体性问题是：如何坚持教育的社会主义方向，培养数量适度、质量合格、结构合理的德、智、体等方面全面发展的社会主义建设者和接班人，使我国教育事业主动适应社会主义现代化建设的需要。""教育发展战略研究属于宏观决策研究范畴。"① 并且，人们对"发展"一词的含义也有新的认识，传统观念中的"发展"，主要是指数量的增长、规模的扩展，而实际上的"发展"还应包括结构的演进、质量的提高等综合内容。就教育发展而言，除了教育数量的增长和规模扩展外，还应有其内在的整体性要求，即教育系统内部各部分的均衡发展以及教育与社会之间的协调发展。

人们一般认为教育战略包括战略思想、战略目标和战略措施几个主要部分。教育发展战略研究的主要内容是："在综合分析教育发展内部和外部环境的基础上，做出战略选择（包括战略指导思想和战略重点的选择），确定战略目标，并据此进行有效的资源配置，提出相应的对策措施。"② 在此基础上，根据我国实际和国际教育发展的经验，参照经济社会发展的概念，认为教育发展战略的研究领域一般有以下六个方面：（1）教育事业的规模，居民普及教育程度；（2）教育制度（包括体制）的改革；（3）教育质量和教育水平的提高；（4）教育结构的适调和优化；（5）办学条件（包括师资、教学设备等）的改善；（6）教育思想理论的革新。其中，教育经济效益和社会效益的提高则是贯穿这些方面的基本要求。③

在历史走向 21 世纪之时，面向 21 世纪的中国教育发展战略的研究，成为我国 20 世纪 80 年代末 90 年代初教育发展战略研究的一个热门课题。在众多的研究和讨论中，尤以郝克明、谈松华等人的研究最具有代表性，他们在《二十一世纪我国教育事业发展若干问题的初步探讨》一文中，提出了以下问题：

第一，我国未来教育两个层面的变革：宏观和微观。未来教育的发展将同时取决于：微观教育过程各要素活力的发挥和宏观教育体系各个部分、各个层面的合理组合。如何从我国的基本情况出发，建设面向 21 世纪的教育体系，以回答世界未来教育的挑战，是教育理论与实践工作者面对的共同课题。

第二，我国 21 世纪教育面临双重挑战：科学技术革命和思想文化上的

---

① ② 国家教育发展研究中心编《中国教育发展的宏观背景、现状与展望》，中国卓越出版公司，1990，第 192 页。

③ 同上书，第 197–198 页。

发展与斗争。全球范围内的科学技术革命，将使教育成为世界性竞争的前沿；与此同时，全球化进程加深过程中的全球性思想文化交流，也将引起教育领域各种意识形态的矛盾冲突和斗争。如何在继承与创新、借鉴与扬弃中，建设符合中国国情的开放、多元、灵活的社会主义教育体系，是我们努力的方向。

第三，制约我国教育发展的两大基本要素：经济和人口。我国处于经济与人口两极拉动的矛盾之中：人口多——要求扩大教育规模——经济水平低又限制教育规模的扩大，经济起飞——要求提高教育程度——人口多又制约教育程度的提高。如何摆脱这种矛盾境况，实现经济、教育、人口（素质）的良性循环，应该是确定面向 21 世纪教育发展战略的基本依据。

第四，我国未来教育发展面临的现实选择：公平与效益。这是我国现有条件下的一个复杂的两难选择。建设未来教育体系的制衡点应该是：在保证全面质量的前提下，对公平和效益做出恰当的现实选择，正确处理普及和提高的关系，并据此筹划教育的规模、速度、结构、形式和区域布局，提出符合 21 世纪国情的教育发展的设想。

第五，我国面向 21 世纪教育发展的主要特征：适度的规模、优化的结构、多样化的形式、多梯度的区域布局、开放的系统。[①]

我国 20 世纪 80 年代以来兴起的教育发展战略研究，对形成我国自己的教育发展战略学和指导各地的教育发展与改革起到了很大的作用，标志着教育决策主要依靠主观经验、长官意志的时代的终结和教育发展战略科学化时代的开始。

二、教育发展重点的探讨争鸣

在教育发展战略的研究中，发展重点的问题始终是研究的重点，因为破与立、急与缓、先与后、轻与重、少与多、集与散等问题的选择，都是教育发展战略必须加以解决的问题。在教育资源有限的情况下，为了获得更大的教育投资效益，究竟采取什么样的投资模式，往往是不同的教育发展战略着力解决的问题。在中国，1979 年以前对此研究不多，但 20 世纪

---

① 国家教育发展研究中心编《中国教育发展的宏观背景、现状与展望》，中国卓越出版公司，1990，第 236-245 页。

80年代后又产生了诸种观点，有人主张大力发展高等教育，有人主张必须优先保证基础教育的发展，也有人主张师范教育应优先发展，还有人主张必须特别重视发展职业教育，等等。

高等教育的发展是率先受到重视的。"文革"十年使高等教育受到严重创伤，新技术革命的浪潮又汹涌而来，各类专业技术人才存在着严重的青黄不接的局面。在这样的形势下，大力发展高等教育的呼声日甚一日，人们普遍感到优先发展高等教育的紧迫性。1983年6月9日，南京大学名誉校长匡亚明、浙江大学名誉校长刘丹、天津大学名誉校长李曙森、大连工学院名誉院长屈伯川联名提出了"加速建设一批重点大学"的建议。[①] 建议指出，中国高等教育经费太少，智力投资和经济建设投资不成比例、不相适应。高等学校多年来一直处于房屋少、条件差、教学科研活动和师生生活不够稳定的状况中，发展和提高面临许多困难，如扩大招生没有宿舍，开展科学研究和培养研究生缺乏必要的图书仪器和现代化设备等。他们呼吁创办第一流的大学，培养出在21世纪能在国际上竞争的人才，这些人才"不仅将是我国90年代高等教育进一步发展的基础，更将是我国在科技文化领域中赶超世界水平、加速社会主义高度物质文明和精神文明建设的骨干力量。他们所创造的价值绝不亚于任何一个重点经济建设项目的经济效益，因为作为智力投资的总效益是长远的，其意义是难以估量的"。此后不久，教育部、国家计委向国务院递交了《关于加速发展高等教育的报告》，提出了1983年到1987年高等教育事业发展的规划和设想。

第一，五年内全日制高等学校年度招生人数，由1982年的315000人，增加到1987年的55万人，增长75%；1987年的在校学生数将增加到176万人，比1982年的1153000人增长53%，平均每年增加在校生121000人。

第二，采用其他形式举办高等教育，如广播电视大学、函授大学、夜大学、厂办职工大学、县办农民大学、管理干部学院、教育或教师进修学院等，要在注重质量的原则下更快地发展。初步设想：招生人数由1982年的29万人增加到1987年的110万人，增长2.8倍；在校学生数由1982年的64万人增加到1987年的237万人，增长2.7倍。

1984年6月，国务院在对上述报告的批示中指出："党的十二次代表大会，把教育定为实现我国现代化的战略重点之一。为使这一重大的战略决

---

① 匡亚明等：《加速建设一批重点大学》，《中国教育报》1983年6月9日。

策得到落实，必须采取有力措施尽快扭转教育同国民经济和社会发展不相适应的局面。这就迫切要求加速发展高等教育，为"四化"建设培养和输送数量较多、质量较高的各类专门人才。中央着重解决重大项目的建设投资，希望各部门、各地区充分认识这一问题的重要性和迫切性，多拿出一些钱来办教育。"

也有许多人主张首先要增加基础教育投资，优先发展基础教育。千家驹认为："实现'四化'，关键是科技，教育是基础，尤其是初等教育，是基础的基础。我们不可能设想，一个文盲充斥的国家能够建设一个现代化的社会；也不能设想，一个缺少文化，缺少起码历史知识的国民能够建设高度的物质文明和精神文明。"[1] 故而他强调增加教育经费，并认为"只要我们在基本建设上多注意一点，少付一点不必要的学费，用来补助中小学经费不足，便绰绰有余了"。他还指出，基础教育类似于人口问题，如果今天我们还不重视中小学教育，不大大增加教育经费，不注意教学质量，听其这样下去，"则其对我国整个民族文化科技水平的影响，愈到后来将愈益显示出后果之严重，那时我们要亡羊补牢，也就来不及了"[2]。

周贝隆认为，教育上最严峻的挑战在于基础教育。他说："人们谈论教育和人才，较多注意的是高等教育和专门人才，而往往忽视我国基础教育薄弱所蕴藏的对国家前途、民族兴衰的危险。"他认为，基础教育决定着劳动力的素质，基础教育是一个人受教育的关键时期，基础教育是经济发展的第三步人才准备。而现在基础教育在师资、校舍、设备、图书以及教育观念上存在的问题比高等教育更严重、更迫切。所以他明确指出："有的同志主张，为了给将来储备人才，高等教育应大力发展。我以为，面向未来，是教育的特点和重要性所在，教育不仅要考虑今天、明天，还要看到后天，但是，为了后天，恐怕主要是基础教育，而专门人才在数量上是否宜于过早储备，则值得研究。"[3]

有人引证国外的研究资料，认为在教育经费不变的情况下，一个人受教育年限与教育投资之比是成几何级数上升的，如果受完 9 年教育需要 100元，受完 10 年教育则不是需要 110 元，而很可能需要 150 元。而一个人受

---

①　千家驹：《把智力投资放在第一位——论普及初等教育问题》，《教育研究》1982 年第 11 期。

②　千家驹：《要把增加教育经费作为实现"四化"的重要战略措施》，《教育研究》1980 年第 2 期。

③　周贝隆：《社会主义初级阶段我国教育发展问题的思考》，《教育研究》1988 年第 6 期。

教育的水平与对经济的贡献却是成反比的。如果一个人受 5 年教育带来的经济效益是 100%，受 10 年教育带来的经济效益并没有 200%。根据这样的推算，他们主张与其大力发展高等教育，还不如优先发展基础教育。

在某种程度上，基础教育问题还没有引起人们的足够重视。如基础教育的经费短缺、条件落后、水平停滞或下降、人口文化素质低、文盲问题严重等。基础教育是整个教育大厦的基石。忽视或削弱基础教育，不仅使高等教育成为"空中楼阁"，也会使整个教育体系出现混乱局面。纵观世界经济发达国家，无不以重视基础教育作为一项基本国策，在教育投资上优先加以保证。加强基础教育以及用法律形式保障基础教育，不仅是世界许多国家促进经济起飞的成功经验，也是近代教育发展的世界性必然趋势。

国家教委计财处教育经费研讨小组的同志认为，我国教育发展的重点以及教育经费在高等教育和基础教育间的分配比例基本上是合理的。他们撰文指出：目前我国用于高等教育的经费约占全部教育经费的 20%，用于中等初等教育的经费约占 80%。高等教育中的师范教育是为基础教育服务的，如扣除师范教育的经费 5%，其他高等教育的经费比例则在 15% 以下，低于世界各国 22%—25% 的平均水平，也低于发展中国家 22%—24% 的平均水平。"为了保证和提高我国在激烈的国际竞争中的地位，实现四个现代化，必须保证高级专门人才培养的数量和质量；又要考虑中初等教育面临九年义务教育的需要，以及基础教育在整个教育中的地位、作用。应当说目前教育经费在高等教育和中初等教育间的安排比例是基本合理的。"[①] 然而从 1885 年至 1960 年日本教育经费的内部分配的资料和中国大、中、小学生人均教育经费的数据来看，我国在基础教育的投资仍有待于加强，在当前的情况下优先发展基础教育的战略思想亟待加强。

在教育发展重点的问题上，也有人强调应把师范教育放在首位。如顾明远认为，办好教育的关键，除了党的领导，各级领导的重视，还有一个很重要的条件，这就是要有一批既热爱教育事业，又懂得教育规律的人来办教育，要有一支高质量的教师队伍。建立这样一支教育干部和教师队伍，毫无疑问，师范教育肩负着重要的任务。因此，办好师范教育，是教育事业得以发展的根本保证。[②] 还有人指出："之所以必须把师范教育事业放在优

---

① 焦季才：《寻求建立解决我国教育经费问题的新机制》，《中国教育报》1988 年 8 月 8 日。

② 顾明远：《加强师范教育是发展教育事业的根本》，《教育研究》1982 年第 11 期。

先地位，而且当前这个任务显得特别紧迫，是因为师范教育是发展整个教育事业的基础，也因为师资队伍和师范教育的现状与教育事业的发展及四化建设的需要极不适应，还因为世界新技术革命的形势逼人。"①总而言之，"师范教育是基础教育的基础"②。

金一鸣、袁振国主张要慎重对待发展重点的问题，认为强调优先、重点发展教育的某一方面，绝不是不发展非重点方面，更不是削弱非重点方面来发展重点方面。而且，从世界范围来看，"过分强调哪一头，可能都是不合适的"。他们的结论是："我国的经济发展很不平衡，采取适当的措施，尽快普及小学教育，并在相当大的地区优先发展初中教育，在城市推进高中（包括职业）教育是必要的。"③

在各具体类别教育如何发展的问题上，理论界也有不同的认识，所以重点之中的"重点"成为人们关心的又一领域。在基础教育方面，林砺儒较早提出了中等教育中的两个问题，即文化教育与职业教育之对立、中学分科问题。文章指出："中华人民共和国，由工人阶级领导，以工农联盟为基础，那么，做领导和作为基础的工农阶级就必须掌握足够文化。换句话说，我们中学教育的任务是培养能够做新社会骨干的新型青年知识分子，所以要多方面发展的、广博的教育，要能掌握现代科学的基础知识而能坚持着进步的人生观和世界观。文化教育当然是中等教育的基本任务。"④无疑，这里强调的是文化教育。关于中学分科，林砺儒在文章中说，是否分科实际上是一个怎样准备升学的问题。"若专就预备升学说，分科是容易适合大学各科的需要，那么，分科是好的，而且越细分越好。……然而中学生升学的究占少数，历来统计不超过 20%。为少数升学的便利而强迫全体中学生分科学习，就没有充足理由。"⑤所以，他主张原则上不分科。

基础教育发展的统一性与多样性也是一个与实际紧密联系的理论问题。1952 年在确定向苏联学习的战略时，也力图制造一种由国家统一办教育，体现社会主义高度的计划性和政治性的模式。但这个包袱实在太重，所以

① 黄菊美：《必须把发展师范教育放在优先地位》，《北京师范大学学报（社会科学版）》1984 年第4 期。

② 曹延亭：《师范教育尤应先行刍议》，《东北师范大学学报（教育科学版）》1986 年第 3 期。

③ 金一鸣、袁振国：《制定教育发展战略的几个理论问题》，《教育研究》1990 年第 7 期。

④⑤ 林砺儒：《中等教育的两个问题》，《人民教育》创刊号。

不久就不再强调教育一律由国家操办，在理论上也开始重新认识。认为我们学习苏联经验，首先肯定了学制、教材、教学计划以及种种教育制度方面的统一性，这是必要的。我们学习这一经验已经取得了很大成绩。但在学习当中也产生了一些缺点，就是忽视了中国实际情况，轻视了老解放区的优良经验，忽视了必须在统一性的基础上适当注意地方性。并认为地方性有以下好处：一是能适应生产需要，便于教学结合实际；二是能适应形势的发展需要；三是容易行得通；四是便于弥补学生功课上的短处，发展学生的特长；五是可以更好地发挥各地群众的创造性。①

1958 年中共中央、国务院在《关于教育工作的指示》中明确提出教育工作必须采取统一性与多样性相结合、普及与提高相结合、统一领导全面规划与地方分权相结合的"两条腿走路"的方针。但即使在强调地方性、多样性的同时，统一性也总是被放在首位的。"保证统一性是教育事业的根本原则，多样性必须以统一性为前提。有了统一性，我们的教育事业就有了灵魂。"② 所以，统得过死、计划性太强一直是中国教育的弊病之一。

师范教育的发展问题，比较突出地反映在学术性与师范性、定向型与非定向型的分歧上。"学术性"与"师范性"的矛盾在 20 世纪 50 年代就出现了。有人认为，高等师范院校既然是高等学校，就应把学术水平的高低作为衡量高师教育质量的最主要标志，学术性应占主导地位。也有人不同意上述主张，认为高等学校有其共同性，但师范院校更有其特殊性，即"师范性"。各类高校的"学术性"要求不同，如果用综合大学的学术水平要求高等师范院校，会不利于高师院校的建设。③

从总的趋向来看，主张把师范性与学术性结合起来，认为师范院校不应降低学术标准的意见占主导地位。如 20 世纪 60 年代初林砺儒就强调，师范大学的特征应该是"大学 + 师范"。为了确保这一点，他提出，"高师的修业年限比一般大学多一年是理所当然的"④ 华东师范大学校长袁运开则指出，应打破狭隘的师范性观念，认为学术性与师范性是普遍性与特殊性的关系，否定了学术性，也就使高师教育失去了存在的前提。所以，"师范

① 曙明：《论教育工作的统一性和地方性》，《人民教育》1957 年第 5 期。

② 《论教育事业的统一性与多样性》，《人民日报》1959 年 11 月 4 日。

③ 高宝立：《高师教育研究综述》，《教育研究》1987 年第 12 期。

④ 林砺儒：《师范教育问题随笔》，《教育研究》1979 年第 1 期。

性的教育学科，也需要迫切充实它的'学术性'，缺乏'学术性'或学术水平不高的学科，必将被淘汰，学校也会没有发展前途"①。

定向型与非定向型之争，是 20 世纪 80 年代提出的理论问题。"定向型"师范教育，是指以专门培养新师资为目标的师范院校。"非定向型"师范教育是指通过普通高校培养师资。20 世纪中叶以来，发达国家的师范教育体制产生了很大变化，如初级师范完全被淘汰了，中等师范大都停办，高等师范也有并入普通高校的趋势。许多国家实行了本科毕业后加读师范课程和通过教师合格证考试的制度。与这一趋势相适应，教育理论界也有人主张打破现行师范教育体制的局限性，由单一的"定向型"发展到"非定向型"，明确一般高校都有培养师资的任务。还有一些人则认为，一些发达国家的师范教育由"定向型"转向"非定向型"，是在师资基本满足的情况下，为提高普教质量和学术水平才实行的。目前，我国普通教育的师资在数量上和质量上都不能适应现代化建设的需要，不可能由"定向型"转向"非定向型"师范教育，还必须加强"定向型"师范教育。②

高等教育的发展涉及文理科的关系、教学与科研的关系以及高等教育内部结构的若干问题。汪永铨等人曾就文理科发展的不平衡问题进行探讨，他们指出，中国当代高等教育事业中存在着文科所占比重过低和逐年下降的现象。如文科在校学生占高校学生总数的比例，1952 年为 20.6%，1957 年为 9.0%，1962 年为 7.8%，1965 年稍有回升，达到 10.1%，以后又逐年下降，到 1979 年仍只有 8%。其中下降最多的是政法类系科，从 1949 年的 6.3% 下降到 1979 年的 0.3%；其次是财经科，从 1949 年的 16.6% 下降到"文革"中的 0.3%，1979 年也只有 2.1%。他们认为，造成这种现象的原因，主要是对文科教育认识不足。也就是说，不懂得文科也是科学，文科人才也是国家建设不可缺少的人才，不懂得人文、社会科学也是人类精神文明的结晶。文科高等教育不被重视，还与长期以来认为文科各门学科的人才以及国家各项事业的管理人才主要应通过实践来培养，不必经过大学教育的思想有关。他们引证说：据联合国教科文组织 1977 年统计，世界上人口

---

① 袁运开：《重点师范大学的办学方向》，余立主编《现代教育思想引论》，华东师范大学出版社，1986。

② 高宝立：《高师教育研究综述》，《教育研究》1987 年第 12 期。居思伟：《从比较角度研究我国的师范教育》，《教育研究丛刊》1980 年第 3 期。

在 1000 万以上的 50 个国家的高等学校中，人文、社会科学的系科在校学生占高校学生总数之比在 50% 以上的有 13 个国家，40%—50% 的有 13 个国家，30%—40% 的有 13 个国家，20%—30% 的有 6 个国家，18%—20% 的有 4 个国家。据此，他们认为必须大力发展高等文科教育，使文科大学生的比例占到 15%—20%。[①]

关于高等教育中教学与科研的关系，在很长一段时间内是以教学为中心。如 1959 年 4 月 3 日的《人民日报》社论就明确提出：教学、生产劳动、科学研究的结合，应当以教学为中心。为什么要以教学为中心呢？"因为学校的主要工作是教学。全日制的高等学校，不同于工厂、农场，不同于工人、农民的业余学校，也不同于科学研究机构，所以必须以教学工作为自己的主要任务。要把学生教好，指导学生学习，全日制的高等学校在教学方面还担负着提高的任务。它必须提高教学质量，提高各门学科的水平，它不仅要加强专业课的教学，还需要加强基础课理论知识的教学。这就要求生产劳动和科学研究必须以教学为中心，服从教学质量的要求。"[②] 这种以教学为中心的模式一直持续到 20 世纪 80 年代。人们逐渐开始认识到科学技术是第一生产力，开始把科学研究作为与教学工作并列的中心任务之一。如敢峰在《从传统教育到现代教育的转变》一文中就指出，有条件的高等学校要从单一的教育职能转变为多种职能兼备，尽可能向社会提供科技服务，使理工科高等学校成为以培养人才为主的教育、科学研究和现代化生产三结合的基地。[③] 他认为："高等学校的教师应当加强科学研究，吸收最新科学知识，不断提高教学质量。高等学校的学生和研究生应当早日进入科学研究领域，把进行'真刀真枪'的科学研究作为重要的学习方式。"还有人干脆提出，教学质量是由科研水平带动起来的，应当以科研为中心，尤其是重点大学更应如此。一种折中性的意见则认为，教学和科研虽有联系，但毕竟是有区别的；科研有助于教学，但太强调也会冲击教学，学校中可以由以教学为主和以科研为主的两种教师组成，做到教学科研两不偏废。此

---

① 汪永铨、郝克明、陈学飞：《论加强文科高等教育》《建国以来我国文科高等教育的几点经验教训》，《教育研究》1981 年第 8、10 期。

② 《把教学、生产劳动、科学研究结合起来》，《人民日报》1959 年 4 月 3 日。

③ 《人民日报》1984 年 9 月 30 日。

外，对高等教育结构的研究也取得了重要成果。[1]

在教育发展的重点上，民办教育问题是 20 世纪 90 年代后期和 21 世纪初讨论比较热烈的问题。促进民办教育发展，实现教育办学体制的多元化，是我国教育发展的重大战略性调整。在"国家对民办教育实行积极鼓励、大力发展、正确引导、依法管理的方针"指导下，我国民办教育获得了快速发展。我国民办教育的发展经历了三个阶段，即 1978—1991 年的恢复期、1992—1996 年的快速增长期、1997 年至今的规范发展期。据 2001 年教育事业统计公报，"十五"第一年，全国各级各类民办学校（教育机构）已达 56274 所，比 1996 年增加 27190 所；在校学生 923 万人，比 1996 年增加 585 万人。[2]到 2009 年，全国各级各类民办学校（教育机构）已达 10.65 万所，在校生达 3065.39 万人。[3]民办教育一直为社会各界关注的焦点，而对民办教育问题的研究也成为教育研究的一个热点。学者们对民办教育的名称的界定、民办教育的类型、民办教育的性质、民办教育的管理和民办教育的前景展望等进行了探讨。限于篇幅，这里就民办教育的性质、管理和前景等问题做逐一简述。

民办教育的性质。我国《教育法》和《社会力量办学若干决定》中明确提出教育不得以营利为目的。因此，我国教育理论界长期存在一种观点：教育是纯公益事业，不允许有任何营利性的行为，不允许有利益回报，举办者可以在适当的时候或者教育机构停办后收回本金。而民办教育作为一项社会投资事业，它必定是有一定回报需要的；如果只是公益性质的，只有付出没有回报，那么，民办教育必定失去发展的余地。"不得以营利为目的"似乎成了民办教育发展的桎梏，对此应如何理解？

对民办教育"营利与否"的典型说法是，教育把"不得以营利为目的"作为大原则是对的，但是如果民办学校没有资金积累，则必然影响民办学校的生存和发展；有赢利不等于学校是以营利为目的，不以营利为目的也不等于不赢利。我国民办教育发展的特殊情况是社会积累不足，必须靠赢利来积累。[4]《教育产业论》认为，教育是一种特殊的产业，教育市场因为社

---

[1] 郝克明、张力：《中国高等教育结构改革的探讨》，《教育研究》1987 年第 12 期。

[2] 教育部发展规划司、上海市教育科学研究院编著《2000 年中国民办教育绿皮书》，第 9 页。

[3] 《2009 年全国教育事业发展统计公报》，教育部网站，2010 年 8 月 4 日。

[4] 涂元晞：《关于"教育不以营利为目的"提法商榷》，《民办教育动态》1998 年第 3 期。

会选择而存在，教育服务就是教育产品，学校是教育产业的经营实体。[①] 教育产业论的出现，为民办教育的营利问题找到了更加深刻的理论背景。对民办学校营利问题持"务实"态度是允许民办学校有合理回报，理由是投资教育不等于捐资教育。客观事实表明没有哪一个投资者不考虑经济利益，办学投资者除了承担经济风险外，还要承担办学的责任，允许合理的回报是保护办学投资者的合法利益，鼓励他们办学的积极性，有利于教育事业发展。[②] 这样，关于民办学校营利性问题的争论进入了一个新阶段，即由能否营利的争论转移到怎样给予投资办学者以合理的回报上来。

民办教育的督导与评估。要保证民办教育健康发展，必须要对其进行督导和评估。对此，理论界也开展了一些有益的探索。徐广宇认为，对民办学校的督导应遵循方向性原则、实事求是原则、民主性原则、专业性原则、督导并重以导为主的原则。督导方法主要有：分类督导法、分层督导法、活动督导法、集中督导法和与自我督导相结合法等。要针对民办学校自身的特点制定评估标准，应注意在社会主义教育的方向性、公益性、教育教学质量等方面加强评估。要注重发挥民办教育中介组织、学术团体在民办学校中的评估作用。[③] 胡卫认为，必须用教育中介组织对民办学校进行管理：一方面，政府通过中介组织，在维持教育活动底线（即教育活动不违法）的同时，给予学校最大的自由；另一方面，通过中介组织，政府实现对学校的宏观直接管理。[④]

民办学校的师资管理。吁影录认为，我国民办教育师资呈以下特点：一是老龄化，二是非专业化，三是兼职化，四是流动化。[⑤] 师资问题严重地制约了民办学校的改革与发展，为此，一些学者提出了解决民办教育师资问题的措施。胡卫指出，要提高民办学校师资质量，必须建立健全教师的社会保障制度。具体做法是：建立教师资格证书制度，创设教师人才市场，健全民办学校的教师福利制度。[⑥] 胡东芳认为，要打破公办与民办学校师资流

① 张铁明：《教育产业论：教育与经济增长关系的新视角》，广州，广东高等教育出版社，1998。

② 胡卫、冯建军等：《规范收费的建议》，《民办教育动态》1999 年第 4 期。

③ 徐广宇：《中国民办学校研究》，《天津市教科院学报》2000 年第 5 期。

④ 胡卫：《我国民办教育发展的目标模式与政策》，《教育发展研究》2000 年第 6 期。

⑤ 吁影录：《民办学校师资问题刍议》，《江西教育科研》2000 年第 9 期。

⑥ 胡卫：《我国民办教育发展的目标模式与政策》，《教育发展研究》2000 年第 6 期。

动的壁垒，疏通公办学校与民办学校教师双向流动的渠道，国家应制定相应的政策法规并建立师资市场。①

民办教育的前景。虽然民办教育的春天已经来了，但是其自身不免还存在一些问题，主要表现在：认识上的模糊，出现了"多余论""冲击论""营利论""产业论"等，竞争基础薄弱，社会地位不高，类型偏，规模小，发展水平参差不齐，政府参与程度存在着地区差异。②如不摆脱这些困境，民办教育的发展前景令人担忧。朱永新认为，民办教育发展的最大障碍、影响民办教育发展的最大"瓶颈"是"假民办"。所谓"假民办"就是没有真正的独立法人、独立财务、政校不分、产权不明晰的各种学校，在中小学主要体现为各种民办公助或公办民助的"校中校"，在大学主要体现为各种形式的"民办二级学院"。要促使民办教育的发展，当前要做的是，必须尽快将所有学校"验明正身"，要么是公办学校，要么是民办学校，所有"假民办"尽快与公办学校彻底脱钩。③民办教育的前景如何？顾明远认为，面向21世纪的民办教育将可能突破旧有模式，实现新的飞跃。具体表现在：民办教育将会更加凸显自己的特色；将会出现更加多样化的办学形式；公立学校与私立学校之间的壁垒将不会增厚，相反会变薄；民办学校将会更加关注21世纪国家发展战略的需要。④

纵观十年来我国理论界对民办教育的研究，应该说无论从广度还是深度，都达到了一个较高的水平，但是也存在一些不足，如缺乏周密的实证研究、学术性的著作较少等。2002年12月28日，《中华人民共和国民办教育促进法》由第九届全国人民代表大会常务委员会第三十一次会议通过，这标志着民办教育的发展翻开了新的一页。相信，对民办教育的研究也将更加深入更加活跃。

2009年9月，中国民办教育协会副会长季明明在《加强我国民办教育科学研究的若干重要问题》一文中，探讨了民办教育发展进程中亟待研究的问题。季明明认为，当前我国民办教育领域需要加快研究涉及四个方面的47个问题：

---

① 胡东芳：《民办教育的"应为"与"难为"》，《湖南教育》2000年第17、18期。

② 瞿葆奎主编《中国教育研究新进展（2000）》，华东师范大学出版社，2001，第142-145页。

③ 朱永新：《假民办是民办教育发展的最大障碍》，慧聪教育商务网2003年6月14日。

④ 顾明远：《21世纪民办教育面临的问题及发展趋势》，《中小学管理》2003年第3期。

一、民办教育发展宏观问题：民办教育发展对增强国家教育实力、促进教育改革、拉动社会投资和引导人民群众合理教育消费的重要意义研究；民办教育与公办教育共同发展的内涵和衡量指标研究；民办学校发展空间、发展趋势与布局、类别、层次结构研究；鼓励非公有资本投资民办教育特殊政策研究；对民办教育吸引社会捐赠特殊政策研究；支持民办教育设立相关基金办法研究；民办教育法制建设和法律政策体系研究；民办学校机构特殊属性问题研究；办学多元化格局与国家宏观教育体制研究；民办学校经验对扩大公办学校办学自主权和促进其内部管理体制改革意义研究；民办学校办学自主权和学历文凭多元化可能性研究；公办学校办学经验对民办学校的借鉴研究；民办教育区域特色以及促进区域教育均衡发展经验研究；发展农村和经济欠发达地区民办教育对策思路研究；民办教育与公办教育合作渠道、合作体制与运行方式问题研究；民办学校评估认证指标体系及方法与技术研究。

二、政府职能转变与促进民办教育发展问题：政府教育职能转变与对民办学校管理模式和方法研究；阻碍与影响民办教育发展的传统观念、管理方式的表现及其原因研究；民办教育公共财政资助、奖励政策与办法研究；行业自律与民办学校行业组织地位、组织建设以及作用发挥研究；有效解决"假民办""假独立"与形成教育公平竞争制度环境问题研究；政府依法管理、民办学校依法办学、行业组织依法参与监管的民办教育公共治理模式研究；民办学校教师、学生合法权益保障措施研究；政府扶持民办学校政策与办法研究；民办学校信贷、用地、用水、用电优惠政策研究；民办学校税收政策研究。

三、民办学校产权、融资及经济政策问题：教育产业理论和民办学校产权属性与产权结构问题研究；民办学校财务管理和会计制度研究；科学界定公办与民办学校的应税行为及其一视同仁、规范管理研究；合理划分纳税主体、实现要求合理回报与不要求合理回报学校分类管理问题研究；公办学校参与举办民办学校的资产与产权界定问题研究；国有民营学校新增资产产权结构问题研究；民办学校债务与偿还能力研究；区分营利性与非营利性民办学校的意义与利弊问题研究；要求取得合理回报民办学校办法研究以及不要求合理回报学校优惠政策研究；民办学校产权问题以及举办者原始投入资产、办学积累资产的归属与终止办学后剩余财产处理政策研究；民办学校与资本市场结合问题研究；民办教育无形资产评估问题研究；多元投资与混合所有制学校管理模式研究；通过股份合作、上市公司以及教育产业集团融资发展民办教育对策思路和政策法律问题研究；建立民办学校风险机制研究；建立民办学校退出机制研究。

四、民办教育比较研究问题：当代世界私立教育主要模式、成功经验比较研究，国内外民办教育法律政策比较研究，"东亚模式"与亚洲民办高等教育成功经验与发展趋势研究，世界大学融资方式与渠道研究，与国外私立教育加强合作交流的渠道与办法研究，全球化背景下我国民办学校参与教育服务贸易方式与成功经验研究。

季明明认为，上述需要研究的问题都紧紧围绕进一步全面理解与贯彻《民办教育促进法》这条主线，有的涉及传统观念的更新，有的事关中国民办教育改革发展的战略及法规政策，有的涉及政府应该做什么、怎么做，有的关系到促进国际间的合作与交流，等等。就此进行科学研究和理性思考，认真总结改革开放以来我国民办教育的经验，宏观分析当前民办教育发展形势，充分肯定成绩，深入剖析存在的问题及其成因，结合国情认真借鉴国外成功经验，努力探索中国特色民办教育发展规律，对于全面贯彻落实《国家中长期教育改革和发展规划纲要》的要求，积极促进我国民办教育事业的科学发展，具有十分重要的意义。

三、教育发展战略的运行研究

教育发展战略是面向未来的教育蓝图，但它并不是一个一劳永逸的静态方案，而是一个不断补充、不断调整和不断完善的过程。[①] 教育发展战略的运行研究，主要是指对教育发展战略从确定目标到付诸实施、评估修正的完全过程进行理性的思考，从而把握教育发展战略的运行规律。金一鸣、袁振国的研究认为，教育发展战略的运行一般包含以下几个步骤[②]：

一是确定教育目标。教育目标是教育发展战略的出发点和归宿，也是衡量战略部署贯彻、实现情况的依据。确定教育目标具有三个层次，即教育在经济建设和社会发展中的地位，教育的目的，各级各类教育的具体目标。所以，确定教育目标一般必须研究政治、文化、传统对教育的规定，研究教育所面临的各个方面的挑战。

---

① ②　金一鸣、袁振国：《制定教育发展战略的几个理论问题》，《教育研究》1990 年第 7 期。

如上海市教育发展战略研究报告，其中就不仅规定了上海教育"坚持方向，深化改革，增加投入，提高质量，注重效益，适度发展，社会参与，双向协调"的总体发展战略，而且提出了具体的 2000 年上海教育发展的战略目标：（1）形成与上海科技实力和社会政治文化需求相适应的教育规模；（2）建立高水平的学校，培养高质量的人才和劳动者；（3）建立结构合理、功能完善、制度灵活、纵横相通、管理体制健全、开放多元的社会主义现代化教育体系。①

二是诊断教育现状。为了充分、有效地利用教育资源，在制定教育发展战略时必须从三个方面进行教育诊断：（1）教育与社会的联系，如教育（数量、质量、科类、层次等）能否及时、有力地反映社会的需要，能否反映社会的理想（如机会均等、普遍提高人民的文化素质）；（2）教育与个人希望的联系，如教育能否为个人的不同愿望提供充分的机会，能否为师生提供较好的教和学的条件，能否有效地减轻师生的教、学负担等；（3）教育内部的资源利用是否充分合理，教育功能是否充分地发挥，教育内部是否协调一致等。

上海市在制定教育发展战略时也对上海教育现状进行了诊断，发现了两方面的矛盾：（1）社会对教育的需求与教育的供给之间的矛盾，这一矛盾主要表现在学校德育严重不适应新形势、教育体制不顺、教育结构不合理、办学效益不高、办学模式和培养规格不同程度地脱离社会实践等方面；（2）社会的供给与教育需求之间的矛盾，这一矛盾主要表现在对教育的投入不足、教师待遇偏低等方面。② 所以，在制定上海教育发展战略时，无论是总体发展战略还是具体目标，都要考虑到上述矛盾。

三是制订可行方案。制订可行方案也是教育决策的过程，在制定一个影响广泛、综合性的决策时，考虑多种变通的方案是必要的。由于各种偶然因素的存在，确定最低方案、期望方案和理想方案也是必要的。

四是衡量轻重缓急，建立优先顺序。教育的增长需要是无限的，教育资源的供给却是有限的。怎样配置和使用教育资源才能最迅速地产生最大的效益，是制定教育发展战略时特别需要关心，也是最困难的。

邱渊在《教育发展战略与基础教育》一文中对教育资源的配置做了比

---

① 上海教育发展战略课题组编《上海教育发展战略研究报告》，华东师范大学出版社，1989，第 1 页。

② 同上书，第 4–15 页。

较深入的研究。^① 他认为，教育的资源可分为人力、物力和财力三个方面。教育发展战略中的人力资源，指的是在提高劳动者素质和培养社会主义建设各类专业人才时，其所需的各级各类师生人力。教育人力资源的配置最根本的是提高人口素质，保证基础教育的质量。教育发展战略中的物力条件是指实物，它的配置问题，主要以供应方式的实用方便程度而定。一般来说，地方或企事业领导人对自己参与主持的业务教育了解得比较清楚，也容易因时制宜、就地取材。教育发展战略中的财力资源，是用以支持人力资源和物力资源的共同条件，是来自经济、财政的外部条件。教育的财力资源指财源充足性、负担公平性、配置合理性、使用有效性等方面，常与经济和财政的其他问题有密切联系。

五是付诸实施。教育发展战略确定的方案、决策，是否合理，是否可行，要在实施以后才能得出结论。但教育的迟效应和牵制因素的复杂化，使得这种判断变得十分困难和需要很长时间。所以他们主张将有关方案、决策在一定范围内先开始实验性实施，进行小规模的试验。目前大多数教育发展战略研究尚缺乏这种试验的尝试，而主要以国内外的既成经验为基础。所以，在今后教育发展战略研究中，如能更自觉地进行试验，可能会增加发展战略的可行性。

六是评估修正。任何一种对未来的规划都不可能是精确无遗、一成不变的，教育发展战略对教育的规划必然是近细远粗，需要不断地具体化。所以，教育发展战略是"滚动"的。由于社会本身的变化而影响到教育发展战略方案、决策的变化也同样是可以理解的。同时，当初主观上认为合理、可行的东西，在实践过程中可能会发现不是当初预想的那样合理可行，或者发现有更好的措施可以替代，所以对既定的战略不断进行评估和修正就成了战略制定的一个组成部分。

应该说，在20世纪80年代兴起的教育发展战略研究，对形成中国自己的教育发展战略学和指导各地的教育发展和改革，起了很好的作用。但也存在着若干问题，如战略思想比较雷同、研究思路比较单一、预测的科学性不够、战略研究与行政规划或计划结合不紧密等。^② 如1984年的专门人才预测，其准确性和可靠性就不甚理想，很难在其基础上做出规划。如

---

① 《教育研究》1990年第8期。

② 周长春:《教育发展战略研究中存在问题之我见》,《教育研究》1991年第2期。

果采用扩大预测区间的办法，按照 2000 年高校入学率为 2%—5% 推算，全国 2000 年高校在校生人数将在 153 万—382 万之间，上下限差将达 229 万之多，比现在普通高校在校生规模还要大。这必然影响教育发展战略研究的价值。

在教育发展战略研究中，教育预测是比较重要的环节。教育预测研究比较多的是依靠统计学和概率论的原理，并结合社会学的有关研究方法，对教育某些可以较好定量化的方面进行研究和预测。预测方法非常多，如丁士贤等曾运用"趋势外推法"和"年龄推移法"对沈阳市普通教育学生人数的增长及其对师资的要求等进行了具体预测[①]；宁虹等运用系统动力学的方法对中国高等教育的发展进行仿真分析，得出了"我国高等教育发展的'S'形增长"的结论。[②]但综观中国当代教育发展战略研究所运用的方法，基本上遵循了这样两个原理。一是惯性原理，即认为过去和现在的情况会影响到将来。运用这一原理有一个基本假设，即预测的对象的系统结构是稳定的，其发展趋势也是稳定的，只有这样才好预测，否则就难以预测。二是类推原理，即根据观察的样本，对预测事物的各种关系结构的变化，指出固定的模型，应用样本去估计整体模型，然后应用整体模型结合惯性的原则，对事物的未来进行预测。这两种原理均根植于系统结构以及系统结构的稳定性与有序性，对于社会变化较大的当代中国教育，其适用性与效度就不可避免地受到影响。

无论教育发展战略研究存在着怎样的缺陷，它毕竟标志着教育决策靠主观经验、长官意志的时代的终结。尽管评价现有教育发展战略的成败得失也得靠时间与实践标准来检验，但教育理论界为之进行的尝试与探索，无疑标志着教育科学化时代的开端。

四、国家中长期教育改革和发展规划的制定过程考察

进入 21 世纪 20 年代的开端，中国教育面临着深入改革和发展的关键期。教育改革的路径和发展方向，已被迫切地摆到议事日程之上。

优先发展教育成为党和国家的重要共识。中共中央总书记、国家主席

---

① 丁士贤：《地区性普通教育发展的预测研究》，《教育研究》1983 年第 11 期。

② 宁虹：《我国高等教育发展的"S"形增长》，《教育研究》1987 年第 3 期。

胡锦涛指出，推动教育事业科学发展，必须优先发展教育，优先发展教育是党和国家长期坚持的一项重大方针。要把优先发展教育作为贯彻落实科学发展观的基本要求，切实保证经济社会发展规划优先安排教育发展、财政资金优先保障教育投入、公共资源优先满足教育和人力资源开发需要，并尽快形成科学规范的制度。①

　　为了保证优先发展教育，提高教育的战略地位，并解决教育发展中的一些问题，国务院早在 2008 年就开始准备制定《国家中长期教育改革和发展规划纲要（2010—2020 年）》（以下简称《纲要》）。温家宝总理亲自担任国家科技教育领导小组组长，并于 2008 年 8 月 29 日主持召开国家科技教育领导小组第一次会议，听取教育部关于制订《国家中长期教育改革和发展规划纲要》工作情况的汇报，审议并原则通过规划纲要制订工作方案。

　　这次会议强调，《纲要》是进入 21 世纪以来我国第一个教育规划纲要，是指导教育改革和发展的纲领性文件。制订这个规划纲要，是一项十分复杂的社会系统工程。规划纲要应从我国现代化建设的总体战略出发，对未来十二年教育改革和发展做出全面规划和部署。一要在优先发展教育、促进教育公平、培养创新型人才、提高教育服务经济社会发展的能力等方面，提出符合国家战略和群众需求、反映教育规律和发展趋势的指导方针。二要贯彻科学发展观，体现面向未来、面向世界、面向现代化，立足国情，改革创新。三要以提高国民素质、建设人力资源强国为核心，科学确定到 2020 年我国教育改革与发展的战略目标、总体任务和重大部署，对教育规模、结构、质量以及分阶段和分地区的目标提出具体要求。四要综合考虑人口变化、学龄人口结构、经济结构、就业结构和社会发展的特点，对各级各类教育的改革与发展做出专题性规划。五要系统研究基础教育、职业教育、高等教育的体制改革和教学改革、教师培养、教育发展保障等重大问题，找准症结，提出思路，使规划纲要具有战略性、前瞻性、针对性、操作性。

　　为了制订出一个人民群众满意、符合中国国情和时代发展要求的高水平规划纲要，确定了要广泛听取专家学者、社会各界、学生及家长的意见，重大问题在社会公开讨论，使规划编制过程成为发扬民主、集思广益的过程，成为统一思想、凝聚共识的过程。

---

　　① 《胡锦涛在全国教育工作会议上的讲话》，《人民日报》2010 年 7 月 13 日。

2010 年 2 月 28 日，国务院新闻办公室召开新闻发布会，正式公布《纲要》的征求意见稿，开始面向社会征求意见。温家宝总理曾先后五次主持召开座谈会，就制定《国家中长期教育改革和发展规划纲要》听取社会各界人士的意见和建议。应当说，如此空前的密度彰显了国家对于推动教育改革的决心。

《纲要》征求意见稿中有一些话题受到普遍关注：学前教育纳入规划，破解城乡"入园难"；缩小校际差距，解决择校难题；进城务工人员随迁子女有望在当地参加升学考试；减轻中小学生课业负担，给学生更多发展空间；逐步实行中等职业教育免费制度；推进政校分开、管办分离，逐步取消高校行政级别；高校分类入学考试，让不同的人有多重选择；教师工资不低于公务员，保障教师安心从教；在中小学设置正高级职务（职称）；纠正对民办学校歧视，鼓励出资办学，等等。

2010 年 5 月，国务院常务会议审议并通过《国家中长期教育改革和发展规划纲要（2010—2020 年）》。2010 年 7 月 29 日正式全文发布。至此，研究制定历时近两年的《纲要》，作为中国教育未来十年改革发展的蓝图，正式铺开在人们的面前。

《纲要》提出，今后十年我国教育改革发展要贯彻优先发展、育人为本、改革创新、促进公平、提高质量的方针；促进公平与提高质量是两大工作重点。《纲要》提出，要继续增加教育投入，逐步提高国家财政性教育经费支出占国内生产总值比例，到 2012 年达到 4%。

《纲要》提出"育人为本"是教育改革发展的核心，提出"基本实现教育现代化，基本形成学习型社会，进入人力资源强国行列"的战略目标。具体表现为：实现更高水平的普及教育，形成惠及全民的公平教育，提供更加丰富的优质教育，构建体系完备的终身教育，健全充满活力的教育体制。

《纲要》提出教育发展、改革、保障三大任务：

一是六项发展任务，即学前教育、义务教育、高中阶段教育、职业教育、高等教育、继续教育，特别是强调民族教育和特殊教育。

二是六项改革任务，即人才培养体制、考试招生制度、学校制度、办学体制、管理体制改革和扩大教育开放。

三是六项保障任务，即加强党和政府对教育工作的领导、加强教师队伍建设、保障经费投入、加快教育信息化、推进依法治教、实施重大项目和改革试点。

作为今后一个时期指导全国教育改革和发展的纲领性文件，其主要内容包括：推进素质教育改革试点、义务教育均衡发展改革试点、职业教育办学模式改革试点、终身教育体制机制建设试点、拔尖创新人才培养改革试点、考试招生制度改革试点、现代大学制度改革试点、深化办学体制改革试点、地方教育投入保障机制改革试点以及省级政府教育统筹综合改革试点 10 个方面。

应该说，《纲要》制定的过程，本身就是一个不断问计于民的过程。据不完全统计，《纲要》自启动到正式颁布，工作小组及其办公室先后在境内外召开不同层面、不同类型的座谈会和研讨会 1800 余次，直接参与调研、座谈、讨论的海内外专家和各方人士有 35000 余人次。在文本面向社会征求意见期间，全国人大、全国政协、各民主党派中央、中央有关部委、各省（区、市）教育厅（委）、部分大中小学和幼儿园、企事业单位等 660 多个单位，1800 余名专家、校长、教师、学生、家长、教育部门负责人、企业界人士以及海外人士共提出意见、建议 6100 多条。起草组先后召开各类会议近 300 次，在认真研究、充分吸纳各方面意见、建议的基础上，对文本稿反复讨论、认真推敲、精心修改，前后正式进行了 40 多轮大的修改，各界人士发表意见、建议 210 多万条。从面向社会公开征求意见，到审议定稿，教育规划纲要文本充分吸收社会各界意见，前后修改 400 多处。

《纲要》从理念、思想到方针、目标，从战略主题到改革重点，从具体措施到重大项目，都广泛听取了群众意见，真正做到了"从群众中来，到群众中去"，应该说是一次科学决策、民主决策的典范。

当然，中国教育的一些难题，能否得到缓解和解决，是检验这个《纲要》的试金石；同时，中国教育能否在这十年里依照蓝图得到充分发展，也令人无限期待。

第十四章　21 世纪的中国教育科学

在新世纪中，中国教育的走向究竟如何？未来的中国教育科学研究将会呈现出怎样的格局？面对未来的挑战，中国的教育与教育科学应如何建构与发展？这是摆在每一个中国教育工作者面前的共同课题，也是本书终章将要探讨的问题。

一、未来的冲击与中国教育发展趋势

从 20 世纪 80 年代开始，世界各国都把目光放到了 21 世纪，各国也几乎不约而同地认识到教育在新世纪的地位与价值，开始研究未来的冲击与本国教育发展趋势，并着手进行全方位的面向 21 世纪的教育改革。

1983 年 4 月，美国高质量教育委员会发表了题为《国家处在危险之中——教育改革势在必行》的报告，以严肃的口吻警告习惯于乐观与陶醉的美国人："当我们完全有理由为我们的大中小学在过去历史上取得的成就和为美国及其人民的福利做出的贡献而感到骄傲的同时，我国社会的教育基础目前受到日益增长的庸庸碌碌的潮流的腐蚀，它威胁着整个国家和人民的未来。上一代还难以想象的情况开始出现了——其他国家正在赶超我们教育上的成就。"[1]在美国高质量高等教育研究小组的一份报告中，更明确地把视野投到了未来："在今后的 15 年直到下一个世纪，我们的国家需要懂得如何学习的公民，他们能够根据自己的需要去辨别、组织和使用一切学习资源。我们的国家将依靠有创造性的、能够综合和重新组织信息的公民，能从各个不同角度分析问题的公民。我们的国家需要能在家庭、社会和国

---

① 教育发展与政策研究中心：《发达国家教育改革的动向和趋势——美国、苏联、日本、法国、英国 1981—1986 年期间教育改革文件和报告选编》，人民教育出版社，1986，第 1 页。

家生活中与人共享其知识和学术能力的人。"①

日本从1985年开始的教育改革，从一开始就是以面向21世纪为目标的，在日本临时教育审议会关于教育改革的第一次审议报告中，就已把新世纪的要求放在重要位置。如报告明确指出："时代向着21世纪飞奔，向着真正的国际化转化，向着信息为中心的文明社会转化，人类也从'50岁寿命'转向'80岁寿命'。21世纪的科学技术文明，要求人们重新认识人生的意义，恢复人类社会的文明，教育必须要跟上新时代的要求。"在报告的序言部分还提出，为使面向21世纪的教育改革获得成功，恳请全体国民能够理解和协助。

其他如法国、英国、阿尔及利亚、阿根廷、苏联、贝宁、哥斯达黎加、芬兰、德国、印度、印度尼西亚、墨西哥、巴基斯坦、秘鲁、西班牙、斯里兰卡、多哥、喀麦隆、乌拉圭、丹麦、荷兰、罗马尼亚、塞拉利昂、瑞典等国，都进行了大刀阔斧的改革。

未来的教育离不开未来的社会，未来的教育是未来社会的一个子系统。未来虽然是看不见、摸不着的存在，但它是今天的延伸。未来是可以预测的。历史早已昭示我们，谁能摸准未来的脉搏，谁就能在未来的社会占得先机。那么，未来社会的发展将会有什么特点呢？

（一）未来社会的发展及其特点

1. 信息化

信息化是未来社会发展的基本特点之一。著名未来学家托夫勒在继《未来的冲击》《第三次浪潮》之后的第三部名著《权力的转移》中曾揭示了这一基本特点。他认为，正在到来的新世纪，不论现在看来多么混乱、无序，其中一个最显著的特征就是知识的急剧膨胀与迅速传播。印刷出版物，以前所未有的速度和数量潮水般地涌来；电台、电视台，几乎每天24小时地"轰击"着人们的头脑。信息的迅速传播，导致了大国首脑的倒台，甚至政府的更迭。新的科学理论和技术知识，每天都在更新，昨天还是科幻小说中的题材，今天就已变成了现实。工业、商业、金融业，正日益依赖于

---

① 美国高质量高等教育研究小组：《投身学习：发挥美国高等教育的潜力》，引自《发达国家教育改革的动向和趋势——美国、苏联、日本、法国、英国1981—1986年期间教育改革文件和报告选编》，人民教育出版社，1986，第88-89页。

市场信息和技术信息；公司间的信息战正愈演愈烈，已变得生死攸关。国家间的争夺也日益从谋取军事强权转向了科技竞赛。谁握有大量知识，谁就能在未来的世纪中获胜。随着体力劳动向脑力劳动的转变，知识与专业技能成了人们就业竞争的焦点。

在托夫勒的描述中，知识不仅是物质财富生产过程中的加速器，而且正日益取代有形物质的地位，成为物质生产中最重要的因素。在信息化的社会，自动化与计算机取代了大批的体力劳动和脑力劳动者，知识和信息投入生产过程后大大提高了全部资本的周转速度，减少了用于原料、劳动力、设备、库存、运输等方面的资本投入。信息本身成了一种最重要的资本。

随着被托夫勒称为"超级信息符号经济"的发展，现存的经济秩序也在经历着一场巨大的变革。知识密集型行业将取代那些主要依赖于原料和劳动力的制造业的地位而迅速崛起，昔日的工业巨头、金融巨头正面临着日益严重的挑战，权力正从他们手中一点一滴地渗漏出去。仍实行大批量生产的大企业、大公司，现在饱受繁文缛节、低效高耗之苦，代之而起的是那些灵活高效的小公司、家庭公司，权力正在分散化。

随着信息的重要性与日俱增，信息与知识已成了抢手货。一场日趋激烈的信息争夺战展开了。过去，情报与反情报战争是国家间的事情；而现在，这种角逐正向一切领域渗透。大大小小的情报机构如雨后春笋般大量涌现，获取情报的手段也五花八门。可以说，谁掌握了知识和信息，谁就掌握了支配他人的权力。[1]也正是在上述意义上，信息产业已与高技术产业、金融业一样为国际市场上最重要的产业之一。

适应信息化社会是世界各国面向未来的教育改革的中心内容之一。如日本临时教育审议会第三次咨询报告中就明确提出："必须展开领导新的信息社会的教育，同时，最大限度地发挥各种信息手段的潜在力，促进向'开放型学校'的转化，建立各种教育机构的联结网络，进一步搞活教育。因此，应当按照多样化的学习要求，提高学习者的自发性和创造性，以构筑有效地运用所有信息技术的新教育系统和'信息化社会型系统'为目的。"[2]

---

① 阿尔温·托夫勒：《权力的转移》，刘江等译，"译者前言"，中共中央党校出版社，1991，第3–5页。

② 耿函：《日本临时教育审议会关于教育改革的第三次咨询报告（摘要）》，《外国教育资料》1987年第6期。

在这方面，应注意研究以下问题：第一，认真培养利用信息的能力，研究其教育内容和方法；第二，确立教育各领域最适宜的信息媒介教材的研究、开发体制；第三，教师要积极并灵活地利用各种信息媒介器械及教材，使之能发挥帮助儿童自发进行学习的作用；第四，建立研究信息机械方面存在的弊端的体制。

2. 国际化

信息化的社会必然是一个国际化的社会。随着现代交通、通信技术的高度发展和经济、科技、文化、教育等交流的扩大，地球急速缩小，于是有了"地球村"的概念。

战后美苏称霸的两极现象随着苏联的解体已经终结，世界正在出现多极化。在军事上，美国的威慑力量也愈来愈小。1990年日本军事费用达40 000亿日元，占世界第三位，有可能超越核阶段，发展最新式武器。第三世界有18个国家有了弹道导弹，十余个国家有能力生产化学武器、核武器和生物武器。在经济上，欧共体的外贸额已占全球1/3，在国外投资总额达3500亿美元，其中46.2%在美国；日本在美投资也达600亿美元，索尼公司花34亿美元买下了哥伦比亚影片公司，三菱公司收购了美国洛克菲勒集团的资产，1989年起日本又取代美国成为第一大外援国；中国等第三世界国家的经济实力也在不断增强。多极化是世界格局的基本走向。

与此相适应，各个国家的联系也愈来愈紧密了。任何一个国家都不能完全被孤立于国际社会而长期生存与发展，经济上的往来愈来愈多地打破国界，各国向国际社会开放，已成了当今社会的发展趋势。许多国家的企业已不是只为本国生产，而是面向世界并依靠世界进行生产。如英国的帝国化学工业公司年销售额高达200亿美元以上，其中98%销往国外，它的高层领导中也有35%是外国人。日本仅1988年在海外申请的企业法人就达6647家，1989年在欧洲的公司700多家，制造厂411家，雇当地工人75万人。与此相适应，跨国的联合体日益增多，欧共体、北美集团、以日本为核心的组织松散的东亚集团，已成为20世纪90年代三个影响较大的国际经济集团。此外，由不结盟国家组成的77国集团，由印度、巴基斯坦、孟加拉等组成的南亚区域合作，由阿拉伯也门、埃及等组成的阿拉伯合作委员会（ACC），以及拉美经济体系、拉美一体化协会、安第斯条约组织、中美洲共同市场、加勒比共同市场等区域经济合作不断加强，并呈现出国际化的趋势。

在国际化的社会里，许多问题的解决，如战争与和平问题、地球环境的问题、文化误解与文化摩擦的问题等，已非一个国家或几个国家的能力所能及，而有赖于世界各国的共同努力。也就是说，只有从全人类的角度出发，积极为人类的和平与繁荣，解决地球上各种各样的问题做出贡献，参与能保全宇宙船"地球号"生态系统正常运转和使自然、人、机器共同生存的人类文化的创造，才能使国际社会健康、稳定地发展。

因此，适应国际化社会也是世界各国面向未来的教育改革的重要内容。仍以临时教育审议会的报告为例，1986 年 4 月 23 日发表的第二次咨询报告中强调：在考虑面向 21 世纪的国际化的进一步发展将会带来的可能性与问题时，既要求下一代日本人认识较以往更深刻、更广阔的国际社会，即认识世界各国的文化、历史、政治、经济等，也要求他们具备能充分沟通日本文化与异国文化的语言能力、表达能力、国际礼节，并具备对异国文化的理解能力等。而且，随着国际化的发展，为了使下一代日本人就国际社会中日本文化的历史、传统、个性等，正确认识各种文化所有的特殊性和潜在的共通性、普通性，有必要具备作为一个坚定的日本人的文化素养和能力。"这就要求在国语教育、语言教育、历史教育、艺术教育、德育的教育模式，对教师的能力要求，外国教师和留学生问题，教育与研究的国际交流等各个方面，重新认识以往的思想方法和处理方法。"①

总而言之，未来的国际化社会，不仅要求每一个国家和民族从全人类利益、全球观点出发考虑问题，而且要求教育机构（尤其是高等教育机构）向国际社会开放，把教育水平提高到比任何时候都要高的水平，培养出适应国际化的开放型人才——这些人才不仅是理解国际社会，关心和宽容异国文化，通晓外语，具备外交能力，懂得国际礼节，而且是具备高度文化素质和能力的。②

3. 成熟化

所谓成熟化，是指先进工业国由成长而进入成熟的阶段。日本临时教育审议会提出的关于教育改革的第四次咨询报告（终结报告），比较全面地论述了成熟化社会的基本特点。

---

① 瞿葆奎主编，钟启泉选编《教育学文集·日本教育改革》，人民教育出版社，1991，第 458 页。

② 崔相录、方正淑编著《迎接 21 世纪的发达国家教育改革探索》，湖南教育出版社，1990，第 24 页。

　　首先，在文化生活方面，随着物质生活水平的提高、闲暇时间的增加、社会保障的改善和高学历化的发展，国民的需求日趋多样化、个性化和高层次化。同时，人们的生活观念也发生了变化，正从追求富裕的物质生活转变为追求富有的精神生活，从强调数量转变为强调质量，从重视硬件转变为重视"软件"，从主张同质划一转变为主张多样化和自由选择。

　　其次，在产业经济方面，随着信息化、软件化和第三产业的迅速发展，产业结构和就业结构也出现了巨大变化。

　　再次，我们的社会正在迅速变为老龄化社会，如果不采取妥善的对策，则有可能导致失去社会活力。另外，越来越多的妇女正走向社会，参加工作，劳动者的意识也日趋多样化。

　　并且，都市化的发展，造成了由缺乏人际联系的分散的个人组成大众社会的状况，并由此而导致出现了多样化的价值观念，削弱了团体意识和各种传统社会规范的影响力。而家庭中子女人数的减少、小家庭大量增加、家庭生活方式和父母就业形式的变化、父亲对子女的影响力减弱等家庭的角色和职能的变化，也同许多教育问题复杂地联系在一起。此外，在向成熟化社会发展的过渡时期，物质的丰富、生活的便利、闲暇时间的增加，往往容易对人的身心健康产生一系列影响，使人萎靡不振、体力衰退，自我形成迟滞，并可能导致减少人们之间的社会联系，削弱人们的社会责任感，甚至可能导致庸俗文化的泛滥。

　　成熟化社会对教育也提出了许多更新、更高的要求，它首先表现在人们闲暇时间的增多和对精神生活的追求，而充实人们的闲暇时间和满足人们的精神需要，自然是教育责无旁贷的任务。终身教育的倡导者朗格朗早就揭示了这一特点。他说："在我们时代，还有另一个因素起着决定性作用——闲暇时间的增加。在世世代代作为少数人的特权之后，现在闲暇已成为亿万劳动者都可以得到的了，这就给他们的生活带来了新天地。人们公认，不久的将来，我们社会的成员将把比他们从事工作多得多的时间，用于休息和娱乐。这便提出了他们要用闲暇时间干什么这样一个重要问题，其答案就有一部分用在教育上。第一点是必须要为了闲暇而进行的教育，这就是说，人们必须做好准备并接受训练，以便有价值地使用这种自由支配的时间。第二点是在闲暇时间必须向人们提供教育，这就是说，人们空闲的夜晚、周末还有几周或数月的假期中的一大部分时间，能够而且应当用于智力活动，用在学习和研究上，用在可以引起他们的求知欲和使他们从事各种艺术活动上。"①虽然中国尚未进入成熟化社会，但在部分地区和部分人身上，已表现出诸种成熟化的迹象，从现在开始，教育就必须逐步适应这种不断发展之中的需要。

（二）中国教育的发展趋势

在地球变得越来越"小"的今天，世界上每一个角落都在感受着未来的冲击波，每一个国家也都在调整自己的教育以适应未来社会的趋势。从20世纪80年代开始，中国教育在"面向现代化，面向世界，面向未来"的旗帜下，也试图不断地建构与调整，并呈现出健康发展的趋势。从总体上来看，中国教育的发展将会有以下几方面的特点：

1. 以培养心理素质为主的教育目标

培养目标是一个国家培养人才的总体规范，未来社会的冲击，首先会在教育目标上反映出来。如日本的《教育基本法》曾规定日本的教育"以培养健全的人格为目标"，在1987年的教育改革的终结报告中又把这一目标具体化并调整为：培养宽广的胸怀、健康的体魄、丰富的创造力，自由、自律与公共精神，能够面向世界的日本人。1988年9月美国发表的一篇题为《美国的潜能——人》的研究报告中，也提出了面向未来的美国教育目标，即"面向21世纪去开发人的才能，意味着培养人们具有明确的生活目标和社会责任感，具有在变化的环境中应用所学知识和技能的高度适应能力，具有创造意识，并能不断获得新知，而且有能力克服自身的局限"。

联合国教科文组织1989年在中国召开的面向21世纪教育国际研讨会就未来教育的培养目标达成了这样的共识："总而言之，21世纪最成功的劳动者将是最全面发展的人，将是对新思想和新的机遇最开放的人。"这种人的心理素质具有较高的要求，根据柯林博尔的说法，未来教育所培养的人应具有三本"护照"，一是学术性的，二是职业性的，三是证明一个人的事业性与开拓能力的。如果一个人缺乏这方面的素质，学术和职业潜力就不能发挥，甚至变得没有意义。他还对持有"第三本教育护照"的人做了如下描述："对于变化持积极的、灵活的和适应的态度，视变化为正常、为机会，而不视其为问题。一个如此对待变化的、具有事业心和开拓能力的人，

① 保尔·朗格朗：《终身教育引论》，周南照、陈树清译，中国对外翻译出版公司，1985，第128页。

具有一种来自自信的安全感，处理危险、冒险、难题和未知，从容自如。这样的人具有提出新的创造性思想，发展这些思想，并坚定不移地使之付诸实施的能力；这样的人有能力并勇于负责，善于交流、谈判、施加影响、规划和组织。他是积极而不是消极的，有信心而不是朝三暮四的，有主意而不是总依赖着他人。"①

无疑，上述"第三本教育护照"也是未来中国教育所要孜孜以求的培养目标。随着中国改革开放的进一步扩大与深入，21 世纪的中国教育，将在加强科学知识和职业技能的培养的同时，加强学生的创业教育，注重效益观念、开拓意识、拼搏精神、国际视野，这是 21 世纪素质教育的主体内容，也是未来教育目标的重心所在。

2. 以加强基础教育为主导的教育结构

未来社会中各国的竞争将更为激烈，而国际竞争是国家之间综合国力的竞争。综合国力是由一个国家的资源力、经济力、科技力、育力、文化力、国防力、外交力、政治力等构成的。决定综合国力的根本因素是一个国家的国民素质，国民素质的高低又取决于一个国的基础教育水平。日本自明治维新以来，成功地建设现代化的重要经验之一，就是大抓了普及教育，重视了基础教育，提高了国民素质。劳动者素质的提高，为日本在引进、吸收和消化国外先进技术，以及生产、服务过程中的高水平素质的形成，奠定了坚实的基础。

正因为基础教育在构建综合国力中特有的功能，各国都把它作为调整教育结构的改革的关键。如美国"促进良好教育委员会"在一份研究报告中指出："美国教育基础正在被一批新生的平庸之辈所腐败。这批平庸之辈威胁着整个国家和民族的未来。"《幸福》杂志撰文认为，日本经济的腾飞并超越美国，是第二次"珍珠港事件"，而"现在日本人使用的武器不是坦克、大炮和战舰，这些都是昨天的武器。现在依靠的是智力。在国与国之间的竞争日益变成智力较量的高技术时代，美国学校教出来的却是大批文盲（每年有 30% 的中学生辍学），厂家雇不到足够数量的熟练技术工人"。因而，"要尽一切努力来拯救基础教育，提高教育质量"。为了满足这一"出于美国生存的需要"，1985 年出台了所谓《2061 计划》的改革方案，全面

---

① 王一兵：《提高教育质量，迎接 21 世纪的挑战》，《教育研究》1990 年第 2 期。

研究了美国中小学教育体系改革的设想、步骤、目标及依据等。①

在中国，加强基础教育尚未从根本上解决理论上与实践上的问题。从理论上来说，中国加强基础教育的目的或出发点，一开始就是解决"公平"问题，即强调为最广泛的人提供教育机会，而不是或很少是从提高民族素质、加强综合国力出发的。这样，就必然陷入"公平"与"效益"的矛盾而难以自拔。如郝克明等在论述中国未来教育发展的诸多矛盾，如国际竞争和我国社会发展要求高质量的教育与我国教育实际水平之间的矛盾，社会日益增长的教育需求与有限的教育供给之间的矛盾，提高教育程度与普及教育之间的矛盾等时指出："解决这些矛盾必然要在效益与公平之间做出选择。"他们认为，在我国的现实条件下，这种选择有一定的难度。一方面，我国社会主义制度的性质，要求教育机会更均等和人民文化水准更高，容易强调公平原则，不顾条件地勉强普及教育，急于构建一种形式上的全民教育体系，实际上会降低教育水准和教育的效益。另一方面，作为发展中国家，必须加速经济的发展，尤其是科技革命的兴起，更加重了经济赶超的压力，急需拥有足够数量的高级专门人才，于是又很容易片面从效益出发，着眼于保证社会急需的高等教育和英才教育，甚至牺牲部分公民接受普及教育的权利。而这不仅与社会主义教育目的相悖，还会由于教育机会的不平等而加剧社会分层结构的不平等，重复一些发展中国家忽视基础教育的教训。因此，他们提出了建设未来教育体系的设想："在保证全面质量的前提下，对公平和效益做出恰当的现实选择，正确处理普及和提高的关系，并据此筹划教育的规模、速度、结构、形式和区域布局，提出符合21 世纪国情的教育设想。"② 笔者认为，基础教育直接关系到劳动者的素质，关系到技术员工的水平，关系到人们在生产与服务活动中表现出来的精神风貌，它不仅仅是一种机会与公平的问题，也是直接与效益相联系的问题，树立起基础教育的效益观，将是加强基础教育的关键所在，这也终究会成为未来中国教育构建的趋势之一。

由于理论上的这种认识，在实践上相对也容易忽视对基础教育的投入，造成基础教育不基础的现象。据统计，以大学生人均经费为 100 元计算，

---

① 曹青阳：《商战·智战·教育——当前国际竞争的基本态势及其对教育的影响》，载全国教育科学规划领导小组办公室编《教育科学的理论与实验》，教育科学出版社，1992，第 300 页。

② 郝克明、谈松华等：《对 21 世纪我国教育体系若干问题的初步探讨》，《教育研究》1990 年第 2 期。

高中生是 5.8 元，初中生是 4.7 元，小学生是 1.8 元。一个大学生花费的教育经费比 50 个小学生的经费还要多。基础教育经费的短缺和条件的落后，使得基础教育的水平停滞、下降，从而导致人口文化素质较低的现象未有根本的好转。所以，人的素质如不能得到较大的提高，必将拖现代化建设的后腿。加强基础教育将是调整教育结构必须重点保证的方向。

当然，未来教育结构的调整与优化，还必须注意发展中等职业技术教育与高等教育，注意形成各类教育内部及内部与外部协调的动态结构，如高等与中等教育的专业设置要与国际化、信息化的社会相适应等。

3. 以学会关心为主要内容的课程改革

教育内容的改革也是未来社会发展的必然要求，它直接影响到未来教育目标能否顺利实现。从世界各国面向未来的教育内容（课程）改革的趋势来看，大致有现代化、地方化、综合化、活动化等基本特点，但也表现出以"学会关心"为基调的特色。

众所周知，1972 年由联合国教科文组织召集的、以法国前总理埃德加·富尔为首的国际委员会曾提出过著名的《学会生存》的报告，提出为了适应知识陈旧率加快、科学技术飞速发展及由此引起的产业结构调整、劳动市场急剧变化等形势，仅靠年轻时在学校里学到的知识和技能已不能适应经济和社会发展的需求。所以，一个人要"学会生存"，就必须按照终身教育的理论来安排自己的一生。

但在 20 世纪 80 年代末由联合国教科文组织主持召开的面向 21 世纪教育国际研讨会上，该组织教育助理总干事波尔却指出：终身教育理论提出的是经济和科技发展、产业结构调整和劳动市场的波动对个人的挑战，而当前和未来人类所面临的挑战都远远超出了个人的范围。如大气变化，臭氧层的破坏，酸雨，来自核电站的放射性污染，水污染，耕地减少，动植物物种的绝灭，森林被毁，世界人口急剧增长，这一切都严重威胁着人类的生存。而解决上述问题，就必须推行"全球合作精神"，也要求教育青年一代从只关心自我的小圈子中跳出来，学会关心超越自我的世界。这样，就引发了从"学会生存"到"学会关心"的过渡。这次研讨会的报告主题就是"学会关心"，并认为这是 21 世纪教育的基本方向。在教育中需要学生关心的内容有：关心自己，包括关心自己的健康；关心自己的家庭、朋友和同行；关心他人；关心社会和国家的社会、经济和生态利益；关心人权；关心其他物种；关心地球的生活条件；关心真理、知识和学习。[①]

在"学会关心"这一主题之下，未来教育将会在以下诸方面进行课程的改革。

一是加强道德教育的课程。未来社会将是一个更加需要呼唤道德、呼唤德育的社会。正如圆桌会议的报告所述，工业化导致了世界许多地方传统家庭的结束，越来越多的人受到损人利己动机的驱使，对为社会服务和树立对社会利益的责任感越来越没有兴趣。这样，道德教育就成为各国教育改革的主要内容之一。如有的国家除开设公民课外，还开始在中学设立儒学伦理课。日本在1990年编写了道德教育推进指导资料，强调根据学生道德性的发展，有针对性地实施道德教育，如对小学生在低年级着重进行基本生活习惯教育，中年级着重培养遵守日常社会规范的态度，高年级则进行公共心的教育等。[②] 在中国，对中小学生进行爱国主义、集体主义精神及全球意识的教育，将是未来道德教育的主要内容。

二是加强传统文化的教育内容。瑞典教育改革的倡导者和组织者胡森教授曾强调，对于体现本国文化传统的文学、历史等基本课程，任何时候都不能削弱，而且必须加强，在此基础上适当地吸收最新科技成就，并使这两个方面很好地结合起来。未来的社会将是科技高度发达的国际化社会，正因为如此，加强传统文化的教育以弘扬民族的优秀文化才尤显重要。这种"壮根"的教育在未来的中国社会也会被提到应有的地位。

三是课程设置的综合化趋势。在未来社会，科学技术的发展将呈现出高度综合的整体化的特点，其结果是大量边缘学科、相关学科、交叉学科纷纷出现。在教育上，也将逐步摒弃过去专门类别划分过细的格局，开设大量综合课程，使学生在综合的过程中学会创造。为了培养学生的综合能力，一些国家已在教育改革的方案中考虑设置综合课程，如日本从1992年已开始把过去的"社会科"和"理科"合并为"生活科"，在小学开设。美国的《2061计划》把中小学13年所学的课程浓缩为12大类，即科学、数学、技术的本质（以上属总论），自然界构成，生存环境，人体机能，人类社会，技术世界，数学世界，科学史观，共同主题和思维习惯。由于综

---

① 联合国教科文组织编《学会关心：21世纪的教育——圆桌会议报告》，《教育研究》，王一兵译，1990年第7期。

② 文部省编《我国的文教政策》（平成二年度），大藏省印刷局，1990，第305页。

合化的趋势也在中国社会中初见端倪，教育改革中强调教育内容的渗透性
与综合性也将是势所必然。

此外，在教育内容方面，重视科学教育、职业技术教育，重视信息技
术与计算机教育，也将是未来教育的发展趋势。

4. 以终身教育为主要形式的社会化、开放式的教育体系

在未来社会中，随着人们工作时间的减少和闲暇时间的增多，把人们
的一生分为上学、工作、退休的观念将被淘汰。学校不再是一个为学生的
一生准备一切的场所，教育已贯穿于人的一生。所以，有人认为，21世纪
的中国教育将是包括胎教、幼教、初教、中教、高教、职教、成教、老年
教育等各级各类教育，为人民提供文化教育、道德教育、职业教育、艺术教
育、闲暇教育、转业教育、人生教育、保健与养生教育等内容的终身教育体
系。也就是说，未来的教育将是学习社会化、社会学习化的教育，是正规
教育与非正规教育相互补充的教育，是教育—社会一体化的教育，是从摇
篮到坟墓的教育。社会大系统与教育系统的融合，构成了未来教育的潮流。

随着科学技术的迅猛发展，世界正在发生剧烈的变化，我国的变化更
加剧烈。自20世纪90年代以来，我国正在经历两个重大转变：一是由计划
经济向社会主义市场经济转变；二是由劳动密集型经济向知识密集型经济转
变。然而，各地发展极不平衡，由前工业社会向工业社会、工业社会向后工
业社会过渡等几种态势并存。中国加入WTO以后，国际化进程加快，而全
球化趋势日渐明显。但较诸既往的资本全球化，人类正在驶入的是一个新全
球化的时代，它在性质、结构和趋向上出现重大转折，在产业轴心社会结构
构成、内在张力、控制方式和思维方式上发生重大转变。[①] 教育是未来的事
业。今天在学校学习的学生及各种教育机构中的受教育者，都将走向社会，
为未来社会服务。建构什么样的未来教育，怎样培养适应未来社会的人才和
大众，以适应未来形势的变化，教育界内外对此的探讨和展望从未停止过。

朱永新、徐亚东主编了《中国教育家展望21世纪》一书，并邀请国内
教育界的专家们就21世纪社会与教育做了展望与评述；郝克明作为《面向
21世纪我的教育观》的主编，也邀请了社会各界的专家学者与社会名流俊
杰畅述未来教育的理想蓝图。有人认为，未来教育首先要建立一个符合时
代发展的教育价值观。教育促进社会发展和促进人的发展是统一的、不可

---

① 任平：《新全球化时代与21世纪马克思主义哲学的走向》，《哲学研究》2000年第12期。

分割的。二要建立全时空的大教育观。在时间上，教育要为每一个社会成员提供在他们需要的时候的一切学习机会；在空间上，教育不仅是指学校教育，而且包含家庭教育、社会教育在内，即要树立终身教育思想，建构学习型社会。要求学校教育与社会教育相结合，职前教育与职后继续教育结合，并把学校教育纳入到终身教育体系。三是教育要培养创造性人才。四是推行教育的国际化以适应未来国际交往十分频繁的社会趋势。[①] 有人从八个方面展望教育的未来：（1）教育的价值与目标；（2）教育的科学性和前瞻性；（3）教育的普及和多样化；（4）教育的基础性和专业化；（5）教育的全球化；（6）教育的终身化；（7）教育思想的现代化与教育方法的革命；（8）学校教育与教育的社会化。[②] 有人则指出未来教育将呈现十个特征，即贯穿终生的教育体系，中央与地方协同管理的教育管理体制，市场调节与计划调节相结合的教育运行机制，各级各类教育适度发展，学校教育与社会联系加强，教育内容更新，正规教育与非正规教育的结合，重视教师队伍建设与增加教育经费投入，教学手段现代化和教学形式多样化。[③]

1997 年，党的十五大提出了一个我国未来"新三步走"的发展战略。即第一个十年（2001—2010 年）实现国内生产总值比 2000 年翻一番，使人民的生活更加宽裕，形成一个比较完善的社会主义市场经济体制；再经过十年的努力，到建党一百年时，使国民经济更加发展，各项制度更加完善；到下世纪中叶新中国成立一百年时，基本实现现代化，建成富强民主文明的社会主义国家。教育必须服务于我国的社会主义建设，教育的现代化是中国现代化的前提和先导。围绕中国现代化建设和未来"三步走"的发展战略，张健、徐文龙对 21 世纪中国教育改革和发展具体指出并论述了八大趋势。

第一，从传统教育走向现代创新教育。认为知识经济向传统教育提出挑战，迈向新世纪的人才必须具备四种创新能力，即观念能力、制度能力、学习能力、创新能力；基础教育应该为国民整体素质的提高打基础，培养健康身体的素质、公民道德的素质、从事劳动的素质和专门人才的素质；要重

---

① 顾明远：《为了未来的教育》，见朱永新、徐亚东主编《中国教育家展望 21 世纪》，山西教育出版社，1997，第 2–6 页。

② 路甬祥：《时代、科学与教育的未来》，见郝克明主编《面向 21 世纪·我的教育观（综合卷）》，广东教育出版社，1999，第 18–23 页。

③ 刘佛年、金一鸣主编《中国教育的未来》，安徽教育出版社，1995，第 120–134 页。

视培养创新精神和实践能力，建立新的考试评价制度。

第二，从产学研分离走向一体化。人类在相当长的历史时期内，科研、教育、生产作为知识发现、传播和知识转化的三大社会活动是彼此分离的。但是，20 世纪中叶以来，硅谷和"128 公路"的出现及其发展历程，标志着大学逐渐从经济发展的边缘走进了经济发展的核心，因此科技教育将成为各级教育的共识，职业技术教育方兴未艾。

第三，从学历型教育走向学习型社会。自工业革命以来，世界各国逐步形成了以学校教育为主轴、以获取学历为目的的现代国民教育体系，但是随着知识经济和信息技术时代的到来，这种教育体系日益凸显与科技、经济、社会发展相脱节的症结，如教育对象限定为青年人、复制现存的社会、倾向于与生活脱节、无法解决主要的社会问题、无法满足劳动力市场的需求、既昂贵又无效率、抗拒变迁等。未来必须用终身教育的理念改造现今教育体系，通过建立学习型社会（学习型社区、学习型城市），赋予学习以新的生命。

第四，从教育国家化走向国际化。中国"入世"将引发新一轮的教育开放热潮；而信息技术的发展、网络的出现，将催生教育改革开放的新态势。教育要培养面向世界的中国公民，使他们具备能与不断缩小着的地球上的所有人共同生活与工作的意识和态度。以国际教育原则推进教育改革。

第五，从封闭式教育手段走向教育信息化。多媒体技术和网络技术在教育领域的引进，一场教育革命将全面展开，它引发的教育思想、教育制度、教育模式、教育内容与课程乃至教育体制、评价机制的变革，正在极大地冲击着传统教育模式。教育将逐步走向信息化，其特征为：教材多媒体化、教育资源全球化、教室电子化、学校虚拟化、学习自主化、活动合作化、管理自动化。

第六，从教师的知识传承走向引导创新。信息时代对教师素质的要求和职业定位都有深刻变化。教师职业的专业化正逐渐得到认同，创造力使教师职业超越单一的工匠式技能特征，并成为衡量教师专业化程度的核心指标。创造变为唤起教师内在尊严和欢乐的原动力，教师教育体系与培养模式逐步优化。

第七，从办学体制单一化走向办学多元化。未来教育的新格局将是办学格局的多元化。教育体系中公办、民办教育的优势互补日趋明朗。民办教育的发展方兴未艾，办学形式异彩纷呈，社会承办、公立"转制"、集团

（公司）办学、股份办学、私人办学、事业单位办学、企业办学等民办教育办学模式出现。

第八，从集中统一模式走向非均衡发展模式。由于我国各区域自然经济和社会文化差异很大，经济社会发展不平衡，历史地形成了极不平衡的教育发展格局、非均衡教育发展模式，而力求从本地区实际出发，因地制宜，分类指导，强化区域特色和优势，走梯度推进之路。先发地区实行"一流教育"，加强辐射；后发地区实行"拿来主义"，梯度赶超。[①] 不过，笔者认为，非均衡发展是教育发展过程中的一个阶段、一个环节，最终必须走向区域均衡与共同发展。

二、中国教育发展对教育科学的挑战

未来中国教育的发展，也对教育科学的发展提出了新的要求、新的挑战。中国教育科学研究必须在观念、体制及方法三个层面上有新的突破、新的进展，才能适应未来社会的要求，满足未来教育发展的需要。

（一）确立新的教育科学研究的观念

对未来中国教育的发展，教育科研的观念必须更新，不但适应而且能在一定程度上引导未来教育的走向。教育科学研究落后于教育实践的局面，往往首先是教育科研观念的落后。所以，确立新的教育科学研究的观念，已是迎接未来挑战的迫在眉睫的任务。

1. 系统观念

在20世纪50年代以后，控制论、信息论、系统论对社会科学产生了很大影响，整体的观念、层次观念、反馈的观念、功能结构与优化的观念等也已为教育界广泛接受。在系统观念的指导下，未来教育研究将会在宏观、中观和微观的三个层次上有所突破。在宏观研究方面，将会注重社会各方面对教育的影响，不仅要研究特定的哲学、史学、伦理、宗教、文学艺术等意识形态的影响，而且要分析一定的社会心理、民族心理、思想模式、价值取向、人际关系等与教育的关系，把教育研究的视野投向广阔的

---

① 张健、徐文龙等:《中国教育新走向——21世纪中国教育改革和发展展望》，广东教育出版社，2002，第157–295页。

社会背景与文化背景，从而提高教育科学研究的张力。

在中观研究方面，未来的教育科学研究将更加重视中介学科和综合研究。以教学论的研究为例，过去往往比较注重教学论的微观探讨，但各科教学法之上缺少把各科联系起来并予以抽象提高的中层理论。这样，各科间的成果得不到交流，各科的具体研究又缺少理论的指导。在未来的教学论研究中，则在除了重视哲学、教育学、心理学对其指导作用的同时，协同社会学、工艺学、传播学、统计学等学科的共同力量，研究教学过程的本质及技术，揭示出教学过程的基本规律。

在微观研究方面，未来的教育科研将更加重视定量分析，把理论与实验有机地融为一体。科学史的研究表明，在实验与理论研究之间存在着一个"循环加速机制"。只有使理论研究与教育实验结合起来，才能从根本上改变目前许多搞教育实验的人对理论研究不屑一顾，搞教育理论研究的人对实验漠不关心的状况，使中国的教育实验从盲目走向自觉、严格，也使教育理论研究从含混走向清晰、严密。

2. 实效观念

教育理论研究的最终目的是为了指导教育实践活动，推动教育实践的发展。理论研究只有注重实效才能受欢迎，与实践脱离的教育理论，必然是纸上谈兵，是无源之水、无本之木。所以，未来中国教育科学研究将改变某些教育研究机构与教育实际部门相脱节的格局。一方面会有愈来愈多的教育工作者从理论中汲取营养，成为"学者型"的教师；另一方面将有愈来愈多的教育理论研究者深入实际，注重教育研究的效益。

3. 学派观念

在中国教育思想的发展史上，曾出现过多次百花齐放、百家争鸣的局面，像朱熹与陆九渊的"鹅湖之会"就是典型。事实上，一门科学的不断进步，正是在不同风格、不同流派、不同观点的争鸣、讨论中实现的。各种观点、各个流派尽管可能都有偏颇、有谬误，但平行四边形的合力对角线，正是人类认识前进的轨迹，正是真理前进的方向。正因为如此，未来中国教育科学的研究，将会鼓励学派观念，将会冲破各种禁区，求全、求平、求稳的"四平八稳"的文章将不受欢迎，"标新立异，自圆其说"的研究策略得到提倡。创一家之说，立一派之言，通过与不同学派的交锋争鸣以不断完善自己，将是教育理论研究所追求的境界。

（二）建立新的教育科学研究体制

教育科学研究的水平，在很大程度上受教育科研体制的制约。良好的教育科研体制，有利于从决策、解释、批判、辐射四种功能上体现教育科学研究的有效性，也有利于发挥研究成果对教育事业发展的影响与指导作用。所以，未来中国教育科学的体制将会在以下方面进行变革，才能适应未来教育的发展。[①]

1. 独立的教育科学研究实体纷纷建立

目前，中国教育科研机构大多是各级教育行政部门的附属部门，不是独立的科研实体。以县、市、省的教研室、教科所为研究的基本队伍和大学的有关教师为主要力量，它们的科研经费、人员组成、工作重点等一般都是由上级领导部门决定的，教育科研部门自然无力顾及或不能将主要精力放在自己感兴趣的教育科学问题上。这种"官"字号的科研机构往往把对政策的宣传和解释作为中心任务，丧失了学术研究的"独立人格"，当然不可能很好地起到对现行教育政策的批评、补充、监督、修正、完善的作用。所以，在未来的社会中，将会出现一批独立的、民办的教育科研实体，这些实体以自筹经费、自定课题为基本特色，并注重发挥其独特的优势，形成教育科研中不容忽视的重要力量。

2. 结构合理的教育科学研究队伍逐步形成

目前，中国的教育科研队伍总体构成不够理想。有相当一部分科研人员是从教育行政部门退居二线的干部，他们虽然有较为丰富的教育实践经验，但毕竟大多年事已高、精力不济、锐气不足，对现代化的教育科研方法也比较陌生。另有一部分科研人员是毕业于高校的学生，他们虽然精力旺盛，有一专之长，但一般教育理论的素养比较欠缺，不了解国内外教育发展的现状与历史，所以需要较长周期的理论补课和实际锻炼才能出成果。同时，为数最多的实际教育工作者，虽然每天生活在学生之中，接触着最现实的材料，但由于科研意识薄弱，许多闪光的、有价值的思想稍纵即逝，许多生动的材料也只能埋在脑海深处，无法上升为理论，指导自己和别人的教育实践。在未来的中国社会，第一部分的科研人员数量将愈来愈少；第二部分的科研人员将走向成熟；由于向教育科研要质量的观念日益为人们所

---

① 程方平：《谈谈我国现行教育科研体制的弊端》，《光明日报》1988 年 12 月 22 日。

接受，来自第一线的教师将更多地涉足教育理论，同时，以培养新型的学者化教师的新型师范大学（研究生水平）将会诞生。这样，结构合理的教育科研队伍将会逐步形成。

3. 教育科学研究规划的自觉性进一步加强

以往，我国的教育科研长期处于自发状态，虽然国家从"七五"计划开始有教育科学研究的课题指南，但毕竟饭少僧多，大部分科研人员是凭个人兴趣等原因选择和确定课题，主观随意性很强。同时，由于评估机制失调，对于科研成果的评价和科研人员职称的评定，主要是根据论文和专著的数量，对于长期从事改革实验、有献身精神的同志则缺少公正的评价和应有的奖励，从而造成了选题与规划的急功近利，大多选择科研周期短、出成果快的项目，那些周期长、出成果慢甚至有失败可能的科学研究，往往很少有人问津。例如宏观的综合性实验、学制与课程改革的试验、乡土化教育模式的探索、教育技术的研究等，只占较小的比例。从宏观上看，国家的科研规划部门也较少进行宏观上的调控，缺少教育科研信息的交流与沟通，出现了不少重复劳动与无效劳动。所以，未来的教育发展，将会要求教育科研进一步增强主体自觉性，发挥社会主义国家的宏观调控的优势功能，以良好的待遇吸引科研人员研究基础性的、未来性的、周期长的项目，组织优秀教育科学研究人员协同攻关。地方性的教育行政部门应引导科研人员使教育科学研究为当地的物质文明与精神文明建设服务，形成教育研究的"土特产"，使教育科学研究形成个性较强的地方特色。

4. 教育科学研究的外部联系进一步加强

目前，教育科学研究的封闭性较强，外部联系较弱。一是与决策部门的联系不够，使教育科研对教育实践的超前性指导功能与批判修正功能逐步萎缩；二是与实际部门的联系不够，使教育科研无法从教育实践中汲取养料，也无法检验和修正自己的教育观点；三是与其他学科的联系不够，很少从其他学科中寻找灵感与启示，倒是不少"外行"涉足教育理论并写出了不少高质量的教育论著。所以，要使教育科研发挥更大的效应，就应尽可能地加强它的外部联系，主动地适应与引导社会生活，主动地把教育科研成果反馈给决策部门，主动地接受决策部门的各种委托研究，主动地把教育科研成果物化为教育实践，主动地加强同社会学、哲学、心理学、美学、伦理学、史学、政治学、经济学等学科的横向联系，这样，教育科研的辐射就广，影响就大。

（三）完善新的教育科学研究方法

方法对科学研究至关重要。正如苏联生理心理学家巴甫洛夫所说："科学随着方法学上获得的成就而不断跃进。方法学每前进一步，我们便仿佛上升了一级阶梯，于是，我们就展开更广阔的眼界，看见从未见过的事物。"未来中国教育科学事业的发展，也在很大程度上取决于教育科学研究方法的完善与提高。教育科学研究的方法大概可以分为四大类，即理论研究的方法、历史研究的方法、实验研究的方法和比较研究的方法，有人把它比作"一张球台的四根支柱"，是不可分割的有机整体。[①]

1. 理论研究的方法

理论研究的方法是教育科研最常用的方法，它并不排除实验的、实证的研究，而只是侧重于理论思维的指导，强调研究成果的理论意义。重视理论研究是世界各国教育科研的基本方向之一。1985 年应邀来华的美国教育研究协会（AERA）会长 D. 伯林纳就肯定了这一趋势，他认为，美国教育研究模式的认知方向，改变了只把外部现象作研究对象的传统。几年前，美国斯金纳等人的行为主义理论统治了教育研究界，把学生的外露表现（测验、练习、语言行为、家庭作业等）作为研究的因变量。然而，近年来，一方面由于皮亚杰学说的巨大影响，另一方面由于计算机的应用，指导研究的模式已开始变化，被试者的认知过程已成为研究的重要内容。所以，定量研究在向定性研究变化，并认为这两种方法互相补充，只是从不同的方面帮助我们认识研究的对象。[②]

在理论研究方法上，未来中国教育科学将进一步致力于形成自己的概念系统。任何一门成熟的科学都有一套自身的概念系统，它不仅是一门学科的基础材料，也凝聚着一个思维过程。没有惯性、质量、力、功、速度、万有引力、绝对时空等一系列概念，就没有牛顿力学；而现代物理学则是以批判绝对时空为突破口，凭借量子、光电效应、波粒二相性、相对性原理、四维空间、测不准定律、引力场等概念建立起来的。相形之下，教育科学尚未形成自己特有的概念体系，教育理论研究中运用的概念也是借用其他社会科学概念甚至日常生活概念，即使是教育学所特有的一些概念，如"班

---

① 吴福生：《努力建设有中国特色的社会主义教育体系》，《教育研究》1991 年第 6 期。

② D. 伯林纳：《美国教育科学研究的发展趋势》，周南煦译，《教育研究》1985 年第 12 期。

级""课程"等，也没有进行充分的研究，没有使它们成为具有再生能力和辐射能力的核心概念①。所以，面向未来的中国教育科学，首先必须在理论上构建起一套教育概念系统，并在此基础上建立系统的教育理论。

2. 历史研究的方法

教育是与人类社会共始终的一种社会现象，人类教育思想如同人类一样古老。历史研究的方法能帮助我们继承和发扬前人的教育智慧，并在此基础上构建新的教育理论体系。在这方面，马克思给我们做了很好的表率。他的学说为什么那么富有创造性，为什么具有如此巨大的影响？为什么能掌握革命阶级千百万人的心灵？最重要的原因之一，就在于他对以往科学所提供的全部知识进行了最确切、最缜密和最深刻的研究。正如列宁所评价的："凡是人类社会所创造的一切，他都有批判地重新加以探讨，任何一点也没有忽略过去。凡是人类思想所建树的一切，他都放在工人运动中检验过，重新加以探讨，加以批判，从而得出了那些被资产阶级狭隘性所限制或被资产阶级偏见束缚住的人所不能得出的结论。"②

过去由于以阶级斗争为纲的指导思想，往往对历史上的教育思想持全盘否定或基本否定的态度；加之机械唯物论的影响，有时人为地贴标签，用固定的框框分析与评价历史上的教育思想。而最重要的缺陷，是较少真正从社会文化的背景去挖掘历史人物教育思想的真正根源，而只是根据现代教育理论的结构去寻章摘句，使丰富的教育思想成了脱离具体时代的抽象的东西。这不仅无法正确判断历史上先进教育思想的价值，也难以在现代社会较好地继承其有价值的内核。所以，在未来的社会中，历史研究的方法将更加多元化，既注重宏观的研究，从社会、文化的背景分析历史上教育思潮以及教育家思想的必然性，也注重微观的研究，从教育家本人的生活环境、个性心理等角度切入，以把握其教育思想的特质。

3. 实验研究的方法

实验研究是在人为干涉和控制的条件下，通过操纵与控制影响事物发展的条件（变量），以引起被试者某种心理现象并发现其中规律性的方法。在教育实验的研究中，理论思维也具有不可忽视的作用。第一，教育实验的选题需要理论思维，只有理论思维才能使人们抓住教育科学的发展前沿，

---

① 袁振国：《教育改革论》，江苏教育出版社，1992，第 279–280 页。

② 《列宁选集》（第四卷），人民出版社，1995，第 284–285 页。

而不是把前人早已提出过的、被废弃了的命题当作时髦的新课题，或者选择与现实生活无甚关联的课题。第二，研究的设计需要理论思维，教育实验的成败如何，关键在于实验设计的精细、巧妙和正确，在于实验是否有比较明确、严密的指导思想，特别是要把复杂的教育现象在相对简化了的条件下进行观察和实验，充分估计被试者可能出现的各种情况等，都需要理论思维。第三，实验数据的处理和结果分析需要理论思维。如果没有理论思维，成功的研究过程也无法得到成功的结果，真理碰到鼻尖上也会错过。

在未来的教育科研中，实验研究与经验研究、理论研究的一体化倾向将更加明显。以经验研究为例，如果离开了理论、思想和科学实验的方法，很可能犯以偏概全的错误，很可能得不出规律性的认识。"典型经验的总结必须建立在统计分析的基础上，进行必要的概率分析，进行控制因素和非控制因素的分析，才有推广意义。否则就很有可能根据主观愿望选择所谓典型，甚至于去'塑造'典型，只及一点，不及其余。"①

20世纪80年代以后，中国教育科学研究中的实验方法有了长足进展，《教育研究》杂志也多次倡导"教育科学的生命在于实验"，全国成立了教育实验协作组，近年来关于教育实验的论著有数千种，呈方兴未艾之势。所以，未来相当长一段时间内，会进一步重视提高教育实验的设计水平，增强实验操作的可行性，提高教育实验的理性水平和实验的规范化水平，加强教育实验的科学评价和教育实验理论的体系化，同时，多元的研究方法将会成为实验研究的重要补充。

4. 比较研究的方法

比较教育研究过去通常被称为外国教育研究。在20世纪80年代，中国教育界花了相当大的力气研究和介绍战后国外主要发达国家教育改革和发展的现状、经验和趋势，对扩大我们的眼界和开拓我们的思路起了重要作用，也为中国教育事业的改革和发展提供了许多有用的经验教训和重要的参照背景，对帮助我们更好地寻求适合中国教育实际的最佳发展道路，无疑也是十分有益的。②

在未来的社会，教育的国际化趋势将更加增强，各国面临的共同问题会愈来愈多，如国际理解的教育问题、地球环境保护的教育问题、经济发

---

① 袁振国:《教育改革论》，第282页。

② 徐辉:《外国教育研究与我国教改实际》，《教育研究》1991年第6期。

展与教育的关系问题、人口因素对教育的影响等。作为赶超世界先进国家
的中国，许多国家走过的道路无疑是可资借鉴的，所以比较研究的方法将
会愈来愈受到重视。在现在比较着重于研究和介绍国外教育发展的现状的
基础上，未来的比较研究将更注重探求世界各国教育改革和发展的特殊规
律和普遍规律，探讨世界教育的发展方向，从而为中国教育发展提供一个
多维的参照系。

三、21世纪中国教育科学的世界化与本土化

21世纪，中国的改革与开放会进一步深入，国际交流会进一步扩大。
以经济往来为龙头的文化教育往来将日趋频繁，教育将在目标、内容、方
法、手段等各个方面适应未来的国际化要求，教育科学也将进一步按照国
际规范，在研究的形式与内容上进行变革，这是21世纪中国教育科学的世
界化的大势。

从教育科学的"西学东渐"到中国近代教育科学的形成与发展，中华
教育思想经历了一个曲折、坎坷的旅程。历史已反复告诉我们，如果中国
教育科学画地为牢、闭关自守，缺乏与世界各国的"对话"能力，就不能
获得真正的、健康的发展。作为一个发展中国家，世界上发达国家的教育
发展的不同模式可供选择，自然不可能不假思索地决定中国教育发展之路，
所以，世界化必须以中国的基本国情为基础。

世界化也不是"西化"。在教育科学研究中，那种言必称美国、日本，
口不离夸美纽斯、杜威的倾向也是不足取的。世界化不是要丢弃中国教育
的特色，湮没中国教育的个性，使中国教育的发展在西方各国之后亦步亦
趋；而是重视"本土化"的世界化。美国加州大学的心理学教授曾志朗曾论
述过中国心理科学的本土化问题，或许能给我们一些启示。他写道：

从民国以来，中国的心理学家大都直接地或间接地受到西方心理学的
训练，因而我们大部分的研究是追逐着西方心理学认为有兴趣的研究课题。
Freud的意识流曾经是中国心理学研究中的显学。而60年代中国的心理学者延
承行为主义，甚至自认为比Watson更行为主义。Piaget的影响更不待言，目前
海峡两岸的教育学院，充斥着Piaget的认知学说。即使西方已从Neo-Piaget
的苟延残喘到Post-Piaget的另辟天地，我们的课程改革仍抱着Piaget的幻影

以"不变应万变"。这样的情况几乎普遍存在于心理学的各个部门，我们用比奈量表、韦氏儿童（或成人）测验及瑞文氏测验来测量中国儿童或成人的智力，我们修订 MMPI 来勾画中国人的人格轮廓。我们甚至用 BDAE（波士顿失语症的诊断与评估量本）来检查中国失语症病人在"语言"上的缺失！①

他认为，这样，我们其实是在用一副西方学者的眼镜去观测"中国心"，去塑造"中国人"，其结果也自然是"镜花水月"。这种研究方法，往往"无形中为自己设限，研究的课题只能停留在'人云亦云'的局面上"，从而也经常继承着西方学者的失败。所以，他竭力提倡建立中国的本土心理学：

本土化的中国心理学并不是要一味地排斥西方的学理与研究方向，我们反对的是盲目地抄袭与漫无目标地翻译修订各种量表。当传统的智力测验已经因为种族、文化的差异而饱受攻击时，我们的中小学校却大量地翻印这些量表来测验学生；当学者们一再警告不可滥用不把情境文化考虑进去的智力测验时，我们的教育单位却一再地用这些测验成绩来决定学童分班的标准。教育当局如此的草率行事是误人、误事、误国。②

这段直接针对教育问题的议论，更加深化了我们对于建立本土化的教育科学的意义的认识。事实上，愈是"本土化"的研究，往往也愈是"世界化"，愈是具有世界性的意义。丰富了中华教育思想的宝库，也必然成为世界教育科学的财富。

目前，世界各国正在紧张地进行着新世纪的教育竞争。随着中国全社会对于教育的认识的深化和教育改革步伐的加快，我们有可能在新世纪建立起一个雄伟的教育大厦，教育所缔造的一代新人将以新的风貌迎接新世纪的未来！中国教育科学的繁荣是新世纪的必然趋势，在新的世纪，中国将会产生一些具有世界影响的教育家，中华教育思想源远流长的历史将会增添无数灿烂辉煌的篇章！

---

① 高尚仁、杨中芳主编《中国人·中国心——发展与教学篇》，第2—3页。

② 同上书，第4页。

参考文献

A. 1 普通图书

[1] 陈君聪. 刘少奇的思想理论研究 [M]. 北京：华夏出版社，1988.

[2] 陈学飞. 中国高等教育研究 50 年：1949—1999[M]. 北京：教育科学出版社，1999.

[3] 陈学恂，张瑞璠. 中国教育史研究：先秦分卷 [M]. 上海：华东师范大学出版社，1991.

[4] 成中英. 中国文化的现代化与世界化 [M]. 北京：中国和平出版社，1988.

[5] 邓小平. 邓小平文选 [M]. 北京：人民出版社，1983.

[6] 丁钢. 历史与现实之间：中国教育传统的理论探索 [M]. 北京：教育科学出版社，2002.

[7] 丁钢. 中国教育：研究与评论 [M]. 北京：教育科学出版社，2003.

[8] 董纯才. 中国革命根据地教育史 [M]. 北京：教育科学出版社，1991.

[9] 杜维明，等. 中国文化的危机与展望：当代研究与趋向 [M]. 台北：时报文化出版事业公司，1981.

[10] 方克立. 走向二十一世纪的中国文化 [M]. 太原：山西教育出版社，1999.

[11] 高奇. 新中国教育历程 [M]. 石家庄：河北教育出版社，1996.

[12] 郭福昌，吴德刚. 教育改革发展论 [M]. 石家庄：河北教育出版社，1996.

[13] 郭笙. 新中国教育四十年 [M]. 福州：福建教育出版社，1989.

[14] 郝克明，谈松华. 走向 21 世纪的中国教育：中国教育发展战略研究 [M]. 贵阳：贵州教育出版社，1997.

[15] 何东昌. 当代中国教育 [M]. 北京：当代中国出版社，1996.

[16] 湖北大学中国思想文化史研究所. 中国文化的现代转型 [M]. 武汉：湖北教育出版社，1996.

[17] 教育部计划财务司. 中国教育成就：统计资料 1949—1983[M]. 北京：人民教育出版社，1984.

[18] 金一鸣，钱景舫. 教育研究与教育改革 [M]. 上海：华东师范大学出版社，1990.

[19] 靳宏斌. 毛泽东同志教育思想研究 [M]. 武汉：湖北教育出版社，1986.

[20] 李炳亭. 杜郎口"旋风" [M]. 济南：山东文艺出版社，2008.

[21] 李鹏程. 毛泽东与中国文化 [M]. 北京：人民出版社，1993.

[22] 李学农，王晓柳. 教育研究的理论与实践 [M]. 南京：南京师范大学出版社，2001.

[23] 李学泰. 当代中国思想解放大论争 [M]. 海口：南方出版社，1998.

[24] 李彦福. 著名无产阶级教育家教育思想史 [M]. 南宁：广西人民出版社，1990.

[25] 刘佛年. 回顾与探索：论若干教育理论问题 [M]. 上海：华东师范大学出版社，1991.

[26] 楼迎高，刘家国. 教育改革与现代化：邓小平教育思想研究 [M]. 北京：解放军出版社，1994.

[27] 梅逊. 西方当代教育理论 [M]. 陆有铨，译. 北京：文化教育出版社，1984.

[28] 毛泽东. 毛泽东选集：第五卷 [M]. 北京：人民出版社，1977.

[29] 牟宗三，等. 中国文化的危机与展望：文化传统的重建 [M]. 台北：时报文化出版事业公司，1984.

[30] 潘冷云，等. 现代生活与现代教育：陶行知生活教育理论与教育实践的启示 [M]. 上海：复旦大学出版社，1991.

[31] 瞿葆奎. 教育学文集 [M]. 北京：人民教育出版社，1988—1996.

[32] 全国教育科学规划领导小组办公室. 教育科研的理论与实验 [M]. 北京：教育科学出版社，1992.

[33] 人民教育出版社教育室. 毛泽东　周恩来　刘少奇　邓小平论教育 [M]. 北京：人民教育出版社，1994.

[34] 四川教育学院. 教育科学中的德育 [M]. 成都：四川人民出版社，1983.

[35] 孙喜亭. 教育学问题研究概述 [M]. 天津：天津教育出版社，1989.

[36] 滕纯. 邓小平教育思想研究 [M]. 沈阳：辽宁人民出版社，1992.

[37] 汪澍白. 毛泽东思想与中国文化传统 [M]. 厦门：厦门大学出版社，1987

[38] 王爱玲，邬正洪，丑立本. 刘少奇的思想概述 [M]. 长沙：湖南人民出版社，1988.

[39] 王海山，王续琨. 教育·科学·社会：当代社会的大教育观 [M]. 郑州：河南教育出版社，1991.

[40] 王坤庆. 精神与教育：一种教育哲学视角的当代教育反思与建构 [M]. 上海：上海教育出版社，2002.

[41] 王晓毅. 中国文化的清流 [M]. 北京：中国社会科学出版社，1991.

[42] 韦杰廷，邓新华. 孙中山教育思想初探 [M]. 长沙：湖南教育出版社，1992.

[43] 吴德刚. 中国教育改革发展报告：改革开放二十年回顾与展望 [M]. 北京：中共中央党校出版社，1999.

[44] 吴炫. 中国当代思想批判：穿越终极关怀 [M]. 上海：学林出版社，2001.

[45] 徐晓峰，刘芳. 教育教学改革新篇 [M]. 北京：教育科学出版社，1990.

[46] 许美德，巴斯蒂，等. 中外比较教育史 [M]. 朱维铮，等译. 上海：上海人民出版社，1990.

[47] 许庆豫. 教育发展论：理论评介与个案分析 [M]. 福州：福建教育出版社，2001.

[48] 宣兆凯. 现代社会与教育发展 [M]. 北京：中国科学技术大学出版社，1990.

[49] 燕国材，朱永新. 现代视野内的中国教育心理观 [M]. 上海：上海教育出版社，1991.

[50] 杨小微，刘卫华. 教育研究的理论与方法 [M]. 武汉：湖北教育出版社，1994

[51] 叶澜. 教育研究及其方法 [M]. 北京：中国科学技术出版社，1990.

[52] 袁桂林. 当代西方道德教育理论 [M]. 福州：福建教育出版社，1995.

[53] 袁衍喜. 现代教育改革探索 [M]. 北京：人民教育出版社，1987.

[54] 袁振国. 教育改革论 [M]. 南京：江苏教育出版社，1992.

[55] 袁振国. 中国当代教育思潮：1949—1989[M]. 上海：生活·读书·新知三联书店上海分店，1991.

[56] 张斌贤，丛立新. 高屋建瓴：当代教育新观念 [M]. 北京：中国铁道出版社，1997.

[57] 张斌贤. 当代中国教育学术思想研究：1949—2009[M]. 北京：中国社会科学出版社，2011

[58] 张健. 中国教育的方针与政策研究 [M]. 北京：教育科学出版社，1992.

[59] 张健. 教育的新认识：社会主义初级阶段教育理论探讨之一 [M]. 成都：四川教育出版社，1989.

[60] 张健. 中国跨世纪教育研究 [M]. 杭州：浙江教育出版社，2000

[61] 张荣伟. 新中国教育实验改革 [M]. 天津：天津教育出版社，2010.

[62] 赵旻. 国际化战略：理论、模式与中国的抉择 [M]. 天津：南开大学出版社，1996.

[63] 郑刚. 当代中国三次思想解放全录 [M]. 北京：中共党史出版社，1998.

[64] 中央教育科学研究所. 周恩来教育文选 [M]. 北京：教育科学出版社，1984.

[65] 钟启泉. 教育科学新进展 [M]. 西安：陕西人民教育出版社，1993.

[66] 周德昌. 中国古代教育思想的批判继承 [M]. 北京：教育科学出版社，1982.

[67] 朱永新，徐亚东. 中国教育家展望 21 世纪 [M]. 太原：山西教育出版社，1997.

[68] 朱永新. 困境与超越：当代中国教育述评 [M]. 南宁：广西人民出版社，1990.

[69] 佐藤学. 静悄悄的革命：创造活动、合作、反思的综合学习新课程 [M]. 李季湄，译. 长春：长春出版社，2003.

[70] 佐藤学. 学校的挑战：创建学习共同体 [M]. 钟启泉，译. 上海：华东师范大学出版社，2010.

A.2 论文集

[1] 蒋伟杰，万喜生. 学习和研究毛泽东教育思想：毛泽东教育思想研究论文集 [C]. 长沙：湖南教育出版社，1991.

[2] 王逢贤，顾明远. 教育与社会：中青年教育理论工作者研讨会论文集 [C]. 成都：四川教育出版社，1992.

[3] 徐雁，王得胜，钱婉约. 中国文化的历史命运：论文集 [C]. 沈阳：辽宁大学出版社，1988.

A.3 期刊

[1] 瞿葆奎，陈桂生，叶澜. 中国教育基本理论的新进展 [J]. 教育研究，1988 年第 12 期.

[2] 袁振国. 建国后三十年教育改革的历史反思 [J]. 上海教育科研，1988 年第 3 期.

主题索引

第四版后记　办人民满意的教育

这次修订，主要做了以下几个方面的工作：一是在第九章"中国当代的教学思想"中对新教育实验的内容重新进行了梳理，进一步厘清了新教育实验发展的脉络；二是在第九章中分别增加了"杜郎口教学改革实验"和"佐藤学的学习共同体理论"两节；三是根据一些读者"今人不说今人"的建议，删除了第三版第七章"共和国领袖的教育理想"中的部分文字；四是增加了一个主题索引；五是对参考文献和一些文字进行了必要的调整。

在修订《中国当代教育思想史》期间，发生了一件可以写进中国当代教育思想史，并且会在今后相当长一段时间内影响中国教育改革与发展的历史事件，这就是中国共产党第十八次全国代表大会的召开。

2012年11月8日，中国共产党第十八次全国代表大会在北京举行。这是在我国进入全面建成小康社会决定性阶段召开的一次十分重要的具有里程碑意义的大会。会议延续十七大精神，继续把优先发展教育，办人民满意的教育作为教育改革与发展的中心任务，同时把教育问题作为改善民生与社会建设的首要问题。这是全面落实科学发展观的体现，也是进一步尊重人民对于美好教育和美丽中国的期盼。

围绕办好人民满意的教育，十八大报告提出了以下基本要求：

第一，优先发展教育，把教育作为民族振兴和社会进步的基石。进一步强调教育的战略地位，教育强则国家强，教育兴则民族兴。

第二，把立德树人作为教育的根本任务，全面贯彻党的教育方针。把立德树人作为一个明确的工作要求，为从应试教育转向素质教育再次吹响了纠偏的号角。

第三，大力促进教育公平，合理配置教育资源。把促进教育公平作为一项重要的工作，在明确教育资源优先向农村、边远、贫困、民族地区配置的同时，特别提出要支持特殊教育，提高家庭经济困难学生的资助水平，积极推动农民工子女平等接受教育，让每个孩子都能够成为有用之才。

第四，统筹发展各级各类教育，提升教育品质。明确提出办好学前教育，均衡发展九年义务教育，基本普及高中阶段教育，加快发展现代职业教育，推动高等教育内涵式发展，积极发展继续教育，完善终身教育体系，建设学习型社会。

第五，加强教师队伍建设，增强教师教书育人的荣誉感和责任感。报告对教师队伍建设给予了极大的关注，明确要求进一步提高教师的师德水平和义务能力。

第六，重视教育在社会主义核心价值体系建设中的特殊作用。报告在阐述关于扎实推进社会主义文化强国建设时提出，应该加强社会主义核心价值体系建设，全面提高公民道德素质。这两个方面的问题虽然是从文化发展的角度来谈的，但其实都离不开教育，因为教育是建设社会主义核心价值体系，建立中华民族共同精神家园的基础。

总之，十八大报告提出的"办人民满意的教育"的理念，是今后一段时间教育改革与发展的根本指导思想，也是衡量我们教育工作成效的基本标准。

教育需要理念指引，需要精神感召，更需要行动落实。教育与每一个人密切相关，将好的理念与精神贯彻到日常工作中，更是教育工作者责无旁贷的使命。

的确，优先发展教育，第一，要保障教育的投入。近年来，教育经费占GDP的比例有了较大幅度的提高，实现了4%的目标。2012年超过2万亿的教育经费用于各级各类教育，占财政支出的20%。国家发展和改革委员会主任、党组书记张平在十八大记者招待会上表示，2012年用人民币计价的GDP可以超过50万亿，财政用于教育方面的支出要超过2万亿。在全国人大通过的预算中，2012年国家财政性教育经费支出为21984.63亿元，占国内生产总值4%以上。中央预算内投资用于教育的比重达到7%左右。

在教育经费有了基本的保障以后，如何把这笔钱花到刀刃上？这也是全社会广泛关注的问题。事实上，大量增加的教育经费，在投入结构上也在逐步优化。教育行政部门已经明确经费使用的基本原则，即在"保运转、保工资、保安全"的基础上，重点加强薄弱环节和关键领域，努力做到四个倾斜：向农村地区、贫困地区、民族地区倾斜，向农村义务教育、职业教育和学前教育倾斜，向特殊困难学生倾斜，向建设高水平教师队伍倾斜。与此同时，进一步创新教育经费拨付机制，建立健全教育经费管理、监督与绩效评价制度，构筑确保教育经费发挥最大效益的政策制度保障，也是应该认真考虑和关注的问题。

第二，一段时期以来，教育实践中的片面追求升学率情况比较严重，把分数和成绩作为考核学校、教师和学生的唯一标准，"一俊遮百丑"，理想、道德、人格教育严重缺位，探索能力和创新精神的培养不受重视。表面上我们似乎都知道，教育是一个培养人的事业，教育不仅仅是给孩子分数，还要为孩子的生命奠基。但是，在中小学，分数往往成为教育至高无上的追求，成为衡量教育品质的标准。在大学，就业通常成为最急迫的任务，成为判断大学品质最关键的指标。

如果分数与就业成为我们整个教育的根本目标，成为教育的重要追求，就严重偏离了党的教育方针，违背了教育的根本任务。立德树人，是教育的最高目标。培养什么样的人，体现了一个国家的教育价值观。教育是培养人的事业，是通过培养人，让人类不断走向崇高，生活得更加美好的事业。因此，教育最重要的任务，是塑造美好的人性，培养美好的人格，使学生拥有美好的人生。

第三，教育公平是社会公平的基础，也是实现社会阶层合理流动的重要通道。公平和效率的问题，始终是任何改革必须面对的首要问题。是公平优先还是效率优先？既反映了改革的不同价值取向，也是改革处在不同时期的不同选择。教育改革也不例外。

改革开放30年来，中国教育取得了很大的成就，在推进教育公平的问题上也做出了很大努力。我们比较成功地解决了"穷国办大教育"的世界性难题，全面实施了免费义务教育，实现了高等教育的大众化。但是为什么人民群众对于我们的教育仍然不满意呢？因为我们的教育改革更多走的是效率优先的路线。无论是中小学的实验学校建设、重点学校建设、示范学校建设，还是大学的"211工程"和"985计划"，几乎所有的教育政策、资源配置都是往好学校里集中，都是在做锦上添花的工程，而忽略了给最需要的地区配置资源，造成了城市和乡村、优质学校和薄弱学校之间的差距越来越大。择校热、补习风等群众反映强烈的热点、难点问题，几乎都与教育发展不均衡有密切的关系。

所以，十八大报告再提促进教育公平，非常敏锐地洞察到中国教育问题的病根子。刘延东同志在阐述教育公平的重要性时曾经提出，讲公平是由社会主义制度的本质要求和教育的公益性决定的，也是贯彻科学发展观的体现，"教育问题是重大民生问题，教育公平是社会公平的起点，人民群众对于教育公平的期望远远高过其他领域"。促进教育公平，应是今后相当长一段时间内中国教育改革与发展的基本原则和前提。

第四，十八大报告对于统筹发展各级各类教育提出了具体要求，其中，对学前教育，从过去号召式的"重视"，到明确要求实实在在地"办好"。而九年义务教育的重要任务，是实现优质均衡的理想，把每所学校办好，把老百姓家门口的学校办好。高中阶段的教育，主要任务是加大普及的力度，合理确定普通高中与职业高中的比例。报告还明确提出了高等教育内涵式发展问题，说明高等教育亟须从以往的规模式扩张，走向结构调整与内涵发展，如何进一步提高教学与科学研究的质量、效率，是今后一段时间里高等教育的主要任务。而如何发展继续教育，推进企业教育、闲暇教育、老年教育等，也应该是构建终身教育体系和建设学习型社会的重要任务。

第五，在教育活动中，决定教育品质的关键人物是教师。教师强则教育强，没有一支高水平的教师队伍，就永远不会有高水平的教育。所以，如何进一步提高教师的社会地位，吸引最优秀的人才进入教师队伍；如何进一步加强教师的职业认同和专业发展，让教师真正拥有职业的尊严和幸福，是摆在我们面前的一项十分紧迫的任务。

具体来说，一是要加强农村教师队伍建设，提升农村教师队伍的整体素质。农村教育是中国教育最短的一块板，农村教师是影响农村教育质量的最关键因素。必须全力以赴提高农村教师的素质，防止农村优秀教师的流失，同时源源不断地为农村输送优秀教师。二是要加强幼儿教师队伍建设，提高幼儿教师的整体素质。推进地方办好中等幼儿师范学校和高师院校学前教育专业，支持地方建设幼儿师范专科学校，扩大免费师范生学前教育专业的招生规模；同时实施农村幼儿教师的培训计划，推动各地开展幼儿教师的全员培训。三是要改革师范生的招生与培养办法，完善教师职业准入与管理制度。建议采取师范大学与综合大学同时培养教师的双轨制，吸引优秀高中生报考师范专业和优秀大学生选修师范课程，鼓励优秀大学毕业生选择教师职业。四是推进教师教育课程改革，提升教师的教育质量。建议尽快出台教师教育的课程标准，增加课堂、课程、儿童发展、师生关系、教育研究、学业评价等实用性课程，增加教学实习的时间。此外，应该加强教师继续教育，推进教师的专业发展；加强师德建设，营造全社会尊师重教的浓厚氛围。

总之，应该充分重视教师在整个教育事业发展中的基础性、关键性作用，努力造就一支师德高尚、业务精湛、结构合理、充满活力的高素质专业化教师队伍。

十八大报告把国家层面的富强、民主、文明、和谐，社会层面的自由、平等、公正、法治，个人层面的爱国、敬业、诚信、友善三组范畴的12个概念24个字，作为社会主义核心价值体系的内容，是清晰、具体的。但总的来看，关于价值体系的表述还可以进一步研究，如表述可以更加简洁一些。现在的三组12个范畴仍然显得较长，操作和评价也比较困难。在学校教育中可以进一步提炼，如可以重新阐释中国传统文化中的"仁义礼智信"，使之更容易记忆和实践。

如何建设社会主义的核心价值体系？如何形成全社会的共同价值、共同愿景？以学校为基础的全民阅读具有非常重要的作用。如果把全民阅读作为国家战略，一定能取得令人满意的效果。建立国家阅读节，倡导领导干部带头阅读，建设书香校园、书香城市等途径，实实在在地把阅读作为人们的生活方式。尤其是在中小学，应该通过"读经典的书，做有根的人"等活动，通过晨诵、午读、暮省等方式，形成师生良好的阅读兴趣、阅读习惯与阅读能力。

今后相当长的时期，许多教育问题的展开将以十八大报告为基本线索。秉承这些理念与精神，我们更应该总结经验，直面不足，勇毅前行。

教育是立国之本。作为一名教育工作者，最期待看到的，自然是国家的强盛，是人民的安康，是教育把民族引向崇高与卓越。

我相信，我们正走在这条路上。

2012 年 12 月 18 日

"朱永新教育作品"后记

10年前，我的"朱永新教育作品"16卷由中国人民大学出版社出版。

不久，这套文集就被麦格劳－希尔教育出版集团引进英文版版权，陆续出版发行。迄今为止，我的著作已经被翻译为28种语言，在不同国家有87种文本。

在版权到期之后，多家出版社希望重新出版这套文集。最后，漓江出版社的诚意感动了我。

长期以来，漓江出版社的文龙玉老师一直关注和支持新教育事业，《新教育实验年鉴》以及一批新教育人的作品都先后在漓江出版社出版，文老师也先后担任了我的《新教育》《教育如此美丽》《我的教育理想》《我的阅读观》《致教师》等书的责任编辑。这套文集在漓江出版社出版，也就成了顺理成章的事情。

这套"朱永新教育作品"沿用了中国人民大学出版社的文集名称和南怀瑾先生的题签。主要是想借重新出版之际，感谢南怀瑾先生对我的帮助和关心。在苏州担任副市长期间，我曾经多次去太湖大学堂与南怀瑾先生见面交流，请教教育、文化与社会问题。先生的大智慧经常让我茅塞顿开。

新的"朱永新教育作品"虽然沿用了原来的名称，但是内容还是有许多不同。原来的16卷，大部分都进行了不同程度的修订，其中一半是重新选编。全套作品按照内容分为四个系列。

一是教育理论系列，包括《滥觞与辉煌——中国古代教育思想的成就与贡献》《沟通与融合——中国近现代教育思想的起源与发展》《嬗变与建构——中国当代教育思想的传承与超越》《心灵的轨迹——中国本土心理学思想研究》《校园里的守望者——教育心理学论稿》五种。

二是新教育实验系列，包括《新教育实验——中国民间教育改革的样本》《做一个行动的理想主义者——新教育小语》《为中国而教——新教育演讲录》《为中国教育探路——新教育实验二十年》《享受教育——新教育随笔选》五种。

三是我的教育观系列，包括《我的教育理想——让生命幸福完整》《我的教师观——做学生生命的贵人》《我的学校观——走向学习中心》《我的家教观——好关系才有好教育》《我的阅读观——改变从阅读开始》《我的写作观——写作创造美好生活》六种。

四是教育观察与评论系列，包括《教育如此美丽——中国教育观察》《寻找教育的风景——外国教育观察》《成长与超越——当代中国教育评论》《春天的约会——给中国教育的建议》四种。

虽然都是现成的文字，但是整理文集却颇费时间。几年来的业余时间和节假日，大部分都用于这项工作。好在，我所在的中国民主促进会是一个以教育、文化、出版传媒为主界别的参政党，60% 的会员来自教育界，无论是调查研究、参政议政，教育一直是我们的主阵地，本职工作与业余的教育研究不仅没有矛盾，反而相辅相成。

感谢漓江出版社的文龙玉老师和她的团队认真细致和卓有成效的工作。

2022 年 10 月 17 日